红寺堡年鉴

吴忠市红寺堡区地方志编纂委员会 编

黄河出版传媒集团
宁夏人民出版社

图书在版编目（CIP）数据

红寺堡年鉴. 2022 / 吴忠市红寺堡区地方志编纂委员会编. -- 银川：宁夏人民出版社，2022.12
ISBN 978-7-227-07711-4

Ⅰ. ①红… Ⅱ. ①吴… Ⅲ. ①区（城市）-吴忠-2022-年鉴 Ⅳ. ①Z524.34

中国国家版本馆 CIP 数据核字（2023）第 001318 号

红寺堡年鉴2022　　　　吴忠市红寺堡区地方志编纂委员会 编
HONGSIBU NIANJIAN 2022

责任编辑　白　雪
责任校对　闫金萍
封面设计　牛少奎
责任印制　宋　华

 出版发行

出 版 人	薛文斌
地　　址	宁夏银川市北京东路 139 号出版大厦（750001）
网　　址	http://www.yrpubm.com
网上书店	http://www.hh-book.com
电子信箱	nxrmcbs@126.com
邮购电话	0951-5052104　5052106
经　　销	全国新华书店
印刷装订	宁夏凤鸣彩印广告有限公司
印刷委托书号	（宁）0025162

开本　889 mm×1194 mm　　1/16
印张　23.75
字数　660 千字
版次　2023 年 2 月第 1 版
印次　2023 年 2 月第 1 次印刷
书号　ISBN 978-7-227-07711-4
定价　358.00 元

版权所有　　侵权必究

吴忠市红寺堡区地方志编纂委员会

顾　　问	王忠强　苏达志　张致强
主　　任	杨文福
副 主 任	马玉磊　段立栓　杨金花
委　　员	李军保　任成忠　杨飞鹏　魏世雄
	王成虎　李海福　杨万升　王　毅
	曹　鹏　马秀荣　哈小军　海正祥
	周治强　柯　强　马广智

《红寺堡年鉴（2022）》编辑部

主　　编	柯　强
副 主 编	邵金梅　李晓娟
编　　辑	柯　强　邵金梅　李晓娟　何旭丽
	张淑娴　康玲琳　刘　慧
审　　读	吴晓红
封面题字	陈永康

《红寺堡年鉴（2022）》撰稿人员

白小会	蔡淑娟	陈永琪	丁　华	董晓红	方　娜	付方玉
高正武	韩　红	黑付芳	黑　霞	黄　兴	惠达彧	贾　汝
靳银银	兰正杰	李　柄	李成玉	李　慧	李莉莉	李明珍
李晓军	李昕燃	李　旭	李永安	李玉国	刘冬阳	刘佳丽
刘　敏	刘敏燕	柳成良	卢维生	吕晓瑾	马　驰	马　丹
马登基	马汉平	马辉宏	马慧玲	马　莉	马　涛	马小花
马小娟	马　勇	马渊博	牛瑞晗	尚彦平	苏　晨	苏翃睿
田路忠	王彩玲	王　刚	王进银	王俊华	王　丽	王天德
王学林	王　勇	魏茂森	魏耀礼	吴惠兰	武　莹	谢瑞峰
徐　浩	燕旭娟	杨　慧	杨　龙	杨荣荣	杨晓燕	杨雨婷
姚嘉欣	袁江明	张　环	张海通	张金柱	张娟丽	张　玲
张　鹏	张亚丽	张忠福	赵敏学			

编辑说明

一、《红寺堡年鉴》以马克思列宁主义、毛泽东思想、邓小平理论、"三个代表"重要思想、科学发展观、习近平新时代中国特色社会主义思想为指导，坚持辩证唯物主义和历史唯物主义的立场观点，坚持党的基本路线、方针、政策，遵循《地方志工作条例》和《地方综合年鉴编纂出版规定》，以红寺堡区委、区政府工作重点和工作目标为中心，坚持为红寺堡区社会经济发展服务。

二、《红寺堡年鉴（2022）》是红寺堡区地方志编纂委员会编纂的政府公报性质的大型资料性工具书，系统记述了2021年度红寺堡区在经济、政治、文化、社会、生态文明建设中取得的成绩，为社会各界了解红寺堡、宣传红寺堡、推动红寺堡社会经济发展提供服务，具有"存史、资政、育人"的作用。

三、《红寺堡年鉴（2022）》采用分类编辑法，以类目为单元，类目之下为分目，分目之下为条目。全书设特载、专记、大事记、红寺堡区概览、中国共产党红寺堡区委员会、红寺堡区人民代表大会、红寺堡区人民政府、政协红寺堡区委员会、中共红寺堡区纪律检查委员会监察委员会、群众团体、军事、法治、经济管理、社会管理、财税、银行保险、农林水利、工业、乡村振兴、交通邮政通信、商贸流通、城乡建设与环境保护、教育体育、文化科技、医疗卫生、乡镇、街道、荣誉、附录29个类目。

四、《红寺堡年鉴（2022）》所收录的《2021年红寺堡区国民经济和社会发展统计公报》由红寺堡区统计局提供，正文数据由各乡镇、各部门、各单位提供。因统计口径等原因，个别数据与统计资料中的数据不尽一致，引用时请以《2021年红寺堡区国民经济和社会发展统计公报》为准。

五、《红寺堡年鉴（2022）》收录的文字资料时限为2021年1月1日至12月31日，所列机关和部门按部类、分目编排，不分先后。

六、《红寺堡年鉴（2022）》中的特载主要收录2021年度红寺堡区委、区政府工作报告；专记主要收录红寺堡区各方面工作综述及主流媒体对红寺堡区的报道；荣誉主要收录获红寺堡区级以上奖励的先进个人和先进集体，先进个人和先进集体以各供稿单位提供的资料为依据，获奖名录等排序不涉及职务。附录主要收录红寺堡区组织机构及负责人、统计公报、规划；其他部类主要收录各单位、各部门、各乡镇（街道）提供的业务工作。

红寺堡名片

- 中国葡萄酒第一镇
- 中国富硒黄花菜明星产区
- "四好农村路"全国示范县
- 全国民族团结创建示范县
- 首批全国乡村治理典型案例
- 全国"七五"普法中期先进集体
- 全国义务教育发展基本均衡县（市、区）
- 第三次国土调查先行县
- 宁夏回族自治区园林城区
- 宁夏回族自治区转移就业示范县
- 信访工作"三无"县（市、区）
- 全国模范职工之家
- 宁夏回族自治区卫生县城（区）
- 宁夏扶贫扬黄灌溉工程主战场
- 全国最大的单体易地移民集中安置区
- 全国易地搬迁致富成功示范区
- 中国社会治理百佳示范县
- 绿色循环优质高效特色农业促进项目实施县
- 优质、有机、荒漠产区（葡萄酒）
- 全国群众体育先进单位
- 平安宁夏建设优秀县（市、区）
- 永新村、弘德村入选宁夏特色旅游村名录
- 永新村入选全国乡村旅游扶贫示范案例
- 永新村入选中国美丽休闲乡村名单
- 弘德村入选全国乡村旅游重点村名录
- 杨柳村入选第十一批全国"一村一品"示范村镇

数字红寺堡

- 总面积：2767 平方千米
- 耕地面积：4.19 万公顷
- 平均海拔：1240～1450 米
- 年平均气温：11.3℃
- 年降水量：256.2 毫米
- 行政村：65 个
- 城镇社区：8 个
- 常住人口：20.0 万人
- 财政总收入：4.92 亿元
- 财政总支出：32.79 亿元
- 农林牧渔业总产值：21.4 亿元
- 农林牧渔业增加值：9.17 亿元
- 农作物总播种面积：39512 公顷
- 粮食播种面积：21203 公顷
- 粮食总产量：15.5 万吨
- 工业增加值：37.78 亿元
- 规模以上工业企业利润：28.9 亿元
- 建筑业增加值：6.88 亿元
- 房地产开发投资：10.8 亿元
- 批发和零售业增加值：3.93 亿元
- 社会消费品零售总额：16.46 亿元
- 税收收入：2.0 亿元
- 幼儿园：62 所
- 高级中学：2 所
- 职业技术学校：1 所
- 普通中学：5 所
- 九年一贯制学校：1 所
- 普通小学：79 所（含教学点 11 个）
- 专任教师总数：2431 人（含 131 名特岗）
- 图书馆图书报刊总藏量：20.8 万册
- 图书馆报纸杂志：183 种
- 各级各类医疗卫生机构：132 所
- 枸杞种植面积：767.5 亩
- 枸杞加工生产线：2 条
- 林地面积：66.52 万亩（不含罗山保护区）
- 草原面积：215.12 万亩

宁夏回族自治区吴忠市红寺堡区地图

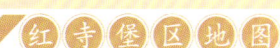

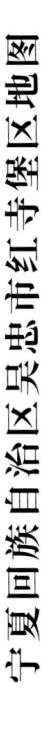

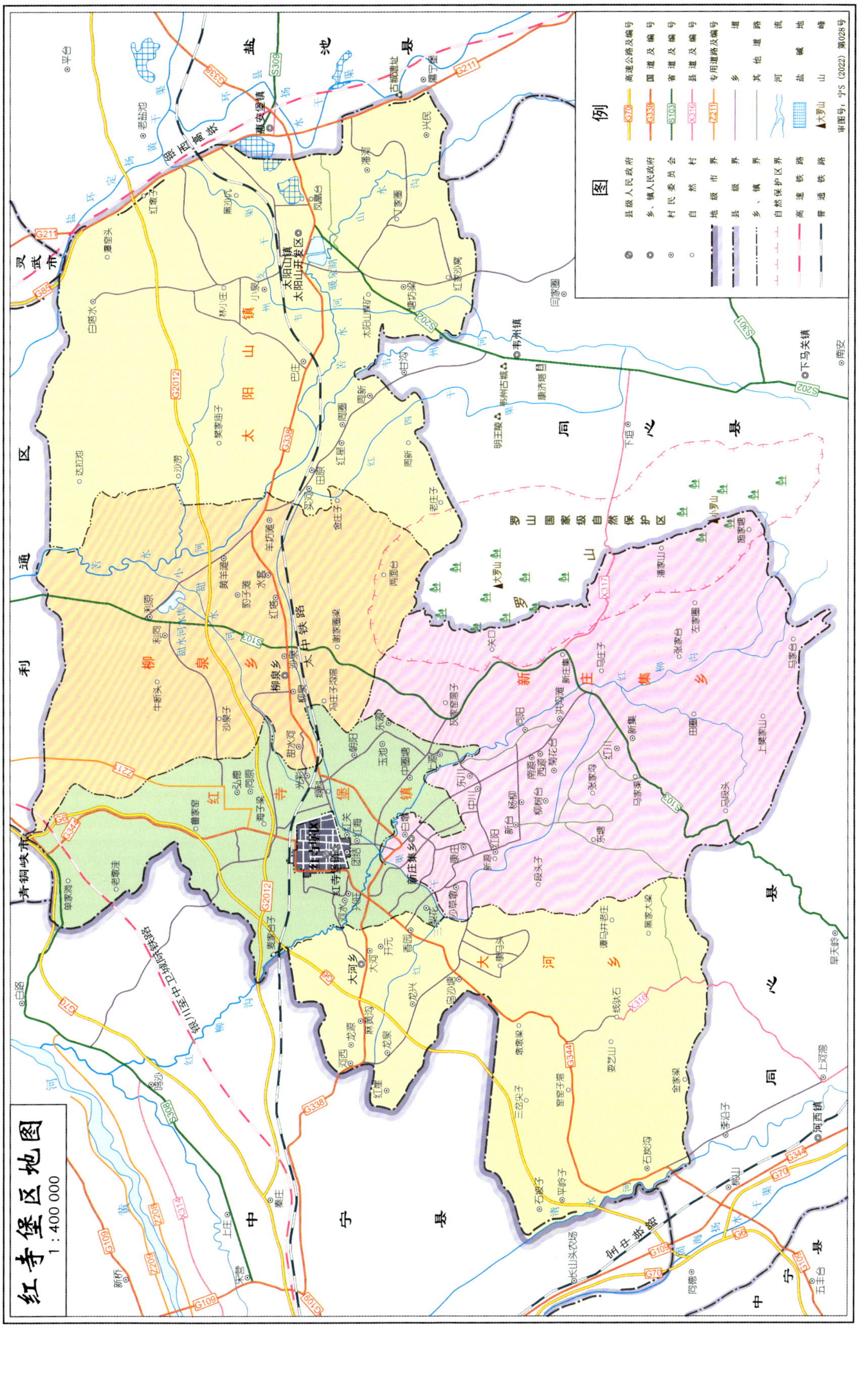

宁夏回族自治区测绘地理信息院 编制

红寺堡城区一角航拍图 （魏旭平 摄）

鲁家窑水库 （魏旭平 摄）

2021年1月18日，吴忠市红寺堡区第三届人民代表大会第七次会议第一次全体会议召开 （红寺堡区人大办提供）

2021年10月25日，吴忠市红寺堡区第四届人民代表大会第一次会议第一次全体会议召开 （红寺堡区人大办提供）

2021年9月25日，中国共产党吴忠市红寺堡区第四次代表大会召开 （红寺堡区委办提供）

2021年10月25日，中国人民政治协商会议吴忠市红寺堡区第四届委员会第一次会议召开 （红寺堡区政协提供）

2021年1月18日，中国人民政治协商会议吴忠市红寺堡区第三届委员会第五次会议召开 （红寺堡区政协提供）

2021年4月10—11日，吴忠市红寺堡区政府系统举办党史学习教育演讲比赛 （红寺堡区政府办提供）

2022年1月28日，中国共产党吴忠市红寺堡区第四届纪律检查委员会第二次全体会议（第一次大会）召开 （红寺堡区纪委监委提供）

2021年7月5日,红寺堡区政协机关举办学习习近平总书记在庆祝中国共产党成立100周年大会上的重要讲话精神座谈会 (红寺堡区政协提供)

2021年5月26日,红寺堡区举办"传承党的百年光辉史基因·铸牢中华民族共同体意识"专题培训 (红寺堡区委统战部提供)

2021年11月29日,吴忠市红寺堡区总工会举办学习贯彻党的十九届六中全会精神宣讲会 (红寺堡区总工会提供)

2021年3月29日,红寺堡区总工会与区政协联合组织机关全体党员干部、职工赴同心红军西征纪念馆接受红色教育 (红寺堡区总工会提供)

2021年6月8日,红寺堡区委书记丁建成(左一)授予红寺堡扬水泵站"红寺堡区党员干部教育基地"牌匾 (红寺堡区政府办提供)

2021年6月7日,吴忠市红寺堡区乡村振兴局正式挂牌 (魏旭平 摄)

2021年9月6日,红寺堡区邀请"七一勋章"获得者王兰花、"全国抗击新冠肺炎疫情先进个人"李建东、"中国好人"徐海侠、"中国好人"刘志海作报告 (红寺堡区委宣传部提供)

2021年6月8日,红寺堡镇弘德村"飞地"肉牛养殖集中分红仪式后,红寺堡区领导班子与现场群众一起唱红歌 (红寺堡区委宣传部提供)

2021年12月30日,红寺堡区公安分局召开岁末年初安保维稳重点工作部署会 (红寺堡区公安分局提供)

2021年12月4日,红寺堡区公安分局召开科技强警工作推进会 (红寺堡区公安分局提供)

2021年4月7日,红寺堡区综合执法局举办行政处罚听证会 (红寺堡区综合执法局提供)

2021年6月16日，红寺堡区检察院检察长带领青年干警入户宣传《中华人民共和国未成年人保护法》（红寺堡区检察院提供）

2021年9月8日，红寺堡区委政法委组织人员到西夏区、沙坡头区学习当地在综合治理方面的经验做法（红寺堡区委政法委提供）

2021年12月2日，红寺堡区公安分局在第三中学举办校警联教"守法规、知礼让，安全文明出行"主题讲座（红寺堡区委宣传部提供）

2021年12月3日，红寺堡区新庄集派出所到新庄集中心小学开展"交通安全日"宣传活动（红寺堡区委宣传部提供）

2021年12月2日，红寺堡区公安分局民警向群众宣传交通安全常识（红寺堡区公安分局提供）

2021年12月4日，新民街道办开展"弘扬宪法精神·树立宪法权威"主题宣传活动（东方社区提供）

红寺堡区政府大楼 （魏旭平 摄）

鹏胜时代广场 （刘彦财 摄）

2021年12月8日，自治区妇联主席李咏梅（左二）带队调研红寺堡区新民街道办东方社区基层组织力提升工作 （红寺堡区妇联提供）

2021年6月30日，红寺堡区政协主席蔺保飞（右四）带队围绕"实施特色农业提质增效示范工程，打造产业融合发展示范区"开展调研 （红寺堡区政协办提供）

2021年2月1日，红寺堡区法院院长刘建宁进企业调研新冠肺炎疫情后企业复工情况 （红寺堡区法院提供）

2021年5月10日,红寺堡区委书记丁建成(右四)带队赴苏州中利春晖新能源有限公司考察新能源光伏组件制造项目 (红寺堡区工信商务局提供)

2021年6月22日,宁夏乡村振兴职业技能大赛吴忠市选拔赛暨吴忠市红寺堡区品酒师职业技能大赛在红寺堡区体育馆开赛 (魏旭平 摄)

2021年7月1日,红寺堡第一中学全体师生共同庆祝中国共产党成立100周年 (红寺堡区教育局提供)

2021年10月12日，红寺堡区妇联举行百名妇联主席"重走移民路、振奋精神再出征"观摩学习活动（红寺堡区团委提供）

2021年9月22日，吴忠市红寺堡区职业技术学校开展科普知识进校园活动（红寺堡区委宣传部提供）

2021年8月23日，红寺堡区举办"党建引领开新局、乡风文明促振兴"新时代文明实践主题活动（红寺堡区委宣传部提供）

红寺堡区第四小学开展VR环境下的教学 （红寺堡区教育局提供）

2021年4月23日，创业社区居民参加亲子阅读活动 （创业社区提供）

消防员进敬老院开展志愿服务 （红寺堡区消防大队提供）

红寺堡区公安分局对红寺堡高速路口通行车辆进行防疫检查 （红寺堡区公安分局提供）

红寺堡区消防大队开展森林草原防灭火演练 （红寺堡区自然资源局提供）

2021年12月3日，红寺堡区总工会、文明办等单位联合举办国际志愿者日系列主题活动 （红寺堡区委宣传部提供）

2021年5月20日，红寺堡区残联举办全国助残日系列活动 （红寺堡区残联提供）

2021年9月17日，红寺堡区团委联合多部门开展"永远跟党走·家国共此时"主题党日、团日活动 （红寺堡区团委提供）

2021年12月12日，新庄集乡南源村举行XIN益佰——"一个鸡蛋的暴走"困境儿童物资帮扶项目启动仪式 （红寺堡区团委提供）

2021年7月8日，红寺堡区举行2021年"宁电入湘"工程宁夏红寺堡区新能源装备制造示范基地和光伏产业示范园项目签约仪式 （红寺堡区发改局提供）

2021年10月15日，宁湘能源合作红寺堡区湖南湘投新能源装备制造产业园签约开工奠基仪式在红寺堡区弘德产业园举行 （红寺堡区发改局提供）

2021年7月27日,红寺堡区农特产品现身宁夏品质中国行"遇宁湘约"长沙站 (红寺堡区农业农村局提供)

2021年7月23日,红寺堡区举办"红寺堡论坛·2021年中国葡萄酒酒商大会" (红寺堡区农业农村局提供)

中国富硒黄花菜明星产区——红寺堡区　（王也夫　摄）

2021年7月22日，吴忠市红寺堡区第四届黄花菜采摘节活动启幕　（红寺堡区农业农村局提供）

电力助力红寺堡区黄花菜产业发展 （红寺堡区供电公司提供）

黄花菜加工 （王也夫 摄）

晾晒黄花菜 （王也夫 摄）

红寺堡区酿酒葡萄种植基地 （红寺堡区农业农村局提供）

2021年10月15日，红寺堡区农业农村局开展酿酒葡萄优质高效栽培技术培训 （红寺堡区农业农村局提供）

2021年10月15日，渝红酒庄葡萄修剪培训（红寺堡区农业农村局提供）

红寺堡优质酿酒葡萄成熟 （王也夫 摄）

粮食丰收 （王也夫 摄）

肉牛养殖 （李杰 摄）

蛋鸡养殖 （戴永江 摄）

大棚蔬菜种植基地 （王也夫 摄）

2021年6月25日,红寺堡区在红寺堡区体育馆举办"永远跟党走 奋进新时代"红歌联唱大赛 (魏旭平 摄)

2021年6月30日,红寺堡区在文化体育广场举办"颂歌献给党 奋进新征程"文艺晚会 (红寺堡区委宣传部提供)

2021年6月21日,红寺堡区教育系统举办"没有共产党就没有新中国"教职工革命歌曲合唱比赛 (红寺堡区教育局提供)

2021年9月29日,红寺堡区开展"迎国庆 感党恩 送祝福"主题活动 (红寺堡区委宣传部提供)

2021年10月13日,红寺堡区举办"请党放心 强国有我"庆祝少先队建队72周年暨鼓号队交流展示大赛 (红寺堡区团委提供)

2021年9月29日,红寺堡镇中心小学举办"祖国在我心中"庆国庆合唱比赛 (红寺堡区委宣传部提供)

2021年7月27日,"共产党好、黄河水甜"文化艺术周暨"知行合一"书法教师优秀作品展复选活动在红寺堡区体育馆正式启动 (魏旭平 摄)

2021年6月14日，红寺堡区在图书馆举办"包粽子、佩香囊、戴荷包"节日民俗体验活动 （红寺堡区文化旅游体育广电局提供）

2021年6月10日，红寺堡区举办"共产党好 黄河水甜——红寺堡文化艺术周"活动 （红寺堡区文化旅游体育广电局提供）

2021年8月26日，红寺堡区残联召开2021年儿童康复救助定点服务机构评审会 （红寺堡区残联提供）

城区鸟瞰图 （刘彦财 摄）

2021年4月22日，红寺堡区委、政协联合创业社区在圣丰花园小区开展植树活动 （创业社区提供）

人居环境整治 （红寺堡区太阳山镇提供）

林木修剪抚育 （红寺堡区自然资源局提供）

罗　山　（王也夫　摄）

红寺堡污水处理厂　（李杰　摄）

罗山航模基地星空 （红寺堡区融媒体中心提供）

道路防护林建设 （红寺堡区自然资源局提供）

石坡子灰鹤 （魏旭平 摄）

HONGSIBU NIANJIAN 2022

目 录

特 载

中共红寺堡区委常委会工作报告 1
政府工作报告
　　——在吴忠市红寺堡区第四届人民代表大会
　　第一次会议上的报告 8
在红寺堡区党史学习教育总结会议上的讲话 24

专 记

实施"四大提升行动" 推动乡村全面振兴 29
杨柳村入选第十一批全国"一村一品"示范
　　村镇 33
国务院表扬宁夏红寺堡区突出重点 全面推进
　　乡村振兴 33
红寺堡区获国家重点关注 34
殷殷嘱托记心间　更好生活在后头
　　——红寺堡区奋力创建全国易地搬迁移民致富
　　提升示范区 35

大事记

1月 39
2月 42
3月 45
4月 50
5月 54
6月 57

7月 62
8月 67
9月 71
10月 76
11月 81
12月 83

红寺堡区概览

地理人文 88
【地形地貌】 88
【气候特点】 88
【气候监测】 88
【自然资源】 89
【历史沿革】 89
【政区位置】 89
【行政区划】 89
【人口结构】 89
经济建设 89
【经济指标】 89
【产业发展】 90
【新型工业】 90
【第三产业】 90
【项目投资】 90
【创新驱动】 91
【金融支持企业】 91
政治建设 91
【政府效能】 91

【政治引领】 ……………………………… 91
【依法行政】 ……………………………… 91
文化建设 …………………………………… 92
【文化惠民】 ……………………………… 92
【艺术创作】 ……………………………… 92
【公共文化服务】 ………………………… 92
【非遗保护】 ……………………………… 92
社会建设 …………………………………… 93
【民生福祉】 ……………………………… 93
【摸清林草资源家底】 …………………… 93
【深化改革】 ……………………………… 93
【社会事业】 ……………………………… 93
【社会大局】 ……………………………… 93
【惠民活动】 ……………………………… 94
【治理新模式】 …………………………… 94
【疫情防控】 ……………………………… 94
【提高城乡服务功能】 …………………… 94
生态文明建设 ……………………………… 94
【生态建设】 ……………………………… 94
【林业生态】 ……………………………… 95
【水土保持】 ……………………………… 95
【美丽乡村建设】 ………………………… 95
【生态治理】 ……………………………… 95
【水利建设】 ……………………………… 96
【环境整治】 ……………………………… 96

中国共产党红寺堡区委员会

重要会议 …………………………………… 97
【区委三届十八次全体会议】 …………… 97
【区委三届二十次全体会议】 …………… 97
【区委三届二十一次全体会议】 ………… 97
【区委三届二十二次全体会议】 ………… 97
【区委三届二十三次全体会议】 ………… 97
【区委四届一次全体会议】 ……………… 97
【三届区委 2021 年第 1 次常委会会议】 … 98
【三届区委 2021 年第 2 次常委会会议】 … 98
【三届区委 2021 年第 3 次常委会会议】 … 98
【三届区委 2021 年第 4 次常委会会议】 … 99
【三届区委 2021 年第 5 次常委会会议】 … 99
【三届区委 2021 年第 8 次常委会会议】 … 99
【三届区委 2021 年第 9 次常委会会议】 … 99
【三届区委 2021 年第 10 次常委会会议】 … 100
【三届区委 2021 年第 11 次常委会会议】 … 100
【三届区委 2021 年第 12 次常委会会议】 … 100
【三届区委 2021 年第 13 次常委会会议】 … 101
【三届区委 2021 年第 14 次常委会会议】 … 101
【三届区委 2021 年第 15 次常委会会议】 … 101
【三届区委 2021 年第 16 次常委会会议】 … 102
【三届区委 2021 年第 17 次常委会会议】 … 102
【三届区委 2021 年第 18 次常委会会议】 … 102
【三届区委 2021 年第 19 次常委会会议】 … 103
【三届区委 2021 年第 20 次常委会会议】 … 103
【三届区委 2021 年第 21 次常委会会议】 … 103
【三届区委 2021 年第 22 次常委会会议】 … 103
【三届区委 2021 年第 23 次常委会会议】 … 103
【三届区委 2021 年第 24 次常委会会议】 … 103
【三届区委 2021 年第 25 次常委会会议】 … 104
【三届区委 2021 年第 26 次常委会会议】 … 104
【三届区委 2021 年第 27 次常委会会议】 … 104
【三届区委 2021 年第 28 次常委会会议】 … 104
【三届区委 2021 年第 29 次常委会会议】 … 104
【三届区委 2021 年第 30 次常委会会议】 … 105
【三届区委 2021 年第 31 次常委会会议】 … 105
【三届区委 2021 年第 32 次常委会会议】 … 105
【三届区委 2021 年第 33 次常委会会议】 … 105

【三届区委 2021 年第 34 次常委会会议】............ 105
【三届区委 2021 年第 35 次常委会会议】............ 105
【三届区委 2021 年第 36 次常委会会议】............ 106
【四届区委 2021 年第 1 次常委会会议】............ 106
【四届区委 2021 年第 2 次常委会会议】............ 106
【四届区委 2021 年第 3 次常委会会议】............ 106
【四届区委 2021 年第 4 次常委会会议】............ 107
【四届区委 2021 年第 5 次常委会会议】............ 107
【四届区委 2021 年第 6 次常委会会议】............ 107
【四届区委 2021 年第 7 次常委会会议】............ 107
【四届区委 2021 年第 8 次常委会会议】............ 107
【四届区委 2021 年第 9 次常委会会议】............ 107
【四届区委 2021 年第 10 次常委会会议】............ 108

综合服务............108
【文件流转】............ 108
【督查督办】............ 108
【保密工作】............ 108
【后勤服务】............ 108
【理论学习】............ 109
【队伍建设】............ 109

档案史志............109
【党建党史】............ 109
【档案管理】............ 109
【史志编研】............ 109
【宣传交流】............ 110
【史志赠阅】............ 110
【《红寺堡年鉴（2020）》获评全国二等年鉴】...... 110
【红色学堂】............ 110

组织工作............110
【概　况】............ 110
【干部队伍建设】............ 110
【基层党组织建设】............ 111
【人才队伍建设】............ 112

老干部工作............112
【自身建设】............ 112
【发挥老同志余热】............ 113
【服务管理】............ 113

区直机关党的建设工作............113
【政治引领】............ 113
【政治功能】............ 114
【服务群众】............ 114
【作风建设】............ 114

非公有制经济组织和社会组织工作............114
【理论武装】............ 114
【党员引领】............ 114
【党组织建设】............ 115
【支部建设】............ 115

宣传工作............116
【党史学习教育】............ 116
【宣传宣讲】............ 116
【宣传报道】............ 117
【精神文明建设】............ 117
【文艺创作】............ 117

巡察工作............118
【政治站位】............ 118
【巡察全覆盖】............ 118

网信工作............119
【网络宣传】............ 119
【信息化建设】............ 119
【网络安全】............ 119

政策研究............119
【文件起草】............ 119
【深化改革】............ 119

统战工作............120
【统一战线】............ 120
【民族团结进步创建】............ 120

红寺堡区人民代表大会

综　述 121
【概　况】 121
【财政监督】 121
【工作评议】 121
【执法检查】 121
【依法行使权力】 122
代表工作 122
【履职平台】 122
【代表活动】 122
【议案建议】 122
【乡镇人大工作】 122
【自身建设】 122
【办公室工作】 123
【法律宣传】 123
【理论武装】 123
【改进作风】 123
【机关建设】 123
重要会议 123
【第三届人民代表大会第七次会议】 ... 123
【第四届人民代表大会第一次会议】 ... 123
【三届人大常委会第三十次会议】 ... 123
【三届人大常委会第三十一次会议】 ... 124
【三届人大常委会第三十二次会议】 ... 124
【三届人大常委会第三十三次会议】 ... 125
【三届人大常委会第三十四次会议】 ... 125
【三届人大常委会第三十五次会议】 ... 125
【三届人大常委会第三十六次会议】 ... 126
【四届人大常委会第一次会议】 ... 126
【四届人大常委会第二次会议】 ... 126
专门工作委员会 126
【财经农业教科文卫工作委员会】 ... 126
【民族宗教法制工作委员会】 127
【代表联络选举工作委员会】 127

红寺堡区人民政府

重要会议 128
【三届政府第79次常务会议】 128
【三届政府第80次常务会议】 128
【三届政府第81次常务会议】 128
【三届政府第82次常务会议】 128
【三届政府第83次常务会议】 129
【三届政府第84次常务会议】 129
【三届政府第85次常务会议】 129
【三届政府第86次常务会议】 129
【三届政府第87次常务会议】 129
【三届政府第88次常务会议】 129
【三届政府第89次常务会议】 130
【三届政府第90次常务会议】 130
【三届政府第91次常务会议】 130
【三届政府第92次常务会议】 130
【三届政府第93次常务会议】 130
【三届政府第94次常务会议】 130
【三届政府第95次常务会议】 131
【三届政府第96次常务会议】 131
【三届政府第97次常务会议】 131
综合服务 131
【自身建设】 131
【政府效能】 131
【督查督办】 132
【政务信息公开】 132
【事务管理】 133
信访工作 133
【群众来访受理】 133

【重点信访事项办理】……133
【制度建设】……133
【信息化建设】……134
机关事务……134
【疫情防控】……134
【机关事务】……134
【公共机构节能】……134
政务服务……134
【营商环境】……134
【服务事项】……135
【审批服务改革】……135
【"12345"服务热线】……135
退役军人事务……135
【双拥工作】……135
【权益保障】……136
【就业创业】……136
【创建工作】……136

政协红寺堡区委员会

综　述……137
【民主监督】……137
【自身建设】……137
重要会议……138
【红寺堡区政协三届五次会议】……138
【红寺堡区政协四届一次会议】……138
【红寺堡区政协三届常委会第二十二次会议】……139
【红寺堡区政协三届常委会第二十三次会议】……139
【红寺堡区政协三届常委会第二十四次会议】……139
【红寺堡区政协三届常委会第二十五次会议】……139
【红寺堡区政协三届常委会第二十六次会议】……140
重要活动……140
【专题调研】……140

【考察学习】……141
专门委员会……141
【提案和委员联络委员会】……141
【经济委员会】……142
【教科文卫体委员会】……142
【社会治理委员会】……142

中共红寺堡区纪律检查委员会　监察委员会

综　述……143
【落实责任】……143
【问题整治】……143
【腐败惩治】……144
【巡察工作】……144
重要会议……144
【红寺堡区纪委三届六次全体会议】……144
【红寺堡区纪委四届一次全体会议】……144
【警示教育大会】……145

群众团体

红寺堡区总工会……146
【概　况】……146
【服务民生】……146
【选树典型】……147
【业务培训】……147
【问题整改】……148
共青团红寺堡区委员会……148
【思想引领】……148
【基层建设】……149
【服务青年】……149
【服务大局】……149

红寺堡区妇女联合会 150
【巾帼引领行动】 150
【巾帼建功行动】 150
【巾帼关爱行动】 151
【巾帼维权行动】 151
红寺堡区残疾人联合会 151
【概　况】 151
【康复工作】 151
【无障碍改造】 152
【残联干部帮扶机制】 152
【社会保障】 152
【残疾学生帮扶】 152
【残疾人就业创业】 152
【宣传活动】 153
红寺堡区红十字会 154
【概　况】 154
【基层组织建设】 154
【应急救护知识培训】 154
【人道救灾救助】 154
【结对帮扶】 154
【宣传活动】 155
【交流经验】 155

法　治

综合治理 156
【社会治安】 156
【政治安全】 156
【教育整顿】 156
【铁路护路】 157
【矛盾化解】 157
【扫黑除恶】 157
【县域社会治理】 157
【网格化建设】 157
【政法工作】 158
法治政府建设 158
【依法行政】 158
【普法工作】 158
【法律服务】 159
【文件清理】 159
公　安 159
【概　况】 159
【疫情防控】 159
【安保维稳】 159
【打击犯罪】 160
【公安改革】 160
【政务服务】 160
【科技强警】 160
【创新服务】 161
检　察 161
【刑事检察】 161
【民事检察】 161
【行政检察】 161
【公益诉讼】 161
【未成年人监督】 162
【矛盾化解】 162
【防范电信网络诈骗】 162
法　院 163
【刑事审判】 163
【民事审判】 163
【行政案件】 163
【案件执行】 163
【法治宣传】 163
【案件受理】 163
【智慧法院】 163
【队伍建设】 163

【党风廉政建设】...... 164
【政法队伍教育整顿】...... 164
司法行政 164
【依法治区】...... 164
【行政执法监督】...... 164
【社区矫正】...... 164
【法律援助】...... 164
综合执法 165
【概　况】...... 165
【机构改革】...... 165
【城乡环境整治】...... 165
【制度建设】...... 165
【队伍建设】...... 166
【生态保护】...... 166

军　事

红寺堡区人民武装部 167
【概　况】...... 167
【自身建设】...... 167
【廉政建设】...... 168
【国防教育】...... 168
【征兵工作】...... 168
【扶贫帮困】...... 168
【疫情防控】...... 168
红寺堡区武警中队 169
【概　况】...... 169
【支部建设】...... 169
【政治教育】...... 169
【执勤战备】...... 169
【军事训练】...... 169
【日常管理】...... 170
【后勤保障】...... 170

经济管理

宏观经济管理 171
【"十四五"规划】...... 171
【主要经济指标】...... 171
【重点项目】...... 171
【上争资金】...... 172
【服务业】...... 172
【清洁能源】...... 172
【粮食安全】...... 172
【能源保供】...... 173
【能耗"双控"】...... 173
【社会信用体系建设】...... 173
市场监管 173
【概　况】...... 173
【特种设备安全整治】...... 173
【商事制度改革】...... 174
【公共服务质量】...... 174
自然资源管理 174
【自身建设】...... 174
【林业生态】...... 174
【自然资源管理与保护】...... 174
【城乡规划】...... 175
【矿山监管】...... 175
【地理信息测绘】...... 175
【耕地保护】...... 176
【不动产登记】...... 176
【行业治乱】...... 176
【水资源调查】...... 176
食品药品监管 176
【食品安全监管】...... 176
【学校食堂监管】...... 177

【药品安全监管】……………………… 177
【流通环节监管】……………………… 177

社会管理

创业就业 ……………………………… 178
【概　况】……………………………… 178
【重点群体就业】……………………… 178
【公益性岗位】………………………… 179
【劳务协作】…………………………… 179
社会保障 ……………………………… 179
【概　况】……………………………… 179
【社保卡】……………………………… 179
【稽核管理】…………………………… 179
【社保便民服务】……………………… 179
人事人才 ……………………………… 180
【人事管理】…………………………… 180
【职称评审会】………………………… 180
【人才评选】…………………………… 180
收入分配 ……………………………… 180
【工资福利发放】……………………… 180
【人员工资晋升】……………………… 180
【工资制度改革】……………………… 181
【工资综合管理】……………………… 181
劳动执法 ……………………………… 181
【法规宣传】…………………………… 181
【受理欠薪投诉】……………………… 181
【专项检查】…………………………… 181
【守法诚信等级评价】………………… 182
【诚信单位评选】……………………… 182
【欠薪执法行动】……………………… 182
【合同备案工作】……………………… 182
【农民工工资保证金】………………… 182

民政工作 ……………………………… 182
【低保供养】…………………………… 182
【特困供养】…………………………… 182
【社区建设】…………………………… 183
【行政区划调整】……………………… 183
【孤儿生活费补助】…………………… 183
【婚姻与救助】………………………… 183
【志愿服务】…………………………… 183
【残疾人两项补贴】…………………… 183
【临时救助】…………………………… 184
审计工作 ……………………………… 184
【审计监督】…………………………… 184
【审计整改】…………………………… 184
【经济责任审计】……………………… 184
【项目跟踪审计】……………………… 184
【企业审计】…………………………… 184
【专项资金审计】……………………… 184
统计工作 ……………………………… 184
【统计服务】…………………………… 184
【统计调查】…………………………… 184
【统计法治宣传】……………………… 185
【统计督查】…………………………… 185
【人口普查】…………………………… 185
【常规业务】…………………………… 185
【巡察整改】…………………………… 186
【统计执法】…………………………… 186
社会经济调查 ………………………… 186
【概　况】……………………………… 186
【居民收入】…………………………… 186
【移民收入】…………………………… 186
【农民收入】…………………………… 186
【粮食生产】…………………………… 186
【畜禽生产】…………………………… 187

【统计信息化】	187
应急管理	187
【安全生产】	187
【责任落实】	187
【宣传教育】	188
【专项整治三年行动】	188
【应急能力建设】	188
【自然灾害综合风险普查】	188
【减灾示范社区创建】	188
【救灾管理】	188
【消防救援】	189
【消防安保】	189
【理论学习】	189
基础设施维护	190
【基础设施项目】	190

财　税

财　政	191
【概　况】	191
【财政预算】	191
【上争资金】	192
【乡村振兴】	192
【民生事业】	193
【社会事业】	193
【风险防控】	193
【政府采购】	193
【国有资产监管】	194
【直达资金】	194
【非税收入管理】	194
【银行存贷款余额】	194
【国有政策性担保机构】	194
【财政项目管理】	194

【资金争取】	195
税　务	195
【税收收入】	195
【征收管理】	195
【依法治税】	195
【税费减免】	195
【"春风行动"】	195
【优化营商环境】	196

银行保险

中国农业银行红寺堡支行	197
【概　况】	197
【存款业务】	197
【中间业务】	197
【贷款业务】	197
【强农惠农】	198
【清收工作】	198
【风险防范】	198
【内容合规】	198
【扩户提质】	198
【线上业务】	199
宁夏银行红寺堡支行	199
【概　况】	199
【存款业务】	199
【贷款业务】	199
【助力乡村振兴】	199
【复工复产】	199
【文明服务】	200
中国邮政储蓄银行红寺堡支行	200
【概　况】	200
【贷款业务】	200
【客户维护】	200

【信贷业务】……………………………………201

【风险防控】……………………………………201

红寺堡农村商业银行

【概　　况】……………………………………201

【整村授信】……………………………………201

【助力示范区建设】……………………………201

【信贷支持乡村振兴战略】……………………202

【小微企业扶持】………………………………202

【助推特色产业】………………………………202

【农商行改制】…………………………………203

中国人保财险红寺堡支公司……………………203

【保费受理】……………………………………203

【理赔业务】……………………………………203

【保费增量】……………………………………203

农林水利

综　述……………………………………………204

【概　　况】……………………………………204

【产权改革】……………………………………204

【农村工作】……………………………………205

【农牧管理】……………………………………205

【农业投资项目】………………………………205

【农业综合开发】………………………………206

【农机管理】……………………………………206

【葡萄酒产业】…………………………………206

【葡萄酒营销推介】……………………………207

【枸杞产业】……………………………………207

林　业……………………………………………208

【生态建设】……………………………………208

【林业生态】……………………………………208

【山林权、土地权改革】………………………208

水　利……………………………………………209

【水利工程建设】………………………………209

【节水灌溉】……………………………………209

【水旱灾害防御】………………………………209

【水土保持】……………………………………209

【河长制】………………………………………210

【农村饮水安全】………………………………210

【驻村帮扶】……………………………………211

【疫情防控】……………………………………211

供水保障………………………………………211

【供水工程】……………………………………211

【基础设施建设】………………………………211

【安全生产】……………………………………212

【提质增效】……………………………………212

【政策支持】……………………………………212

【优化服务】……………………………………212

【疫情防控】……………………………………212

农田水利建设…………………………………213

【农田整治】……………………………………213

【水利建设】……………………………………213

工　业

综　述……………………………………………214

【工业经济】……………………………………214

【商贸流通】……………………………………215

【物流业务】……………………………………215

【电商服务】……………………………………215

电力供应………………………………………216

【电力业务】……………………………………216

【安全生产】……………………………………216

【营销服务】……………………………………216

【电网建设】……………………………………216

【乡村振兴】	217
【电力保供】	217

太阳山开发区红寺堡产业园

【概　况】	217
【项目进展】	217
【科技创新】	217

乡村振兴

综　述	218
【动态预警监测】	218
【金融帮扶】	218
【编制项目库】	218
【闽宁协作】	218
【人居环境整治】	219
【扶贫资产管理】	219
【社会兜底保障】	219
资金保障	220
【概　况】	220
【乡村振兴补助资金】	220
教育防返贫监测	220
【监测预警体系】	220
【改善办学条件】	221
【队伍培养】	221
【创新工作】	221
【扶穗护苗行动】	221
卫生防返贫监测	222
【动态监测】	222
【健康扶贫政策】	222
【乡村医生健康扶贫】	222
【提升服务能力】	222
【项目建设】	222
【互联网＋医疗】	222

惠民服务	222
【文化旅游】	222
【文旅产业】	223
【送戏下乡】	223

交通　邮政　通信

交　通	224
【交通建设】	224
【商贸流通】	224
【运输服务】	224
邮　政	224
【概　况】	224
【业务发展】	224
【加强公文寄递管理】	225
【抓极速鲜项目】	225
【业务拓展】	225
【邮商融合发展】	226
【综合管理】	226
电　信	226
【概　况】	226
【通信保障】	226
【安全生产】	226
【智慧乡村建设】	226
移　动	227
【概　况】	227
【市场概况】	227
【精品网络】	227
联　通	227
【概　况】	227
【网络建设】	227
【企业服务】	227

商贸流通

招商引资 228
【概　况】 228
【招商项目】 228
【营商环境】 228
粮食购销公司 229
【营养改善计划】 229
【应急储备粮】 229
烟草专卖 229
【概　况】 229
【卷烟销售】 230
【营销网络】 230
【市场监管】 230

城乡建设与环境保护

城乡规划与建设 231
【城市建设】 231
【城市管理】 231
【乡村建设】 231
【环境整治】 232
住房保障与管理 232
【保障性住房】 232
【房地产】 232
住房公积金管理 232
【住房公积金归集】 232
【住房公积金贷款】 233
【住房公积金提取】 233
【住房公积金收益】 233
【住房公积金服务】 233
城市供暖 233
【设备升级】 233

【安全生产】 233
【运营情况】 234
【节能减排】 234
【群众服务】 234
生态环境 234
【概　况】 234
【生态环境项目】 234
【督察反馈】 235
【蓝天保卫战】 235
【碧水保卫战】 235
【净土保卫战】 235
【排污权改革】 235

教育体育

教　育 236
【基础教育】 236
【义务教育均衡发展】 236
【教师队伍管理】 236
【德育工作】 237
【学前教育】 237
【义务教育】 237
【高中教育】 238
【职业教育】 238
【成人教育】 239
【劳动教育】 239
【民办教育】 239
【体教融合】 239
【艺术教育】 240
【疫情防控】 240
【教学教研】 240
【互联网＋教育】 241
【师资培训】 241

【人才工作】 241
【教育督导】 241
【"双减"工作】 242
【"五项管理"工作】 242
体　育 242
【体育馆】 242
【承办赛事】 243
【承办培训】 243
【群众体育】 243
【竞技体育】 243
【青少年体育】 244
【体育基础设施建设】 244

文化　旅游　科技

公共文化 245
【概　况】 245
【文化扶贫】 245
【文化遗产保护与传承】 245
【合作交流】 246
【图书馆】 246
【文化馆】 247
【宁夏移民博物馆】 247
旅　游 248
【全域旅游示范区创建】 248
【规划编制】 248
【项目建设】 248
【乡村旅游发展】 249
【旅游宣传与营销】 249
【活动开展】 249
【旅游管理】 249
【旅游产业开发】 249
【合作交流】 249

广播电视 249
【新闻宣传】 249
【党史学习教育】 250
【媒体融合】 250
【安全播出】 250
【基层组织建设】 251
【媒体宣传】 251
【产业发展】 251
科技创新 251
【科技特派员队伍建设】 251
【科技项目】 251
【科技培训】 252
【科技服务】 252
气象服务 253
【概　况】 253
【业务开展】 253

卫生健康

医疗改革 254
【资源下沉】 254
【一体化建设】 254
【家庭医生签约服务】 254
【一站式服务】 254
【监督管理】 255
疾病预防 255
【疾病监控】 255
【糖尿病基层管理】 256
【疫情防控】 256
公共卫生 257
【公共卫生服务】 257
【基层医疗卫生服务】 257
【待遇享受】 257

【疫情防控】 257

乡　镇

红寺堡镇 258
【概　况】 258
【特色产业】 258
【草畜产业】 258
【劳务产业】 258
【乡村振兴】 259
【基础设施建设】 259
【人口发展】 259
【环境整治】 259
【社会保障】 259
【社会管理】 260
【廉政建设】 260
【基层党建】 260
【精神文明建设】 260
【农民讲习所】 260
【党校教育】 261
【乡村旅游】 261
【乡村驿站】 261
【朝阳村】 261
【兴旺村】 262
【弘德村】 262
【东源村】 262
【玉池村】 263
【团结村】 263
【光彩村】 264
【河水村】 264
【同原村】 264
【红海村】 265
【上源村】 265

【梨花村】 266
【中圈塘村】 266
【红关村】 267
【和兴村】 267

太阳山镇 267
【概　况】 267
【特色产业】 268
【草畜产业】 268
【劳务产业】 268
【乡村振兴】 268
【人口发展】 268
【环境整治】 269
【社会保障】 269
【社会管理】 269
【廉政建设】 269
【基层党建】 270
【精神文明建设】 270
【旅游乡村建设】 270
【黄花菜采摘节】 270
【农民运动会】 270
【农民讲习所】 271
【周新村】 271
【兴民村】 271
【巴庄村】 271
【红星村】 272
【潘河村】 272
【塘坊梁】 272
【小泉村】 273
【白塔水村】 273
【买河村】 274
【田原村】 274
【周圈村】 274

大河乡 ……………………………… 275	【人口发展】 …………………………… 282
【概　况】 ……………………………… 275	【环境整治】 …………………………… 283
【特色产业】 …………………………… 275	【社会管理】 …………………………… 283
【养殖业】 ……………………………… 275	【基层党建】 …………………………… 283
【劳务产业】 …………………………… 275	【武装工作】 …………………………… 283
【乡村振兴】 …………………………… 275	【白墩村】 ……………………………… 283
【基础设施建设】 ……………………… 275	【红阳村】 ……………………………… 284
【环境整治】 …………………………… 276	【沙草墩村】 …………………………… 284
【社会保障】 …………………………… 276	【洪沟滩村】 …………………………… 284
【社会管理】 …………………………… 276	【菊花台村】 …………………………… 284
【廉政建设】 …………………………… 276	【康庄村】 ……………………………… 285
【基层党建】 …………………………… 276	【柳树台村】 …………………………… 285
【自身建设】 …………………………… 277	【南源村】 ……………………………… 285
【精神文明建设】 ……………………… 277	【西源村】 ……………………………… 285
【红崖村】 ……………………………… 277	【向阳村】 ……………………………… 285
【大河村】 ……………………………… 277	【新集村】 ……………………………… 285
【河西村】 ……………………………… 278	【红川村】 ……………………………… 286
【龙泉村】 ……………………………… 278	【新台村】 ……………………………… 286
【龙兴村】 ……………………………… 279	【东川村】 ……………………………… 286
【龙源村】 ……………………………… 279	【杨柳村】 ……………………………… 287
【麻黄沟村】 …………………………… 279	【中川村】 ……………………………… 287
【平岭子村】 …………………………… 280	**柳泉乡** ……………………………… 287
【石坡子村】 …………………………… 280	【概　况】 ……………………………… 287
【石炭沟村】 …………………………… 280	【特色产业】 …………………………… 287
【乌沙塘村】 …………………………… 281	【草畜产业】 …………………………… 287
【香园村】 ……………………………… 281	【劳务产业】 …………………………… 288
【开元村】 ……………………………… 281	【乡村振兴】 …………………………… 288
新庄集乡 …………………………… 282	【基础设施建设】 ……………………… 288
【概　况】 ……………………………… 282	【环境整治】 …………………………… 288
【特色产业】 …………………………… 282	【社会保障】 …………………………… 289
【草畜产业】 …………………………… 282	【社会管理】 …………………………… 289
【劳务产业】 …………………………… 282	【廉政建设】 …………………………… 289
【乡村振兴】 …………………………… 282	【基层党建】 …………………………… 289

【意识形态】……………………………290
【豹子滩村】……………………………290
【红塔村】………………………………290
【黄羊滩村】……………………………291
【柳泉村】………………………………291
【沙泉村】………………………………291
【水套村】………………………………291
【甜水河村】……………………………292
【羊坊滩村】……………………………292
【永新村】………………………………292

街　道

综　述……………………………………293
【概　况】………………………………293
【共驻共建】……………………………293
【文明城市建设】………………………293
【民生保障】……………………………293
【社会综治】……………………………294
【疫情防控】……………………………294
【群团工作】……………………………294
博大社区…………………………………294
【民生保障】……………………………294
【就业服务】……………………………294
【疫情防控】……………………………295
【文明城市建设】………………………295
【社会综治】……………………………295
创业社区…………………………………295
【共驻共建】……………………………295
【人居环境改善】………………………295
【社会综治】……………………………295
【疫情防控】……………………………295
【社会保障】……………………………295
【文化活动】……………………………296
东方社区…………………………………296
【党建引领】……………………………296
【民生保障】……………………………296
【社会综治】……………………………296
【文明城市建设】………………………296
罗山社区…………………………………296
【精神文明建设】………………………296
【民生保障】……………………………296
【小区管理】……………………………297
【社会综治】……………………………297
【文明城市建设】………………………297
鹏胜社区…………………………………297
【民生保障】……………………………297
【社会综治】……………………………297
【文明城市建设】………………………297
【疫情防控】……………………………297
振兴社区…………………………………298
【共驻共建】……………………………298
【民生保障】……………………………298
【社会综治】……………………………298
【文明城市建设】………………………298
【志愿服务】……………………………298
紫苑社区…………………………………299
【疫情防控】……………………………299
【民生保障】……………………………299
绿苑社区…………………………………299
【民生保障】……………………………299
【文明城市建设】………………………299
【社会综治】……………………………299
【疫情防控】……………………………299

荣 誉

先进个人 300
 2021年度红寺堡区机关事业单位考核优秀
  等次人员名单 300
 红寺堡区连续三年（2019—2021年）考核优秀
  等次人员名单 305
 红寺堡区第四届"我们身边的好人"名单及
  人物事迹 305
 红寺堡区优秀共产党员和优秀党务工作者 309
 红寺堡区获县级以上表彰的先进个人一览表 310
先进集体 313
 红寺堡区获县级以上表彰的先进集体一览表 313

 红寺堡区先进基层党组织名单 321

附 录

 组织机构及负责人名单 322
 2021年红寺堡区国民经济和社会发展统计
  公报 335
 吴忠市红寺堡区创建全国文明城市工作
  规划（2021—2023年）............................ 340

索 引 348

Contents

Special Records ... 1

Special Notes ... 29

Chronicles ... 39

Overview of District Conditions ... 88
    Geography and Humanities ... 88
    Economic Construction ... 89
    Political Construction ... 91
    Cultural Construction ... 92
    Social Construction ... 93
    Construction of Ecological Civilization ... 94

Hongsibu District Committee of the Communist Party of China ... 97
    Major Conferences ... 97
    Comprehensive Services ... 108
    Archives Management and Local Chronicles Work ... 109
    Organization Work ... 110
    Work on Senior Cadres ... 112
    Party Building Work of Committee of CPC in Organizations under Hongsibu District ... 113
    The Work of Non-public Economic Organizations and Social Organizations ... 114
    Publicity Work ... 116
    Inspection Work ... 118
    Network Information Work ... 119
    Policy Research ... 119
    United Front Work ... 120

Hongsibu District People's Congress ... 121
    Overview ... 121
    The Work of Deputies to the NPC ... 122
    Major Conferences ... 123
    Special Working Committees ... 126

Hongsibu District People's Government ... 128
    Major Conferences ... 128
    Comprehensive Services ... 131

  Petition Work 133

  Agency Business 134

  Administrative Services 134

  Veterans Affairs 135

CPPCC Hongsibu District Committee 137

  Overview 137

  Major Conferences 138

  Major Activities 140

  Special Committees 141

CPC Hongsibu District Commission for Discipline Inspection and Hongsibu District Supervision Commission 143

  Overview 143

  Major Conferences 144

Mass Organizations 146

  Hongsibu District Federation of Trade Unions 146

  Hongsibu District Communist Youth League of China 148

  Hongsibu District Women's Federation 150

  Hongsibu District Disabled People's Federation 151

  Hongsibu District Red Cross Society 154

Rule of Law 156

  Comprehensive Treatment 156

  Construction of Government in the Rule of Law 158

  Public Security 159

  Procuratorate 161

  Court 163

  Judicial Administration 164

  Comprehensive Law Enforcement 165

Military Affairs 167

  Hongsibu District People's Armed Forces Department 167

  Hongsibu District Armed Police Squadron 169

Economic Management 171

  Macroeconomic Management 171

  Market Supervision and Management 173

  Natural Resources Management 174

  Food and Drug Administration 176

Social Management 178
Business Start-up and Employment 178
Social Security 179
Personnel and Talents 180
Income Distribution 180
Labour Enforcement 181
Civil Affairs 182
Audit Work 184
Statistical Work 184
Socio-economic Surveys 186
Emergency Management 187
Infrastructure Maintenance 190

Finance and Taxation 191
Finance 191
Taxation 195

Bank and Insurance 197
ABC Hongsibu Branch 197
NB Hongsibu Branch 199
PSBC Hongsibu Branch 200
Hongsibu District Rural Credit Cooperatives 201
Picc Property Insurance Company of China Hongsibu Branch 203

Agriculture Forestry and Water Conservancy 204
Overview 204
Forestry 208
Water Conservancy 209
Water Supply Guarantee 211
Construction of Farmland and Water Conservancy 213

Industry 214
Overview 214
Electricity Supply 216
Taiyangshan Development Zone Hongsibu Industrial Park 217

Rural Revitalization 218
Overview 218
Fund Guarantee 220
Monitoring the Prevention of Poverty in Education 220
Monitoring the Prevention of Poverty in Health 222

Cultural Services to Benefit the People 222

Transportation, Postal and Communication Service 224
　　Traffic 224
　　Post 224
　　Telecommunication 226
　　Mobile Communication 227
　　Unicom Communication 227

Trade Circulation 228
　　Investment Promotion 228
　　Grain and Oil Company 229
　　Tobacco Monopoly 229

Urban and Rural Development and Environmental Protection 231
　　Urban and Rural Planning and Construction 231
　　Housing Security and Management 232
　　Housing Accumulation Fund Management 232
　　City Heating 233
　　Ecological Environment 234

Education, Sports 236
　　Education 236
　　Sports 242

Culture, Travel, Technology 245
　　Public Culture 245
　　Travel 248
　　Radio and Television 249
　　Technological Innovation 251
　　Weather Service 253

Hygiene and Health 254
　　Health Care Reform 254
　　Disease Prevention 255
　　Public Health 257

Townships 258
　　Hongsibu Township 258
　　Taiyangshan Township 267
　　Dahe Township 275

Xinzhuangji Township 282
  Liuquan Township 287

Sub-Districts 293
  Overview 293
  Boda Community 294
  Chuangye Community 295
  Dongfang Community 296
  Luoshan Community 296
  Pengsheng Community 297
  Zhenxing Community 298
  Ziyuan Community 299
  Lvyuan Community 299

Honors 300
  Advanced Characters 300
  Advanced Groups 313

Appendices 322

Indexes 348

特 载
TEZAI

中共红寺堡区委常委会工作报告

红寺堡区委书记 王忠强

（2022 年 1 月 13 日）

各位委员，同志们：

现在，我受区委常委会委托，向全会报告工作。

2021 年是中国共产党成立 100 周年，是"十四五"开局之年，也是红寺堡区发展进程中极其重要、极不平凡的一年。自治区党委赋予我们创建示范区的时代重任，人民群众寄予我们前所未有的热切期盼。汪洋主席莅临视察，带来了党中央的亲切关怀，陈润儿书记先后 5 次亲临我区调研指导，自治区、吴忠市相关厅局相继出台政策文件支持红寺堡示范区创建，给予了我们高度关注和大力支持，全区上下极大振奋、备受鼓舞。红寺堡站在了新的历史起点，进入了新的发展阶段。

一年来，区委常委会坚持以习近平新时代中国特色社会主义思想为指导，深入学习贯彻党的十九大和十九届二中、三中、四中、五中、六中全会精神，认真学习贯彻习近平总书记"七一"重要讲话及视察宁夏重要讲话精神，自治区党委十二届十三、十四次全会和吴忠市第六次党代会精神，全面落实区市党委、政府决策部署，综合分析大局大势，全面把握机遇挑战，团结带领全区人民，以示范区创建为统揽，以"四大提升行动"为抓手，聚焦产业、就业、社会融入三件事，接续奋斗、锐意进取，扎实推进巩固拓展脱贫攻坚成果同乡村振兴有效衔接，不断掀起真抓实干的工作热潮，呈现出经济发展持续向好、社会大局和谐稳定、政治生态风清气正、干部队伍奋发向上的生动局面，与全国全区同步全面建成小康社会。全国易地搬迁移民致富提升示范区创建起步有力、开局良好，得到了自治区党委、政府的高度关注和充分肯定。

一年来，我们以高度的政治自觉主要抓了以下工作。

一、坚定不移稳增长，经济高质量发展步伐加快

深入贯彻新发展理念，主动应对新形势挑战，统筹疫情防控和经济社会发展，坚持稳中求进工作总基调，扎实做好"六稳"工作，全面落实"六保"任务，着力做强增量、做大总量、做优质量，全区经济运行总体平稳、稳中向好。预计全年地区生产总值82亿元，同比增长9%；一般公共预算收入2亿元，同比增长18.39%；社会消费品零售总额17.11亿元，同比增长7%；城镇居民人均可支配收入29700元，同比增长7%；农村居民人均可支配收入13500元，同比增长11%。

经济基本盘稳固夯实。突出项目建设，紧抓有效投资"牛鼻子"，紧盯项目建设"关键点"，精准发力扩投资，全年实施项目166个，完成固定资产投资83.5亿元，上争资金25亿元，为高质量发展夯实了基础、积蓄了后劲。强化招大引强，湘投产业园、交通物流园、晓鸣股份红寺堡智慧农业产业示范园等15个重点招商项目签约落地，百瑞源枸杞系列产品深加工项目二期、上海机电100兆瓦光伏发电、中利腾晖100兆瓦光伏、水发浩海现代农业产业园等项目建成投产。京藏高速、G338、G344改扩建工程建成通车，银昆高速加快建设，交通区位优势更加凸显，被确定为全国城乡交通运输一体化示范县。落实减税降费政策，为企业减免税费3352.94万元，进一步激发了市场主体活力，释放了发展新动能。严控政府债务风险，妥善化解政府隐性债务8223.87万元，牢牢守住了不发生系统性区域性风险的底线。

产业结构优化升级。加快推进产业结构调整和发展方式转变，在延链补链强链上下功夫，优化一产、强化二产、提升三产，三次产业结构趋于优化。推动农业质效双增。改造提升低效葡萄园区1.4万亩，完成标准化种植2000亩，改造低产枸杞种植基地6000亩，打造绿色优质高效黄花菜节水种植示范基地8个，黄花菜大数据交易中心和万吨深加工生产线投产运营。加快推进养殖业"出村入园""出户入场"，建成中烟飞地二期、新台等养殖园区11个。高效种养业产值占农业总产值比重90%以上。实施品牌提升行动，申请黄花菜国家地理标识，打造葡萄酒特色街区，红寺堡产区葡萄酒连续5年获得布鲁塞尔国际葡萄酒大赛大金奖。成功举办中国葡萄酒酒商大会，杨柳村入选第十一批全国"一村一品"示范村镇。推动工业扩规增量。抢抓实施"宁电入湘"工程重大机遇，总投资252.3亿元的湖南湘投控股、中车株洲所等新能源重大项目成功落户，着力打造新能源装备制造示范基地和光伏产业园。新能源集维中心建成运行，我区被列入全国整县屋顶分布式光伏开发试点。推动服务业提档升级。工商银行、建设银行落地营业，金融商贸、批发零售、电子商务等服务业加快发展，旅游综合收入达到2759.3万元，电商交易额突破2亿元。红寺堡区被纳入黄河国家公园建设体系，弘德村、永新村入选全国乡村旅游重点村和宁夏特色旅游村，永新村入选全国乡村旅游扶贫典型案例，被确定为2021年中国美丽休闲乡村。

改革效能持续释放。坚持以改革创新破壁垒，激活发展内生动力，释放发展潜能。扎实推进"四权"改革。落实"四水四定"要求，实行终端水价制度，设立水量交易平台，倒逼节水增效。盘活农村闲置资源资产，做足"盘活增值、增产增效、以地生金"文章，实现占补平衡交易1.6亿元，我区

被列为自治区土地权改革重点县。全面推行林长制，建立区乡村三级"林长制"体系，实现了山有人管、树有人护、责有人担，造林护林从"独角戏"升级为"大合唱"。纵深推进"放管服"改革，实行"审核合一、一窗通办、一办到底"机制，全面实施"证照分离"，扎实推进简易注销登记，启动最低生活保障审批权限下放试点工作，服务效能全面释放。深入推进基层整合审批服务执法力量改革，城乡一体化综合执法改革成为县级综合执法样本。加快推动科技创新，大力实施科技兴区战略，全社会R&D经费投入强度1.25%，位列宁南山区第一。提升中小企业创新能力，培育认定自治区"专精特新"中小企业7家、示范企业2家。坚持改革强警、科技兴警双轮驱动，全面推进分局科技信息化建设，县域社会治理数字化建设实现质与量的双重飞跃。深化县域紧密型医共体医保支付方式改革，推行多元复合式医保支付方式，分类方法更加科学、协同保障更加有力、资源配置更加有效的医保支付体系初步形成。

二、建管并重抓整治，环境质量大幅提升

积极践行绿色发展理念，大力推进城乡协调发展，坚持城市扩容提质和乡村振兴发展两手抓，环境质量持续改善，宜居度和居民归属感不断增强，天蓝、地绿、水清、景美的生态红寺堡正在成为现实。

城市品质持续提升。加快完善城市配套功能，着力在城市规划、基础设施、公共服务等方面下功夫，城市发展有品质、更有颜值。国土空间规划体系加快建立，县域国土空间总体规划编制取得阶段性成效。大力实施城乡建设行动，实施基础设施项目33个，改造老旧小区6个，新建市政道路11公里，铺设人行道3.3万平方米，改造各类用水管网16.6公里，城西人防休闲公园、金水广场改造提升等工程相继完工。新建一级综合客运站，开通定制客运，群众出行实现"门对门、点对点"接送，城市短板加快补齐、功能更加完善。完成中央文明办全国文明城市创建测评，顺利通过国家卫生城市复审。

乡村面貌焕然一新。全面推进人居环境整治，以环境美、村庄美、庭院美、田园美为目标，以改院、改水、改灶、改厕、改圈为抓手，深入实施村庄规划编制、生活污水治理、村容村貌亮化等十大工程，以弘德、永新、红川3个村为示范，对64个行政村进行集中环境整治，高标准打造美丽村庄37个，建设美丽小城镇1个，杨柳、香园、永新3个村跻身国家森林乡村。红寺堡扬水骨干工程改造完成，城镇污水管网逐步向乡村延伸。"厕所革命"纵深推进，完成卫生厕所改造2000户。村容村貌正在从一处美向处处美，从一时美向时时美，从一户美向户户美，从一村美向村村美转变。

生态环境持续优化。牢固树立绿水青山就是金山银山的理念，驰而不息打好蓝天、碧水、净土三大保卫战，完成中央环保督察"回头看"和自治区环保督察转办案件整改，全年优良天数指标达到87%，城市生活污水处理率、城乡生活垃圾无害化处理率分别达到90%、95.5%。持续推进河长制，清水河、苦水河、红柳沟流域水质达到地表水Ⅳ类以上。围绕"一山两化三河"生态坐标，发展山水林田湖草沙生命共同体，完成国土绿化7.79万亩，城市绿地率、城市绿化覆盖率、人均公共绿地面积分别达到40%、42%、18.39平方米。持续开展非法压砂地专项整治行动，辖区压砂地全部退出，北部草原生态逐步修复。

三、提优补短促均衡，民生福祉持续增进

区委常委会坚持以上率下，牢固树立以人民为

中心的发展思想，积极顺应群众对美好生活的新期待，用实干谋民生之利、解民生之忧，扎实推进共同富裕，将财政支出八成以上投向民生领域，切实把改革发展红利转化为民生幸福指数，人民群众拥有了更多获得感、幸福感、安全感。自治区深入实施"四大提升行动"、全面促进乡村振兴工作会议在我区召开。

脱贫成果巩固提升。深入实施百万移民致富提升行动，加快推进巩固拓展脱贫攻坚成果同乡村振兴有效衔接，做到高点定位、高质推进、高效落实。严格落实"四个不摘"要求，组建"五大振兴"工作专班，出台各类配套政策性文件48个。坚持和完善驻村帮扶工作机制，调整选派驻村第一书记63人、驻村工作队员118人。强化易地搬迁后续扶持，健全防止返贫动态监测和帮扶机制，常态化开展"四查四补"，识别"三类人口"162户667人，及时消除返贫致贫风险。我区入选首批全国脱贫攻坚交流基地，被国务院列为国家乡村振兴重点帮扶县，"红寺堡区突出重点全面推进乡村振兴"典型经验做法被国务院通报表扬。

就业创业持续向稳。深入实施城乡居民收入提升行动，统筹抓好城乡居民工资性、经营性、财产性、转移性收入。坚持就业优先，突出重点群体和城乡低收入群体，开发乡村公益性岗位1513个，实现收入2465万元，城镇登记失业率控制在4%以内。完善"三创一体"帮扶机制，创建红寺堡区级创业孵化示范基地，培育创业实体190个，全民创业带动就业2348人，我区返乡青年刘朋鑫斩获中国青年创新创业交流暨第八届"创青春"中国青年创业大赛银奖。建立济南市劳务工作服务站，开展点对点劳务输出，全年转移就业4.15万人，实现劳务收入6.81亿元。

教育质量全面提高。深入实施基础教育质量提升行动，推进学前教育普惠发展、义务教育优质发展、高中教育普及发展、职业教育融合发展。新建改扩建高级中学、第五中学、弘德希望小学等学校24所，大班额、大校额问题得到有效化解。深化"互联网+教育"示范区建设，推进第三中学、第四小学、回民中学"互联网+教育"标杆校创建。设立宁夏大学、自治区考试院函授、自考教学站，填补了无高等学历教育的空白。自治区基础教育质量提升现场会在我区召开。

健康水平稳步提升。深入实施全民健康水平提升行动，挂牌成立医疗健康总院，深化远程医疗协作，打造区域远程心电、影像、检验"三大中心"，胸痛中心通过国家级认证。构建"1+3+6"紧密型县域医共体，推动分级诊疗、合理诊治和有序就医新秩序。引进21名紧缺专业医疗专家，候鸟式服务基层，2021年城乡居民健康素养水平达21.12%，同比增加3.11%。常态化开展疫情防控，累计接种疫苗355609剂次，去年10月份由区外输入病例引发的突发疫情我区"零感染"，有力保护了人民群众生命健康。红寺堡区中医院建设纳入自治区支持革命老区振兴发展的22项重点任务，中医事业迎来发展新机遇。

社会保障提标扩面。聚焦群众切身利益，织密社会保障网，牢牢兜住民生底线。推动养老、医疗、工伤、失业、生育等社会保险不断规范完善，率先在全区开展低保和高龄异地审批试点工作，城乡居民养老保险参保率巩固在92%以上。完善捐赠、互助等多元社会救助机制，养老服务能力不断提升。红十字会正式挂牌成立，妇女创业贷款总量位列全区第一，"两规划"高质量通过自治区终期评估。加强残疾人权益保障，实行多元托养模式托起残疾人幸福生活，残疾人运动员马尚俊获得全国第十一届残疾人运动会暨第八届特殊奥林匹克运动会男子F52级铅球银牌和铁饼铜牌。扎实做好退役军人服务工作，红寺堡区退役军人服务中心成为全国标杆。

文化事业繁荣发展。深入实施文化惠民工程，弘德村综合文化站、兴民村文化广场等建成投用，基层公共文化服务水平有效提升。开展"广场文化演出""送戏下乡"等文化会演120场次，让群众享受到更优质的文化发展成果，我区夺得自治区2021年青少年男子篮球锦标赛冠军，被评为全国群众体育先进单位。积极打造书法教育"红寺堡模式"，成功举办"共产党好、黄河水甜"文化艺术周暨"知行合一"书法教师优秀作品展复选活动。强化"馆校共建"，红寺堡区文化馆被文化和旅游部评定为国家一级馆，马慧娟被评选为全国"乡村阅读榜样"，《新华全媒+走出黑眼湾》刊发后突破百万点击量。非遗濒危项目保护和代表性传承人抢救性记录工作有序开展，组织申报区市级非遗代表性项目7个。获得2021年中国青少年机器人（宁夏赛区）竞赛奖项4个，红寺堡区天源农牧业科技开发有限公司荣获自治区科学技术进步二等奖。

四、共治共享促融入，社会治理深入推进

坚持共建共治共享发展理念，持续构建政治、法治、德治、自治、智治"五治融合"基层治理体系，努力建设更高水平的平安、法治红寺堡，荣获中国社会治理百佳示范县、自治区平安县称号。

人民民主更加凸显。深入学习贯彻中央人大工作会议精神，始终坚持党的全面领导、人民当家作主、依法治国有机统一，不断发展全过程人民民主。加强和改进新时代人大、政协工作，创新开展人大"五带头三联系"活动，健全政协"有事好商量"协商平台，顺利完成人大、政协换届选举。坚持党管武装根本原则，深化"双拥"共建，加快军民融合发展，国防动员和后备力量建设不断加强。

巩固和团结最广泛的爱国统一战线，加强新时代党外知识分子思想政治工作和无党派代表人士队伍建设。充分发挥工会、共青团、妇联等群团组织桥梁纽带作用，全面调动社会各界的积极性、主动性、创造性，在示范区创建的实践中凝聚共识、凝聚智慧、凝聚正能量。宁夏希望工程助力"四大提升行动"工作推进会在我区召开。

依法治区更加深入。深入学习贯彻习近平法治思想和中央全面依法治国工作会议精神，落实行政执法"三项制度"，推行行政机关负责人出庭应诉备案制度，法治政府建设不断深入。扎实开展"八五"普法，深入学习宣传宪法、民法典，持续推进法律"八进"活动，全民法治意识不断增强。开展"法律明白人"培养工程，全面落实"一村一法律顾问"机制，公共法律服务保障不断优化。全面开展政法队伍教育整顿，全面完成中央和自治区督导反馈问题整改，"政法铁军"的整体面貌不断改进。支持人民法院、人民检察院依法履行职能，红寺堡区人民法院被评为全国人民法院党建工作先进集体。坚持和发展新时代"枫桥经验"，创新设立"114百事解"矛盾纠纷多元调解中心，全面推进国家级"智慧矫正中心"建设，深入开展矛盾纠纷大排查大化解行动，着力消除各类风险矛盾，公众安全感不断提升。

社会治理更加有效。认真贯彻自治区"1+6"政策文件，深入推进135基层社会治理模式，创建县域社会治理示范区入选2021年法治日报社会治理创新案例。全面推行"平安顾问"和"红袖标"义务巡防，城乡网格化服务管理水平显著提升。建立智慧化防控体系，实施"雪亮""地网"等工程，实现城乡重点区域视频监控全覆盖。深入推进区乡村三级综治中心实体化、实战化运行，基层社会治理基础进一步夯实。集中攻坚安全生产专项整治三年行动，着力加强安全生产监管和隐患排查，持续

推进"食品药品安全区"全域创建，扎实做好食品药品安全工作。常态化开展扫黑除恶斗争，加快推进信息网络、自然资源、工程建设、交通运输、民族宗教、非法金融六大行业领域整治，红寺堡区公安分局被评为自治区扫黑除恶专项斗争先进集体。

五、深化全面从严治党，党的建设不断加强

严格落实党要管党、全面从严治党方针，真正将制度优势转化为治理效能，提高党建质量，推动全面从严治党向纵深发展。

全力推进党的政治建设。坚持把党的政治建设放在首位，严肃党的政治纪律和政治规矩，层层落实管党治党政治责任，不断增强"四个意识"、坚定"四个自信"、做到"两个维护"，引领广大党员干部始终同以习近平同志为核心的党中央保持高度一致。深入学习宣传贯彻党的十九届六中全会和习近平总书记"七一"重要讲话精神，区委常委会带头读原著、学原文、悟原理，用党的创新理论武装头脑、指导实践、推动工作。紧盯各类巡察和各项督查反馈问题整改，推动中央和区市党委决策部署落地见效。

扎实开展党史学习教育。把党史学习教育作为贯穿全年的重大政治任务，把握关键环节，以上率下，示范引领。依托理论课堂、宣教课堂、体验课堂、剖析课堂等多种形式学习百年党史、感悟思想伟力，开展区委理论学习中心组党史学习教育专题学习"夜读班"46次。用好红色资源、传承红色基因，开展"重走移民路、重温移民史"党性教育，引导全区上下今昔对比看变化，切身感悟"共产党好、黄河水甜"。扎实开展"传承党的百年光辉史基因、铸牢中华民族共同体意识"主题教育，深入开展"我为群众办实事"实践活动，有效解决群众急难愁盼问题78项。广大党员干部在学史明理、学史增信、学史崇德、学史力行中鼓舞了斗志、凝聚了力量。

隆重庆祝建党100周年。组织收看庆祝中国共产党成立100周年盛况，聆听习近平总书记重要讲话，全区广大党员干部置身伟大的历史时刻、见证伟大的胜利、感受伟大建党精神，倍感荣光、倍感振奋，更加坚定了必胜信心和使命意识。召开红寺堡区庆祝中国共产党成立100周年座谈会、"两优一先"表彰大会，颁发"光荣在党50年"纪念章135枚，举办"颂歌献给党、奋进新征程"文艺晚会，走访慰问生活困难党员、老党员、老干部等1659名，切实凝聚起广大党员、群众奋进新时代、启航新征程的强大合力。

持续加强干部队伍建设。圆满完成区乡班子换届，班子配备不断优化，整体功能持续增强。聚焦示范区建设，建立健全源头培养、跟踪培养、全程培养的素质培养体系，举办培训班6期，着力提升干部解决实际问题的能力水平。先后选派10名年轻干部到乡村振兴、基层治理等一线锤炼筋骨、摔打历练，48名业务骨干参与党史学习教育宣讲、人居环境整治、疫情防控等重点工作，推动干部在实践中历练、在实干中成长。突出政治监督，坚持严字当头，真正做到真管真严、敢管敢严、常管常严。严格落实乡镇干部"三优"政策，基层干部活力不断激发。深入实施公务员队伍建设"三高一强"工程，持续深化巩固职务与职级并行制度实施成果。

全面加强基层组织建设。以实施基层党建"六项行动"为统领，以抓党建促乡村振兴、促基层治理为重点，扎实抓好"基层党建全面提升年"各项任务落地落实。深入实施"三大三强"行动、"两个带头人"工程，全面推进党支部标准化规范化建设，创建三级示范点10个，整顿提升软弱涣散村党组织2个。扎实推进"一抓两整"示范县乡创建

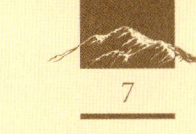

行动，制定40个移民村"一村一案"党建提升行动方案，有序创建党建工作示范村44个。高质量完成村"两委"换届选举，村党支部书记学历、年龄"一升一降"，"一肩三挑"比例达到58.7%。积极探索"党支部+合作社+基地+农户"模式，95%的村集体经济收益超过20万元。深入实施"五强五促"行动，扎实开展"六化六提升"工程，打造鹏胜商圈党建联盟，各领域党建齐头并进、稳步向好。

扎实推进党风廉政建设。 坚持全面从严治党，党风廉政建设和反腐败斗争不断向纵深发展。探索开展村（社区）"提级监督"试点工作，以点带面推动全面从严治党向基层延伸。积极构建"两级双述"工作体系，通过廉政谈话、约谈提醒、精准问责追责等方式，破解"一把手"监督和同级监督难题，提升全面从严治党主体责任的主动性积极性。健全"质效管理簿"工作模式，创新"3+2+N"派驻监督机制，统筹"协作区"工作机制，加强重点领域监督机制改革和制度建设，不断完备的制度体系、严格有效的监督体系逐步形成。保持惩治腐败高压态势，坚持决心不变、力度不减、尺度不松，坚决依规依纪依法从严查处腐败分子，2021年共受理问题线索155件，立案38件，处分42人，党员干部拒腐防变的能力进一步增强。充分发挥巡察利剑作用，实现了三届区委巡察全覆盖。扎实开展粮食购销领域腐败问题专项整治，顺利完成吴忠市涉粮问题专项巡察，储备临时原粮2000吨、应急成品粮1000吨。

在抓好各项工作的同时，区委常委会高度重视自身建设，坚持把学习贯彻习近平新时代中国特色社会主义思想、习近平总书记"七一"重要讲话及视察宁夏重要讲话精神作为头等大事、首要任务和政治责任，带头捍卫"两个确立"、践行"两个维护"，带头砥砺斗争精神、勇于担当作为，带头严守纪律规矩、强化底线思维，带头执行民主集中制、维护班子团结，充分发挥了总揽全局、协调各方作用，在全区进一步营造了"干部干净干事、群众群策群力"的浓厚氛围。

以上报告是区委常委会一年来的主要工作。这些成绩的取得，得益于习近平新时代中国特色社会主义思想和习近平总书记视察宁夏重要讲话精神的正确指引，得益于中央和区市党委的坚强领导，得益于国家烟草专卖局、德化县、惠安县的鼎力相助、倾情帮扶，更是全区各级党组织和广大党员干部群众勠力同心、奋勇拼搏、接续奋斗的结果。各位委员、候补委员履职尽责、真抓实干，区人大、政府、政协班子和各乡镇（街道）、各部门密切协作、攻坚克难，对常委会的工作给予了大力支持。在此，我代表区委常委会，向同志们表示衷心感谢。

在总结成绩的同时，区委常委会也清醒地认识到工作中还存在一些差距和不足，需要在今后的工作中不断加强、不断改进、不断提升。

请同志们对区委常委会的工作提出意见和建议。

（红寺堡区委办提供）

政府工作报告

—— 在吴忠市红寺堡区第四届人民代表大会第一次会议上的报告

红寺堡区人民政府代区长 王忠强

（2021年10月26日）

各位代表：

现在，我代表区人民政府向大会报告工作，请予审议，并请各位政协委员和其他列席人员提出意见。

一、过去五年工作回顾

汗水浇灌硕果，奋斗书写华章。过去的五年，是红寺堡发展史上极其难忘、极不平凡的五年。这五年，最振奋人心的是，习近平总书记亲临红寺堡视察，寄予了我区干部群众"做好产业、就业、社会融入三件事"的殷切嘱托和"更好生活还在后头"的美好祝愿，让我们倍感振奋、备受鼓舞，更加坚定了加快发展的顽强决心，更加坚定了富民强区的责任担当。这五年，最感动人心的是，面对突如其来的新冠肺炎疫情，全区上下闻令而动、听令而行，服从大局、担当作为，众志成城织密了科学防控网，精准施策打赢了全民阻击战，疫情防控取得了阶段性胜利。这五年，最鼓舞人心的是，全区上下坚持把脱贫攻坚作为最大政治责任和第一民生工程，勠力同心决胜贫中之贫，尽锐出战攻克坚中之坚，23万移民群众彻底撕掉了贴在身上的贫困标签，由衷发出了"共产党好、黄河水甜"的肺腑心声。

各位代表，五年的非凡历程，五年的务实奋进，我们始终坚持以习近平新时代中国特色社会主义思想为指导，深入学习贯彻习近平总书记视察宁夏重要讲话精神，在自治区、吴忠市党委政府和区委的坚强领导下，在区人大、区政协的监督支持下，团结带领全区各族人民群众，以"脱贫攻坚、增收富民"为统揽，负重拼搏、奋勇争先，圆满完成了区三届人大一次会议确定的各项目标任务，全面开启了红寺堡高质量发展的新征程！

*五年来，我们奋力拼搏、追赶进位，综合实力稳步提升。*面对复杂多变的经济环境，始终坚持稳中求进工作总基调，扎实做好"六稳"工作，全面落实"六保"任务，持续做好调、转、增、融"四篇文章"，经济社会各项事业稳步推进。与2015年相比，地区生产总值从25.2亿元跃升至71.2亿元，年均增长9.9%，实现了翻番目标；累计完成地方一般公共预算收入9.7亿元、全社会固定资产投资349.9亿元，均是"十二五"时期的1.4倍；社会消费品零售总额从12.34亿元增加到15.99亿元，年均增长5.4%；城镇和农村居民人均可支配收入分别从17875元、6409元增加到25468元、10925元，年均增长7.3%、11.3%。2020年全区效能目标考核

首次跻身山区组第一方阵。

五年来，我们精准施策、尽锐出战，脱贫攻坚全面胜利。紧盯"两不愁三保障"目标，落实"六个精准""五个一批"要求，推行脱贫攻坚"556"工作模式，扎实开展"四查四补"、挂牌督战等重点工作，全面打赢了脱贫攻坚战。累计整合资金57.7亿元，实施各类扶贫项目676个，抓重点、强弱项、补短板，农村基础设施及公共服务水平显著提高，义务教育阶段贫困家庭失学辍学学生实现动态清零，健康扶贫"三个一批"精准落实，危窑危房应改尽改，常住人口自来水普及率、水质达标率均为100%。累计发放扶贫小额信贷21.12亿元，兑付产业到户补助、务工补贴等资金2.8亿元，建成扶贫车间14家，开发公益性岗位6457个。累计落实闽宁对口协作、中烟定点帮扶资金3.2亿元，实施产业、就业等项目200余个。159个帮扶单位、382名驻村工作队员、3313名干部扎根基层、奋战一线，汇聚起携手脱贫、众志攻坚的强大合力。现行标准下12779户50585名贫困人口全部脱贫，40个贫困村全部出列，顺利退出省定贫困县序列，我区入选首批全国脱贫攻坚交流基地。

五年来，我们持之以恒、培优扶强，产业布局更加优化。农业提质增效，发展壮大"3+X"产业，累计种植葡萄10.8万亩、枸杞2.5万亩、优质牧草7.2万亩、黄花菜8.02万亩，肉牛、滩羊饲养量分别达到12.5万头、96万只。新增高效节水灌溉面积11.8万亩，建成巴庄村高效节水等示范基地，获批建设自治区级现代农业产业园。打造"红漠"葡萄酒、"红寺堡"黄花菜等区域公共品牌13个，注册"千红裕""滩羊坊"等商标56个，认证"三品一标"农产品29个，引进水发浩海、百瑞源、富阳等龙头企业10家，培育产业合作社273家，农业总产值达到18.2亿元。成功举办黄花菜产业科技高峰论坛、中国葡萄酒酒商大会等一批全国性盛会，我区先后被评为全国食品安全示范基地、中国富硒黄花菜明星产区、宁夏中部干旱带高效节水示范试验及实训基地。工业扩规增量，抢抓"宁电入湘"重大机遇，编制完成"十四五"新能源发展规划和绿色装备制造产业示范园规划，湘投控股、中车株洲所等企业相继落户，协议投资252.3亿元。新能源集维中心建成投运，风力光伏发电装机容量达到458万千瓦，占自治区近六分之一，我区被列入全国整县屋顶分布式光伏开发试点。大唐新能源、兴民纺织等一批项目投产达效。完成弘德包装、东方盛达等40家企业技术改造。累计培育规上工业企业54家、"专精特新"企业24家、"中小企业50强"5家，规上工业总产值达到156亿元，规上工业增加值年均增长17%。服务业提档升级，时代广场、团结商业广场等商贸综合体建成运营。工行、建行等7家金融机构落地营业，存贷款余额分别达到54.7亿元和50.8亿元，存贷比达到92.9%。在长三角、珠三角等地区成功举办农特产品展销会、推介会40余次，品牌美誉度和影响力大幅提升。开设各类网店1000余家，线上销售额超过2亿元。连续多年承办全国青少年航空航天模型锦标赛，罗山航模基地成为"国字号"航空运动营地。宁夏移民博物馆、"1236"指挥部旧址等旅游景点纳入自治区全域旅游规划，弘德村、永新村入选全国乡村旅游重点村和宁夏特色旅游村。服务业增加值达到27.79亿元，年均增速7.1%。

五年来，我们统筹推进、建管并举，城乡面貌焕然一新。城乡建设步伐加快，新建住宅小区14个，完成棚户区改造5603户、老旧小区改造4个，城东市民休闲公园、金水广场改造提升等工程相继完工，城镇社区增至8个，城市建成区面积拓展到12.68平方公里，城镇化率由30.6%提高到40.1%。建成柳泉、大河美丽小城镇，以弘德、永新、红川村为示范，高标准打造美丽村庄37个，杨柳、香园、永新3个村跻身国家森林乡村。改造农村卫生厕所1.18万座、污水管网72.6公里。红寺堡扬水骨干工程改造完成。高铁红寺堡北站、G338线等重点项目建成投运，乡村道路通车里程达935公里，成功创建全国"四好农村路"示范县（区）、全国和自治区城乡交通运输一体化示范县（区）。生态环境持续优化，"三大保卫战"成效显著，中央和自治区环保督察反馈问题全面整改，压砂地全部退出，环罗山生态屏障建设更加巩固，空气质量优良天数占比85%，城市生活污水处理率、城乡生活垃圾无害化处理率分别达到90%、95.5%，森林覆盖率、草原综合植被盖度分别达到14.12%、56.69%。

五年来，我们一心为民、共建共享，民生福祉持续改善。 始终保持民生投入只增不减、标准只升不降，超过80%的财力用于改善民生。城乡教育均衡发展，累计投入资金8.5亿元，实施薄改工程、标准化学校建设等项目，新建职业技术学校、弘德希望小学、七幼等中小学、幼儿园32所。顺利通过国家义务教育基本均衡和自治区普及高中阶段教育评估验收，教育教学质量位居吴忠市及宁南山区9县前列。宁夏大学、自治区考试院函授、自考教学站正式设立，填补了我区高等学历教育的空白。医疗卫生快速发展，挂牌成立医疗健康总院，构建"1+3+6"县域医共体，实现"先诊疗、后付费""一站式"结算，基层医疗卫生服务能力不断加强。人民医院门诊综合楼、妇幼保健计生中心等建成投用，远程心电、影像、检验"三大中心"效果凸显，胸痛、卒中、危重孕产妇、危重新生儿救治中心通过认证，成功创建自治区卫生县（区）。新冠肺炎疫情发生以来，始终坚持人民至上、生命至上，医务人员、公安民警和党员干部群众等义无反顾、逆行而上，实现连续620天无新增病例，新冠疫苗接种26.5万剂次，完成全程接种13.5万人。文体事业繁荣发展，累计投入5.1亿元，建成体育馆、文化馆、全民健身中心等公共文化服务设施，村级文化活动阵地实现全覆盖，全民阅读、全民健身等系列群众文体活动有序开展，国家公共文化服务体系示范区创建通过验收，获评全国群众体育先进单位。打造村级游客接待中心4个，升级改造紫光湖、罗山飞行营地等休闲旅游打卡地，我区被纳入黄河国家文化公园建设体系。社会保障扩面提标，健全完善敬老院、残疾人康复中心、退役军人服务中心（站）、红十字会等民生服务机构，建成保障性住房2831套，妇女儿童发展规划顺利通过自治区终期评估。就业创业成效明显，培育创业实体594个，累计新增城镇就业3400人，转移农村劳动力19万余人次，实现劳务收入20亿元，我区被评为自治区转移就业示范县（区）。自治区深入实施"四大提升行动"、全面促进乡村振兴工作、基础教育质量提升现场会等全区性会议先后在我区召开。

五年来，我们解放思想、敢闯敢试，发展活力加速释放。 重点领域改革稳步推进，累计实施经济、文化等领域改革305项。机构改革、基层整合审批服务执法力量改革全面完成，城乡一体化综合执法成为县级综合执法改革样本。农村集体产权、户籍、司法、殡葬等改革持续深化。"四权"改革全面启动，我区被列为自治区土地权改革重点县。"放管服"改革成效明显，"证照分离""不见面、马上办"等行政审批改革全面推行，"双随机、一公开"监管全面落实，新增各类市场主体7548户。对外开放水平显著提升，与东南沿海地区开展全方位、宽领域、多层次交流合作，累计招引项目148个，到位资金330亿元。科技创新成果不断涌现，设立葡萄产业博士工作站，建成葡萄与葡萄酒（吴忠）技术创新中心，培育宁夏滩羊育种工程技术研究中心等创新平台3家，成功申报国家高新技术企业 2 家、自治区农业高新技术企业 1 家、自治区科技型中小企业 14 家。全社会 R&D 经费投入 8800 万元，投入强度 1.25%，位列宁南山区第一。

五年来，我们群策群力、标本兼治，社会大局和谐稳定。认真贯彻自治区"1+6"政策文件，深入推进基层社会治理体系和治理能力现代化建设，建立智慧化防控体系，实现城乡重点区域视频监控全覆盖。持续深化"红袖标"义务巡防、"平安顾问"等做法，"135"基层社会治理模式被评为全国"2020 民生示范工程"，规范村民代表会议制度，"55124"模式入选首批全国 20 个乡村治理典型案例。"七五"普法任务全面完成，实现村、社区法律顾问全覆盖。扫黑除恶专项斗争圆满收官，政法队伍教育整顿成效明显。深入开展马克思主义"五观"百场万人大宣讲及"五项特色教育"，深化民族团结进步创建，依法加强宗教事务管理，民族团结、宗教和顺、社会和谐的良好局面不断巩固。扎实开展安全生产专项整治三年行动，稳步推进全域创建"食品药品安全区"。我区先后获得全国"七五"普法中期先进县（区）、全国信访工作"三无"县（区）、中国社会治理百佳示范县、自治区平安县、全国民族团结进步示范区、自治区禁毒示范县等荣誉，公安分局荣获全国公安机关执法示范单位。

五年来，我们内强素质、外树形象，政府效能明显提升。始终把政治建设摆在首位，扎实开展"两学一做"学习教育、"不忘初心、牢记使命"主题教育、党史学习教育，不断增强"四个意识"、坚定"四个自信"、做到"两个维护"。严格履行全面从严治党主体责任和党风廉政建设"一岗双责"，认真落实意识形态工作责任制。严格落实中央八项规定及其实施细则精神，力戒形式主义、官僚主义，会议、文件有效压减，"三公"经费年均下降 35.6%。自觉接受人大法律监督、政协民主监督，累计办理代表议案建议 134 件、委员提案 217 件。纵深推进法治政府建设，全面落实行政执法"三项制度"。扎实推进政务公开、"数字政府"建设，12345 便民服务热线及区长信箱办理水平不断提升，累计承接咨询、诉求等 4.8 万件，按期办结率达 98.8%，群众满意率达 97.8%。

同时，国防动员、国家安全、外事侨务、机关事务、新闻媒体、网络安全、电力通信、罗山保护、文物保护、档案史志、工商联、公积金、供水、供气、供热、税务、金融、保密、人防、工会、妇女、儿童、青年、老龄、气象、邮政等方面工作都取得了新成效，为全区经济社会发展作出了积极贡献。

各位代表，五年披荆斩棘，五年栉风沐雨。回首过去，全区广大党员干部始终保持着昂扬的事业心、争优的进取心、履职的责任心，与时代同发展、与人民共奋进，完成了一批亮点突出、特色鲜明的改革事项，解决了一批社会关注、群众关心的急事难事，办成了一批立足当前、着眼长远的实事大事，交出了一份厚重提气、无愧人民的优异答卷。

这些成绩的取得，是以习近平同志为核心的党中央掌舵领航、关心关怀的结果，是自治区、吴忠市党委政府和区委正确领导、科学决策的结果，是区人大、区政协监督指导、鼎力支持的结果，是历届政府班子艰苦创业、励精图治的结果，是全区广大党员干部群众团结一心、苦干实干的结果，每一个红寺堡人都是这段奋斗历程的亲历者、见证者和推动者。在此，我谨代表区人民政府，向辛勤奋战在各条战线上的党员干部群众，向人大代表、政协委员、各民主党派、工商联和各界人士，向国家烟草专卖局、德化县、惠安县等对口帮扶单位，向驻红单位和武警官兵、公安民警、消防救援指战员致以崇高敬意！向关心支持红寺堡改革发展的自治区、吴忠市各部委、各厅局表示衷心感谢！

各位代表，风雨多经志弥坚，关山初度路犹长。在肯定成绩的同时，我们也清醒地认识到，全区经济社会发展还面临一些困难和问题。当前，特别艰巨的任务是，高质量做好产业、就业和社会融入三件事，高标准创建全国易地搬迁移民致富提升示范区；特别突出的制约是，水资源短缺，财政收支不平衡，经济综合实力不强，城乡公共服务差距较大；特别明显的短板是，农业产业化程度不高，工业体量规模不大，现代服务业发展不足，新业态、新动能尚在培育之中，营商环境有待进一步改善；特别迫切的愿望是，培养引进更多的龙头企业、行业领军企业、区域知名企业，培养引进更多的乡土人才、专业技术人才、企业管理人才。这些问题，既是工作差距，也是发展潜力，我们将在今后的工作中认真研究，对症下药，着力解决。

二、今后五年总体目标和重点任务

各位代表，时代眷顾奋斗者，星光不负赶路人。今后五年，是红寺堡机遇叠加的黄金期、爬坡越坎的攻坚期、奋楫争先关键期。站在"两个一百年"的历史交汇点，秉承"十三五"时期打下的坚实基础，我们比以往任何时候更有信心、更有底气、更有动力。我们必须坚持党的领导，全面贯彻落实区第四次党代会决策部署，在搬得出、稳得住的基础上，迈出能致富、高质量发展的新步伐，努力把"十四五"擘画的宏伟蓝图变成美好现实。

今后五年工作的指导思想是：高举习近平新时代中国特色社会主义思想伟大旗帜，深入贯彻党的十九大和十九届二中、三中、四中、五中全会精神，认真学习贯彻习近平总书记在庆祝中国共产党成立100周年大会上的重要讲话及视察宁夏重要讲话精神，全面落实党中央、国务院和自治区、吴忠市党委政府和区委决策部署，统筹推进"五位一体"总体布局，协调推进"四个全面"战略布局，立足新发展阶段、贯彻新发展理念、融入新发展格局，坚持稳中求进工作总基调，以推动高质量发展为主线，以创建全国易地搬迁移民致富提升示范区统揽经济社会发展全局，全力做好产业、就业和社会融入三件事，狠抓"五个重点"，扭住"一个关键"，推进巩固拓展脱贫攻坚成果同乡村振兴有效衔接，坚决守好"三条生命线"，走出一条高质量发展的新路子，奋力谱写新时代红寺堡现代化建设的新篇章！

今后五年的奋斗目标是：地区生产总值年均增速高于自治区平均水平，年均增长8%以上；城乡居民人均可支配收入增速高于经济增速，年均增长9%以上。到2025年，经济发展更加强劲，地区生产总值突破百亿元，一般公共预算收入达到2.5亿元，全社会固定资产投资年均增长10%左右；群众生活更加幸福，城镇、农村居民人均可支配收入分别达到36000元、18000元以上；生态环境更加宜居，空气质量优良天数比例稳定达到85%以上，森林覆盖率达到15%，农村生活污水处理率、资源化利用率均达到40%以上，城镇化率达到50%以上；治理体系更加完善，平安红寺堡、法治红寺堡建设走在全区前列，乡村文明程度全面提升；政府职能转变更加有力，进一步做到理想信念坚定、落实担当有力、人民群众满意，服务水平不断提升。

今后五年，重点在以下六个方面谋求新突破、取得新进展。

——坚定不移抓"三农"、促振兴，夯实高质量发展基础。抢抓乡村振兴重点帮扶县机遇，深入实施乡村振兴战略，加快农业农村现代化，促进农业高质高效、乡村宜居宜业、农民致富增收。

在巩固脱贫成果上用心用力。严格落实"四

个不摘"要求，保持主要帮扶政策总体稳定，持续提升"两不愁三保障"和饮水安全保障水平。健全防止返贫动态监测和帮扶机制，坚决守住不发生规模性返贫的底线。加强扶贫项目资产后续管理，确保扶贫项目在巩固拓展脱贫攻坚成果同乡村振兴有效衔接中持续发挥作用。持续深化闽宁对口协作、中烟定点帮扶，促进脱贫劳动力稳岗就业，不断拓宽群众增收渠道。因地制宜发展壮大村集体经济，到 2025 年，村集体经济收入均超过 20 万元。

在推进乡村建设上接续接力。深入实施乡村建设行动，加快"多规合一"实用性村庄规划编制，提升水、电、路、讯等基础设施，推动公共服务向农村延伸、社会事业向乡村覆盖。推进闲置宅基地有效利用，激活农村土地要素，盘活"沉睡"土地资产。立足产业基础、文化底蕴、资源优势，加快"一村一品""一乡一业"布局。全面推进"互联网+城乡供水"、高效节水灌溉等工程，打造现代化扬黄生态灌区。加快推进数字乡村建设，深化信息惠民便民，激发乡村振兴内生动力。持续开展村庄清洁行动，因地制宜推进"厕所革命"、垃圾处理和污水治理，巩固人居环境整治成果。到 2025 年，实现人居环境整治示范村全覆盖，高标准打造乡村振兴示范村 14 个。

在发展现代农业上稳扎稳打。落实最严格的耕地保护制度，坚决遏制耕地"非农化"、防止"非粮化"。深入实施藏粮于地、藏粮于技战略，新增高标准农田 8 万亩，粮食播种面积稳定在 32 万亩以上。深入推进农业供给侧结构性改革，坚持质量兴农、绿色兴农、品牌强农，大力发展高效节水农业和智慧农业，构建农林牧结合、种养加一体、一二三产业深度融合的现代化发展新格局。聚焦农产品附加值提高、产业链延长，推进葡萄、枸杞、黄花菜系列产品研发，打造区域公用品牌，提升产品影响力和市场占有率。盘活壹加壹肉牛屠宰场，建成晓鸣股份智慧农业产业示范园。完善提升"龙头企业+新型经济合作组织+基地+农户"的发展模式，培育壮大一批农业龙头企业，支持引导一批规模经营主体，力争培育形成 3 个以上综合产值超亿元的农业全产业链，高标准打造自治区级现代农业产业园。到 2025 年，葡萄、枸杞、黄花菜全产业链产值分别达到 30 亿元、5 亿元、10 亿元，优质牧草种植面积达到 20 万亩，肉牛、滩羊饲养量分别达到 15 万头、100 万只，特色农业产值比重提高 80% 以上。

——坚定不移抓项目、兴产业，厚植高质量发展优势。充分发挥区位优势，抓住重点、突出特色，明确主攻方向，整合资源要素，推动经济发展实现量的合理增长和质的稳步提升。

做大做强新型工业。抢抓"宁电入湘"重大机遇，推进"一线一园一基地"建设，力促宁湘新能源装备制造产业园等项目建成投运，配套发展光伏电池组件、逆变器制造、电工电气等上下游产业，新增装机容量 550 万千瓦，全域推进屋顶分布式光伏建设，打造新能源装备制造产业示范园和光伏电站示范基地，实现清洁能源产业与转移就业、增收致富、社会民生有效衔接。不断完善产业园配套功能，持续提升园区承载能力和产业聚集度，着力构建农副产品深加工、包装印刷、轻工纺织产业体系。加强工业经济运行监测预警、分析调度和服务保障，确保工业经济健康发展。到 2025 年，新增规上工业企业不少于 20 家，规上工业增加值年均增长 10% 以上。

做美做亮文化旅游业。抢抓红寺堡纳入黄河国家文化公园建设体系历史机遇，充分挖掘"1236"指挥部旧址、移民旧址、弘德村、风光发电、航模基地、乡村休闲等特色旅游资源，全面提升景点公共服务水平和基础设施配套能力，将红色研学、航空体验、民宿康养、"星星故乡"等项目串点成线，不断擦亮"锦绣新灌区、魅力红寺堡"文旅品牌。持续申办全国航空航天模型锦标赛等文旅活动,推动形成"文、体、旅、商、农"融合发展新业态,努力把我区建设成为全国移民文化集中示范区和宁夏全域旅游线路上的重要节点。到2025年,实现接待游客80万人次以上,旅游总收入2亿元以上。

做活做优现代服务业。培育壮大现代物流、电子商务等服务业,加快交通物流园、辰川公铁联运智能港建设进度,建设国(省)干线综合服务区4个,拓展高速公路服务区功能,构建覆盖城乡物流服务网络体系,大力发展多式联运业态。推进金融服务创新,全面落实政银企保对接机制,解决企业、新型农业经营主体融资难、融资贵问题。加强公益性、基础性服务业供给,积极发展健康养老、育幼、文体、家政服务等产业。打造以时代广场、博大购物中心、乡镇集市等为主体的核心商圈,配套完善社区商业,加快生产性服务业向专业化和高品质延伸、生活性服务业向精细化和高品质转变。大力发展会展经济,提升会展设施承载能力和服务水平,提振消费活力,打造城市新名片。到2025年,力争服务业增加值年均增长9%以上。

——坚定不移抓建管、提品质,拓展高质量发展空间。以创建全国文明城市为抓手,用工匠精神建设城市,下绣花功夫管理城市,让城市更整洁、更宜居、更美丽。

优化城乡发展格局。坚持规划先行,高质量编制城乡国土空间总体规划,以"做优城市、做特集镇"为目标,打造一批功能齐全、特色突出、辐射力强的商贸产业强镇、旅游美食名乡,形成"城区带动、乡镇促动、整体联动"的城乡发展态势。巩固拓展全国"四好农村路"示范区创建成果,加大产业路、旅游路、资源路建设力度,构建"互联互通、内联外畅、运行高效、安全便捷"的综合交通运输体系。加快推进新型城镇化建设,形成城乡经济社会发展一体化新格局。

提升城市品质内涵。深入推进城市更新行动,优化城市功能布局,实施市政道路、停车场、慢行系统建设及地下管网、消防设施改造等工程。推进智慧城市、海绵城市建设,加快5G网络、物联网、大数据、人工智能等新型基础设施建设。积极推进"城市双修",大力开展城市绿化美化提升行动。坚持"房住不炒",促进房地产市场平稳健康发展,建立"多主体供给、多渠道保障、租购并举"的住房制度,满足居民多层次居住需求。实施棚户区改造等工程,充分利用棚改腾空土地,加强各类生活服务设施配套,让群众从"住有所居"到"宜居优居"。

推进城市精细管理。加快推进城市管理智慧化平台建设,加速布局全域感知智能终端设施,创新网格化管理模式,实现城市管理从"人防"向"技防"升级,从城区干道向背街里巷延伸。持续推动全国文明城市创建,巩固国家卫生城市创建成果,积极探索城市管理服务外包模式,全面推行垃圾分类处理,逐年改造提升沿街商铺,有效整治脏点、乱点、堵点。加强社区阵地建设,完善社区服务功能。健全星级社区评价体系,加大住宅小区物业监管力度,提升物业标准化服务水平。到2025年,实现城市垃圾分类全覆盖,物业标准化管理小区达到75%以上。

——坚定不移抓生态、优环境,擦亮高质量发展底色。始终践行绿水青山就是金山银山理念,全面融入黄河流域生态保护和高质量发展先行区建设,毫不放松抓好环境治理和生态保护,让生态绿色成为红寺堡发展的鲜明底色。

加强生态保护修复。统筹推进山水林田湖草沙系统治理,严格落实"四禁""四减""四保"要求,建立"三线一单"生态环境分区管控体系,规范自然资源开发利用行为。把水资源作为最大的刚性约束，坚持以水而定、量水而行，推进水资源集约安全利用。大力实施罗山生态保护修复治理、湿地资源保护、小流域治理和矿山生态治理等重点工程，规划建设红柳沟生态公园，切实筑牢宁夏中部干旱带绿色生态安全屏障。严格落实河长制、渠长制，健全完善源头预防、过程控制、损害赔偿、责任追究的生态保护体系，"零容忍"打击各类环境违法行为。

深化污染防治攻坚。全面巩固中央环保督察"回头看"整改成果，持续打好蓝天、碧水、净土三大保卫战。全域推进"四尘同治"，完善大气污染联防联控联治机制，深化扬尘污染、工业废气等协同治理，确保全区空气质量稳定达标、持续向好。统筹推进"五水共治"，加强饮用水源地保护与水资源保障，推动工业废水、城乡污水有效回收利用，确保红柳沟、清水河等水质稳定在地表Ⅳ类。扎实推进"六废联治"，深化"清废行动"，实行危险废物源头控制，全面提升医废、固废处置能力。强化农业面源污染治理，健全土壤监测网络体系，常态化推进畜禽粪污资源化利用、秸秆综合利用、农残膜回收利用，确保土壤环境总体安全。

推动绿色低碳发展。坚持以碳达峰、碳中和为引领，持续优化能源消费结构，加快生产生活方式全面绿色转型。严格落实能耗"双控"要求，加快重点行业、重点领域节能改造，实行更有针对性的产业准入"负面清单"，坚决遏制"两高"项目盲目发展。全面落实林长制，开展大规模国土绿化行动，完成营造林16.02万亩、森林抚育17万亩、退化草原生态修复26.5万亩，推动林草资源扩面提质。积极推进节约型机关、绿色学校、绿色出行等创建活动，加快建设一批全区"两山论"实践创新基地。

——坚定不移抓服务、强保障，增进高质量民生福祉。深入实施"四大提升行动"，补齐民生社会事业发展短板，让人民过上更加富裕、更加健康、更有保障的美好生活。

提供贴心的就业服务。深入推进城乡居民收入提升行动，实施更加积极的就业政策，重点解决好高校毕业生、退役军人、农民工、下岗失业人员等群体就业问题，实现"零就业家庭"动态清零。深化闽宁等东西部劳务协作，壮大劳务经纪人队伍，不断扩大就业容量，提升就业质量。加快创业孵化示范基地建设，完善"创业培训＋创业担保贷款＋创新服务"三位一体帮扶机制，完成全民创业培训2000人、企业技能提升1000人，不断激发群众返乡创业热情。继续完善公共就业服务体系，推进人社一体化信息平台建设。争取建设公共实训基地，推进"互联网＋就业"新模式，实现城乡劳动力精准就业。到2025年，城镇调查失业率每年控制在5.5%以内，年均转移农村劳动力不少于4万人，工资性收入占到农民收入的六成以上。

办好称心的优质教育。大力实施基础教育质量提升"五大工程"，坚决落实"两个只增不减"要求，扩建职业技术学校、高级中学，全面实施农村学校餐厅、运动场改造提升等工程。统筹推进学前教育普及普惠发展、义务教育优质均衡发展、高中教育多样化特色发展、职业教育融合发展。深化"互联网＋教育"示范区建设，优化集团化办学模式，加强校地、校企、校际全方位合作，推动优质教育资源共建共享。以充实内涵、提高质量为重点，加强师德师风和教研队伍建设，健全完善人才培养制度，发挥优秀骨干教师示范引领作用，建立教坛新秀、教学能手等选拔培养管理机制，不断提升办学水平和教育质量，努力满足人民群众对优质教育的新期待。

营造放心的医疗环境。深入实施全民健康水平提升"十大工程"，深化医药卫生体制改革，科学布局医疗卫生资源，加快"互联网＋医疗健康"建设，统筹推进医疗、医保、医药"三医联动"改革，促进分级诊疗落地见效。扎实推进紧密型医共体建设，健全医疗健康总院运行机制，深化京宁、沪宁、闽宁等医疗帮扶，加强医疗人才队伍和特色优势专科建设，持续提升医疗卫生服务水平。不断加强疾病预防控制体系建设，提高突发公共卫生事件应对能力，常态化做好新冠肺炎疫情防控工作。深入开展爱国卫生运动，促进全民养成文明健康生活方式。力争2023年人民医院达到三乙标准，到2025年，县域内群众就诊率达到90%以上，人均预期寿命提高到78.2岁。

织牢暖心的保障体系。完善社会救助、社会福利、慈善事业、优抚安置等制度，健全农村留守儿童、妇女、残疾人等群体关爱保障机制，建立居家社区相协调、医养康养相结合的养老服务体系，确保实现老有颐养、幼有善育、弱有众扶。抓实退役军人服务保障，营造尊崇军人浓厚氛围，努力创建双拥模范城。加强公益性公墓建设管理，推进殡葬服务普惠化、均等化。深入推进全民参保计划，统筹发挥好基本医疗保险、大病保险、医疗救助三重制度综合保障梯次减负功能，扎实推进养老、工伤、失业等社会保险扩面提标。到2025年，全区基本医疗保险、城乡居民养老保险参保率均达95%以上。

创建安心的社会环境。继续深化县域社会治理现代化试点，扎实开展"八五"普法，完善提升"135"基层社会治理、"55124"村民代表会议制度模式，推动社会治理重心向基层下移，建设更高水平的平安红寺堡、法治红寺堡。坚持和发展新时代"枫桥经验"，健全矛盾纠纷源头预防、排查预警、多元化解机制。持续开展安全生产整治工作，坚决防范遏制重大安全事故。深化民族团结进步教育，构建铸牢中华民族共同体意识宣传教育常态化机制。加强乡风文明建设，提高乡村善治水平。完善立体化社会治安防控体系，加快智慧综治信息平台建设，严厉打击电信网络新型违法犯罪，常态化开展扫黑除恶斗争，全力维护社会和谐稳定。

——坚定不移抓改革、谋创新，激发高质量发展活力。始终把深化改革、创新发展作为关键一招，以更大力度抓改革，以更宽胸怀促开放，不断为红寺堡高质量发展赋能增势。

以深化改革提升内力。加快"数字政府""互联网+政务服务"建设步伐，持续深化"放管服"改革，全面推行政务服务事项全程网办和"不见面审批"，让"数据多跑路，群众少跑腿"，着力提升政务服务信息化、智能化、便捷化水平。不断深化商事制度改革，实施市场准入负面清单和公平竞争审查制度，清理不合法涉企收费，营造市场化、法治化的优质营商环境。推进"四权"改革，力争在"节水增效""盘活增值""降污增益""植绿增绿"上聚力突破、结出硕果。稳步实施财税改革，强化预算约束和绩效管理，提高基本财力保障水平。继续深化国企改革三年行动，坚定不移推动国有企业做大做强。紧盯群众关心的就医就学、住房保障、食药安全等重点领域，创新推出一批接"天线"、有"地气"的小切口改革。

以扩大开放深挖潜力。依托宁夏内陆开放型经济试验区和中阿博览会两大平台，打造服务"一带一路"的物流集散枢纽和西部物流集聚区。围绕新能源、酿酒葡萄、黄花菜等优势特色产业，组织企业参加区内外各类会展促销、高峰论坛、经贸推介等活动，推动更多名优特色产品"进站上车"。坚持把招商引资作为"一号工程"，加强与京津冀、长三角等地区对接，全面加大"向外跑"的力度，开展更高频率的招商活动，探索跨区域共建园区、托管园区和"飞地"经济等合作模式，千方百计引进一批大项目、好项目。到2025年，力争引进亿元以上项目50个。

以创新驱动激发活力。大力实施科技强区战略，鼓励企业加大研发投入，支持湘投控股、晓鸣股份等企业创建国家级高新技术企业和自治区级农业高新技术企业。加强东西部科技合作，深化企业与区内外科研院所、高校合作成果，促进产学研深度融合。聚焦产才融合发展，大力引进新能源、数字经济、现代金融等领域急需紧缺人才，以人才要素为核心，带动项目、资金、技术加速集聚，解决企业创新难题，突破关键技术瓶颈。到2025年，全社会R&D经费投入强度达到1.5%，新增国家高新技术企业2家、自治区农业高新技术企业1家、自治区科技"小巨人"企业3家。

三、2022年工作任务

各位代表，2022年是实施"十四五"规划关键之年，也是新一届政府开局起步之年，做好各项工作意义重大。我们要在区委的坚强领导下，以创建全国易地搬迁移民致富提升示范区为统领，抢抓机遇、乘势而上，以实干担当、务实举措、过硬作风，确保各项工作任务落在实处、取得实效。

主要预期目标是：全年地区生产总值增长9%，地方一般公共预算收入增长10%，全社会固定资产投资增长10%，社会消费品零售总额增长6%，城镇、农村居民人均可支配收入分别增长7%和11%。全面完成自治区、吴忠市下达的节能减排、环境保护等约束性指标任务。

实现上述发展目标，重点抓好以下几个方面的工作：

（一）巩固拓展脱贫攻坚成果，全面推进乡村振兴。按照"四个不摘""三个落实"工作要求，保持现有帮扶政策、资金支持、驻村工作队总体稳定，常态化推进"四查四补"工作，健全防止返贫动态监测和帮扶机制。推行网格化监测管理，设置预警颜色，制定"一户一策"，实时动态清零，确保不发生规模性返贫。全面盘清扶贫项目资产，明确责任主体，规范收益分配，确保可持续发挥效益。扎实做好衔接项目库建设，强化项目入库审核管理。深化闽宁对口协作和中烟定点帮扶，落实好产业扶持、劳务协作等措施。坚持巩固拓展脱贫攻坚成果同乡村振兴有效衔接，加快从解决"两不愁三保障"转向推动乡村全面振兴、从突出到人到户转向推动区域发展、从以政府投入为主转向政府市场有机结合，努力建设产业兴旺、生态宜居、乡风文明、治理有效、生活富裕的美丽乡村。

（二）聚焦优势特色产业，促进农业高质高效。坚决扛稳粮食安全政治责任，严守耕地保护红线，坚定不移走高效节水发展之路。确保现有高效节水设施稳定运行，新增高效节水灌溉面积2万亩，建设调蓄水库2座，560万立方米，粮食产量稳定在15.3万吨以上。加强对外招商引资、对内补植改造，继续扩大酿酒葡萄种植面积，完成自治区葡萄产业布局要求。提高技术、品牌和销售环节支持，稳定枸杞、优质牧草、黄花菜高质高效种植面积。坚持"聚""散"结合，加强规模养殖政策支持、高效管理，做好散户养殖技术服务、市场引导，实施"出村入场"项目5个，建成畜禽交易市场和动物实验室，肉牛、滩羊饲养量达到13.5万头、97万只。下决心盘活闲置养殖场、设施大棚、肉牛屠宰场，建设智慧牧场和智慧现代农业产业园，力促晓鸣股份智慧农业产业示范园项目一期投产达效。新增农业龙头企业3家，培育新型经营主体11家，继续支持水发浩海、百瑞源等现有龙头企业，加快红丰农业公司发展，强化国资公司引擎作用，不断增强辐射带动能力。持续壮大特色主导产业，打造区域公共品牌，加快一二三产业融合发展，农业总产值达到20.5亿元，同比增长 5%。

（三）推进绿色低碳发展，加快工业转型升级。 大力发展新能源装备制造和光伏产业，加快推进"一线一园一基地"建设，力争宁湘产业园、五凌储能电池、嘉寓"光热+"等项目一期投产达效，完成投资 30 亿元。支持建设清洁能源智能集维中心平台。实施整县屋顶分布式光伏开发，年内完成 60 兆瓦目标任务。促进农副产品深加工、包装印刷、轻工纺织等产业扩规增量。清理整顿"僵尸企业"，进一步盘活资产，着力提高园区经济效益。深入实施"四大改造"，严控"两高"项目上马，大力支持中小企业走"专精特新"发展道路。支持兴民纺织、水发浩海创建"智慧工厂"和"绿色工厂"。申报国家高新技术企业 1 家，培育科技创新平台 1 家，全社会 R&D 经费投入强度达 1.3%。年内新增规上工业企业 7 家，力争规模以上工业增加值增长 7% 以上。

（四）培育壮大新型消费，促进三产繁荣发展。 加快区域商业体系建设，实施农特产品展销中心、葡萄酒特色街区等项目。提升时代广场、博大购物中心经营能力和服务水平，支持东方裕兴、燕然银都等商业综合体投入运营。持续开展"约惠红寺堡"等系列促销活动，激活夜间经济、地摊经济。积极拓展区外销售渠道，新设农特产品专卖店 15 家，实现销售额 3000 万元以上。加快推进电商公共服务体系建设，建成电商仓储物流分拣中心。编制完成乡村旅游发展规划，实施宁夏新能源科技馆、罗山观星营地等项目，引进企业建设儿童游乐园，打造红色研学、航空体验、民宿康养等经典线路。争取宁夏移民博物馆创建国家 4A 级旅游景区，培育星级饭店 3 家，打造集观光、销售、休闲于一体的特色服务区 2 个。策划节庆赛事、景点打卡等系列活动，力争全年实现接待游客 20 万人次以上、旅游收入 3000 万元以上。年内新增限上企业 2 家以上，实现服务业增加值增长 9%。

（五）加快基础设施建设，提高城市功能品质。 全力推进全国文明城市创建工作，改造提升太阳山路、金水街等市政道路 8.7 公里，实施扬黄路排水防涝等项目，新改建供暖、给排水等地下管网 51.5 公里。实施青云湖公园、街头游园、道路绿化等景观改造提升项目，加强城市裸露土地治理。启动建材市场迁建、鹏胜金地中心建设等项目，加快推进新民小区棚户区改造，新建住宅小区 2 个。建成投运综合客运站，新改建停车场 4 个。全面加强城市管理，提高农贸市场、休闲公园、城区公厕等公共设施管护水平。引进星级物业管理企业，建立健全物业管理评星定级机制。实施垃圾分拣处置项目，打造城市垃圾分类处理示范街区，公共机构、机关单位全面实行垃圾分类，城区实现 5G 信号全覆盖。

（六）改善农村人居环境，建设美丽宜居乡村。 编制完成上源、香园等 20 个村"多规合一"实用性村庄规划。改造提升供水管网 15 公里、农村公路 30 公里、抗震宜居农房 330 户。实施沙泉等村污水管网工程，完成农村卫生厕所改造 2059 户。实施清洁能源替代工程，完成红关、红海等 5 个村清洁供暖改造。持续深化农村人居环境整治，推进乡村菜园、果园、花园、游园建设，高质量打造美丽宜居村庄 2 个、乡村振兴示范村 3 个、人居环境整治示范村 20 个。加快大河高标准小城镇、新庄集精品富硒农业小镇建设。推动农村客货邮商融合发展，解决群众出行、物流配送、邮政寄递 3 个"最后一公里"问题。统筹推进"互联网+城乡供水"，实施乌沙塘、豹子滩等村人饮巩固提升改造工程。持续推进农村宅基地"房地一体"确权登记颁证工作。

（七）加强生态环境保护，筑牢生态安全屏障。 全面落实河长制、渠长制，实施苦水河、麻黄沟等流域综合治理项目，争取小甜水河湿地修复纳入自治区湿地保护范围。扎实开展入河排污口排查整治工作，力争清水河、苦水河、红柳沟3条黄河一级支流水质达标。提升固体废物、危险废物信息化监管能力，深入推进农业面源污染治理，提高土壤污染防治和安全利用水平。推进秸秆禁烧、扬尘管控和散煤治理，建成清洁煤配送中心2个。持续深化林长制，清理整治宽幅林网，加强森林资源管护，全面提升森林生态服务功能。实施压砂地生态修复保护，划定陡坡地禁垦限制区域，完成国土绿化4.5万亩、生态经济林1000亩、城乡增绿3500亩、退化草原修复3万亩。

（八）**持续增进民生福祉，提高群众幸福指数**。着力提升劳务组织化程度，加强驻外劳务工作站建设，持续拓宽赴山东、福建等地转移就业渠道，不断加大就业输送力度。全面做好高校毕业生、退役军人、残疾人等重点群体就业援助服务，年内新增城镇就业700人。开展宁夏户籍低保、高龄异地审批办理，做好残疾人、特困人员扩面认定工作，确保困难群众应保尽保、救助政策应享尽享。落实全民参保计划，扩大社会保险覆盖范围。推进未成年人保护中心建设，争创全国未成年人保护示范区。落实退役军人优抚安置、服务保障等政策。不断提升红十字会人道救助成效。扎实推进殡葬改革，整顿规范殡葬秩序。实施高级中学教学楼扩建等项目，新建洪沟滩幼儿园，改造中小学运动场5.6万平方米。落实"双减"政策，推进"县管校聘"、教育评价等改革工作，着力构建家庭、学校、社会"三位一体"协同育人机制。推进"互联网+教育"示范区建设，促进线上线下教育同质同效。实施"互联网+医疗健康""五个一"服务行动，建成投用人民医院传染病楼，加快建设中医院、社区卫生服务中心，推动创伤、普外科创建市级重点专科，完善医疗服务保障和一体化管理机制，力争3家乡镇卫生院达到国家基本标准。慎终如始抓好常态化疫情防控工作。实施明长城、移民旧址修复保护和罗山飞行营地改造提升等项目，推进数字文化馆、图书馆建设，建成游泳馆。组建红寺堡·惠安文化艺术团，打造惠安元素文旅产品、艺术展馆、文化公园。积极开展全民阅读、文艺演出、体育赛事等各类文体惠民活动。积极支持工会、共青团、妇联、工商联、残联、红十字会等群团组织工作。

（九）**发挥要素驱动效能，增强经济发展活力**。坚持抓项目就是抓发展，高起点谋划争取项目，高频率对接招引项目，高质量推进建设项目，实施"十大示范工程"项目183个，完成投资153亿元。扎实推进"四权"改革，紧盯确权、赋能、定价、交易、监管5个环节，压茬推进各项改革任务。优化调整乡镇行政区划，争取弘德镇落地挂牌。深化"放管服"改革，积极推进行政审批和基层审批便民服务事项下放工作，着力释放基层行政职能活力。持续优化营商环境，积极推进"一窗受理""一表申请""一套机制"规范审批运行，推行水电气接入限时承诺服务，全面实现1个工作日内完成企业开办流程。建立民营企业定期会商机制，积极主动开展涉企服务。坚持把人才作为发展第一资源，聚焦重点产业、重点行业，挖掘一批种养能手，培养一批名师名医，引进一批管理达人。建设人才公寓，优化绩效评价和职级评审服务，让人才成为红寺堡高质量发展的硬支撑和软实力。

（十）**完善社会治理体系，提升社会治理能力**。以创建县域社会治理示范区为目标，以铸牢中华民族共同体意识为主线，扎实做好乡村、社区、宗教、校园、企业、社团治理。实施"智慧红寺堡"二期项目，有序推进改革和加强派出所工作。扎实推进"八五"普法，建设国家级社区"智慧矫正中心"。提升"一站式"矛盾纠纷多元调解中心效能，深入开展信访积案化解，依法依规处理群众诉求。大力推进移风易俗，加强公民道德和社会诚信建设，积极创建全国文明村镇。深入推进民族团结进步教育，巩固宗教领域突出问题治理成果。深入开展安全生产专项整治三年行动，顺利通过全域食品药品安全区验收。完善应急组织体系，提升灾害防治、应急处置能力。加强道路交通、危化品等重点行业领域安全监管，确保不发生较大及以上安全事故。

四、加强政府自身建设

各位代表，时代的召唤、发展的重任、人民的期盼，对新一届政府工作提出了更新、更严、更高的要求。我们将全面加强自身建设，以真心换民心，用实干赢民意，推动我区经济社会发展再上新台阶、再创新佳绩。

（一）坚持党的领导，强化政治引领。坚决把党的全面领导贯穿政府工作全过程各方面，牢牢把握意识形态工作的正确方向，增强"四个意识"、坚定"四个自信"、做到"两个维护"，牢记"国之大者"，不断提高政治判断力、政治领悟力、政治执行力。坚决贯彻落实上级党委、政府决策部署，全面精准落实区委工作要求。持续深化党史学习教育，切实把守初心、担使命的精气神转化为干事业、促发展的前进动力。

（二）坚持依法行政，提升政府效能。持续深化法治政府建设，严格落实政府常务会学法制度，自觉运用法治思维和法治方式推进工作，做到依法决策、依法行政，推进行政执法规范化、制度化。严格执行重大事项请示报告制度，自觉接受人大法律监督、政协民主监督和社会舆论监督，高质量办理代表议案建议、委员提案。全面深化政务公开，加强和改进行政复议、行政应诉工作，让权力在阳光下运行，建设更高水平的法治政府。

（三）坚持人民至上，厚植为民情怀。始终践行全心全意为人民服务的宗旨，持续深化"我为群众办实事"实践活动，健全完善联系基层、服务群众长效机制，着力解决群众的急难愁盼问题。深入倡树"高效率、快节奏、勇担当、抓落实"的工作作风，不断提升"七种能力"，锤炼过硬本领，做到说了算、定了干，干一件、成一件，确保工作在一线推动，问题在一线解决，努力提升人民群众的获得感、幸福感、安全感。

（四）坚持从严治政，建设廉洁政府。认真履行党风廉政建设"一岗双责"，严格落实中央八项规定及其实施细则精神，持之以恒纠正"四风"问题，坚决整治形式主义、官僚主义顽疾。牢固树立过"紧日子"思想，强化预算刚性约束，严控"三公"经费和一般性支出，把有限财力用在推动发展和改善民生上。持续加强审计监督、财政监督、统计监督，扎实推进工程建设政府采购等重点领域突出问题专项整治，全力维护群众切身利益，永葆为民务实清廉的政治本色。

各位代表，人民福祉是政府最大的追求，人民满意是政府最好的口碑，我们身处伟大的新时代，必须创造无愧于历史的新业绩。让我们更加紧密地团结在以习近平同志为核心的党中央周围，坚持以习近平新时代中国特色社会主义思想为指导，在自治区、吴忠市党委政府和区委的坚强领导下，弘扬伟大建党精神，牢记嘱托再出征，咬定青山不放松，始终与人民群众想在一起、干在一起，风雨同舟、同甘共苦，为创建全国易地搬迁移民致富提升示范区而努力奋斗！

附：名词解释和说明：

1."六稳""六保"：稳就业、稳金融、稳外贸、稳外资、稳投资、稳预期；保居民就业、保基本民生、保市场主体、保粮食能源安全、保产业链供应链稳定、保基层运转。

2. 调、转、增、融"四篇文章"：调结构、转方式、增动能、融合力。

3. 两不愁三保障：不愁吃、不愁穿，义务教育有保障、基本医疗有保障、住房安全有保障。

4. 六个精准：扶贫对象精准、项目安排精准、资金使用精准、措施到户精准、因村派人精准、脱贫成效精准。

5. 五个一批：发展生产脱贫一批、易地搬迁脱贫一批、生态补偿脱贫一批、发展教育脱贫一批、社会保障兜底一批。

6. "556"工作模式：建立一张作战图、一本工作台账、一个工作专班、一项监测预警和动态帮扶机制、一项督导作战机制"五个一"工作机制；建立"三类人群"帮扶、"四查四补"和挂牌作战、脱贫攻坚"回头看"、历年各级各类反馈问题整改、监测预警和动态帮扶"五套工作台账"；实施产业扶持、稳岗就业、教育扶贫、分散集中供养、签订赡养（抚养）协议、综合社会保障兜底"六项帮扶措施"。

7. 四查四补：查损补失、查短补齐、查漏补缺、查弱补强。

8. 健康扶贫"三个一批"：大病集中救治一批、慢病签约服务管理一批、重病兜底保障一批。

9. "3+X"产业：葡萄、枸杞、草畜三大主导产业和瓜菜、中药材等多个特色产业。

10. 三品一标：无公害农产品、绿色食品、有机农产品和农产品地理标志。

11. "专精特新"企业：具有"专业化、精细化、特色化、新颖化"特征的工业中小企业，企业规模符合国家《中小企业划型标准》的规定。

12. 四好农村路：建好、管好、护好、运营好农村公路。

13. 三大保卫战：蓝天保卫战、碧水保卫战、净土保卫战。

14. "1+3+6"县域医共体："1"即人民医院，"3"即中医院、妇幼保健院、疾控中心，"6"即5个乡镇卫生院、1个社区卫生服务中心。

15. 四大提升行动：百万移民致富提升行动、城乡居民收入提升行动、基础教育质量提升行动、全民健康水平提升行动。

16. 放管服："放"即简政放权，降低准入门槛；"管"即创新监管，促进公平竞争；"服"即高效服务，营造便利环境。

17. 证照分离：对所有涉企经营许可事项按照直接取消审批、审批改为备案、实行告知承诺、优化审批服务4种方式分类推进改革。

18. 双随机、一公开：在监管过程中随机抽取检查对象、随机选派执法检查人员，抽查情况及查处结果及时向社会公开。

19. "四权"改革：用水权、土地权、排污权、山林权改革。

20. R&D：科学技术领域的基础研究、应用研究、试验发展活动。

21. "1+6"政策文件：自治区印发《关于完善基层治理体系提高基层治理能力的若干意见》，把基层治理细化为乡村治理、社区治理、宗教治理、校园治理、企业治理、社团治理6个重点领域，对基层治理进行了全面部署，形成了一体谋划、全面覆盖、政策打包、统筹推进的基层治理"1+6"政策体系。

22. "135"基层社会治理模式：构建城乡社会治理"一张网"，狠抓区、乡、村三级综治中心建设，推进政治引领、法治保障、自治强基、德治教化、智治支撑的"五治"融合发展。

23. "55124"模式：以"五步工作法"为统揽

夯实制度基础，以"五联记录本"规范会议程序和记录，以"一份议事清单"明确议决内容，以"乡村两级监督"确保工作合法合规，以"四级联动督查"推动工作全面落实。

24. 四个意识：政治意识、大局意识、核心意识、看齐意识，首次提出于2016年1月29日中共中央政治局会议。

25. 四个自信：中国特色社会主义道路自信、理论自信、制度自信和文化自信，由习近平总书记在庆祝中国共产党成立95周年大会上提出。

26. 两个维护：坚决维护习近平总书记党中央的核心、全党的核心地位，坚决维护党中央权威和集中统一领导。

27. "五位一体"总体布局：全面推进经济建设、政治建设、文化建设、社会建设、生态文明建设，首次提出于2012年中国共产党第十八次全国代表大会。

28. "五个重点""一个关键"：加快产业发展、改善基础设施、优化公共服务、整治城乡环境、促进社会融入，加强党的建设。

29. 三条生命线：守好促进民族团结生命线、维护政治安全生命线、改善生态环境生命线。

30. 四个不摘：摘帽不摘责任、摘帽不摘政策、摘帽不摘帮扶、摘帽不摘监管。

31. 多规合一：将国民经济和社会发展规划、城乡规划、土地利用规划、生态环境保护规划等多个规划融合到一个区域上，实现一个市县一本规划、一张蓝图，解决现有各类规划自成体系、内容冲突、缺乏衔接等问题。

32. "宁电入湘"工程：2021年5月22日，湘宁两省区在银川市召开能源合作座谈交流会，签署能源合作备忘录，推动实施"宁电入湘"工程，共建中西部新能源基地。

33. 一线一园一基地："一线"即"宁电入湘"特高压直流输电线路工程，"一园"即宁夏红寺堡区新能源装备制造产业示范园，"一基地"即光伏电站示范基地。

34. 行政执法"三项制度"：行政执法公示、行政执法全过程记录、重大执法决定法制审核制度。

35. 四个全面：全面建设社会主义现代化国家、全面深化改革、全面依法治国、全面从严治党。

36. 城市双修：生态修复、城市修补。

37. "四禁""四减""四保"：禁伐、禁垦、禁采、禁牧；减少资源消耗、减少污染行为、减少废物排放、减少药肥用量；保持河道不断流、保持湖泊不干涸、保持水土不流失、保持农田不污染。

38. 四尘同治：扬尘、煤尘、汽尘、烟尘共同治理。

39. 五水共治：治污水、防洪水、排涝水、保供水、抓节水共同治理。

40. 六废联治：实施建筑垃圾、生活垃圾、危险废物、畜禽养殖、工业固废、电子废弃物联合治理。

41. 三线一单：生态保护红线、环境质量底线、资源利用上线和生态环境准入清单。

42. "碳达峰""碳中和"："碳达峰"指在某一个时点，二氧化碳的排放不再增长达到峰值，之后逐步回落；"碳中和"指企业、团体或个人测算在一定时间内，直接或间接产生的温室气体排放总量，通过植树造林、节能减排等形式，抵消自身产生的二氧化碳排放，实现二氧化碳的"零排放"。

43. 能耗"双控"：能耗总量和强度双项控制。

44. "两高"项目：高污染、高耗能项目。

45. 两山论：绿水青山就是金山银山。2005年8月15日，时任浙江省委书记习近平在安吉余村考察时，首次提出"绿水青山就是金山银山"重要论述。

46. 基础教育质量提升"五大工程"：立德树人

工程、达标提升工程、多样化管理工程、新时代强师工程、教育改革创新工程。

47. 全民健康水平提升"十大工程"：健康素养提升工程、健康细胞创建工程、人均预期寿命提升工程、医疗卫生机构达标工程、医疗服务能力提升工程、中医药服务能力提升工程、医疗卫生人才培养工程、智慧医疗健康升级工程、重点领域改革创新工程、健康产业培育工程。

48. 三个落实：责任落实、政策落实、工作落实。

49. "房地一体"确权登记颁证：将农村宅基地和集体建设用地使用权及地上的建筑物、构筑物实行统一权籍调查、统一确权登记、统一颁发房地一体不动产权证书。

50. 双减：有效减轻义务教育阶段学生过重作业负担和校外培训负担。

51. 县管校聘：全体公办义务教育学校教师和校长全部实行县级政府统一管理，特别是统一定期强制流动到县域内的义务教育学校，从而将教师和校长从过去的某学校的"学校人"改变为县义务教育系统的"系统人"。

52. "五个一"服务行动："一体化"共享服务、"一码通"融合服务、"一站式"结算服务、"一网办"政务服务、"一盘棋"抗疫服务。

53. 三医联动：医保体制改革、卫生体制改革与药品流通体制改革联动。

54. 四大改造：结构改造、智能改造、技术改造、绿色改造。

55. 十大示范工程：实施特色农业提质增效示范工程、清洁能源综合利用示范工程、移民文化旅游体验示范工程、基础设施提升和环境整治示范工程、水资源优化高效示范工程、就业创业增收富民示范工程、基本公共服务改善示范工程、生态保护修复治理示范工程、移民社会融入示范工程、党建强基示范工程。

56. 七种能力：政治能力、调查研究能力、科学决策能力、改革攻坚能力、应急处突能力、群众工作能力、抓落实能力。

（红寺堡区政府办提供）

在红寺堡区党史学习教育总结会议上的讲话

红寺堡区委书记　王忠强

（2022 年 1 月 24 日）

在全党开展党史学习教育，是以习近平同志为核心的党中央立足百年党史新起点、着眼开创党和国家事业发展新局面，作出的一项重大决策部署，是我们党勇于推进自我革命、保持生机活力的一次成功实践，是我们党坚定历史自信、更好走向未来的一次广泛动员，具有深远历史意义和重要现实意义。

一年来，在区市党委的统一部署下，在区市党委巡回指导组的有力指导下，区委高站位抓好习近平总书记重要指示精神的学习贯彻，高标准强化对中央精神的全面落实，高质量做好党史学习教育的全盘谋划和整体推进，全区广大党员干部从中受到启迪、增长智慧、汲取力量，历史自觉、历史自信大大增强，为民服务水平明显提升，达到了学党史、悟思想、办实事、开新局的目的。近期，中央和自治区、吴忠市相继召开了党史学习教育总结会议，全面总结了学习成效和经验做法，提出了下一步要求，刚才我们也原文进行了传达学习，大家要认真学习领会，全面抓好贯彻落实。下面，我讲3点意见。

一、坚持纲举目张，党史学习教育成效明显

党史学习教育开展以来，区委始终把抓好党史学习教育作为首要政治任务，作为年度重要工作，紧扣目标要求，突出重点、把握关键，悉心组织策划，精心部署安排，用心推进落实，党史学习教育起步良好、过程有力、成效明显。一是坚定了以史为鉴、勇毅笃行的历史自信。坚持潜心自学、集体研学、领导领学、党员互学、典型带学、机关评学，扎实开展"传承党的百年光辉史基因、铸牢中华民族共同体意识"主题教育活动，进一步增强历史自觉、坚定历史自信、认识历史规律、把握历史主动。区委常委会率先垂范，落实处级领导"巡听+联学""辅导+研讨""1123"制度，召开区委理论学习中心组学习会 46 次、专题研讨 13 场次，开展专题读书班 1 次。区人大、政协党组结合"两代表一委员"培训机制，开展"学党史、增素养、提能力"专题培训讲座，以党史学习教育推动代表、委员依法履职能力提升。政府党组坚持以比促学、以考促学，创新开展政府系统党史学习教育演讲比赛和知识竞赛等活动。宣传部、融媒体中心推出"数说""长图"等学习产品，开设《党史上的今天》等专题栏目，以喜闻乐见的方式让党史知识传入千家万户、播进田间地头。文体局挖掘打造宁夏移民博物馆、弘德村等一批新时代红色资源，开展移民旧址修复保护，再现"历史原味"。柳泉乡、大河乡创新"数字党建""讲考谈做"四步法，增

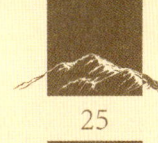

强流动党员、老党员学习成效。新民街道广泛征集红色收藏、挖掘红色资源，建立党性教育基地，用活党群服务中心阵地。二是增强了研机析理、固根铸魂的理论自觉。坚持从学习习近平总书记关于学习党的历史的重要论述中找灵感、找题材、找启迪、找答案，立足历史与现实相贯通、理论与实践相结合，推动党史交流研讨更好走心入脑。组织部将党史学习教育融入新任职村（社区）"两委"成员、新入职年轻干部等培训课程中，逐步打造一支讲政治守规矩、有产业发展思路、懂村级事务管理、有群众基础的乡村振兴"尖兵"。统战部大力推进党的民族和宗教政策"十进"工作，普遍建立起学习制度。各级党组织聚焦新时代原创性思想、变革性实践、突破性进展、标志性成果，采取座谈研讨、知识竞赛等方式，专心学习、细心领会、用心体悟，增强了党员干部学而信、学而思、学而行的自觉性和坚定性。三是凝聚起了"两个确立""两个维护"的政治共识。这次党史学习教育本质上是政治教育、党性教育，区委始终坚持把学习党史融入党的政治建设，扎实开展红色革命史、脱贫攻坚史、民族团结史、生态文明史主题教育，引导广大党员和各族群众坚决守好"三条生命线"。持续深化"重走移民开发路"主题党日活动，在体验变迁中强化价值导向，不断唱响"共产党好、黄河水甜"的主旋律。组织党员干部开展现场党史学习教育100余场，学习观摩1万余人次。全面整改中央和自治区党委各类巡视督察反馈问题整改，坚定捍卫"两个确立"，坚决做到"两个维护"。各部门（单位）围绕脱贫攻坚、水利、教育等10个方面的发展成就，组织党员干部今昔对比看变化、知史感恩共产党。四是强化了坚守初心、不负人民的立场情怀。聚焦群众面临的难事、基层面临的难题、发展面临的难点，深入开展"我为群众办实事"实践活动，扎实推进办好实事惠民生、创新治理保平安、文明提升润民心、推动发展增福祉"四个专项行动"。高效办结处级领导包抓实事32项，各乡镇、各部门解决群众急难愁盼问题88件。深入实施"四大提升行动"，因地制宜推进六大重点特色产业，举办了红寺堡论坛·2021年中国葡萄酒酒商大会。抢抓实施"宁电入湘"工程重大机遇，总投资252.3亿元的湖南湘投控股、中车株洲所等新能源重大项目成功落户，着力打造新能源装备制造示范基地和光伏产业园。全年新增城镇就业1141人，转移就业4.15万人，农村居民工资性收入占到可支配收入的50%以上。统筹资金3900余万元，改造老旧小区6个，实现小区换新颜，有效提升城市环境品质。健全"55124"村级事务治理、社区民主议政日等党组织主导的决策议事机制，探索出"3224"异地户籍低保审批模式，《凝聚党建引领合力、同心共融基层治理》入选"献礼建党百年"基层党建与民生发展优秀案例。五是增强了开拓创新、加速发展的能力本领。坚持把学习党史同总结经验、观照现实、推动工作结合起来，自觉立足新发展阶段、坚定贯彻新发展理念、主动融入新发展格局，持续推动高质量发展，确保了"十四五"起步有力、开局良好。坚持绿化美化与林业产业并举，扎实推进国土绿化、生态修复和重点区域植树造林，建设环村林、护路林、防风林、经济林，发展红梅杏、枸杞生态经济林，实施国土绿化10.76万亩，杨柳、永新、香园3个村跻身国家森林乡村。统筹推进城乡交通运输、供水运营、污水处理、垃圾收运一体化建设，扎实推进厕所革命，卫生厕所普及率达到40%，农村污水处理率达到17%。

二、坚持动态总结，党史学习教育经验丰富

党史学习教育开展以来，全区上下坚持融入日常、抓在经常，探索出了一些体现时代特点的做

法，进行了一些突出实践特色的创新，为新时代开展党内集中教育积累了新的经验、提供了新的启示。一是坚持政治引领、节点联动。区委领导班子率先垂范，明确重要内容，制定责任清单，带头开展集中研讨、进行参观学习、缅怀革命先烈，领办民生实事，包抓重点产业，推进重大项目。各级党组织担主责、抓主业，从先进党员、道德模范等群体中精选42名宣讲员组建10支宣讲团，坚持示范讲与普遍讲相结合、"线上"与"线下"相结合，紧扣重要节点，巡回开展既"接天线"又"接地气"的宣讲403场次，受众人数9.8万人次，切实把党史讲深入、讲透彻、讲明白。各级领导干部坚持先学一步、学深一层，主持研讨会、带头讲党课，发挥了模范带头和示范引领作用。我们深刻体会到，只有坚持政治带动、大事驱动、节点联动，才能推动党史学习教育有序开展、步步深入、效果叠加。我们也深刻认识到，领导带头就是无声的命令，党员示范就是有形的标杆，只有领导干部带动党员抓学习、抓实干、抓督导，才能确保党史学习教育落地落细、取得实效。二是坚持教育党员、惠及群众。各级党组织牢牢把握党员受教育、群众得实惠的定位，以办实事的成效凝聚民心，以解难题的成果汇集民力。各乡镇（街道）、各部门（单位）领导干部深入基层一线，察民情、访民意、帮民困、解民忧、汇民智、暖民心，着力破解了一些"老大难"问题。通过"上门+信息"服务，落实"365天×24小时"公安政务服务受理办理制度，排查化解矛盾439件，挽回经济损失696万元。成立红寺堡区医疗健康总院提升全民健康水平，"互联网+医疗"推动工作重心下移、资源下沉，累计建立居民电子健康档案20.53万份，建档率为99.87%。我们深刻体会到，只有坚持把实事好事做到群众身边、做到群众眼前、做进群众心坎，才能让广大群众感受到党史学习教育带来的新成效、新气象。三是坚持守正创新、结合实际。各级党组织认真借鉴历次党内集中教育好做法、好经验，不断丰富内容、创新形式，各级党组织负责人以开展"传承党的百年光辉史基因、铸牢中华民族共同体意识"主题教育为抓手，带头学习研讨、赴基层调研指导、点对点讲专题党课、面对面听取建议，举办专题学习班，培训宗教界人士等1660人次，创作小品《我要入党》、微电影《珠"恋"璧合》等文艺作品，大力实施"民族团结育苗工程"，让中华民族共同体意识进教材、进课堂、进头脑，引导广大党员干部群众在学史知史中深刻认识没有中国共产党领导下的中华民族共同体就没有新中国，更没有移民群众今天的美好生活，更加自觉坚定做到"五个认同"。我们深刻体会到，只有继承传统、创新传承，赋予时代特色，立足区情实际，探索高标准推进的载体、打造高质量实践的特色，才能确保党史学习教育具有吸引力、富有穿透力、更有感染力。四是坚持弘扬实干、树立新风。工作作风的形成，是文化力量的形成，是行为意志的形成。各级党组织坚持问题导向，把学习教育作为汲取智慧、凝聚力量、改变作风的有效抓手，以示范区创建为统揽，扎实开展"五查五看"活动，真刀真枪地解决了学党史流于形式、悟思想浅尝辄止、办实事敷衍应付、开新局消极懈怠的问题，持续改善工作作风、破解发展难题、厚植发展优势，取得了阶段性成效。我们深刻体会到，学习百年党史、感悟党的百年奋斗历程，就要从党的奋斗历史中汲取前进智慧，从"四史"中凝聚起磅礴力量，时刻保持实干精神，不断改进工作作风，大力提升工作效能。

三、坚持巩固提升，开拓示范区创建新局面

习近平总书记强调："要认真总结这次党史学

习教育的成功经验，建立常态化长效化制度机制，不断巩固拓展党史学习教育成果。"全区各级党组织要把党史学习教育作为长期任务，以党史学习教育总结作为新的起点，把巩固拓展党史学习教育成果作为党的建设重要内容，不断巩固成绩、拓展成果、推动示范区创建。一是加强政治建设，坚定捍卫"两个确立"。"学党史，悟思想"，就是要学出政治上的坚定，善于从党的百年奋斗中，深刻认识"两个确立"的重大历史意义和实践要求，自觉维护党中央权威和集中统一领导。要认真总结党史学习教育的经验，制定工作方案，建立长效机制，将党史学习教育纳入年度学习培训计划，抓好日常学习教育，激励全区上下，坚定历史自信，保持历史主动和历史耐心，高质量创建全国易地搬迁移民致富提升示范区。要深化"传承党的百年光辉史基因、铸牢中华民族共同体意识"主题教育，多读原著、勤学原文、深悟原理、真知原义，让正确党史观更加深入、更为广泛地树立起来，引导全区党员干部坚定历史自信，筑牢历史记忆、增强历史主动，不断汇聚创建示范区、全面推进乡村振兴的强大信心和力量。要时刻牢记"五个必须"，坚决防止"七个有之"，认真执行重大事项请示报告制度，坚决整改中央环保督察和各类巡视巡察反馈问题，不折不扣落实党中央和区市党委决策部署，做到党中央提倡的坚决响应、党中央决定的坚决执行、党中央禁止的坚决不做。二是践行为民初心，持续增进民生福祉。要从党的百年历史中深刻感悟习近平总书记"江山就是人民，人民就是江山"的政治情怀和"我将无我，不负人民"的崇高境界，坚持发展为民的价值取向、依靠人民的工作导向、民生优先的行动指向。要做好巩固拓展脱贫攻坚成果同乡村振兴有效衔接，围绕产业、就业、社会融入三件事，狠抓"五个重点"，扭住"一个关键"，深入实施"四大提升行动"，推动产业发展、基础设施、公共服务、人居环境、社会治理等工作得到质的提升，群众生产生活条件整体提升。小智治事，大智治制。要建立"我为群众办实事"长效机制，完善常态化"马上看"、阶段性"回头看"制度，规范实事项目的确立、实事项目的推动、实事项目的考核评估等各环节，精准解决好移民、增收、就业、教育、医疗等方面诉求，努力使群众看到变化、得到实惠、感到幸福，推动共同富裕取得实质性进展。三是增强斗争精神，发扬苦干实干作风。要深入学习贯彻党的十九届六中全会和自治区两会精神，继续保持敢于斗争、敢于胜利的信心底气，树牢"一日不为、三日不安"的担当意识，对照谋划、对标笃行。要统筹发展和安全。着眼维护政治安全、防范化解经济金融风险，着眼维护生态安全、推进罗山生态修复治理，着眼维护社会安全、全面提升基层治理水平，努力创造平稳健康的经济环境、国泰民安的社会环境、风清气正的政治环境。要推动经济社会发展。进一步想清楚"为何发展"的价值取向，厘清"发展什么"的路径选择，树牢"如何发展"的科学理念，对标中央和区市党委经济工作会议精神，全面落实区委经济工作会议部署要求，深化"四权"改革，做好招商引资、项目建设、产业升级、城市更新、"双碳"、"双控"等重点工作，推动经济发展实现质的稳步提升和量的合理增长。要提升干事创业本领。学会就地取"才"，强化干部业务知识培训，增加一线实践锻炼机会，不断提高干部政治能力、调查研究能力、科学决策能力、改革攻坚能力、应急处突能力、群众工作能力、抓落实能力。四是坚持自我革命，推进全面从严治党。工欲善其事，必先利其器。要严格落实"三会一课"、组织生活会、民主评议党员、主题党日等基本制度，特别是要高质量开好党史学习教育专题民主生活会，切实查找问题、改正提升。要加强对领导班子和"一把手"的监督，从

严落实中央八项规定及其实施细则精神和自治区"八条禁令",锲而不舍正学风、改文风、转会风、纠"四风"。要坚决查处贪污受贿、以权谋私等行为,严肃查处工程领域、项目资金使用中违规违纪违法行为,特别是要集中整治损害群众利益的"微腐败",以自我革命增强群众的获得感、幸福感和安全感。

同志们,百年成就使人振奋,百年征程催人奋进,我们要更加紧密地团结在以习近平同志为核心的党中央周围,高举习近平新时代中国特色社会主义思想伟大旗帜,巩固拓展党史学习教育成果,大力弘扬伟大建党精神,踔厉奋发、笃行不怠,担当作为、埋头苦干,以优异成绩迎接党的二十大和自治区第十三次党代会胜利召开。

(红寺堡区委宣传部提供)

专 记

ZHUAN JI

实施"四大提升行动" 推动乡村全面振兴

中共红寺堡区委 红寺堡区人民政府

实施"四大提升行动"是自治区党委和政府着眼巩固拓展脱贫攻坚成果、全面促进乡村振兴而作出的重要部署,是解决民生事业短板、促进共同富裕的重要举措。红寺堡区作为全国乡村振兴重点帮扶县,肩负创建全国易地搬迁移民致富提升示范区的时代重任,我们将全面深入贯彻落实自治区党委和政府的部署要求,牢记习近平总书记的殷切嘱托和美好祝愿,聚焦产业、就业和社会融入三件事,纵深推进"四大提升行动",努力实现乡村发展"一年一个样、三年大变样、五年上台阶"。

一、立足"示范创建",夯实易地搬迁移民发展基石

去年以来,红寺堡区坚持把创建全国易地搬迁移民致富提升示范区作为实施百万移民致富提升行动的主抓手,突出重点、精准施策,取得了一定成效,但公共服务不够完善、产业发展层次不高、群众内生动力不足等问题仍制约移民区的发展。我们将把增进移民福祉作为第一民生工程,在致富提升上持续发力,加快补齐有效衔接、群众增收、公共服务的短板,高标准建设易地搬迁移民致富提升示范区。一是持续巩固拓展脱贫成效。按照"四个不摘""三个落实"要求,常态化开展"四查四补"工作,落实"一户一策",实时动态清零,确保不发生规模性返贫。持续聚焦就业、看病、养老等短板,配套建设学校、文化室、卫生室等服务设施。牢固树立产业链思维,聚焦葡萄、枸杞、黄花菜等特色优势产业,以建设特色农产品优势区为目标,围绕扩规模、提品质、打品牌、闯市场思路,走市场牵龙

头、龙头带基地、基地连农户的三产融合发展路子。二是持续打造美丽乡村。深入实施农村人居环境整治提升五年行动，推行区、乡、村、组四级联动机制，大力整治村庄环境、庭院环境、生态环境，实现农村人居环境由内而外的根本转变。不断完善乡村水、电、路、气、通信、物流等基础设施，拓展延伸城镇服务功能，推进乡村菜园、果园、花园、游园建设，高标准打造一批美丽宜居村庄、乡村振兴示范村、闽宁协作示范村和人居环境整治示范村。三是持续强化基层社会治理。深化"135"基层治理模式，加快推进县域社会治理现代化。突出基层党组织的引领作用，充分利用已经建立起来的网格、综治中心，把司法、公安、执法、信访等各方面资源整合起来，推广"红袖标"义务巡防、"邻里守望"志愿服务等经验，把移民群众和社会力量发动起来，构建共建共治共享的社会治理格局。开展铸牢中华民族共同体意识示范区创建，促进各族群众交往交流交融，推动民族团结进步事业蓬勃发展。深化拓展新时代文明实践，创新开展"听党话、感党恩、跟党走"宣传教育活动，唱响"共产党好、黄河水甜"的生动赞歌，增强群众归属感、认同感，实现从"移民"到"居民"的身份转变。四是持续夯实发展根基。扎实开展基层党建"一抓两整""六项行动"示范县乡创建行动，积极打造基层党建引领基层治理示范点。大力实施"六个先锋"示范引领行动和"壮百强千增万"工程，持续整顿转化软弱涣散基层党组织，推行"乡带村、老带新、强带弱"模式，深化"导师帮带制"。探索推行"政府主导、以强带弱、化整为零"等模式，"多条腿"发展壮大村集体经济，全面增强基层党组织政治功能和组织力。

二、聚焦"四项收入"，努力拓宽群众增收致富路子

红寺堡区移民群众底子薄、经济基础弱，从四大收入看，经营性、财产性收入占比过低，政策性收入依赖度较高，城乡居民收入与其他县区相比还有一定差距。我们将紧紧围绕农村居民收入增速高于城镇居民、脱贫户收入增速高于农村居民人均水平的"两个高于"目标，全力以赴抓增收、促致富，确保城镇、农村居民人均可支配收入分别增长7%和11%以上。一是扩大经营性收入。以市场为导向，坚持因地制宜，调整优化农业产业结构，在创特色、成规模上求突破，推动葡萄酒、枸杞、黄花菜、肉牛和滩羊等特色产业集约化发展，打造"一乡一业""一村一品"。通过政策扶持、资金投入等方式，以经营权流转、股份合作等多种形式，引进一批涵盖农产品生产、加工、销售、服务等各个环节的龙头企业集群，推动多产业链联合发展。探索推进"产品商品化、商品名牌化、名牌市场化"的农产品品牌梯次创建模式，建立"政府引导、企业自主、部门协作"运作机制，加强特色农产品的品牌包装、宣传和整合，打响"红漠"葡萄酒、"红寺堡"黄花菜等品牌，提高产业附加值。二是提高转移性收入。注重发挥政策叠加效应和支农资金撬动作用，进一步优化整合涉农和脱贫帮扶政策资金，用足用好产业、教育、医疗、金融等方面扶持政策。注重发挥社会保障兜底作用，建立困难群众量化标准体系，完善低收入家庭动态监测制度，重点保障无经济来源生活困难家庭，做到应保尽保。健全重大疾病医疗保险和救助制度，加大特困救助、基本养老、扶贫助残、临时救助、社会保险、社会福利等综合社会保障力度。三是拉升工资性收入。持续强化"四个一批"，大力实施就业促进行动。完善"创业培训+创业担保贷款+创业补

贴+创新服务"四位一体帮扶机制，加大初创实体场地支持、租金减免、创业补贴等政策扶持力度，实现鼓励创业带动一批。深化闽宁协作，大力培育劳务经纪人队伍，建立劳务工作站，开展点对点输送服务，实现劳务协作转移一批。依托高素质农民培训工程，加强"点单式""配送式"培训，提高培训的针对性和实用性，推动劳动力向知识型、技能型和创新型转变，实现技能培训促进一批。搭建人才资源市场供求信息平台，全面普及"互联网+就业"模式，满足就业群众需求，实现就业服务扶持一批。四是挖掘财产性收入。持续推进农村综合改革，积极盘活农村闲置宅基地、农房等农村生产要素，赋予农民更多抵押、担保等财产权益。采取村企合作、入股分红、租赁经营等形式，发展壮大村级集体经济，带动农民分享更多农村改革发展红利。规范农村土地经营权流转，发展"土地托管""土地股份合作"等模式，盘活农村土地市场，增加农民土地租金收入。积极探索推行"农村公益性基础设施建设+劳务报酬发放+就业技能培训+公益性岗位设置"和"农村产业发展配套基础设施建设+劳务报酬发放+就业技能培训+资产折股量化分红"的赈济模式，促进农村群众就地就近就业增收。鼓励银行保险机构开发形式多样的金融产品投放市场，优化金融产品服务能力，将金融产品用起来，补齐财产性收入短板弱项。

三、围绕"四个深化"，全力办好家门口的优质教育

百年大计、教育为本，教育是今天的事业、明天的未来。通过多年的持续努力，红寺堡区教育事业不断发展壮大，教育教学质量有了很大提升，但教师结构性短缺、教育资源相对不足等问题依然存在，需要我们聚焦基础教育发展短板弱项，继续加大教育投入力度，以实施基础教育质量提升"五大工程"为载体，持续完善教育基础设施，壮大教师队伍，充盈教育资源，全力推动基础教育提档升级。一是深化教育综合改革。积极创建"互联网+教育"示范区，建成智慧化名师工作室，确保"三个课堂"全覆盖。实施"县管校聘"改革，解决教师结构性短缺问题。根据教职工编制、人员结构、教育教学改革需要，统筹调配各学校教职工岗位数量。探索学校党建"一校一品""一支部一特色"及"书记项目"，培育党建品牌，引领学校发展。积极推进中考改革，深化高中育人方式改革、高考综合改革和高中阶段教育普及攻坚，促进课程、课标、教学、考试、评价等环节有效衔接。二是深化教师队伍建设。严格落实师德师风第一标准，建立师德师风负面清单，试点开展师德师风档案建设。推行专职教研员任期制，建立健全教研员准入退出、交流轮岗、考核评价和奖惩惩处等机制，实施教研员包区域、包学校、包教师、包学科、包质量等"五包"制度。健全中小学教师工资增长机制，完善教师收入分配激励机制，全面提高教师地位和待遇。三是深化教育服务水平。建立健全"三包三保"和"双线管理"机制，严格落实"1237"学生劝返制度，进一步巩固拓展义务教育控辍保学成果，实现控辍保学从动态清零向常态清零转变。优化调整小规模学校和教学点布局，逐步改善寄宿制学校办学条件，推动教育资源配置与乡村振兴相衔接。进一步完善各学校基础设施，配齐配全教育教学设备，切实推动教育高质量发展。通过完善中小学德育工作体系、打造体美劳教育品牌、构建一体化协同育人机制等方式，全面落实立德树人根本任务。四是深化教育教学质量。严格落实"双减"政策，持续加强"五项管理"，健全课后服务工作机制，推进课后服务工作常态化、规范化。精细化管理教学过程，实施结构化集体备课，推

进多元化分层作业研究与实施工作。建立城乡教师交流机制，全面实施"乡村小规模学校教师走教支持计划"。深入开展名师课堂、名校网络课堂、在线互动课堂应用，依托宁夏教育云平台常态化开展线上教学教研活动，建成区、校两级区域内智慧化教学管理体系。

四、紧扣"三个突出"，推动从治已病向治未病转变

习近平总书记指出，人民至上、生命至上，人民的幸福生活，一个最重要的指标就是健康。近年来，红寺堡区紧紧围绕群众生命安全和健康福祉，扎实开展全民健康素养提升、医疗服务能力提升、医疗人才培养"三大工程"，群众健康水平全面提升。但医疗卫生服务能力弱、疾病预防控制体系不完善，不能更好满足群众就医需求。下一步，我们将深入贯彻落实习近平总书记关于卫生与健康的重要指示精神，加快优质医疗资源扩容和区域均衡布局，大力推动医疗卫生工作重心下移、医疗卫生资源下移，加快"以治病为中心"向"以人民健康为中心"转变，全力推进健康红寺堡建设。一是突出"预"，增强全民健康素养。通过"线上+线下"等方式，扎实开展健康科普"六进"活动，普及疾病防控、健康素养等基本知识与技能。深入推进"三减三健"活动，引导群众树立健康观念，养成健康生活习惯。大力开展全民健身运动，积极推进体育场馆改造提升项目，建成投用游泳馆，加强基层体育场地和健身器材的维护、配置、管理，举办各项重大节假日全民健身活动和赛事，通过全民健身提升全民健康水平。不断强化公共卫生服务管理，健全完善公共卫生服务体系建设，切实提升应急处置能力，夯实群众健康之基。二是突出"控"，加强健康干预力度。以心血管病、脑卒中、结直肠癌等重大慢性病为重点筛查干预疾病，降低人群发病风险。针对老年人、慢性病人、高危职业人群开展健康风险监测和行为干预，实施农村适龄妇女"两癌"筛查和新生儿疾病筛查，切实做到早发现、早治疗。以溺水、交通事故等易发安全事故，煤矿、非煤矿山、建筑施工、消防等行业领域安全隐患，大气、水、土壤污染治理，以及食品药品安全为重点领域，通过加大意外死亡综合防治、强化食品药品安全监管等措施，综合施策提升人均预期寿命。三是突出"治"，提升医疗服务水平。启动人民医院三级乙等创建工作，改造提升社区卫生服务中心和乡镇中心卫生院，设立农村健康体检移动站，确保乡镇卫生院全部达到国家基本标准。加快中医院建设进程，推进基层中医药服务能力建设，持续提高基层中医药服务可及性。加强"互联网+医疗健康"建设，加快县域医共体医疗卫生健康信息平台落地，完善区域一体、上下联动、信息互通的医疗卫生服务体系。建立开放共享的县域影像、心电、病理诊断和医学检验等中心，实现基层检查、上级诊断和区域内互认。进一步推进县域紧密型医共体实体化运行，深度融合医疗服务、健康管理、疾病防控，贯通区乡村医疗卫生服务链条。强化对口帮扶，深化"千名医师下基层"政策机制，推动优质医疗资源下沉和均衡布局，让老百姓在家门口享受专家服务。

杨柳村入选第十一批全国"一村一品"示范村镇

近日,农业农村部公布了第十一批全国"一村一品"示范村镇及2021年全国特色产业十亿元镇亿元村名单。宁夏吴忠市红寺堡区新庄集乡杨柳村(葡萄酒)入选第十一批全国"一村一品"示范村镇名单。

(节选《人民日报》2021年11月12日,记者 周 航)

国务院表扬
宁夏红寺堡区突出重点 全面推进乡村振兴

近日,国务院办公厅通报第八次大督查发现的典型经验做法,宁夏回族自治区吴忠市红寺堡区突出重点全面推进乡村振兴的做法被给予表扬。

红寺堡区是宁夏"五县一片"深度贫困地区之一。1998年开发建设,2009年设立吴忠市辖区。自2014年以来,共识别贫困村40个(其中深度贫困村9个),累计识别建档立卡贫困人口13965户55650人。40个贫困村于2020年全部实现脱贫出列,现行标准下贫困人口全部脱贫,农村居民人均可支配收入由搬迁之初不足500元增长近20倍,2020年农村居民人均可支配收入达到10710元。

今年以来,红寺堡区聚焦红川村等57个自治区重点帮扶移民安置区,围绕解决好产业、就业、社会融入三件事,全力抓好产业就业帮扶、完善基础设施建设、提升公共服务水平、整治人居环境、健全保障体系、推进文明建设6个重点,聚焦农村低收入人口和特殊群体,巩固拓展脱贫攻坚成果同乡村振兴有效衔接。

在产业方面,红寺堡通过政策性补贴、以奖代补、示范带动等形式,培育一乡一业、一村一品。今年新增酿酒葡萄2000亩、低产园改造1.4万亩,发展枸杞713亩、黄花菜1350亩。肉牛滩羊饲养量分别达到11.4万头和77.9万只。

在就业方面,完善就业服务体系、加强就业培训、促创业,今年以来,累计举办培训班80余期、落实培训补贴资金189.34万元,培训3559人次,其中培育劳务经纪人80人,实现转移就业40013人。培育创业实体131个,创造新岗位281个,全民创业带动就业2108人,开发公益性岗位1985个。

下一步,红寺堡区将建立自上而下、自下而上的动态监测机制,形成定期排查、定期调度分析、定期销号解决的工作模式。并把以农业农村资源为依托的二三产业尽量留在乡村,把产业链的增值收益、就业岗位尽量留给脱贫人口。同时引导群众使用清洁能源、发展庭院经济,真正打造环境美、田园美、村庄美、庭院美的"四美"村庄。

(原载《人民日报》2021年11月19日,记者 周 航)

黄花菜产业园 (王也夫 摄)

红寺堡区获国家重点关注

国家能源局近日发布《关于公布整县(市、区)屋顶分布式光伏开发试点名单的通知》。《通知》表示,各省(自治区、直辖市)及新疆生产建设兵团共报送试点县(市、区)676个,全部列为整县(市、区)屋顶分布式光伏开发试点。

2023年底前,试点地区各类屋顶安装光伏发电的比例均达到《通知》要求的,列为整县(市、区)屋顶分布式光伏开发示范县。

其中,吴忠市红寺堡区被纳入本次整县(市、区)屋顶分布式光伏开发试点名单。

(原载《吴忠日报》2021年9月15日)

殷殷嘱托记心间 更好生活在后头

—— 红寺堡区奋力创建全国易地搬迁移民致富提升示范区

5年，在历史长河中不过是一朵浪花，但在吴忠市红寺堡区的发展历史上，却留下了浓墨重彩的一笔。

作为全国最大的易地生态移民安置区，红寺堡区40个贫困村全部脱贫出列，12779户50585名农村贫困人口全部脱贫。2020年3月，红寺堡区退出贫困县（区）序列。

5年来，红寺堡区委团结带领广大移民群众，以"脱贫攻坚、增收富民"统揽经济社会发展全局，负重拼搏、奋勇争先，让全面建成小康社会的宏伟蓝图变为现实。入列国家乡村振兴重点帮扶县，创建全国易地搬迁移民致富提升示范区，为红寺堡区提供了一系列叠加发展机遇。

未来，红寺堡区将以创建全国易地搬迁移民致富提升示范区统揽经济社会发展全局，全力做好产业、就业和社会融入三件事，推进巩固拓展脱贫攻坚成果同乡村振兴有效衔接，走出一条高质量发展的新路子，奋力谱写新时代红寺堡区现代化建设新篇章。

以拼搏实干走完过去五年

攻坚克难、逆势而上，综合实力显著增强。面对错综复杂的外部环境和艰巨繁重的发展任务，红寺堡区扎实做好"六稳"工作，全面落实"六保"任务，推动经济社会发展实现量的合理增长和质的稳步提升。

全区地区生产总值从2015年的25.2亿元增加到2020年的71.2亿元，年均增长9.9%；社会消费品零售总额从12.34亿元增加到15.99亿元，年均增长5.4%；城镇和农村居民人均可支配收入分别从17875元、6409元增加到25468元、10925元，年均增长7.3%和11.3%。

2020年，红寺堡区效能目标考核首次跻身山区组第一方阵，为"十四五"顺利开局打下坚实基础。

上下同心、尽锐出战，脱贫攻坚全面胜利。红寺堡区始终把脱贫攻坚作为最大政治任务、首要民生工程和最大发展机遇，牢牢聚焦易地扶贫搬迁这一最大区情，蹚出一条易地扶贫搬迁脱贫致富的新路子。

"六个精准"全面落实，"五个一批"扎实推进，40个贫困村全部脱贫出列，12779户50585名农村贫困人口全部脱贫，区域性整体贫困得到有效解决。

特色产业鼓起钱袋子，交通扶贫铺就致富路，安全饮水滋润万民心，智慧电网点亮新生活，"志智双扶"激发原动力……红寺堡大地旧貌换新颜，移民群众收获了暖暖的幸福感、满满的自豪感。

立足区情、优化布局，特色产业质效双增。"龙头企业+专业合作组织+产业基地+农户"经营模式全面推进，葡萄酒、枸杞、草畜、黄花菜产业全产业链发展取得明显成效。农业产业实现由量的积累向质的提升转变，特色农业产值占农业总产值的60%以上。

新型工业日益壮大，总投资逾百亿元的湘投控股、中车株洲所等新能源重特大项目成功落户，新能源集维中心建成运行，风电、光伏发电装机容量占到自治区近六分之一。工商银行、建设银行入红营业，鹏胜时代广场、团结商业广场、燕然银都等商贸综合体相继建成。全国青少年航空航天模型锦标赛暨红寺堡区航空文化旅游节成为精品赛事，罗山航模基地成为"国字号"航空运动营地。弘德村、永新村入选全国乡村旅游重点村和宁夏特色旅游村。

整合资源、提升品质，城乡面貌焕然一新。划定城镇开发边界20.25平方公里，累计实施城建项目48个，城市建成区面积由5年前的不足10平方公里拓展到12.68平方公里，城镇化率由30.6%提高到40.1%。

高标准打造美丽村庄37个，建成柳泉乡、大河乡美丽小城镇。乡村道路通车里程达935公里，城乡居民出行条件进一步改善。城东市民休闲公园、青云湖公园、金水广场改造提升等工程相继完工，城市绿地率、城市绿化覆盖率、人均公共绿地面积分别达到40%、42%、17.38平方米。空气质量优良天数占全年总天数的86%，城市生活污水处理率、城乡生活垃圾无害化处理率分别达到90%、95.5%，森林覆盖率、草原综合植被盖度分别达到14.12%、56.69%。杨柳、香园、永新3村跻身国家森林乡村行列。

心系群众、强弱补短，民生福祉持续攀升。始终保持财政资金民生投入只增不减，民生领域支出占总支出的80%以上。

突出就业创业，5年累计新增城镇就业3400人，转移输出农村劳动力19万余人次，创收近20亿元，工资性收入占农民总收入近一半。

协调发展社会事业，新建改扩建高级中学、第五中学、弘德希望小学等学校106所，大班额、大校额有效化解，率先在全区建立教育扶贫基金，国家义务教育基本均衡顺利通过评估验收，教育教学质量位居吴忠市及山区九县前列。

完善卫生健康服务体系，全面推进医联体建设，人民医院门诊综合楼、传染病楼、妇幼计生中心、疾控中心等医疗机构建成投用，打造区域远程心电、影像、检验"三大中心"，成功创建自治区卫生县区。

实施文化惠民工程，建成体育馆、文化馆、全民健身中心等一批公共文化服务设施，国家公共文化服务体系示范区创建通过验收，红寺堡区被纳入黄河国家文化公园建设体系。

锐意创新、深化改革，发展活力竞相迸发。坚持以改革破难题，以开放激活力，以创新增后劲。累计实施经济、生态、文化和社会领域改革305项，机构改革、基层整合审批服务执法力量改革全面完成。

新民街道实现独立运行，城镇社区由2个增加到8个。"放管服"改革深入推进，推行个体工商户"免填单、马上办"简易登记模式。"双随机、一公开"监管全面落实，审批时限压缩一半以上，新增各类市场主体7548户。"四权"改革全面启动，水权交易试点成效明显，河长制、路长制、渠长制深入实施。大力实施创新驱动发展战略，设立葡萄产业博士工作站，建成葡萄与葡萄酒（吴忠）技术创新中心、宁夏滩羊育种工程技术研究中心等科研平台。培育各类科技型企业27家，R&D经费投入强度居山区九县前列。

兼容并蓄、依法治区，社会大局和谐稳定。认真贯彻自治区"1+6"政策文件，深入推进基层社会治理体系和治理能力现代化建设。

扎实开展县域社会治理现代化试点，持续深化"红袖标"义务巡防、"平安顾问"等做法，"135"基层社会治理模式被评为全国"2020民生示范工程"，规范村民代表会议制度"55124"模式入选首批全国20个乡村治理典型案例。

扎实开展安全生产专项整治3年行动，连续5年命案零发生，连续4年未发生较大以上道路交通事故。

深入开展马克思主义"五观"百场万人大宣讲及"五项特色教育"，深化民族团结进步创建，依法管理民族宗教事务，民族团结、宗教和顺、社会和谐的良好局面不断巩固发展。

凝心聚力、强基固本，党的建设全面加强。全国文明城市创建基础不断夯实，公民道德素质显著提升，涌现出徐海侠、马慧娟、李耀梅、寇启芳等一大批先进典型和模范。

突出政治功能，以基层党建"六项行动"为统领，率先开发"村级事务管理"公益岗位，公开选任村党组织书记，加强党支部标准化规范化建设，持续整顿软弱涣散党组织，高质量完成乡村换届，基层党组织组织力明显提升。

突出政治引领，出台稳定人才队伍若干措施，争取行政事业编制534名，面向全国自主招聘近百名硕士研究生，柔性引进1528名产业人才创业，培育2600余名实用人才兴业，形成引得来、留得住、干得好的良好氛围。

巡察监督实现乡镇、部门和村（社区）党组织全覆盖，审计监督规范运行，营造出更加清朗的政治生态。

以示范创建奋进今后五年

站在"十四五"开局之年的历史新起点上，红寺堡区立足易地搬迁移民区实际，用示范创建引领发展新征程，切实把"更好生活还在后头"的殷切嘱托转化为美好现实。

今后5年，红寺堡区的奋斗目标是实现"两个高于、五个更加"。

罗山脚下沃野平畴　（魏旭平　摄）

地区生产总值年均增速高于自治区平均水平，年均增长8%以上；城乡居民人均可支配收入增速高于经济增速，年均增长9%以上。

到2025年，经济发展势头更加强劲，地区生产总值突破百亿元（含太阳山开发区），一般公共预算收入达到2.5亿元，全社会固定资产投资累计超过1090亿元；群众生活更加幸福安康，城镇、农村居民人均可支配收入分别达到36000元、18000元以上，接近山区县平均水平；生态环境更加宜居，空气质量优良天数比例稳定达到86%以上，森林覆盖率达到15%，农村生活污水处理率、资源化利用率均达到40%以上，城镇化率达到48%以上；治理体系更加完善，平安红寺堡、法治红寺堡建设走在全区前列，乡村文明程度全面提升；党的建设更加有力，进一步做到理想信念坚定、用人导向鲜明、落实担当有力、人民群众满意，把基层党组织建设成为坚强的战斗堡垒。

提质增效并驾齐驱，全面开辟产业转型新路径。充分发挥区域特色优势，主动融入自治区九个重点产业布局，培育壮大六大特色产业，强化质效导向，加快构建以特色农业为基础、以新型工业为支撑、以现代服务业为主导的产业体系。做优高效种养业，做强绿色低碳工业，做优文化旅游业，做活现代服务业。

功能品质齐抓共促，全面丰富城乡融合新内涵。准确把握"以人为核心的新型城镇化"特征趋势和政策导向，以更大的力度和更实的举措，不断丰富发展内涵，提升功能形象，改善居住环境，构建工农互促、城乡互补、协调发展、共同繁荣的新型工农城乡关系。规划先行，推进乡村全面"兴"；优化布局，加快城乡一体"融"；项目带动，推动基础设施"优"；绿色为基，促进环境全域"美"。

改革创新双轮驱动，全面培育经济发展新动能。始终秉承开放理念、创新思维，狠抓重点领域关键环节，走出一条开放创新同步推进、相互融合、互动并进的发展新路。深化改革增动力，扩大开放挖潜力，优化环境强实力，创新驱动激活力。

共建共享同向发力，全面提升民生福祉新高度。坚持发展为了人民、发展依靠人民、发展成果由人民共享，深入实施"四大提升行动"，全面提升公共服务保障能力，顺应人民对美好生活的新期待，让共同富裕更加真实可感。持续提高居民收入，优先发展教育事业，着力提升健康服务，促进文化繁荣发展，全面加强社会保障。

民主法治协同并进，全面构建社会治理新格局。发挥区委总揽全局、协调各方的领导核心作用，充分调动一切积极因素，广泛团结一切可以团结的力量，构建以人民为中心的共建共治共享新局面。打好社会治理组合拳，守好民族团结生命线，落实总体国家安全观，画好民主政治同心圆。

（原载《宁夏日报》2021年9月24日，记者杜晓星）

大事记
DASHIJI

1月

4日　红寺堡区委书记丁建成主持召开三届区委2021年第1次常委会会议。传达学习中共中央政治局民主生活会、自治区党委常委会会议暨应对新冠肺炎疫情工作领导小组会议等精神。红寺堡区委副书记周永根、宋喜及其他常委出席会议。红寺堡区人大常委会主任和永奎、政协主席蔺保飞等列席会议。

5日　红寺堡区应对新冠肺炎疫情工作指挥部第30次会议召开。传达学习中央、自治区、吴忠市有关会议和文件精神，对红寺堡区新冠肺炎疫情进行分析研判并安排部署今冬明春疫情防控工作。红寺堡区领导宋喜、王忠强、尚自刚、杨平参加会议。

6日　红寺堡区委常委、常务副区长王忠强带队调研疫情防控工作。

是日　吴忠市委常委、常务副市长张学慧到红寺堡区就安全生产专项整治三年行动开展调研。红寺堡区副区长、公安分局局长杨平陪同调研。

7日　红寺堡区新庄集乡召开2020—2021年度党员冬训工作动员会，安排部署农村党员冬训工作。

是日　红寺堡区召开全面集中清理行政规范性文件工作推进会，落实自治区、吴忠市地方性法规、政府规章和行政规范性文件全面集中清理工作部署会议精神，动员部署红寺堡区全面集中清理工作。红寺堡区副区长张保岐参加会议。

9日　红寺堡区新民街道党支部在鹏胜时代广场举办以"优化营商环境、暖冬志愿服务行动"为主题的党日活动。

10日　红寺堡区委书记丁建成主持召开区委经济工作会议暨红寺堡区创建全国易地搬迁移民脱贫致富示范区第一次推进会。红寺堡区领导和永奎、蔺保飞、周永根、宋喜等参加会议。

是日　红寺堡区召开冬春季新冠肺炎疫情防控工作推进会，通报河北省石家庄市、邢台市来（返）红寺堡人员摸排及暗访督查情况，安排部署疫情防控工作。红寺堡区领导宋喜、王忠强、苏达志、尚自刚、张致强、杨平、张保岐、杨金花参加会议。

11日　红寺堡区委书记丁建成采取现场提问、听汇报等方式，对水务局、农业农村局、民政局、扶贫办2021年工作谋划情况进行调研。

是日　红寺堡区政协主席蔺保飞主持召开红寺堡区政协三届常委会第二十二次会议。政协副主席买廷东、宋立忠、杨金花及部分常委会组成人员出席会议。红寺堡区领导周永根、李海龙、陈煌林列席会议。会议审议通过政协吴忠市红寺堡区第三届委员会第五次会议有关文件、大会议程（草案）、大会日程（草案）、《关于召开政协吴忠市红寺堡区第三届委员会第五次会议的决定（草案）》等有关事宜。

是日　红寺堡区召开《政府工作报告》征求意见座谈会。就《政府工作报告（征求意见稿）》征求各乡镇（街道）、区直各部门及部分党代表、人大代表、政协委员、老干部、基层工作者的意见建议。红寺堡区委常委、常务副区长王忠强主持会议。红寺堡副区长杨平、张保岐参加会议。

12日　泉州—红寺堡"闽宁携手　暖冬行动"校服捐赠仪式在红寺堡镇弘德村燕宝小学举行，福建省泉州市人民政府为燕宝小学全体学生捐赠1031套总价值141820元的冬季校服。红寺堡区委常委、副区长赖有为，红寺堡区区长助理陈煌林参加仪式。

是日　红寺堡区委书记丁建成主持召开三届区委2021年第2次常委会会议，传达学习相关会议精神，研究部署两会等有关事宜。红寺堡区委副书记周永根、宋喜及其他常委出席会议。红寺堡区人大常委会主任和永奎、政协主席蔺保飞等列席会议。

13日　红寺堡区人大常委会主任和永奎主持召开红寺堡区三届人大常委会第三十次会议。红寺堡区人大常委会副主任关保智、杨进才、王葆青、伍洪亮及部分人大常委会委员出席会议。红寺堡区副区长张保岐列席会议。

14日　红寺堡区委书记丁建成主持召开区委理论学习中心组2021年第1次学习会议。深入学习贯彻习近平总书记在中央政治局民主生活会上的重要讲话精神，推动学习习近平新时代中国特色社会主义思想往深里走、往实里走、往心里走，进一步深化认识，统一思想，打牢开好区委2020年度民主生活会的思想基础。

是日　红寺堡区委书记丁建成调研发展和改革局、统计局、自然资源局、机关事务服务中心2021年工作谋划情况。

是日　红寺堡区召开村（社区）"两委"换届工作调度会，传达学习自治区、吴忠市相关会议精神，听取各乡镇（街道）关于村（社区）"两委"换届工作进展情况的汇报。红寺堡区领导陈雪松、张致强参加会议。

是日 红寺堡区召开禁牧封育工作专题会议，通报近期禁牧封育督查情况，安排部署下一步工作。红寺堡区领导王忠强、张瑞峰、尚自刚、张致强、杨平参加会议。

15日 红寺堡区召开吴忠市市域社会治理现代化试点工作现场观摩暨推进会，通过学习借鉴红寺堡区在社会治理工作中的好经验、好做法，进一步推动全市市域社会治理现代化试点工作。

17日 红寺堡区政协主席蔺保飞主持召开政协吴忠市红寺堡区第三届委员会第五次会议预备会议。红寺堡区政协副主席买廷东、宋立忠、杨金花出席会议。红寺堡区委常委、统战部部长李海龙应邀列席会议。

是日 红寺堡区委应对疫情防控工作领导小组第21次暨指挥部第31次会议召开。学习贯彻习近平总书记关于疫情防控的重要指示精神，全面落实全国、全区疫情防控工作电视电话会议部署要求，对当前和今后一个时期，特别是春节期间的疫情防控工作进行全面安排部署。红寺堡区委书记、区委应对疫情防控工作领导小组组长丁建成出席会议并讲话。

17—20日 红寺堡区第三届人民代表大会第七次会议和中国人民政治协商会议红寺堡区第三届委员会第四次会议圆满完成各项会议议程胜利闭幕。

18日 中国人民政治协商会议吴忠市红寺堡区第三届委员会第五次会议在晋江报告厅开幕。

是日 红寺堡区第三届人民代表大会第七次会议举行预备会议。

是日 吴忠市红寺堡区第三届人民代表大会第七次会议召开党员大会。动员广大党员进一步统一思想、明确要求，充分发挥党员先锋模范作用，组织、团结、引导与会代表、委员从全区发展大局出发，认真完成好大会预定的各项任务，确保两会取得圆满成功。

是日 红寺堡区第三届人民代表大会第七次会议举行主席团第一次和第二次会议。红寺堡区委书记丁建成、区人大常委会主任和永奎、政协主席蔺保飞及主席团全体成员参加会议。

是日 政协吴忠市红寺堡区第三届委员会第五次会议举行第二次全体会议，听取部分委员的提案交流发言。

18—20日 红寺堡区召开第三届人民代表大会第七次会议。

18—20日 红寺堡区第三届人民代表大会第七次会议在罗山宾馆开幕。

18—20日 参加红寺堡区第三届人民代表大会第七次会议的代表们分组讨论《政府工作报告》《人大常委会工作报告》和法检两院工作报告。

18—20日 政协吴忠市红寺堡区第三届委员会第五次会议圆满完成各项议程，于1月19日下午在晋江报告厅胜利闭幕。大会执行主席蔺保飞、买廷东、宋立忠、杨金花、张铁，红寺堡区委书记丁建成，区人大常委会主任和永奎，区委副书记周永根、宋喜，区委常委、区政协党组副书记、统战部部长李海龙在主席台前排就座。红寺堡区四套班子其他领导及人武部、法检两院、太阳山开发区红寺堡产业园主要负责同志应邀出席会议。红寺堡区政协主席、大会执行主席蔺保飞主持会议。

20日 红寺堡区第三届人民代表大会第七次会议举行主席团第三次会议。红寺堡区委书记丁建成、区人大常委会主任和永奎、政协主席蔺保飞及主席团全体成员参加会议。

是日 红寺堡区第三届人民代表大会第七次会议胜利闭幕。

21日 红寺堡区首次发现国家二级保护动物——赤麻鸭。

是日 红寺堡区委书记丁建成主持召开三届区委2021年第3次常委会会议，传达学习中央有关文件精神，审议相关工作汇报，安排部署近期重点工作。红寺堡区委副书记周永根及其他常委出席会议。红寺堡区人大常委会主任和永奎、政协主席蔺保飞等列席会议。

是日 红寺堡区委书记丁建成主持召开人才工作领导小组会议，传达学习相关会议精神，研究部署相关工作，持续推动红寺堡区人才工作向高质量发展，为创建全国易地搬迁移民脱贫致富示范区提供人才支撑。红寺堡区领导陈雪松、王忠强、杨金花参加会议。

22日 红寺堡区太阳山镇在周圈村组织开展全员核酸检测应急演练。

23日 红寺堡区安委会召开2021年第一次全体（扩大）会议，红寺堡区领导王忠强、赖有为、张致强、张保岐参加会议。

25日 红寺堡区委宣传部召开创建全国易地搬迁移民致富提升示范区专题讨论会，集思广益、建言献策，为示范区创建营造浓厚舆论氛围。红寺堡区委常委、宣传部部长苏达志参加会议。

28日 红寺堡区鹏胜时代广场正式开业。

是日 红寺堡区柳泉乡在柳泉村开展全员核酸检测应急演练。

29日 农垦集团经理层到红寺堡区考察牛羊产业发展情况，并开展主题党日活动。红寺堡区领导马青松、张致强陪同。

2月

2日 红寺堡区委书记丁建成主持召开2020年度党（工）委（党组）书记履行推进法治建设第一责任人职责述职评议考核汇报会，进一步督促第一责任人认真履职尽责、积极主动作为，把法治建设贯穿到工作的每个方面和各个环节，在全区营造尊法学法守法用法的浓厚氛围。红寺堡区委副书记周永根等领导参加会议。

是日 红寺堡区委书记丁建成主持召开2020年度党组织书记落实意识形态责任制述职汇报会，对全区下一步意识形态工作进行再安排、再部署，为庆祝中国共产党成立100周年营造浓厚氛围。红寺堡区委副书记周永根等领导参加会议。

3日 红寺堡区委书记丁建成主持召开三届区委2021年第4次常委会会议，传达学习习近平总书记在中央政治局会议和中央政治局第二十七次集体学习时的重要讲话精神，自治区、吴忠市两会精神等。审议红寺堡区八大重点产业高质量发展实施方案。红寺堡区委副书记周永根、宋喜及其他常委出席会议。红寺堡区人大常委会主任和永奎、政协主席蔺保飞等列席会议。

是日 红寺堡区委书记丁建成主持召开区委巡察工作领导小组2021年第1次会议暨书记专题会议。红寺堡区领导周永根、宋喜、张瑞峰参加会议。

是日 红寺堡区人民检察院检察长叶建平带领相关部门负责同志对红寺堡区大河乡麻黄沟河道管理范围的违法建筑整改情况进行"回头看"，现场查看整改效果。

4日 红寺堡区政协党组书记、主席蔺保飞主持召开区政协党组2020年度民主生活会。

7日 红寺堡区委书记丁建成主持召开三届区委2021年第5次常委会会议，红寺堡区委副书记宋喜及其他常委出席会议，红寺堡区人大常委会主任和永奎、政协主席蔺保飞等列席会议。

是日 红寺堡区委宣传部联合红寺堡文明办、公安分局、财政局、科学技术局在鹏胜·时代广场开展2021年红寺堡区新时代文明实践——"学习精神喜迎新春、凝聚力量创建示范"主题宣讲活动。

8日 红寺堡区委常委会召开2020年度民主生活会，围绕"认真学习贯彻习近平新时代中国特色社会主义思想，加强政治建设，提高政治能力，坚守人民情怀，夺取决胜全面建成小康社会，实现第一个百年奋斗目标的伟大胜利，开启全面建设社会主义现代化国家新征程"主题作对照检查，并结合思想和工作实际，进行了党性分析，开展批评与自我批评。红寺堡区委书记丁建成主持会议并讲话。吴忠市第五督导组成员到会指导。红寺堡区委副书记、区长候选人王忠强，区委副书记宋喜及其他常委参加会议。红寺堡区人大常委会主任和永奎、政协主席蔺保飞列席会议。

9日 红寺堡区纪委三届六次全体（扩大）会议暨全区党风廉政建设和反腐败工作会议召开。会议回顾总结2020年纪检监察工作，安排部署2021年任务。红寺堡区委书记丁建成出席会议并讲话。红寺堡区人大常委会主任和永奎，红寺堡区委副书记、区长候选人王忠强，红寺堡区政协主席蔺保飞，区委副书记宋喜及四套班子其他领导，人武部政委，法检"两长"，各乡镇党委书记、纪委书记，各部门（单位）主要负责人，红寺堡区纪委监委全体干部参加会议。吴忠市纪委监委李志军同志应邀到会指导。会议由红寺堡区纪律检查委员会常务委员会主持。

是日 红寺堡区委书记丁建成主持召开三届区委2021年第6次常委会会议，传达学习自治区党委书记陈润儿调研座谈会精神，研究贯彻落实意见。红寺堡区委副书记、区长候选人王忠强，区委副书记宋喜及其他常委出席会议。红寺堡区人大常委会主任和永奎、政协主席蔺保飞等领导列席会议。

是日 红寺堡区领导丁建成、和永奎、王忠强、蔺保飞等开展节前安全生产和食品安全检查。

是日 红寺堡区委书记丁建成主持召开推进基层整合审批服务执法力量改革动员大会，安排部署红寺堡区推进基层整合审批服务执法力量改革重点任务。红寺堡区委副书记、区长候选人王忠强，区委副书记宋喜等参加会议。

10日 红寺堡区书法家协会在大河乡大河村举办"迎新春、写春联、送福字"活动。

14日 红寺堡区区长候选人王忠强带队调研新庄集乡2021年重点工作谋划情况。红寺堡区副区长张致强陪同。

15日 红寺堡区政府党组书记、区长候选人王忠强带队调研太阳山镇2021年重点工作谋划情况。红寺堡副区长张致强陪同。

16日 红寺堡区政府党组书记、区长候选人王忠强带队调研大河乡、柳泉乡2021年重点工作谋划情况。红寺堡副区长尚自刚陪同。

17日 红寺堡区委书记丁建成主持召开推进全国易地搬迁移民致富提升示范区创建专题务虚会。强调要深入学习贯彻习近平总书记视察宁夏重要讲话精神，把总书记的深情嘱托和殷切期望转化为加快推动乡村振兴的强大动力，扎实做好易地搬迁扶贫与实施乡村振兴的统筹衔接，提振精气神、锤炼硬作风、干出加速度，齐心协力为创建全国易地搬迁移民致富提升示范区贡献力量。红寺堡区领导和永奎、王忠强、蔺保飞、周永根、宋喜等参加会议。

18日 红寺堡区举行2021年区委理论学习中心组第2次理论学习暨全区领导干部培训班。红寺堡区委书记丁建成主持会议并讲话，区领导和永奎、王忠强、蔺保飞、周永根、宋喜等在主会场参加会议，各乡镇、各部门分别在各分会场收看讲座。

是日 红寺堡区召开2021年征兵工作任务推进会。会议传达学习中央、自治区关于2021年征兵工作相关会议精神，总结2020年征兵工作，安排部署2021年各项任务。红寺堡区委常委、人武部政委高长祯，人武部部长廖学庆，红寺堡区副区长张保岐参加会议。

是日 红寺堡区委书记丁建成以"奋力创建示范区、扬帆启航新征程"为题，着重从示范区建设怎么看、怎么办、怎么干三个方面，为参加学习贯彻党的十九届五中全会精神专题学习班的领导干部讲了一堂专题党课。红寺堡区领导和永奎、王忠强、蔺保飞、周永根、宋喜等聆听党课。

19日 红寺堡区以视频会议的方式召开教育系统2021年春季开学工作会议，总结教育系统2020年工作，安排部署2021年任务，签订党建、党风廉政、意识形态、校园治理、校园安全和控辍保学目标责任书。红寺堡区领导尚自刚、杨金花参加会议。

20日 红寺堡区召开2021年重点项目建设暨城乡人居环境整治工作推进会，全面部署重点项目建设和城乡人居环境整治工作，动员全区各级各部门进一步统一思想、认清形势，为创建全国易地搬迁移民致富提升示范区开好局、起好步。红寺堡区委书记丁建成，区人大常委会主任和永奎，区政协主席蔺保飞，区委副书记周永根、宋喜等出席会议。会议由红寺堡区区长候选人王忠强主持。

23日 红寺堡区人大常委会主任和永奎主持召开红寺堡区三届人大常委会第三十一次会议。红寺堡区人大常委会副主任关保智、杨进才、王葆青、伍洪亮及部分人大常委会委员出席会议。红寺堡区领导王忠强、买廷东列席会议。

是日 自治区副主席赖蛟调研红寺堡区经济社会发展和文化旅游等工作。红寺堡区委书记丁建成、红寺堡代区长王忠强等陪同。

24日 自治区水利厅副厅长麦山带队调研红寺堡区水资源、水利工程、农业节水、城乡供水等情况，切实支持红寺堡创建全国易地搬迁移民致富提升示范区。红寺堡区代区长王忠强等陪同。

25日 全国脱贫攻坚总结表彰大会在北京人民大会堂隆重举行。中共中央总书记、国家主席、中央军委主席习近平向全国脱贫攻坚楷模荣誉称号获得者颁奖并发表重要讲话。大会还对全国脱贫攻坚先进个人、先进集体进行表彰。红寺堡区住房城乡建设和交通局、扶贫办主任吕振忠、红寺堡镇镇长白占玉分别作为全国脱贫攻坚先进集体和先进个人接受表彰。

26日 红寺堡区委书记丁建成主持召开三届区委2021年第7次常委会会议，传达学习习近平总书记在2021年春节团拜会、贵州考察时、中央全面深化改革委员会第十八次会议和党史学习教育动员大会上的重要讲话精神及《中共中央关于在全党开展党史学习教育的通知》，审议区人民政府党组《关于全面推进乡村振兴加快农业农村现代化的实施方案》等有关事宜，研究贯彻落实意见。红寺堡区委副书记宋喜及其他常委出席会议，红寺堡区政协主席蔺保飞等列席会议。

是日 红寺堡区委宣传部联合相关单位在鹏胜时代广场开展新时代文明实践——"喜闹元宵庆佳节、奋力创建示范区"主题活动。

是日 自治区科技厅副厅长刘常青带领调研组到红寺堡区，就创建全国易地搬迁移民致富提升示范区的产业发展及科技创新需求情况进行调研。红寺堡区副区长尚自刚陪同。

28日 红寺堡区创建全国易地搬迁移民致富提升示范区滩羊产业生态智慧园区建设项目签约仪式在政府会议中心举行。该项目第一期计划总投资达10亿元，预计于2023年建成，将带动1.2万多户滩羊养殖户及相关家庭农牧场、农民合作社、加工销售企业实现增收。吴忠市委常委、副市长童伟东，中国建筑第六工程局有限公司副总经理巩汉波，红寺堡区委书记丁建成等出席签约仪式。仪式由红寺堡区代区长王忠强主持。

3月

2日 红寺堡团区委联合宁夏新瑞宇建材发展有限公司和吴忠市赵花井建材有限公司举行"希望工程行动·励志助学金"发放仪式，为45名家庭贫困、品学兼优的大学生提供连续四年的助学金资助，帮助他们圆大学梦。红寺堡区委常委马青松参加发放仪式。

是日 红寺堡区人力资源和社会保障局举办2021年劳务经纪人培训会，旨在促进劳动力转移就业，进一步培育壮大农村劳务经纪人队伍。

3日 红寺堡区举行2021年招商引资项目集中签约仪式，共签约乡村振兴联合办校、中能中国西部（红寺堡）物流园、希岸酒店等25个项目，为助力乡村振兴，促进地方经济社会高质量发展，加快推进创建全国易地搬迁移民致富提升示范区建设注入源头活水。

4日 自治区财政厅一级巡视员李守银带队调研红寺堡区巩固拓展脱贫攻坚成果同乡村振兴有效衔接和百万移民致富提升行动工作。红寺堡区委书记丁建成等陪同。

5日 红寺堡区举行以"志愿服务我先行、奋力创建示范区"为主题的新时代文明实践"学雷锋志愿服务月"启动仪式暨城乡人居环境整治志愿服务活动。红寺堡区领导苏达志、伍洪亮、买廷东参加活动。

是日 红寺堡区委书记丁建成主持召开区委党史学习教育领导小组第一次会议，标志着红寺堡区党史学习教育正式启动。

是日 红寺堡区委书记丁建成主持召开三届区委2021年第8次常委会会议，传达学习习近平总书记在全国脱贫攻坚总结表彰大会上的重要讲话精神、自治区党委常委会会议暨扶贫开发领导小组2021年第2次会议精神等，审议《区委常委会2021年工作要点（送审稿）》等有关事宜，安排部署近期重点工作。红寺堡区人大常委会主任和永奎、政协主席蔺保飞等列席会议。

是日 红寺堡区妇联联合残联、残疾人综合服务中心开展"兰花芬芳巾帼红"志愿服务活动。红寺堡区领导伍洪亮、王亮参加活动。

是日 红寺堡区召开政法队伍教育整顿动员部署会，传达学习习近平总书记关于政法队伍建设的重要指示精神和中央、自治区、吴忠市政法队伍教育整顿动员部署会议精神，动员部署红寺堡区政法队伍教育整顿工作。自治区公安厅、吴忠市委政法委相关负责同志到会指导。红寺堡区委副书记、政法委书记、区政法队伍教育整顿领导小组副组长宋喜出席会议。

8日 红寺堡区召开2021年春季征兵役前教育训练动员会，组织46名"双合格"应征青年参加役前教育训练。红寺堡区委常委、人武部政委高长祯，人武部部长廖学庆参加会议。

9日 宁夏红寺堡农村商业银行股份有限公司正式挂牌开业，标志着红寺堡区农信发展迈入了新的里程碑，掀开了红寺堡区农村金融改革的新篇章。红寺堡区委常委马青松出席揭牌仪式。

是日 自治区卫健委党组书记田丰年带领调研组到红寺堡区就卫生健康工作进行调研。红寺堡区领导宋喜、尚自刚陪同。

10日 红寺堡区委理论学习中心组举行党史学习教育第一次集体学习。红寺堡区委副书记、代区长王忠强，区委副书记宋喜等参加学习。

11日 红寺堡区人大常委会理论学习中心组举行党史学习教育启动会暨第一次集体学习，学习《论中国共产党历史》等，研究讨论《红寺堡区人大常委会机关开展党史学习教育的实施方案》等有关事宜。红寺堡区人大常委会主任和永奎，副主任关保智、杨进才、伍洪亮等出席。

是日 红寺堡区政府党组书记、代区长王忠强主持召开人民政府党史学习教育第2次专题（扩大）会议。红寺堡区政府其他领导出席会议，区人大、政协相关领导，政府组成部门班子成员，各乡镇党委书记、副书记、乡（镇）长参加会议。

是日 自治区、吴忠市、红寺堡区政协三级联动调研红寺堡区推进全面依法治区工作。自治区政协常委、教科卫体委员会主任马清贵，吴忠市及红寺堡区领导何本源、蔺保飞、宋喜等参加调研。

12日 红寺堡区召开党史学习教育专题讲座暨区委理论学习中心组2021年第3次学习会。红寺堡区委副书记、代区长王忠强，区委副书记宋喜出席会议，红寺堡区人大常委会主任和永奎、政协主席蔺保飞等列席会议。

13日 红寺堡区政法系统举办政治轮训班，采取集中学习和自学相结合、专家专题讲座和处级领导讲党课相结合、分层分组座谈交流等形式进行。红寺堡区领导宋喜、杨平等参加培训。

15日 吴忠市召开传达贯彻全国两会精神会议，红寺堡区领导丁建成、和永奎、宋喜等在红寺堡分会场收听收看会议实况。

是日 红寺堡区市场监管分局以"守护安全、畅通消费"为主题，召开"3·15"消费者权益日座谈会，市场监管分局相关人员、有关企业和消费者代表参加会议。

16日 红寺堡区委书记丁建成带队，对各乡镇人居环境整治工作进行月度观摩考核。动员红寺堡区上下进一步学经验、找差距、补短板、施长策，扎实推进农村人居环境整治工作，助力乡村振兴，为创建全国易地搬迁移民致富提升示范区奠定坚实基础。红寺堡区领导和永奎、王忠强、蔺保飞、宋喜等参加。

是日 红寺堡三届区委第十一轮巡察动员部署会召开，传达学习党中央、自治区党委、吴忠市委及红寺堡区委关于巡视巡察工作有关会议精神，安排部署第十一轮巡察工作任务。红寺堡区领导陈雪松、张瑞峰参加会议。

是日 红寺堡区人大常委会副主任伍洪亮带领部分人大代表对公共文化服务体系建设情况进行调查，红寺堡区副区长尚自刚、王亮陪同。

16—17日 红寺堡区三届区委第十一轮巡察工作进驻会分别在区委办（档案史志馆）、宣传部、新民街道办（紫苑社区）、政府办、统计局、公安分局召开，标志着三届区委第十一轮巡察完成进驻。

17日 红寺堡区政府召开三届十次全体（扩大）会议暨廉政工作会议，号召全区干部职工以奋斗精神落实新任务，以奋进姿态开启新征程，稳扎稳打迈好第一步，奋力创建全国易地搬迁移民致富提升示范区。

是日 红寺堡区总工会二届十次全委（扩大）会议召开。红寺堡区委常委马青松出席会议，红寺堡区政协副主席、总工会主席买廷东主持会议。

是日 吉林大学文学院暨新闻与传播学院党委副书记、教授郝淑媛一行到红寺堡区调研校地合作相关事宜。红寺堡区委常委、宣传部部长苏达志，区人大常委会副主任杨进才陪同。

18日 2021年自治区第一批重大项目集中开工现场推进会在5个地级市同步举行。吴忠市分会场设在红寺堡区现代农业产业园。自治区、吴忠市及红寺堡区领导沈左权、喜清江、丁建成、和永奎、王忠强、蔺保飞、宋喜等参加活动。

是日 红寺堡区人民政府与天猫宁夏电商共享服务中心在弘德村党员教育基地举行红寺堡区农特产品线上销售项目签约仪式。红寺堡区委书记丁建成、代区长王忠强等出席仪式。阿里大健康、中国中信投资等10多家企业代表应邀参加仪式。仪式由红寺堡区委副书记宋喜主持。

是日 红寺堡区委书记、区政法队伍教育整顿领导小组组长丁建成以"扎实开展政法队伍教育整顿，锻造高素质红寺堡政法铁军"为主题，为全区政法干警讲了一堂专题党课。

是日 吴忠市委第二巡回指导组到红寺堡区督导党史学习教育工作，红寺堡区委常委、宣传部部长苏达志陪同。

是日 红寺堡区委书记丁建成主持召开区委理论学习中心组2021年第4次学习会。红寺堡区委副书记、代区长王忠强，区委副书记宋喜等参加会议。吴忠市委第二巡回指导组到会指导。

19日 红寺堡区委书记、区委全面深化改革委员会主任丁建成主持召开三届区委2021年第9次常委会会议暨全面深化改革委员会第九次会议，传达学习习近平总书记在中央党校（国家行政学院）中青年干部培训班开班式、中央政治局第二十八次集体学习时的重要讲话精神，中央、自治区党委、市委全面深化改革委员会相关会议精神等，研究部署近期重点工作。红寺堡区委副书记、代区长王忠强，区委副书记宋喜及其他常委出席会议。红寺堡区人大常委会主任和永奎、政协主席蔺保飞等列席会议。

21日 红寺堡区城乡人居环境整治督查组对新庄集乡农村人居环境整治进展情况进行督查。

23日 红寺堡区委书记丁建成主持召开区委理论学习中心组党史学习教育第四次集体学习会。红寺堡区委副书记、代区长王忠强，区委副书记宋喜等参加学习会。

24日 红寺堡区委党史学习教育领导小组办公室召开第一次会议，安排部署当前红寺堡区党史学习教育工作，进一步明确责任分工和工作纪律。红寺堡区委常委、宣传部部长苏达志出席会议。

是日 自治区民政厅二级巡视员曹虎带领终期评估第二工作组对红寺堡区实施《宁夏妇女发展规划（2011—2020年）》和《宁夏儿童发展规划（2011—2020年）》情况进行终期评估。红寺堡区代区长王忠强、副区长尚自刚陪同。

是日 红寺堡区应急管理局联合住建和交通局、公安分局、自然资源局等部门，对宁夏第二建筑公司、宁夏宏远建设工程有限公司等建筑企业的安全生产工作进行检查。

25日 红寺堡区举办城乡生活垃圾分类治理专题培训班，邀请宁夏康洁为民环保工程有限公司讲师邹鹏进行讲解，进一步提升广大干部职工的生活垃圾分类意识和能力。各机关事业单位全体干部职工参加培训。

是日　红寺堡区红寺堡镇召开第四届人民代表大会第六次会议。选举产生副镇长，新当选人员作表态发言，并向宪法宣誓。

是日　自治区人力资源和社会保障厅就业促进与失业保险处处长李海一行到红寺堡区调研稳定和扩大就业等工作。红寺堡区副区长尚自刚陪同。

是日　红寺堡区委书记丁建成、区人大常委会主任和永奎、区政协主席蔺保飞、区委副书记宋喜及四套班子其他领导赴盐池革命烈士纪念园、宁夏长城博物馆、吴忠市党风廉政教育基地开展党史学习教育。

是日　自治区民政厅厅长妥永苍带领民政厅干部结合党史学习教育到红寺堡区开展集中调研活动。红寺堡代区长王忠强等陪同。

是日　红寺堡区召开政法队伍教育整顿领导小组第一次推进会，总结全区政法队伍教育整顿前一阶段工作，部署安排下一阶段重点工作，深入推进政法队伍教育整顿走深走实。红寺堡区领导宋喜、张瑞峰参加会议。

26日　吴忠市新闻传媒集团组织党员干部到红寺堡区开展廉政警示教育活动，切实增强党员干部廉洁自律意识，筑牢拒腐防变的思想防线。

是日　红寺堡区委书记、区政法队伍教育整顿工作领导小组组长丁建成在调研政法队伍教育整顿工作开展情况时强调，要把政法队伍教育整顿和党史学习教育紧密结合起来，与提升政法队伍战斗力有效衔接起来，推进教育整顿工作扎实开展，锻造忠诚干净担当的政法铁军。

是日　红寺堡区召开政法系统教育整顿进展情况新闻发布会，介绍红寺堡区政法队伍教育整顿工作进展情况、教育整顿的基本内容、有关措施、工作目标、工作安排等，并就与会媒体提出的问题作了详细解答。红寺堡区委副书记、政法委书记、区政法队伍教育整顿领导小组副组长宋喜等出席发布会。

28日　吉林大学文学院暨新闻与传播学院的3位教授为红寺堡区新闻工作者和教师进行专题辅导。红寺堡区领导王忠强、尚自刚、杨金花聆听了讲座。

29日　吉林大学文学院暨新闻与传播学院与红寺堡区人民政府共建大学生实习实践基地签约授牌仪式在红寺堡区举行。

是日　红寺堡区政协主席蔺保飞带领政协机关和总工会党员干部走进同心县红军西征纪念馆、王团镇北堡子等红色教育基地，开展"学习党史、走好新时代长征路"党史学习教育。红寺堡区政协副主席买廷东、宋立忠参加。

是日　红寺堡区科学技术局邀请宁夏农林科学院动物科学研究所专家为红寺堡镇弘德村养殖户进行肉牛产业提质增效技术培训，为创建全国易地搬迁移民致富提升示范区提供技术支撑。

30日　红寺堡区农业农村系统召开安全生产专项整治三年行动工作推进会暨安全生产工作安排部署会，传达学习习近平总书记关于安全生产的重要论述等，安排部署红寺堡区落实企业安全生产主体责任三年行动具体任务。

31日 红寺堡区人大常委会主任和永奎、代区长王忠强等，深入红寺堡产业园看望慰问在红寺堡区义务植树的武警宁夏总队官兵，向他们表示感谢，并为他们送上了慰问品。

是日 中国三峡新能源集团股份有限公司向红寺堡捐赠1000万元，用于"扶贫保"项目建设，惠及红寺堡区51285名贫困人口。红寺堡区领导尚自刚出席捐赠仪式。

是日 自治区政协委员、人口资源环境委员会专职副主任杨学林一行到红寺堡区，就贯彻落实《中华人民共和国草原法》工作情况进行调研。红寺堡区领导蔺保飞、张保岐、买廷东陪同。

是日 吴忠市政协副主席曹玉华带队到红寺堡区调研"体教融合进一步提高青少年素质"工作。红寺堡区领导蔺保飞、尚自刚、杨金花陪同。

是日 红寺堡公安分局党委组织开展诵读传唱红色经典暨"培根铸魂"联合主题党日活动，红寺堡副区长、公安分局党委书记、局长杨平参加活动。红寺堡区委党史学习教育第三指导组到场指导。

4月

1日 红寺堡扬黄管理处各泵站逐级按下开机上水按钮，正式开启扬黄灌区春灌序幕，农田灌溉、高效补灌、生态绿化、群众生活用水等全面展开。

2日 红寺堡区安委会召开2021年第二次全体（扩大）会暨安全生产专项整治三年行动、森林草原防火、消防工作推进会，安排部署各项工作任务。红寺堡代区长、区安委会主任王忠强出席会议并讲话。

5日 红寺堡区政法队伍教育整顿领导小组第二次推进会召开，传达学习全国政法队伍教育整顿中央第四督导组见面会及自治区、吴忠市相关会议精神，通报红寺堡区政法队伍教育整顿有关情况，安排部署下一阶段重点工作任务。红寺堡区委书记、区政法队伍教育整顿领导小组组长丁建成出席会议并讲话。

6日 红寺堡区召开党史学习教育宣讲动员备课会，动员部署党史学习教育宣讲工作，推动全区上下持续兴起党史学习教育热潮。红寺堡区委常委、宣传部部长苏达志参加。

7日 自治区政协委员大讲堂走进红寺堡区，为广大政协委员讲了一堂精彩生动的党史宣讲辅导课。红寺堡区政协主席蔺保飞等与自治区、吴忠市、红寺堡区三级政协委员一同聆听了讲座。

是日 红寺堡区委书记丁建成主持召开三届区委2021年第10次常委会会议，传达学习习近平总书记在福建考察时和在中央财经委员会第九次会议上的重要讲话精神等，传达学习《中国共产党组织处理规定（试行）》，审议《关于认真做好乡镇领导班子换届工作的通知》等有关事宜。红寺堡区委副书记、代区长王忠强及其他常委出席会议。红寺堡区人大常委会主任和永奎等列席会议。

是日　红寺堡区委书记、区人武部党委第一书记丁建成主持召开2020年度党（工）委书记党管武装工作述职汇报会。红寺堡区代区长王忠强等参加会议。

是日　吴忠市委常委、市政法队伍教育整顿领导小组副组长兰德明一行到红寺堡区调研政法队伍教育整顿工作开展情况。红寺堡区领导宋喜、杨平等陪同。

8日　红寺堡区召开2021年"扫黄打非"工作领导小组会议暨第一次联席会议，传达学习自治区"扫黄打非"相关文件精神，安排部署有关工作。红寺堡区委常委、宣传部部长、区"扫黄打非"工作领导小组组长苏达志参加会议。

是日　红寺堡区委书记丁建成主持召开区委理论学习中心组党史学习教育第6次集体学习会，进一步把思想和行动统一到党中央部署要求上来，推动党史学习教育走深走实。代区长王忠强、区委副书记宋喜等参加学习。

9日　红寺堡区医疗健康总院揭牌成立，标志着红寺堡区卫生健康事业进入了一个新的发展阶段。红寺堡区领导宋喜、陈雪松、马青松、尚自刚出席揭牌仪式。

是日　红寺堡区召开区委农村工作会议。广泛动员全区上下全面推进乡村振兴、加快农业农村现代化，聚焦示范区创建目标任务，奋力开创红寺堡区"三农"工作新局面。红寺堡区委书记丁建成出席会议并讲话。区委副书记、代区长王忠强主持会议。

是日　红寺堡区委书记丁建成主持召开区乡领导班子换届工作领导小组第1次会议，传达学习自治区、吴忠市市县乡换届工作会议精神，安排部署红寺堡区乡领导班子换届工作。红寺堡区领导李海龙、陈雪松、张瑞峰参加会议。

是日　自治区政协副主席宋立忠带领部分政协委员到红寺堡区就水资源配置示范工程运行情况开展调研。红寺堡区副区长张致强陪同。

10—11日　红寺堡区举办"学党史、悟思想、办实事、开新局"党史学习教育知识竞赛，旨在进一步激发广大党员干部工作热情，丰富党史知识，提升政治理论水平，提高党性修养，让党史入脑入心。红寺堡区领导王忠强、苏达志、张致强观看比赛。

12—16日　吉林大学文学院暨新闻与传播学院实践团队到红寺堡区开展以"奔赴红寺堡、青春红色行"为主题的社会实践活动。

15日　自治区科协党组成员、副主席陈国顺带队到红寺堡区调研科技创新工作进展情况及存在的困难和问题。红寺堡区副区长尚自刚陪同。

是日　红寺堡区委书记、区委全面深化改革委员会主任丁建成主持召开区委全面深化改革委员会第十次会议，传达学习自治区党委全面深化改革委员会第十三次会议和吴忠市委全面深化改革委员会第十一次会议精神，审议《红寺堡区2020年全面深化改革工作总结报告》等。红寺堡区委副书记、代区长王忠强，区委副书记宋喜等参加会议。

是日　红寺堡区委书记、区委审计委员会主任丁建成主持召开区委审计委员会第五次会议，传达学习中央、自治区相关会议精神，听取2020年审计工作开展情况汇报，审议《红寺堡区2021年度审计项目计划》。红寺堡区委副书记、代区长王忠强等参加会议。

16日　红寺堡区委书记丁建成主持召开三届区委2021年第11次常委会会议，传达学习自治区党委、吴忠市委党史学习教育领导小组会议精神等，听取党史学习教育进展、安全生产等情况的汇报；审议《2021年红寺堡区全面从严治党党风廉政建设和反腐败工作任务分工方案》。红寺堡区委副书记、代区长王忠强和红寺堡区委副书记宋喜等常委出席会议。红寺堡区政协主席蔺保飞等列席会议。

是日　自治区党委党史学习教育第二巡回指导组到红寺堡区调研党史学习教育进展情况。红寺堡区委常委、宣传部部长苏达志陪同。

是日　共青团红寺堡区委二届四次全体（扩大）会议在晋江报告厅召开。红寺堡区领导马青松、王亮、买廷东出席会议。

是日　红寺堡区文学艺术界联合会一届二次全委会召开，传达学习全国基层文联工作座谈会精神，通报红寺堡区文联一届委员会委员更替情况，选举产生红寺堡区文联第一届委员会主席团主席。红寺堡区委常委、宣传部部长苏达志出席会议。

19日　宁夏生产力促进中心主任赵功强一行到红寺堡区开展"科技强企服务行"调研活动。红寺堡区副区长尚自刚陪同。

是日　红寺堡区委书记丁建成带队，对各乡镇人居环境整治工作进行月度观摩考核。红寺堡区领导和永奎、王忠强、蔺保飞、宋喜等参加活动。

是日　红寺堡区党史学习教育领导小组办公室召开第2次（扩大）会议。红寺堡区委常委、宣传部部长苏达志参加会议。

20日　红寺堡区举办巡视巡察工作培训会，旨在进一步提升红寺堡区纪检监察和巡察队伍整体素质、业务能力和巡察工作水平。红寺堡区委常委、纪委书记张瑞峰参加会议。

是日　红寺堡区委书记丁建成主持召开区委党史学习教育领导小组第三次会议，传达《自治区党委党史学习教育第二巡回指导组反馈意见传达提纲》，审议《关于开展"我为群众办实事"实践活动工作方案（送审稿）》。动员全区上下处处落实行动、时时走在前列、事事作出表率，确保"我为群众办实事"实践活动取得新进展、见到新成效。红寺堡区领导陈雪松、马青松、苏达志、张瑞峰参加会议。

是日　宁夏农林科学院党委书记周东宁带领调研组到红寺堡区，就农业产业发展情况进行调研。红寺堡区领导王忠强、张致强陪同。

22日　红寺堡区委书记丁建成主持召开区委理论学习中心组党史学习教育第10次集体学习会，集中学习党史，牢牢把握学党史、悟思想、办实事、开新局的要求，推动党史学习教育取得扎实成效。红寺堡区委其他班子成员参加学习。

23日　红寺堡区在晋江报告厅举行2021年"4·23"世界读书日启动仪式暨"书香红寺堡·专家带

你读党史"主题活动。红寺堡区副区长尚自刚出席仪式。

25日 红寺堡区葡萄与葡萄酒协会召开换届选举大会,听取第二届葡萄与葡萄酒协会工作报告,选举产生第三届葡萄与葡萄酒协会领导机构。红寺堡区领导马青松、关保智出席会议。

是日 国家烟草专卖局党组成员、副局长徐珵一行到红寺堡区,就定点帮扶工作开展情况进行实地调研。红寺堡区委书记丁建成,副区长张致强、王亮陪同。

26日 红寺堡区残疾人联合会第二届主席团第三次全体会议暨2021年残联工作会议召开,传达学习自治区、吴忠市相关会议精神,听取和审议红寺堡区残联执行理事会工作报告,选举红寺堡区残联第二届主席团委员、副主席,推举执行理事会理事长。红寺堡区副区长、区残联第二届主席团主席尚自刚出席会议。

27日 吴忠市委党史学习教育第二巡回指导组深入红寺堡镇弘德村、新民街道、第三中学,督导红寺堡区党史学习教育工作。

28日 红寺堡区人大常委会主任和永奎主持召开区三届人大常委会第三十二次会议。红寺堡区人大常委会副主任关保智、杨进才、伍洪亮及部分人大常委会委员出席会议。区领导张保岐、宋立忠列席会议。

是日 自治区民政厅调研组到红寺堡区调研殡葬改革工作。红寺堡区委常委、组织部部长陈雪松陪同。

是日 红寺堡区组织开展农村人居环境整治互观互学活动,查进度、找差距、学经验、促落实。红寺堡区副区长张致强参加活动。

是日 红寺堡区召开工程建设政府采购等重点领域突出问题专项整治工作领导小组暨重点检查工作推进会。书面传达相关会议精神,通报红寺堡区工程建设政府采购等重点领域突出问题专项治理自查工作情况,审议《吴忠市红寺堡区工程建设政府采购等重点领域突出问题专项治理工作领导小组工作规则》等。红寺堡区代区长王忠强出席会议并讲话。

29日 自治区人大常委会副主任董玲带领调研组到红寺堡区,就"多规合一"实用性村庄规划编制工作及实施情况进行调研。吴忠市及红寺堡区领导郝明、和永奎等陪同。

是日 红寺堡区委书记丁建成深入帮扶的红寺堡镇,就党史学习教育、农村人居环境整治、产业发展等工作开展情况进行实地调研。

是日 红寺堡区政协主席蔺保飞主持召开政协三常委会届二十四次会议。政协副主席买廷东、宋立忠及部分常委会组成人员出席会议。红寺堡区领导李海龙、尚自刚列席会议。

是日 红寺堡区委书记丁建成主持召开区委理论学习中心组党史学习教育第12次集体学习会,对红寺堡区党史学习教育进行再研究、再部署。红寺堡区委副书记、代区长王忠强等参加学习。

30日 红寺堡区委书记丁建成主持召开三届区委2021年第13次常委会会议,传达学习习近平总书记在广西考察时、在领导人气候峰会上的重要讲话精神,自治区实施百万移民致富提升行动工作会议精神等,听取红寺堡区2020年党内法规、区乡换届等工作开展情况的汇报,审议《红寺堡区关于强化易地搬迁后续扶持实施百万移民致富提升行动的实施方案(送审稿)》等。红寺堡区委副书记、代区长王忠强及其他常委出席会议。红寺堡区人大常委会主任和永奎、政协主席蔺保飞等列席会议。

是日 全国禁毒工作视频会议召开，安排部署当前和今后一段时期的禁毒工作。红寺堡区委书记丁建成等在红寺堡分会场聆听收看了会议实况。

是日 红寺堡区召开"青春向党·奋斗强国"庆祝中国共产党成立100周年暨纪念五四运动102周年青年座谈会。进一步激励引导全区广大青年担当作为、攻坚克难，以坚定的信仰、昂扬的斗志迎接中国共产党成立100周年，为创建全国易地搬迁移民致富提升示范区贡献青春力量。红寺堡区政协副主席买廷东参加会议。

5月

1日 红寺堡新庄集乡举办2021年"振兴"杯第十二届象棋公开赛暨第五届油桃采摘节。

8日 红寺堡区召开国家卫生城市复审工作推进会。

10日 北京城建联投建设有限公司总经理段翔宇一行到红寺堡区实地考察项目投资、营商环境、产业发展等情况。红寺堡区代区长王忠强等陪同。

11日 自治区党委书记、自治区党委党史学习教育领导小组组长陈润儿为全区党员干部作党史学习教育专题党课报告。红寺堡区领导和永奎、王忠强、蔺保飞等在红寺堡分会场聆听报告。

是日 吴忠市委政研室副主任柴升带队调研红寺堡区物流业工作，听取相关情况的介绍，并就红寺堡区现代物流业发展现状和存在的问题同相关部门及物流企业进行座谈交流。红寺堡区副区长张保岐参加。

是日 红寺堡区委副书记、代区长王忠强主持召开专题会议，传达学习自治区党委书记、人大常委会主任陈润儿调研督导红寺堡区百万移民致富提升行动座谈会精神。红寺堡区领导和永奎、蔺保飞等参加会议。

是日 红寺堡区在文化体育广场举办"永远跟党走"党史学习教育文艺宣传暨广场文化活动。

是日 红寺堡区委副书记、代区长王忠强主持召开创建全国文明城市动员部署会暨国家卫生城市复审安排部署会，对新一轮创建全国文明城市和迎接国家卫生城市复审工作进行安排部署。

12日 红寺堡区安委会办公室联合应急管理指挥部办公室召开"安全百日会战、喜迎百年华诞"安全生产和灾害防御百日专项整治行动动员部署会。红寺堡区副区长张保岐参加会议。

18日 红寺堡区委书记丁建成在优化营商环境工作暨2021年第一季度经济运行推进会上强调，要科学分析研判红寺堡区第一季度经济形势，掀起项目大建设、环境优化、产业发展热潮，为创建全国易地搬迁移民致富提升示范区奠定坚实基础。红寺堡区代区长王忠强主持会议。

红寺堡区政协主席蔺保飞等参加会议。

是日 红寺堡区委书记丁建成主持召开区委理论学习中心组党史学习教育第14次集体学习会，观看习近平总书记在广西考察新闻视频和微视频《党的十一届三中全会与伟大历史转折》第二章"决定命运的41天"，学习习近平总书记在第七次全国民族团结进步表彰大会上的讲话和2016年视察宁夏重要讲话精神等。红寺堡区委副书记、代区长王忠强等参加学习。

19日 红寺堡区委书记丁建成主持召开三届区委2021年第14次常委会会议，传达学习自治区党委常委会会议暨应对新冠肺炎疫情工作领导小组第17次会议精神，自治区党委书记陈润儿调研座谈会、党史学习教育专题党课报告精神等；听取红寺堡区应对新冠肺炎疫情工作指挥部关于做好当前疫情防控工作情况的汇报。红寺堡区委其他班子成员出席会议。红寺堡区政协主席蔺保飞等列席会议。

是日 红寺堡区委书记、区政法队伍教育整顿领导小组组长丁建成主持召开政法队伍教育整顿第八次推进会。

是日 吴忠市政协副主席、总工会主席陈克安一行到红寺堡区，就工会工作进行调研。红寺堡区政协副主席、总工会主席买廷东陪同。

20日 红寺堡区在文化体育广场举办以"巩固残疾人脱贫成果、提高残疾人生活质量"为主题的"全国助残日"文艺会演活动。红寺堡区领导伍洪亮、尚自刚、宋立忠与广大干部群众一同观看演出。

是日 自治区党委党史学习教育领导小组办公室协调组到红寺堡区调研"我为群众办实事"实践活动开展情况。自治区党委党史学习教育第二巡回指导组、吴忠市委党史学习教育领导小组办公室协调组组长及红寺堡区领导苏达志陪同。

是日 自治区政协调研组到红寺堡区调研清洁能源产业数字化建设应用情况。红寺堡区领导张致强、买廷东陪同。

24日 红寺堡区委书记、区委巡察工作领导小组组长丁建成主持召开区委巡察工作领导小组2021年第2次会议暨书记专题会议，传达学习全国巡视工作会议暨十九届中央第七轮巡视动员部署会精神，听取三届区委第九轮巡察整改落实情况和第十一轮巡察工作情况的汇报，审议《三届区委第十二轮巡察工作方案》，研究部署红寺堡区巡察工作。红寺堡区代区长王忠强，区委常委、纪委书记张瑞峰参加会议。

是日 吴忠市副市长王天军带领各县、市、区党政分管领导和农业农村及扶贫等部门负责人到红寺堡区观摩农业农村工作。红寺堡区副区长张致强参加。

25日 红寺堡区委书记丁建成主持召开区委理论学习中心组党史学习教育第16次集体学习会。红寺堡区委副书记、代区长王忠强等参加学习。

是日 红寺堡区委书记丁建成主持召开三届区委2021年第15次常委会会议，传达学习中央政治局常委、全国政协主席汪洋来宁视察讲话精神及自治区党委书记集体谈心会精神等，听取区委常委会落实全面从严治党主体责任、全区党风廉政建设和反腐败工作、生态环境保护工作等情况的汇报，安排部署各项工作任务。红寺堡区委副书记、代区长王忠强及其他常委出席会议。红寺堡区政协主席蔺保飞等列席会议。

是日 自治区人大常委会原副主任、总工会主席左军到红寺堡区开展"学党史办实事"调研活动。红寺堡区人大常委会主任和永奎等陪同。

25—26日 红寺堡区2021年科级干部暨新一届村（社区）干部培训班邀请宁夏党校教授、自治区党委党史研究室调研员等，为红寺堡区科级干部和新一届村（社区）干部作习近平总书记视察宁夏重要讲话精神及党的十九届五中全会精神专题辅导。红寺堡区领导苏达志、张瑞峰分别主持会议。

25—27日 红寺堡区教育系统举办为期3天的第二届"体教融合杯"青少年球类联赛。

26日 自治区应急管理厅副厅长张林海带队到红寺堡区调研防汛工作。红寺堡区代区长王忠强等陪同。

27日 吴忠市市长喜清江带领相关部门负责同志到红寺堡区就创建全国易地搬迁移民致富提升示范区工作开展情况进行实地调研。吴忠市及红寺堡区领导张学慧、王天军、丁建成、王忠强等陪同。

是日 吴忠市委党史学习教育领导小组办公室综合组到红寺堡区督导党史学习教育工作。

是日 红寺堡区委书记、区委教育工作领导小组组长丁建成主持召开区委教育工作领导小组2021年第1次会议，研究部署近期重点教育教学工作。红寺堡区领导马青松、尚自刚、杨金花参加会议。

28日 同心县委副书记、代县长杨春燕带领考察团到红寺堡区考察乡村振兴工作。红寺堡区委副书记、代区长王忠强陪同。

是日 红寺堡区举办政法暨统战系统马克思主义"五观"教育专题培训班，邀请自治区党委统战部副部长陈建龙进行授课。红寺堡区委常委马青松到场聆听。

是日 吴忠市组织部长联席会议在红寺堡区召开，吴忠市委常委、组织部部长解峰出席会议。

是日 自治区农田灌排设施管护座谈会暨农业水价综合改革培训会在红寺堡区召开。自治区水利厅副厅长张伟出席会议。

31日 红寺堡区教育系统在文化体育广场举行庆祝中国共产党成立100周年暨庆"六一"文艺会演。红寺堡区领导王忠强、苏达志、慈小荣、杨金花与广大干部群众一同观看演出。

是日 宁夏师范学院党委书记张治荣一行到红寺堡区，就基础教育质量提升行动和职业教育发展工作进行调研。红寺堡区委副书记、代区长王忠强等陪同。

6月

1 日　红寺堡区委理论学习中心组举行党史学习教育第17次集体学习。红寺堡区委副书记杨文福主持学习会，红寺堡区委其他班子成员参加学习。

是日　红寺堡区召开2021年普通高校招生全国统一考试工作协调会，听取2021年高考工作相关要求及红寺堡区高考工作准备情况的汇报，安排部署高考期间各成员单位工作职责。红寺堡区副区长、招委办主任尚自刚，红寺堡区政协副主席、教育局局长杨金花参加会议。

是日　吴忠市督导组督导红寺堡区创城工作。红寺堡区委常委、宣传部部长苏达志陪同。

2 日　红寺堡区与宁夏农科院签订创建全国易地搬迁移民致富提升示范区科技合作协议。红寺堡区代区长王忠强，宁夏农科院党委书记、院长周东宁等出席签约仪式。

3 日　红寺堡区召开安委会2021年第三次全体（扩大）会议暨风险普查、防汛抗旱工作部署会，分析研判当前安全生产和防汛救灾形势，安排部署相关工作。红寺堡区代区长、区安委会主任王忠强出席会议并讲话。

是日　红寺堡区召开"传承党的百年光辉史基因、铸牢中华民族共同体意识"宣讲动员备课会，对红寺堡区开展宣讲工作进行动员部署。红寺堡区委常委、宣传部部长苏达志出席会议。

4 日　福建省福清市新大泽螺旋藻有限公司董事长郑行一行到红寺堡区考察。红寺堡区领导王忠强、张宏志陪同。

是日　红寺堡区委书记丁建成主持召开三届区委2021年第16次常委会会议，传达学习习近平总书记在中央政治局第三十次集体学习、在中国科学院第二十次院士大会上的重要讲话精神，听取三届区委第十一轮巡察综合情况、红寺堡区政法队伍教育整顿查纠整改环节工作开展等情况的汇报。审议《吴忠市红寺堡区创建全国文明城市工作规划（2021—2023）》（送审稿）等。红寺堡区委副书记、代区长王忠强，红寺堡区委副书记杨文福及其他常委出席会议。红寺堡区人大常委会主任和永奎等列席会议。

是日　红寺堡区委书记、区委全面深化改革委员会主任丁建成主持召开区委全面深化改革委员会第十一次会议。红寺堡区领导和永奎、王忠强、杨文福等参加会议。

是日　宁夏大学继续教育学院到红寺堡区开展"重走移民路"主题党日活动。

4—5日　吴忠市副市长徐勇及红寺堡区领导丁建成、王忠强检查红寺堡区高考前期准备工作。

6 日　红寺堡区召开2021年高考考务培训会，从考场设置、试题保密、疫情防控、考务培训等方面对2021年的高考组织工作进行全面细致安排。红寺堡区委常委、副区长慈小荣，政协副主席杨金花参加。

是日　盐池县党政考察团到红寺堡区，就特色产业发展及农村人居环境整治、乡村振兴示范村建设、壮大村集体经济、民宿旅游业发展等情况进行考察。红寺堡区领导丁建成、和永奎、王忠强等陪同。

7日　红寺堡区乡村振兴局正式挂牌成立。

8日　红寺堡区开展"不忘初心重走移民开发路、牢记使命奋进伟大新征程"主题活动，沿着习近平总书记来红寺堡视察足迹重走移民路，热烈庆祝党的百年华诞。红寺堡区领导丁建成、和永奎、王忠强、蔺保飞、杨文福等参加活动。

是日　参加红寺堡区文化艺术周暨"知行合一"书法教师优秀作品展启动等活动的陶行知教育基金会和评委会专家为红寺堡区书法爱好者和学生们上了一堂书法课。红寺堡区领导慈小荣、尚自刚陪同。

是日　吴忠市委老干部局组织160名离退休老干部到红寺堡区开展"我看建党百年新成就"观摩活动。红寺堡区领导丁建成、和永奎、蔺保飞等陪同。

是日　红寺堡区召开"四权"改革动员部署会，传达学习自治区、吴忠市建设黄河流域生态保护和高质量发展先行区推进会精神，安排部署红寺堡区用水权、土地权、排污权、山林权"四权"改革工作。红寺堡区委书记丁建成出席会议并讲话，红寺堡区委副书记、代区长王忠强主持会议，红寺堡区人大常委会主任和永奎、政协主席蔺保飞等参加会议。自治区自然资源厅耕保处副处长到会指导。

是日　红寺堡区在博大购物广场举行以"尚俭崇信，守护阳光下的盘中餐"为主题的食品安全宣传周启动仪式。

是日　吴忠市通达煤化工有限公司为红寺堡区捐赠100万元，助力红寺堡区创建全国易地搬迁移民致富提升示范区。吴忠市及红寺堡区领导王天军、王忠强、张宏志出席捐赠仪式。

是日　水利部"十四五"巩固拓展水利扶贫成果同乡村振兴水利保障有效衔接规划编制调研组到红寺堡区，就"互联网+城乡饮水"规划工作进行调研。红寺堡区副区长张致强陪同。

9日　自治区政协副主席许宁带领部分政协委员到红寺堡区调研。红寺堡区政协主席蔺保飞陪同。

是日　自治区地方金融监督管理局在红寺堡区开展金融支持红寺堡区建设全国易地搬迁移民致富提升示范区高质量发展活动。自治区地方金融监管局局长吴琼，吴忠市及红寺堡区领导喜清江、宋海燕、丁建成、王忠强等参加活动。

是日　红寺堡区主办的"共产党好、黄河水甜——红寺堡文化艺术周暨'知行合一'书法教师优秀作品展活动"在文化馆正式启动。中国书法家协会名誉主席苏士澍，红寺堡区委副书记、代区长王忠强等出席活动。

是日　中国书法家协会名誉主席苏士澍调研红寺堡区书法教育工作。红寺堡区委书记丁建成等陪同。

是日　福建省泉州市总工会到红寺堡区调研，全面落实闽宁工会互帮互学协议精神，推进闽宁协作事业继续向前发展。红寺堡区政协副主席、总工会主席买廷东陪同。

是日　红寺堡区人大常委会副主任王葆青带领专项调查组，对检察院生态检察工作进行专题调查。红寺堡区检察院检察长叶建平陪同。

10 日　红寺堡区委书记丁建成主持召开区委理论学习中心组党史学习教育第 18 次集体学习会。区委班子成员参加学习。

是 日　红寺堡区委书记丁建成、代区长王忠强带队深入红寺堡区各新冠病毒疫苗接种点，看望慰问长期坚守一线、辛勤奉献的医护人员。红寺堡区领导杨文福、尚自刚陪同。

是 日　红寺堡区政协主席蔺保飞深入柳泉乡永新村，调研百万移民致富提升行动示范村创建工作。

是 日　红寺堡区委书记丁建成先后到罗山国家级自然保护区、大河乡调研信访工作。红寺堡区委副书记杨文福等陪同。

是 日　红寺堡区文化艺术周艺术品公益拍卖会在文化馆演艺厅举行，将全国著名书法家作品、红寺堡区名家作品、非遗作品进行展示拍卖，拍卖所得全部捐赠陶行知教育基金会，定向用于红寺堡区青少年书法教育事业发展。红寺堡代区长王忠强等出席。

是 日　红寺堡区人大常委会副主任王葆青带队调研法院刑事审判及扫黑除恶专项斗争工作。红寺堡区法院院长刘建宁陪同。

是 日　水利部水资源管理中心联合黄河水利委员会黄河水利科学研究院调研红寺堡区黄河流域水资源刚性约束及节约集约利用工作。红寺堡区副区长张致强陪同。

11 日　红寺堡区委书记丁建成主持召开三届区委 2021 年第 17 次常委会会议，传达学习习近平总书记在中央政治局会议、青海考察调研、视察宁夏时的重要讲话精神，自治区"四大提升行动"部署推进会精神等；审议红寺堡区《关于开展"六个先锋"示范引领行动深入推进抓党建促乡村振兴的实施方案》等。红寺堡区委副书记杨文福及其他常委出席会议。红寺堡区人大常委会主任和永奎、政协主席蔺保飞等列席会议。

14 日　红寺堡区委书记丁建成在调研自治区生态环保督察反馈问题整改落实情况时强调，要严格按照自治区生态环境保护督察组工作要求，扛牢政治责任，务实整改举措，确保取得实效，扎实推动红寺堡区生态环境质量持续改善提升。

15 日　红寺堡区委书记丁建成主持召开区委理论学习中心组党史学习教育第 19 次集体学习会。红寺堡区委副书记、代区长王忠强，区委副书记杨文福及其他常委参加学习。

是 日　农工党宁夏区委会联合宁夏医科大学总医院到红寺堡区开展"环境与健康宣传周"暨"我为群众办实事，助力基层医疗服务能力提升"义诊活动。红寺堡区领导王忠强、马杰君、尚自刚出席活动。

是 日　红寺堡区人大常委会副主任伍洪亮带领部分人大代表，实地调研红寺堡区农村教育发展情况。红寺堡区委常委慈小荣陪同。

是 日　自治区殡葬信息化建设工作培训班在红寺堡区举行，主要任务是学习党史、交流经验、解决问题，把殡葬领域突出问题解决好、落实好。自治区民政厅副厅长佘瑞东及红寺堡区领导王忠强等出席。

16 日　红寺堡区人大常委会主任和永奎主持召开区三届人大常委会第三十三次会议，红寺堡区人大常委会副主任关保智、杨进才、王葆青、伍洪亮及部分人大常委会委员出席会议。红寺堡区领导慈小荣、买廷东列席会议。

是日 红寺堡区举行"光荣在党50年"纪念章颁发仪式，为135名老党员颁发纪念章，旨在传递党中央对老党员的关爱关怀，进一步传承老党员艰苦奋斗的优良作风，激励广大党员群众坚定信念跟党走。红寺堡区委书记丁建成出席仪式并讲话。红寺堡区政协主席蔺保飞等出席。

是日 红寺堡三届区委第十二轮巡察动员部署会召开，传达学习党中央、自治区党委、吴忠市委及红寺堡区委关于巡视巡察工作有关会议精神，安排部署第十二轮巡察工作任务。红寺堡区领导陈雪松、张瑞峰参加会议。

是日 红寺堡区在时代广场举办全国第20个"安全生产月"宣传活动，普及相关安全生产知识，进一步加强安全生产事故预防，牢固树立安全发展理念。

是日 红寺堡区召开选举委员会第一次会议，传达《关于印发〈红寺堡区严肃换届纪律加强换届风气监督工作方案〉的通知》，听取并讨论《关于印发〈红寺堡区人大换届选举委员会职责及工作流程〉的通知》等。红寺堡区人大常委会主任、区换届选举委员会副主任和永奎主持会议。红寺堡区领导陈雪松、关保智、杨进才、王葆青、伍洪亮等参加会议。

是日 "小康路上·奋斗有我"——庆祝中国共产党成立100周年暨吴忠市残疾人文化艺术作品展在红寺堡区文化馆启动。吴忠市残疾人联合会理事长傅合春及红寺堡区领导尚自刚出席活动。

17日 红寺堡区委书记丁建成主持召开区委理论学习中心组党史学习教育第20次集体学习会。红寺堡区委副书记、代区长王忠强，区委副书记杨文福及其他常委参加学习。

是日 红寺堡区委书记丁建成主持召开三届区委2021年第18次常委会会议，传达学习习近平总书记对湖北十堰市张湾区艳湖社区集贸市场燃气爆炸事故作出的重要指示、李克强总理批示，全国和自治区安全生产电视电话会议、全区防范化解近期突出风险维护社会稳定视频会议精神等，听取全区安全生产工作情况的汇报。红寺堡区委副书记、代区长王忠强，红寺堡区委副书记杨文福及其他常委出席会议。红寺堡区人大常委会主任和永奎、政协主席蔺保飞等列席会议。

是日 红寺堡区委书记、区委全面依法治区委员会主任丁建成主持召开区委全面依法治区委员会第三次会议。红寺堡区领导王忠强、蔺保飞、杨文福等参加会议。

是日 自治区人大常委会委员、农工委主任姚文明一行到红寺堡区，对良种羊繁育养殖情况进行实地检查。红寺堡区领导和永奎、张致强陪同。

18日 央视《今日中国》大型直播节目，以"共产党好、黄河水甜"为题，报道红寺堡的沧桑巨变和移民群众的幸福生活。

是日 红寺堡区委书记、区级总河长丁建成主持召开总河长第5次会议，传达学习水利部和自治区、吴忠市河长制有关文件会议精神，听取河长制工作开展情况和乡（镇）级总河长述职汇报，研究审议有关事宜，安排部署下一阶段工作。

是日 自治区卫生健康委党组书记田丰年在红寺堡区副区长尚自刚的陪同下，深入红寺堡区疾病预防控制中心、妇幼保健计划生育服务中心和卫生计生监督执法所，通过实地看、听汇报等方式，了解了红寺堡区疾病控制、妇幼保健体系建设情况，综合监管工作及基层定向医学生安置，包扶红寺堡区卫生健康任务清单落实等情况，并就存在的困难和问题现场给予回应与解答。

20日 红寺堡区鲁家窑晋江商贸市场二期商品房竞租大会在红寺堡镇弘德村成功举办。

21日 红寺堡区教育系统在文化体育广场举办"没有共产党就没有新中国"教职工合唱比赛，近千名教职工汇聚一堂，以红色歌曲激发广大党员干部爱党爱国爱社会主义、以实际行动践行初心使命的热情，扎实推进党史学习教育走深走实。红寺堡区领导和永奎、蔺保飞等与广大干部群众一同观看了比赛。

是日 自治区政协常委、提案委员会主任蒋永忠带领调研组到红寺堡区，就进一步做好易地搬迁安置区后续发展工作进行实地调研。红寺堡区政协主席蔺保飞，红寺堡区委常委、副区长人选张宏志陪同。

是日 吴忠市离退休干部"筑梦新时代、翰墨颂党恩"庆祝中国共产党成立100周年书画巡展在红寺堡区开展。

22日 宁夏乡村振兴职业技能大赛吴忠市选拔赛暨红寺堡区"汇达杯"品酒师技能大赛在红寺堡区体育馆开赛。吴忠市及红寺堡区领导宋海燕、王忠强等出席。

是日 吴忠市政协副主席李焕民一行到太阳山镇巴庄村、田原村，就红寺堡区巩固拓展脱贫攻坚成果同乡村振兴有效衔接工作进展情况进行调研。红寺堡区领导马青松、宋立忠陪同。

23日 红寺堡区和"去哪儿"网签订了助农合作协议，助推红寺堡区农业发展迈上新台阶，为创建全国易地搬迁移民致富提升示范区聚力蓄能。红寺堡区委副书记、代区长王忠强等出席仪式。

是日 中央广播电视总台宁夏总站记者等一行到红寺堡区开展"重走移民开发路"主题党日活动。

是日 红寺堡区委书记丁建成调研红寺堡区防范化解近期突出风险维护社会稳定工作，切实推动迎大庆、保安全、护稳定、促发展、解民忧各项工作落地落实。红寺堡区委副书记杨文福等陪同。

24日 红寺堡区委书记丁建成对红寺堡区创城工作开展情况进行实地调研。红寺堡区领导苏达志、尚自刚陪同。

是日 红寺堡区人大常委会主任和永奎主持召开区二届人大常委会第三十四次会议。红寺堡区人大常委会副主任关保智、王葆青及人大常委会委员出席会议。红寺堡区领导张宏志、王亮、谢二亮、宋立忠列席会议。

25日 红寺堡区召开庆祝中国共产党成立100周年暨"两优一先"表彰大会，表彰近年来为红寺堡区各项事业发展作出突出贡献的先进基层党组织和优秀共产党员、优秀党务工作者，动员全区各级党组织和广大共产党员，充分发挥党组织战斗堡垒和党员先锋模范作用，自觉肩负起新的历史使命，为红寺堡区改革发展稳定作出更大贡献。红寺堡区委书记丁建成出席会议并讲话。红寺堡区人大常委会主任和永奎、政协主席蔺保飞、区委副书记杨文福等出席会议。

26日 红寺堡区召开"迎大庆 保安全"安全生产调度会，对中国共产党成立100周年大庆前夕的安全生产工作进行再安排、再部署、再推进。红寺堡区委书记丁建成出席会议并讲话，红寺堡区委副书记杨文福等参加会议。

是日 中国工商银行红寺堡支行正式开业，将为红寺堡区经济社会高质量发展提供强大金融支持。

27日 中国工程院"脱贫攻坚与乡村振兴有效衔接"调研组到红寺堡区，就脱贫攻坚与乡村振兴有效衔接工作开展情况进行调研。红寺堡区委常委、常务副区长张宏志陪同。

28日 红寺堡区2021年中考拉开帷幕，全区4038名考生带着自信踏入考场，迎接初中阶段学业的全面检阅，向着人生新的梦想出发。

是日 吴忠市委常委、宣传部部长高建博，吴忠市人大常委会副主任马伟到红寺堡区，看望慰问退役老党员和殉职党员家属，为他们送上党的关怀和节日问候。红寺堡区领导王忠强、陈雪松陪同。

30日 红寺堡区政协主席蔺保飞带队对红寺堡区农业提质增效示范工程打造产业融合发展示范区建设情况进行实地调研。红寺堡区副区长张致强陪同。

是日 红寺堡区政协副主席宋立忠带队，对红寺堡区进一步优化营商环境，助力高质量发展工作进行专题调研。红寺堡区委常委慈小荣陪同。

是日 由中国人民银行吴忠市中心支行主办、红寺堡农村商业银行承办的以"庆祝中国共产党成立100周年，守护群众钱袋子"为主题的2021年红寺堡区存款保险知识竞赛成功举办。

7月

1日 红寺堡区人大常委会主任和永奎、政协主席蔺保飞、区委副书记杨文福等分别带队，看望慰问坚守高温一线的干部职工，代表区委和政府向广大劳动者表示亲切问候，并送上饮料、矿泉水等慰问品。

是日 红寺堡区教育系统庆祝中国共产党成立100周年表彰大会暨第二届"重温红色经典"情景剧（课本剧）展演大赛在文化体育广场举行。红寺堡区领导王忠强、慈小荣、伍洪亮、杨金花与广大教职工、群众一同观看比赛。

2日 红寺堡区委书记丁建成主持召开三届区委2021年第19次常委会（扩大）会议，学习习近平总书记在庆祝中国共产党成立100周年大会上的重要讲话，集中开展交流讨论。市委党史学习教育第二巡回指导组组长雷金万到会指导。红寺堡区委副书记、代区长王忠强，区委副书记杨文福及其他常委出席会议。区人大常委会主任和永奎、政协主席蔺保飞等列席会议。

3 日　红寺堡区召开2021年公开临聘机关事业单位辅助人员考务会，公开临聘170名机关事业单位辅助人员，进一步帮助就业困难人员实现稳定就业。

5 日　宁夏大学继续教育学院红寺堡区函授站、宁夏高等教育自学考试宁夏大学助学点在红寺堡区职业技术学校挂牌成立，将为红寺堡区中、高职学生和有需求的移民群众晋升高等学历拓宽渠道，进一步提升红寺堡移民群众文化水平，为创建全国易地搬迁移民致富提升示范区提供人才和智力支持。宁夏大学党委常委、副校长周震，红寺堡区委书记丁建成，代区长王忠强等参加仪式。

是日　红寺堡区委书记丁建成主持召开区委理论学习中心组（扩大）2021年第6次理论学习会。红寺堡区委副书记、代区长王忠强，政协主席蔺保飞，区委副书记杨文福等参加会议。

6 日　红寺堡区乡（镇）人大换届选举培训会在罗山宾馆召开。红寺堡区人大常委会副主任关保智、杨进才、伍洪亮出席。

是日　河北工程大学副校长何立新一行到红寺堡区考察盐碱地治理情况。红寺堡区委副书记、代区长王忠强，区委常委徐明勇陪同。

是日　自治区应急管理厅党委书记、厅长张吉胜带领调研组到红寺堡区，就基层应急管理能力建设工作进行调研。红寺堡区委常委、常务副区长张宏志陪同。

是日　参加自治区农技推广观摩培训会的各市（县、区）农业技术推广中心主要负责人、自治区粮食产业有关专家等，到红寺堡镇弘德村玉米绿色高质高效生产示范区，对玉米作物旱作节水农业技术、农作物病虫害综合防治示范推广等多项技术综合应用下的长势情况进行观摩，红寺堡区副区长张致强陪同。

是日　自治区农业农村厅组织举办的灌区高标准农田建设项目现场推进培训会在红寺堡区召开。自治区农业农村厅副厅长王生林、红寺堡区副区长张致强及灌区20个市、县（区）农业农村局、农田建设机构和自治区农垦集团及自治区农田水利建设与开发整治中心、自治区农业综合开发中心的负责人参加会议。

是日　红寺堡区卫生健康局联合团区委、民政局、红十字会及卫生健康系统各医疗机构在人民医院开展学党史、办实事、无偿献血"天使"在行动志愿服务暨主题党日活动。

是日　红寺堡区召开庆祝中国共产党成立100周年座谈会，深入学习贯彻习近平总书记在庆祝中国共产党成立100周年大会上的重要讲话精神，劳动模范、"两优一先"、民主党派、青年代表们谈心得、说体会、话发展，表示要从党的百年历史中汲取接续奋斗的智慧和力量，以习近平总书记重要讲话精神为根本遵循，为红寺堡区创建全国易地搬迁移民致富提升示范区不懈奋斗。红寺堡区领导丁建成、王忠强、蔺保飞、杨文福等参加会议。

是日　红寺堡区乡（镇）人大换届选举培训会在罗山宾馆召开。红寺堡区人大常委会副主任关保智、杨进才、伍洪亮出席。

7 日　银川市委副书记、市长赵旭辉率队到红寺堡区，考察观摩农村人居环境整治工作。吴忠市及红寺堡区领导王天军、丁建成、王忠强等陪同。

是日 红寺堡区举办"示范创建、文化先行"系列专题讲座,邀请宁夏作协主席郭文斌授课。红寺堡区副区长王亮与广大干部职工一同聆听讲座。

是日 红寺堡区召开2021年国家卫生城市复审工作推进会,研究部署国家卫生城市复审工作组反馈问题整改工作。红寺堡区领导王忠强、苏达志、尚自刚参加会议。

是日 吴忠市政协副主席马骞带领调研组到红寺堡区,就保护传承发展黄河文化情况进行调研。红寺堡区政协副主席宋立忠陪同。

8日 2021年"宁电入湘"工程红寺堡区新能源装备制造示范基地和光伏产业示范园项目签约仪式在政府会议中心举行,标志着红寺堡区新能源装备制造和光伏产业园项目正式启动,促进宁湘两地共话合作、共谋发展。红寺堡区委书记丁建成、红寺堡代区长王忠强等出席签约仪式。

是日 红寺堡区在罗山宾馆举办全区财务人员业务知识专题培训班,解读财政预算资金管理、资金拨付管理及财政相关政策,并就审计中发现的问题进行解答。红寺堡区副区长尚自刚出席。

是日 红寺堡区政协主席蔺保飞主持召开政协三届常委会第二十五次会议。红寺堡区政协副主席宋立忠、杨金花及部分常委会组成人员出席会议。区领导马杰君、伍洪亮、王亮列席会议。

9日 红寺堡区委书记丁建成主持召开三届区委2021年第20次常委会会议,传达学习自治区党委、吴忠市委常委会(扩大)会议及吴忠市委常委会会议暨市委应对新冠肺炎疫情工作领导小组第十七次会议精神。审议《红寺堡区创建全国易地搬迁移民致富提升示范区任务分工方案(送审稿)》等。区委副书记、代区长王忠强,区委副书记杨文福及其他常委出席会议。红寺堡区人大常委会主任和永奎、政协主席蔺保飞等列席会议。

是日 由中旅总社(江苏)国际旅行社有限公司组织的来自南京的研学亲子营到红寺堡区开展社会实践活动,旨在加深亲子关系,提升孩子们的创造力,增强他们与他人和谐相处的能力及环境适应能力。

是日 青铜峡市党政考察团到红寺堡区考察学习易地搬迁移民致富提升示范区创建工作。红寺堡区领导丁建成、和永奎、王忠强、蔺保飞等陪同。

11日 自治区乡村振兴局党组书记、局长徐海宁带领调研组,就红寺堡区创建全国易地搬迁移民致富提升示范区、巩固拓展脱贫攻坚成果同乡村振兴有效衔接工作进展情况进行调研。红寺堡区领导丁建成、杨文福等陪同。

12日 红寺堡区委书记丁建成带队对农作物受灾情况进行调研,强调要全力做好抗旱减灾工作,帮助群众渡过难关。红寺堡区领导杨文福、张致强陪同。

是日 中国新丝韵葫芦丝艺术团成员受邀参观红寺堡区汇达阳光生态酒庄,查看加工车间、罐装车间及地下酒窖等,了解酒庄的发展历程、葡萄种植规模、葡萄酒年产量及销量等情况。

13日 红寺堡区在第五中学工程建设现场举办2021年建筑工人技能大赛。来自红寺堡区13家建筑公司的100余名建筑工人参加比赛。

14日 内蒙古自治区卓资县委副书记、政法委书记王俊带领考察团到红寺堡区考察巩固拓展脱贫攻坚成果同乡村振兴有效衔接工作情况。红寺堡区领导杨文福、张致强陪同。

是日 中国银行党委副书记、行长刘金一行到红寺堡区，就金融助力巩固拓展脱贫攻坚成果与乡村振兴工作进行调研。吴忠市委书记沈左权、副市长宋海燕及红寺堡区领导丁建成、王忠强等陪同。

是日 红寺堡区科学技术局邀请宁夏农林科学院研究员赵天成等专家在柳泉乡柳泉村黄花菜种植基地，开展黄花菜种植管理技术培训指导，帮助农户提升黄花菜种植管理技术，助力红寺堡区黄花菜产业增产增收。

15日 红寺堡区召开户籍管理突出问题整治工作推进会，通报户籍突出问题整治工作开展情况，安排部署下一步工作任务。红寺堡区领导杨文福、杨平参加会议。

是日 红寺堡团区委联合消防救援大队、清华大学"影子"实践团队开展学习贯彻习近平总书记"七一"重要讲话精神专题辅导暨"重走移民开发路·激发青春正能量"主题党日活动。

16日 吴忠市人大常委会副主任郝明一行到红寺堡区，走访慰问民族团结先进个人和群众代表等，为他们送去慰问金和节日的祝福。红寺堡区领导马杰君、伍洪亮陪同。

20日 湖南省"宁电入湘"工作组到红寺堡区考察新能源产业发展情况。红寺堡区领导王忠强等陪同。

21日 自治区副主席吴秀章一行到红寺堡区，就新能源产业发展情况进行调研。红寺堡区领导丁建成、王忠强等陪同。

是日 红寺堡区举办学习贯彻习近平总书记"七一"重要讲话精神暨党史学习教育专题学习班，邀请清华大学朱育和、张慕葎两位退休教授，为全区党员干部分别作《学好党史，不忘初心、牢记使命，为党工作》《以创新第一推动力奋进启航新征程》专题辅导。红寺堡区领导和永奎、蔺保飞等参加。

是日 清华大学原副校长、国杰研究院名誉理事长张慕葎带领考察组到红寺堡区考察特色产业和旅游业发展情况。红寺堡区委副书记、代区长王忠强等陪同。

是日 光明日报社总编辑王慧敏带领调研组到红寺堡区，就"四大提升"行动进展情况进行调研。自治区党委宣传部副部长、新闻出版局局长马英俊，吴忠市委常委、宣传部部长高建博及红寺堡区领导丁建成、苏达志陪同。

22日 红寺堡区举办第四届黄花菜采摘节。红寺堡区领导王忠强、杨文福等参加活动。

是日 自治区政协调研组到红寺堡区调研"建立水资源节约集约利用机制，支撑宁夏生态保护和高质量发展"工作。红寺堡区政协党组书记张致强陪同。

是日 红寺堡区召开新一轮乡村振兴驻村帮扶工作会议，红寺堡区委书记丁建成出席会议并讲话。

是日 红寺堡区委书记丁建成主持召开2021年国防教育报告暨区委理论学习中心组（扩大）第7次学习会。邀请国防大学教授韩旭东作国防教育专题辅导讲座。红寺堡区人大常委会主任和永奎及全区副科级以上领导干部聆听讲座。

23日 红寺堡论坛·2021年中国葡萄酒酒商大会在罗山宾馆举办。自治区政协副主席王紫云、宁夏贺兰山东麓葡萄与葡萄酒联合会主席郝林海，国务院发展研究中心市场经济研究所研究室副主任漆云兰，中国副食流通协会会长何继红，吴忠市委常委、副市长童伟东，红寺堡区领导丁建成、和永奎、王忠强、蔺保飞等出席会议。

是日 参加吴忠市组织部长联席会议的人员到红寺堡区观摩，红寺堡区委常委、组织部部长赵军陪同。

是日 红寺堡区召开"请党放心，强国有我"主题团日活动暨"返家乡"大学生暑期社会实践活动启动会，组织引导红寺堡区籍大学生在社会实践中受教育、长才干、作贡献。

25日 红寺堡区召开2021年全国航空航天模型锦标赛暨红寺堡区第七届航空文化旅游节推进会，通报赛事活动各项工作准备情况，安排部署下一步工作。红寺堡区领导杨文福、马青松、张宏志、杨金花参加会议。

26日 "知行合一"——全国书法教师优秀作品展复选及公益培训活动启动仪式在红寺堡区体育馆举办。

是日 红寺堡区委书记丁建成、区人大常委会主任和永奎等到吴忠市民兵训练基地，看望慰问红寺堡区参与轮训的应急连民兵，向他们送上慰问品和党与政府的亲切关怀。

是日 红寺堡区委书记、区乡领导班子换届工作领导小组组长丁建成主持召开三届区委2021年第22次常委会（扩大）会议，传达学习自治区党委、市委关于换届工作精神，介绍考察政策、重要任务和总体安排，并就换届工作和纪律提出具体要求。吴忠市委常委、市换届考察组组长兰德明到会指导。红寺堡区委常委会班子成员出席会议，区人大常委会主任和永奎等列席会议。

是日 红寺堡区召开疫情防控暨新冠病毒疫苗接种工作推进会，通报当前疫情防控和疫苗接种情况，并就近期疫情防控和疫苗接种等工作进行安排部署。红寺堡区副区长候选人杨金花参加会议。

是日 红寺堡区组织110名基干民兵到吴忠市国防教育中心接受红色教育。红寺堡区委常委、人武部政委高长祯参加活动。

是日 红寺堡区召开国家卫生城市复审工作推进会。通报红寺堡区2021年上半年国家卫生城市复审工作中存在的问题，对下一步工作进行再动员、再部署。红寺堡区副区长候选人杨金花参加会议。

27日 红寺堡区人大常委会副主任候选人马锦花带领检查组对红寺堡区环境状况和环境保护目标完成情况及大气污染防治法贯彻执行情况进行检查。副区长谢二亮陪同。

是日 自治区财政厅调研组到红寺堡区调研财政一体化相关系统应用情况。

27—28日 "知行合一"——全国书法教师优秀作品展暨书法教学公益培训在红寺堡区举办，北京、天津等地的导师应邀为来自全国各地的200名书法老师和书法爱好者进行公益培训。

28日 吴忠市2021年第三批重大项目集中开工暨红寺堡区新能源装备制造示范基地项目启动仪式在红寺堡区举行。吴忠市及红寺堡区领导喜清江、孙瑛、丁建成、王忠强、蔺保飞等出席仪式。

29 日 红寺堡区太阳山镇、大河乡、新庄集乡、柳泉乡召开党员代表大会，选举产生新一届乡镇党委、纪委班子以及出席中共红寺堡区第四次代表大会代表。红寺堡区领导杨文福、苏达志、张瑞峰、徐明勇到会指导。

是日 "知行合一"——全国书法教师优秀作品展复选及公益培训活动结业仪式在红寺堡区文化馆举行，标志着该项活动圆满结束。中国书画收藏家协会会长崔陟、陶行知教育基金会理事长苏新颖及红寺堡区领导慈小荣、伍洪亮出席。

是日 自治区文联首批文学艺术创作基地挂牌仪式在柳泉乡永新村举行。自治区文联副主席庚君、吴忠市文联副主席张月琴及红寺堡区领导苏达志、买廷东参加。

30 日 2021年全国航空航天模型锦标赛暨红寺堡区第七届航空文化旅游节媒体见面会在银川举行，来自全国30多家新闻媒体参加见面会。红寺堡区领导杨文福、苏达志、谢二亮出席见面会。

是日 共青团红寺堡区委邀请清华大学研究生骨干研修班吴忠支队的8名实践团成员，为红寺堡区900多名初高中学生作"青春向党、奋斗强国"专场分享交流。红寺堡区委常委慈小荣参加。

是日 红寺堡区人大常委会主任和永奎、政协主席蔺保飞、区委副书记杨文福等，走访慰问驻吴部队官兵。

是日 红寺堡区红十字会举办第五期救护员培训活动。

31 日 红寺堡区应对新冠肺炎疫情工作指挥部召开第35次会议，传达学习自治区、吴忠市有关会议、文件精神，安排部署红寺堡区疫情防控工作。代区长、红寺堡区应对新冠肺炎疫情工作指挥部指挥长王忠强出席会议并讲话。

8月

2 日 红寺堡区召开政法队伍教育整顿工作总结会，回顾总结红寺堡区政法队伍教育整顿工作成绩经验，部署长效常治工作。吴忠市委常委、红寺堡区委书记、区政法队伍教育整顿领导小组组长丁建成出席会议并讲话。

是日 吴忠市委常委、红寺堡区委书记、区委应对新冠肺炎疫情工作领导小组组长丁建成主持召开三届区委2021年第27次常委会会议暨区委应对新冠肺炎疫情工作领导小组第22次会议。

3 日 吴忠市委常委、红寺堡区委书记、区委应对新冠肺炎疫情工作领导小组组长丁建成带领相关部门负责同志对疫情防控工作进行调研。

是日 红寺堡区人大常委会主任、区人大换届选举委员会第一副主任和永奎主持召开区人大换届选举委员会第二次会议，听取相关工作情况汇报，安排部署区、乡镇两级人大换届选举第三阶段工作。红寺堡区人大常委会副主任关保智、伍洪亮及副主任候选人马锦花等参加会议。

是日 吴忠市人大常委会副主任马云峰一行到红寺堡区调研人大换届选举工作。红寺堡区人大常委会主任和永奎等陪同。

4日 红寺堡区委网信办、总工会、团区委、妇联、市场监管分局联合举办学习习近平总书记"七一"重要讲话精神专题宣讲报告会。

是日 吴忠市委常委、红寺堡区委书记丁建成带领相关部门负责同志对红寺堡区肉牛、滩羊产业发展情况进行调研。红寺堡区领导杨文福、马青松、张宏志陪同。

5日 红寺堡区召开2021年上半年经济形势分析会，吴忠市委常委、红寺堡区委书记丁建成出席会议并讲话。

6日 吴忠市委常委、红寺堡区委书记丁建成主持召开三届区委2021年第28次常委会会议。红寺堡区委副书记、代区长王忠强，区委副书记杨文福及其他常委出席会议。红寺堡区人大常委会主任和永奎、政协主席蔺保飞等列席会议。

7日 红寺堡区应对新冠肺炎疫情工作指挥部召开第36次会议。

10日 自治区人社厅厅长李晓波一行到红寺堡区，就创建全国易地搬迁移民致富提升示范区进展情况进行调研。红寺堡区领导王忠强、杨金花陪同。

11日 红寺堡区15~17岁人群新冠病毒疫苗第一剂次接种工作开始。

12日 自治区深入实施"四大提升行动"、全面促进乡村振兴工作会议在红寺堡区罗山宾馆召开。自治区党委书记、人大常委会主任陈润儿出席会议并讲话。自治区党委副书记、自治区主席咸辉主持会议，自治区政协主席崔波出席。

是日 吴忠市委常委、红寺堡区委书记丁建成主持召开区委理论学习中心组党史学习教育第26次集体学习会，传达学习自治区深入实施"四大提升行动"、全面促进乡村振兴工作会议精神。红寺堡区领导王忠强、杨文福等参加会议。

13日 吴忠市委常委、红寺堡区委书记丁建成主持召开三届区委2021年第29次常委会会议。红寺堡区委副书记、代区长王忠强，区委副书记杨文福及其他常委出席会议。红寺堡区人大常委会主任和永奎、政协主席蔺保飞等列席会议。

是日 平罗县委书记、县长郭耀峰带领党政考察团到红寺堡区考察学习深入实施"四大提升行动"、全面促进乡村振兴工作。红寺堡区委副书记、代区长王忠强等陪同。

是日 红寺堡区召开2021年下半年征兵工作任务推进会，分析当前征兵形势，安排部署下一步征兵工作。红寺堡区委常委、人武部政委高长祯，人武部部长廖学庆，红寺堡区副区长谢二亮参加。

是日 红寺堡区召开第一次全国自然灾害综合风险普查工作启动会暨安全生产专项整治三年行动工作专班2021年度第四次会议。红寺堡区委常委、常务副区长张宏志参加。

17日 红寺堡区2021年下半年应征入伍青年体检工作在区人民医院进行。吴忠军分区司令员杨青林莅临现场检查指导。红寺堡区委常委、人武部政委高长祯,人武部部长廖学庆,红寺堡区副区长谢二亮陪同。

18日 红寺堡区召开第一次扫黑除恶常态化暨重点行业领域整治推进会。红寺堡区领导杨文福、杨平参加会议。

是日 彭阳县委书记刘启东带领该县党政考察团到红寺堡区考察学习深入实施"四大提升行动"、全面推进乡村振兴工作。吴忠市委常委、红寺堡区委书记丁建成,红寺堡区政协主席蔺保飞等陪同。

是日 自治区发展改革委营商环境优化服务中心主任扬琴一行到红寺堡区,调研优化营商环境工作。红寺堡区副区长谢二亮陪同。

19日 吴忠市委常委、红寺堡区委书记、区委巡察工作领导小组组长丁建成主持召开区委巡察工作领导小组2021年第3次会议暨书记专题会议,传达学习十二届自治区党委第十二轮巡察巡视动员部署会议精神,听取三届区委第十轮巡察整改落实情况汇报和第十二轮巡察情况报告,安排部署下一步巡察工作。红寺堡区领导杨文福、张瑞峰、赵军及区委巡察工作领导小组各成员参加会议。

是日 红寺堡区人大常委会主任和永奎主持召开红寺堡区三届人大常委会第三十五次会议。红寺堡区人大常委会副主任关保智、杨进才、伍洪亮,区人大常委会副主任候选人马锦花,部分人大常委会委员出席会议。区领导张瑞峰、谢二亮、杨金花、杨根枝、卢山、买廷东列席会议。

是日 吴忠市委常委、红寺堡区委书记丁建成主持召开区委理论学习中心组党史学习教育第27次集体学习会。红寺堡区委副书记杨文福等参加学习。

是日 红寺堡区人大常委会2021年全区生态环境保护工作专题询问会召开,通过现场询问、满意度测评等方式,增强政府及其有关部门的责任意识,促进红寺堡区生态环境保护工作健康有序发展。红寺堡区人大常委会主任和永奎及其副主任关保智、杨进才、伍洪亮,副主任候选人马锦花参加会议。红寺堡区领导张瑞峰、谢二亮列席会议。

是日 自治区人社厅一级巡视员张建瑞一行到红寺堡区,对全国易地搬迁移民致富提升示范区创建情况进行调研。红寺堡区委常委慈小荣陪同。

20日 吴忠市委常委、红寺堡区委书记丁建成主持召开三届区委2021年第30次常委会会议。红寺堡区委副书记、代区长王忠强,区委副书记杨文福及其他常委出席会议。红寺堡区人大常委会主任和永奎、政协主席蔺保飞等列席会议。

22日 红寺堡区召开2021年基础教育质量提升行动工作联席会议,安排部署基础教育质量提升行动工作任务。红寺堡区副区长杨金花参加会议。

23日 吴忠市委常委、红寺堡区委书记丁建成主持召开三届区委2021年第31次常委会会议。传达学习习近平总书记关于总结党的历史经验、加强党的政治建设的重要论述等,自治区党委《关于加强对"一把手"和领导班子监督实施办法(试行)》《"一把手"和领导班子开展党内谈话实施办法（试行）》等。红寺堡区委副书记杨文福及其他常委出席会议。红寺堡区人大常委会主任和永奎、政协主席蔺保飞等列席会议。

是日 红寺堡区召开鼠防工作会议，贯彻落实自治区应对输入性鼠疫疫情工作指挥部第一号公告精神，全面落实综合防控措施，分析研判当前形势，安排部署防控工作任务。红寺堡区副区长杨金花参加会议。

是日 红寺堡区召开健康红寺堡建设暨全民健康水平提升行动推进会，传达学习自治区相关文件精神，安排部署红寺堡区全民健康提升行动工作任务。红寺堡区副区长杨金花参加。

是日 红寺堡区卫生健康系统召开疫情防控工作会议，传达学习中央、自治区、吴忠市相关会议和文件精神，通报红寺堡区疫情防控及院感工作情况，安排部署相关工作任务。红寺堡区副区长杨金花参加会议。

23—24日 红寺堡镇选区的区人大代表候选人陆续与所在选区的选民代表开展见面活动。吴忠市委常委、红寺堡区委书记、人大代表候选人丁建成，红寺堡区委常委、纪委书记、人大代表候选人张瑞峰分别参加各自选区的见面活动。

24日 宁夏科技创新专家协会为红寺堡区柳泉乡永新村颁授村级农业科技创新示范基地和协会理事会成员单位牌匾。宁夏科技创新专家协会会长田玉平出席。

25日 红寺堡区2021年区、乡（镇）两级人大代表换届选举产生区级人大代表和乡（镇）人大代表。

26日 红寺堡区举行学习贯彻习近平总书记"七一"重要讲话精神研讨班暨2021年区委理论学习中心组第8次理论学习会。邀请自治区党委党史研究室副主任饶彦久作专题辅导。红寺堡区领导和永奎、蔺保飞、杨文福等参加。

是日 红寺堡区召开弘德希望小学全体教职工见面会。红寺堡区委常委马青松出席会议，并为全区校（园）长及弘德希望小学教职工讲专题党课。

是日 湖南湘投集团党委副书记、副董事长杨宏伟一行到红寺堡区，对接洽谈新能源产业合作相关事宜。红寺堡区委常委徐明勇陪同。

27日 吴忠市委常委、红寺堡区委书记丁建成主持召开三届区委2021年第32次常委会会议。传达学习自治区推进黄河流域生态保护和高质量发展先行区建设（重大项目建设）第五次推进会精神，研究部署相关工作任务。红寺堡区委副书记、代区长王忠强，区委副书记杨文福及其他常委参加会议。红寺堡区人大常委会主任和永奎、政协主席蔺保飞等列席会议。

是日 红寺堡区人民政府与湖南湘投控股集团有限公司签约"宁电入湘"湖南湘投控股产业园项目。湖南省能源局副局长欧阳晓风，湖南湘投控股集团有限公司党委副书记、副董事长杨宏伟，红寺堡区领导王忠强、蔺保飞等出席签约仪式。

是日 中共红寺堡区教育工作委员会召开第一次代表会议，选举出席中国共产党吴忠市红寺堡区第四次代表大会代表。

30日 吴忠市人大常委会视察组到红寺堡区，对巩固拓展脱贫攻坚成果同乡村振兴有效衔接工作进行视察。红寺堡区人大常委会主任和永奎、区委常委徐明勇陪同。

是日 吴忠市委常委、红寺堡区委书记丁建成主持召开学习贯彻习近平总书记"七一"重要讲话精神专题研讨班，传达学习区市相关会议精神，进一步感悟思想伟力，汲取奋进力量，为深入实施"四大提升行动"、全面促进乡村振兴和创建全国易地搬迁移民致富提升示范区凝聚强大精神动力，汇聚干事创业合力。红寺堡区人大常委会主任和永奎、政协主席蔺保飞、区委副书记杨文福等参加会议。

是日 红寺堡区农业农村局开展习近平总书记"七一"重要讲话精神宣讲活动，邀请区党史学习教育宣讲团成员、党校干部赵平利为广大党员干部作专题辅导讲座。

31日 红寺堡区召开创建全国文明城市工作推进会，深入学习贯彻习近平总书记"七一"重要讲话精神，认真贯彻落实吴忠市创建文明城市工作推进会精神，对红寺堡区创建文明城市工作进行再动员再部署，进一步统一思想、提高认识、鼓足干劲、奋力冲刺，坚决打赢创建全国文明城市工作"翻身仗"。红寺堡区领导王忠强、苏达志、杨根枝参加会议。

是日 红寺堡区政协党组书记张致强、副主席买廷东带领部分政协委员调研红寺堡区深化"135"基层社会治理、打造县域社会治理示范区、促进移民社会融入工作。红寺堡区领导杨文福、慈小荣、杨平陪同。

9月

1日 吴忠市妇联主席马晓红带领调研组，就红寺堡区妇女创业就业、基层妇联执委作用发挥和"双培双带"项目实施情况进行调研。红寺堡区委常委慈小荣陪同。

1—2日 第十一批全区民族团结进步示范区示范单位第三方测评组组长、北方民族大学马克思主义学院副院长马惠兰带队，对红寺堡区民族团结进步创建工作进行测评。红寺堡区委常委、统战部部长马杰君陪同。

2日 吴忠市委常委、红寺堡区委书记丁建成主持召开全区深入实施"四大提升行动"、全面促进乡村振兴工作推进会。红寺堡区领导和永奎、王忠强、蔺保飞、杨文福等参加会议。

是日 吴忠市委常委、红寺堡区委书记丁建成与新一届乡镇党委和纪委班子进行集体谈话。

是日 自治区残联党组书记、理事长马军生带领调研组就红寺堡区创建全国易地搬迁移民致富提升示范区工作进行调研。吴忠市残联理事长傅合春及红寺堡区领导慈小荣陪同。

是日 红寺堡区委理论学习中心组举行党史学习教育第28次集体学习。红寺堡区委副书记、代区长王忠强，区委副书记杨文福及其他常委参加学习。

是日 自治区红十字会党组书记、常务副会长田永华一行到红寺堡区调研红十字会基层组织建设情况。吴忠市红十字会党组书记吴秀红及红寺堡区领导谢二亮陪同。

3日　红寺堡区相关部门和学校举办多种活动纪念中国人民抗日战争暨世界反法西斯战争胜利76周年。

是日　红寺堡区接自治区人工影响天气指挥中心指令，分别在城西、大河、柳泉3个人工增雨点开展人工增雨作业，共发射增雨火箭弹12枚，增加降雨量30%。

是日　吴忠市委常委、红寺堡区委书记丁建成主持召开三届区委2021年第33次常委会会议。红寺堡区委副书记、代区长王忠强，区委副书记杨文福及其他常委出席会议。红寺堡区人大常委会主任和永奎、政协主席蔺保飞等列席会议。

4日　吴忠市委常委、宣传部部长高建博，市委宣传部三级调研员王刚一行，对红寺堡区创城工作进行调研督导。红寺堡区委常委、宣传部部长苏达志陪同。

6日　吴忠市"学习先进模范、奋进伟大征程"先进事迹巡回报告会在红寺堡区召开。报告会由红寺堡区委常委、宣传部部长苏达志主持。

7日　红寺堡区召开创建全国文明城市工作推进会，分析当前创城工作存在的突出问题和短板弱项，安排部署下一步创城重点工作。红寺堡区领导马青松、伍洪亮、浦彦卿参加会议。吴忠市创城办驻红寺堡区督导组组长薛斌到会指导。

是日　吴忠市委常委、红寺堡区委书记丁建成主持召开区委理论学习中心组党史学习教育第29次集体学习会。红寺堡区委副书记、代区长王忠强，区委副书记杨文福及其他常委参加学习。

是日　吴忠市委常委、红寺堡区委书记丁建成到大河乡调研农业农村工作，通过实地看、听汇报，详细了解该乡巩固拓展脱贫攻坚成果同乡村振兴有效衔接、农业特色产业发展、农村人居环境整治、美丽乡村建设等情况，并为该乡高质量发展把脉问诊。红寺堡区领导杨文福、苏达志陪同。

是日　吴忠市文明办考核推荐红寺堡区新一批自治区级文明单位、村镇。

7—8日　红寺堡区红十字会第一次会员代表大会暨成立大会胜利召开。吴忠市委常委、红寺堡区委书记丁建成，自治区红十字会副会长刘雁平，吴忠市红十字会副会长吴秀红，红寺堡区代区长王忠强等出席会议。会议由红寺堡区副区长谢二亮主持。

7—8日　红寺堡区委宣传部、网信办、教育局、市场监管分局、卫健局等部门联合开展"大引导、大摸底、大排查、大整治"集中专项治理行动，对辖区23家校外培训机构进行专项检查。

8日　红寺堡区召开2021年下半年征兵"双合格"人员役前训练动员会，旨在使新兵筑牢思想根基，坚定入伍信念，锤炼过硬作风，为正式入伍打牢基础。人武部部长廖学庆参加会议。

8—9日　国际农业发展基金评估团到红寺堡区开展农业优势特色产业发展示范项目中期评估。

9日　吴忠市驻红寺堡区创城督导组组长薛斌带领督查组，对红寺堡区创建全国文明城市工作推进情况进行全面督查。

是日　吴忠市委常委、红寺堡区委书记丁建成主持召开党的建设领导小组2021年第3次会议，传达学习自治区有关会议精神，通报2021年上半年村（社区）党建工作督查情况，研究"让党中央放心、让人民群众满意"模范机关创建有关事宜，听取各乡镇（街道）党（工）委抓基层党建工作汇报，安排部署下一阶段工作。红寺堡区领导杨文福、赵军参加会议。

是日 红寺堡区团委在弘德燕宝小学举行共青团助力红寺堡区基础教育质量提升行动暨希望工程·助学兴教项目启动仪式，争取中国烟草行业企业爱心捐款10万元，为燕宝小学764名学生捐赠爱心校服，购置办公桌椅、书法美术等教学用品。区领导慈小荣、马锦花、王亮、买廷东出席。

10日 吴忠市教育局相关负责人带领慰问组，看望慰问红寺堡区部分优秀、困难教师。

是日 红寺堡区代区长王忠强带队对国家卫生城市复审迎验工作推进情况进行督查。红寺堡区领导张宏志、杨平、杨金花参加。

是日 红寺堡区各乡镇、学校相继召开庆祝第37个教师节表彰会，对优秀教师和教育工作者进行表彰。

是日 吴忠市委常委、红寺堡区委书记丁建成调研太阳山镇农业农村工作。

12日 吴忠市委常委、红寺堡区委书记丁建成主持召开三届区委2021年第35次常委会会议，传达学习习近平总书记关于生态文明建设重要论述、全区生态环境保护工作视频调度会议精神等，通报自治区生态环境保护专项督察反馈意见，听取红寺堡区"我为群众办实事"实践活动工作情况的汇报，审议《中国共产党吴忠市红寺堡区第三届委员会工作报告（送审稿）》《中国共产党吴忠市红寺堡区第三届纪律检查委员会工作报告（送审稿）》等。红寺堡区委副书记、代区长王忠强，红寺堡区委副书记杨文福及其他常委出席会议。红寺堡区人大常委会主任和永奎等列席会议。

是日 红寺堡区召开城镇居民收入提升行动第二次联席会议，通报8月各单位工作进展情况，听取相关部门工作开展情况的汇报，并对下一步工作进行再安排、再部署。红寺堡区副区长杨金花出席会议。

13日 自治区党委宣传部调研组对红寺堡区宣传思想文化重点工作进行调研。红寺堡区委常委、宣传部部长苏达志陪同。

是日 红寺堡区召开2021年下半年征兵工作"双合格"预定新兵定兵会议。红寺堡区委常委、人武部政委高长祯，人武部部长廖学庆，红寺堡区副区长、公安分局局长杨平参加会议。

14日 红寺堡区工商业联合会第三次会员代表大会召开，总结五年来红寺堡区工商业联合会工作情况，拟定红寺堡区今后五年工作目标。红寺堡区领导马杰君、关保智、王亮出席会议。吴忠市工商联副主席兼秘书长倪秉武应邀到会指导。

15日 红寺堡区召开2021年上半年综合执法改革联席会议，红寺堡区副区长杨平出席会议。

是日 2021天津专家赴宁夏服务行活动在红寺堡区启动。红寺堡区副区长杨根枝参加。

16日 红寺堡区人大常委会副主任伍洪亮带领调查评议组对民政局工作进行调查评议，进一步加强对政府组成部门工作的有效监督，促进被调查评议部门及其工作人员依法行政、依法履职、改进工作。

17日 国家烟草专卖局党组书记、局长张建民一行到红寺堡区调研对口扶贫项目实施情况。自治区、吴忠市及红寺堡区领导王和山、王学军、丁建成、杨文福、王亮陪同。

是日 由自治区党委网信办主办、宁夏新闻网承办的"中国葡萄酒 当惊世界殊"网络媒体、网络名人宁夏行活动走进红寺堡区。

是日 2021年自治区秋冬季农田水利基本建设暨中部干旱带高效节水试点示范项目现场启动会在红寺堡区太阳山镇巴庄村召开，安排部署全区秋冬季农田水利基本建设重点工作。自治区党委副书记陈雍、自治区副主席王和山及各相关厅局、各市县相关负责同志和红寺堡区领导丁建成、王忠强、蔺保飞等出席会议。

是日 红寺堡区副区长谢二亮、杨金花带队针对吴忠市纪委督察反馈问题进行回头看，实地查看定武高速公路、红寺堡北、滚泉卡点值勤值守情况，了解掌握存在的问题。

是日 自治区发改委组织相关厅局、各市县（区）负责同志到红寺堡区观摩以工代赈工作开展情况。红寺堡区代区长王忠强陪同。

21日 吴忠市委常委、红寺堡区委书记丁建成主持召开三届区委2021年第36次常委会会议，传达学习习近平总书记在陕西榆林考察时的重要讲话精神、自治区粮食购销领域腐败问题专项整治工作动员部署会议精神等；听取红寺堡区粮食安全工作和中共红寺堡区第四次代表大会筹备等情况的汇报；审议并研究《吴忠市红寺堡区2021年农田水利基本建设实施方案（送审稿）》等有关事宜。红寺堡区委副书记、代区长王忠强，红寺堡区委副书记杨文福及其他常委出席会议。红寺堡区人大常委会主任和永奎、政协主席蔺保飞等列席会议。

是日 中共吴忠市红寺堡第三届委员会第二十三次全体（扩大）会议召开。红寺堡区委委员、候补委员，红寺堡区人大、政府、政协领导班子成员，法检两长，红寺堡区纪委委员，各乡镇（街道）党政主要负责同志，区直各部门、人民团体、直属事业单位主要负责同志参加会议。

22日 吴忠市委常委、红寺堡区委书记丁建成主持召开区委理论学习中心组（扩大）2021年第9次学习会，学习贯彻习近平总书记在中央民族工作会议上的重要讲话精神，并开展集中学习研讨，全面安排部署贯彻落实工作。红寺堡区委副书记、代区长王忠强，红寺堡区委副书记杨文福及其他常委参加学习。

是日 红寺堡区委农村工作领导小组2021年第3次会议暨乡村振兴工作推进会召开，传达学习相关会议精神，安排部署近期农业农村及2021年乡村振兴战略考核工作。红寺堡区领导丁建成、和永奎、王忠强、蔺保飞、杨文福等出席会议。

23日 自治区基础教育质量提升行动现场推进会在红寺堡区召开。自治区领导李金科、杨培君，自治区相关厅局及各市（县、区）负责同志参加。

24日 中国共产党吴忠市红寺堡区第四次代表大会召开各代表团召集人会议。

是日 中国共产党吴忠市红寺堡区第四次代表大会召开预备会议。

是日 中国共产党吴忠市红寺堡区第四次代表大会召开主席团第一次会议。主席团全体成员出席会议。会议由吴忠市委常委、红寺堡区委书记丁建成主持。

是日	吴忠市委常委、红寺堡区委书记丁建成带领区四套班子领导看望出席中国共产党吴忠市红寺堡区第四次代表大会代表。
25日	中国共产党吴忠市红寺堡区第四次代表大会在罗山宾馆开幕。
是日	中国共产党吴忠市红寺堡区第四次代表大会召开主席团第二次会议。主席团全体成员出席会议。会议由吴忠市委常委、红寺堡区委书记丁建成主持。
是日	中国共产党吴忠市红寺堡区第四次代表大会召开主席团第三次会议。主席团全体成员出席会议。会议由吴忠市委常委、红寺堡区委书记丁建成主持。
26日	中国共产党吴忠市红寺堡区第四次代表大会举行第二次全体会议。会议由吴忠市委常委、红寺堡区委书记丁建成主持。
是日	中国共产党吴忠市红寺堡区第四次代表大会召开主席团第四次会议。主席团全体成员出席会议。会议由吴忠市委常委、红寺堡区委书记丁建成主持。
是日	中国共产党吴忠市红寺堡区第四次代表大会召开主席团第五次会议。主席团全体成员出席会议。会议由吴忠市委常委、红寺堡区委书记丁建成主持。
是日	中国共产党吴忠市红寺堡区第四次代表大会圆满完成各项议程，在红寺堡区罗山宾馆胜利闭幕。
27日	红寺堡区人大常委会主任和永奎，副主任关保智、伍洪亮，部分人大常委会委员，人大代表，视察区三届人大七次会议代表议案建议办理情况。红寺堡区委常委、常务副区长张宏志陪同。
是日	红寺堡区安委会召开2021年第四次全体（扩大）会议，传达学习全国、自治区、吴忠市相关文件和会议精神，安排部署有关工作任务。红寺堡区委副书记、代区长王忠强出席会议并讲话。红寺堡区领导张宏志、杨平、谢二亮、杨根枝参加会议。
28日	吴忠市委常委、红寺堡区委书记丁建成主持召开区委理论学习中心组党史学习教育第31次集体学习会。红寺堡区委副书记杨文福及其他常委参加学习。
是日	宁夏希望工程助力"四大提升行动"工作推进会在红寺堡区召开。自治区团委副书记李峰主持会议，吴忠市及红寺堡区领导王永福、慈小荣等参加会议。
是日	"石榴花开、籽籽同心"网络主题活动走进红寺堡区。由人民网、新华网、央视网、中国新闻网等多家中央重点新闻网站和自治区各媒体采编人员组成的媒体采访团，通过全方位、多层次、全媒体报道形式，展示红寺堡区的新实践、新成就、新风貌。红寺堡区委常委、统战部部长马杰君陪同。
是日	红寺堡区举办2021年社会组织综合能力建设培训班。
29日	红寺堡区在红寺堡镇弘德村冠军广场举办2021年"迎国庆、感党恩、送祝福"主题活动，引导红寺堡区广大党员干部群众牢记嘱托再出征、感恩奋进谱新篇，为创建全国易地搬迁移民致富提升示范区努力奋斗。红寺堡区领导苏达志、谢二亮、浦彦卿出席。
是日	吴忠市委常委、红寺堡区委书记丁建成主持召开四届区委2021年第1次常委会会议，传达学习习近平总书记致第四个"中国农民丰收节"的贺信精神等，听取红寺堡区全域创建

"食品药品安全区"工作开展情况，吴忠市红寺堡区第四届人民代表大会第一次会议和政协吴忠市红寺堡区第四届委员会第一次会议筹备等情况的汇报。红寺堡区委副书记、代区长王忠强，区委副书记杨文福及其他常委出席会议。红寺堡区人大常委会主任和永奎、政协主席蔺保飞等列席会议。

是日 红寺堡区代区长王忠强带队对红寺堡区重点企业、重点场所安全生产工作进行检查。红寺堡区委常委、常务副区长张宏志陪同。

30日 吴忠市委常委、红寺堡区委书记丁建成带领各相关部门负责同志，对红寺堡区国庆节期间安全生产及疫情防控工作进行调研。

是日 红寺堡区政协主席蔺保飞主持召开区政协三届常委会第二十六次会议。红寺堡区政协党组书记张致强，副主席买廷东、宋立忠，副主席候选人浦彦卿及部分常委会组成人员出席会议。红寺堡区领导关保智、谢二亮列席会议。

是日 红寺堡区综合执法局举办2021年第二期行政执法专题培训会。

10月

2日 吴忠市文化旅游体育广电局相关负责同志带领督查组对红寺堡区文化部门、场所安全生产和疫情防控工作情况进行督查。

7日 固原市委常委、副市长、福建省第十二批援宁挂职干部陈论生一行到红寺堡区调研。吴忠市及红寺堡区领导丁建成、王忠强、杨文福、卢山陪同。

8日 红寺堡区召开习近平法治思想专题学习班暨区委理论学习中心组（扩大）2021年第10次学习会，吴忠市委常委、红寺堡区委书记丁建成，区人大常委会主任和永奎，红寺堡区代区长王忠强，红寺堡区政协主席蔺保飞，红寺堡区委副书记杨文福等参加学习。

9日 自治区政协主席崔波一行到红寺堡区，就自治区政协十一届四次会议第372号重点提案进行现场督办。红寺堡区领导蔺保飞、张致强陪同。

是日 红寺堡区红十字会联合教育局在第一中学开展第六期救护员应急救护培训活动。

10日 吴忠市巾帼宣讲团分赴红寺堡区红寺堡镇、太阳山镇、新庄集乡的20个村开展"弘扬中国精神、奋进伟大征程"暨"党的声音进万家"巾帼宣讲活动。

11日 红寺堡区在时代广场举行以"网络安全为人民，网络安全靠人民"为主题的第八届网络安全宣传周活动启动仪式，倡导全民共同关注网络安全，提升网络安全意识，共筑网络安全防线。红寺堡区领导苏达志、马锦花出席活动。

是日 红寺堡区在晋江报告厅举办《中国共产党统一战线工作条例》专题培训班。红寺堡区领导和永奎、蔺保飞、杨文福等参加培训。培训班由红寺堡区委常委、统战部部长马杰君主持。

12日 国家卫生健康委规划发展和信息化司司长毛群安带领调研组到红寺堡区，就全民健康信息化建设、县域医共体内实施健康知识普及行动工作开展情况进行调研。自治区卫生健康委副主任阮越盛，吴忠市委常委、红寺堡区委书记丁建成等陪同。

是日 吴忠市委常委、红寺堡区委书记丁建成主持召开区委理论学习中心组党史学习教育第32次集体学习会，传达学习习近平总书记在2021年秋季学期中央党校（国家行政学院）中青年干部培训班开班式上的重要讲话及《关于印发〈李金科同志在全区"我为群众办实事"实践活动推进会上的讲话〉的通知》。红寺堡区委副书记杨文福及其他常委参加学习。

是日 国家烟草专卖局督导组到红寺堡区督导巩固拓展脱贫攻坚成果及推进乡村振兴工作。红寺堡区领导杨文福、王亮、杨金花陪同。

是日 中国社会科学院社会学研究所副所长、研究员、博士生导师王春光一行到红寺堡区调研闽宁协作与共同富裕之路工作开展情况。红寺堡区委常委、副区长卢山陪同。

13日 红寺堡区举办以"请党放心、强国有我"为主题的庆祝少先队建队72周年暨少先队鼓号队交流展示大赛。

是日 吴忠市委常委、红寺堡区委书记丁建成主持召开四届区委2021年第2次常委会会议，传达学习习近平总书记在纪念辛亥革命110周年大会上的重要讲话和、在中共中央政治局第三十三次集体学习时的重要讲话精神，以及中央人才工作会议、自治区党委常委会会议、自治区党委十二届十三次全会精神，听取全区乡村两级妇联换届工作情况的汇报。红寺堡区委副书记、代区长王忠强，区委副书记杨文福及其他常委出席会议。红寺堡区人大常委会主任和永奎、政协主席蔺保飞等列席会议。

是日 红寺堡区人民政府与宁夏晓鸣农牧股份有限公司签约，建设晓鸣股份红寺堡智慧农业产业示范园项目。吴忠市及红寺堡区领导丁建成、和永奎、王忠强、蔺保飞、杨文福，宁夏晓鸣农牧股份有限公司董事长魏晓明等出席签约仪式。

是日 吴忠市委常委、红寺堡区委书记丁建成主持召开区委全面深化改革委员会第十二次会议，传达学习中央、自治区、吴忠市相关会议精神，审议《红寺堡区委重要改革方案制定工作细则（试行）》《红寺堡区委重要改革任务推进落实工作细则（试行）》《中共红寺堡区委全面深化改革委员会及专项小组调整优化方案》等，听取"四权"改革工作情况的汇报。红寺堡区委副书记、代区长王忠强，红寺堡区委副书记杨文福及其他常委出席会议，红寺堡区人大常委会主任和永奎、政协主席蔺保飞等列席会议。

是日 吴忠市委常委、红寺堡区委书记丁建成主持召开区委退役军人事务工作领导小组第3次会议。红寺堡区委副书记、代区长王忠强，红寺堡区委副书记杨文福等出席会议。红寺堡区人大常委会主任和永奎、政协主席蔺保飞等列席会议。

是日 吴忠市委常委、红寺堡区委书记丁建成主持召开红寺堡区规划管理委员会2021年第3次会议，研究审定建设项目规划方案。红寺堡区领导王忠强、杨文福等参加会议。

14日 红寺堡区召开妇儿工委会议暨"两规划"编制专家评审会议，安排部署"两规划"编制工作。红寺堡区副区长、妇儿工委副主任杨金花参加会议。

是日 红寺堡区"9·29"电信网络诈骗案专案组成功打掉1个犯罪窝点，抓获犯罪嫌疑人12名。红寺堡区副区长、公安分局局长杨平带领该局相关负责同志前往吴忠高铁站迎接专案组凯旋。

是日 由吴忠市人民检察院和红寺堡区人民检察院联合主办的以"弘扬延安精神、开创检察工作新局面"为主题的陕甘宁蒙检察论坛在红寺堡区举办。来自陕西省榆林市定边县，甘肃省庆阳市环县、镇原县，内蒙古自治区阿拉善左旗以及红寺堡区五地人民检察院的15位论文作者进行学术交流。

14—15日 红寺堡区公安分局、卫生健康局、工业信息化和商务局相继开展"政府开放日"活动。

15日 湘宁新能源装备制造宁夏产业园签约开工奠基仪式在红寺堡产业园举行。自治区党委常委、常务副主席赵永清，湖南省国有资产监督管理委员会党委副书记、主任丛培模，吴忠市及红寺堡区领导王学军、丁建成、王忠强等出席。

是日 自治区总工会"劳模服务基层，助力乡村振兴战略专项行动"在红寺堡区启动。自治区总工会党组成员、副主席毛洪峰，红寺堡区委副书记、代区长王忠强等参加活动。

16日 红寺堡区总工会联合团区委、人力资源和社会保障局、机关事务服务中心举办能力提升专项培训班，帮助"三支一扶"人员、西部计划志愿者、事业单位实习生提升政治素养，增强业务本领。

18日 红寺堡区人大常委会主任和永奎主持召开区三届人大常委会第三十六次会议。红寺堡区人大常委会副主任关保智、杨进才、伍洪亮及部分人大常委会委员出席会议。红寺堡区人大常委会党组书记苏达志、副主任候选人马锦花、红寺堡区常务副区长张宏志、政协副主席候选人浦彦卿列席会议。

是日 由民盟宁夏区委会主办，民盟宁夏书画院、宁夏硬笔书法家协会承办的"传承红色基因、弘扬传统文化"主题书法活动走进红寺堡区。自治区政协原副主席、民盟书画院名誉院长安纯人及红寺堡区政协主席蔺保飞参加。

19日 吴忠市委常委、红寺堡区委书记、区委应对疫情防控工作领导小组组长丁建成主持召开区委应对疫情防控工作领导小组第24次会议。红寺堡区委副书记、代区长王忠强等参加会议。

是日 吴忠市委常委、红寺堡区委书记丁建成带队，对全区城乡规划建设及冬季保供工作进行调研。区委常委、常务副区长张宏志陪同。

20日 吴忠市委常委、红寺堡区委书记丁建成主持召开区委理论学习中心组党史学习教育第33次集体学习会。红寺堡区委副书记、代区长王忠强，红寺堡区委副书记杨文福等参加学习。

是日 吴忠市委常委、红寺堡区委书记丁建成带领各相关部门负责同志对红寺堡区秋冬季农田水利基本建设及巩固拓展脱贫攻坚成果"后评估"准备工作进行调研。红寺堡区委副书记杨文福、区委常委徐明勇陪同。

21日 红寺堡区代区长王忠强主持召开区三届人民政府十一次全体（扩大）会议。红寺堡区副区长，区委各部委、区直各部门负责同志参加会议。

是日 红寺堡区应对新冠肺炎疫情工作指挥部召开第39次会议，传达有关会议精神，审议《吴忠市红寺堡区新冠肺炎疫情防控应急预案（2021修订版）》《吴忠市红寺堡区新冠肺炎疫情全员核酸检测工作方案》，安排部署近期疫情防控工作。红寺堡区代区长、区应对新冠肺炎疫情工作指挥部指挥长王忠强出席会议并讲话。红寺堡区副区长参加会议。

是日 吴忠市委常委、红寺堡区委书记丁建成主持召开四届区委2021年第3次常委会会议，传达学习习近平总书记在中央人大工作会议上的重要讲话精神、党史学习教育中央指导组座谈会和"充分发挥基层党组织战斗堡垒作用和党员先锋模范作用，进一步深化党史学习教育'我为群众办实事'实践活动"工作通气会精神。红寺堡区委副书记、代区长王忠强，红寺堡区委副书记杨文福及其他常委出席会议。红寺堡区人大常委会主任和永奎、政协主席蔺保飞等列席会议。

21—24日 红寺堡区人民医院、疾控中心紧急集结128名医护人员及两辆救护车，组成应疾驰援队先后分4批次奔赴吴忠市利通区、青铜峡抗疫一线。

22日 红寺堡区召开2021年两会期间宣传报道工作推进会。红寺堡区委常委、宣传部部长马青松参加。

是日 国务院联防联控机制全国新冠肺炎疫情防控工作电视电话会议召开，分析当前疫情形势，全面部署防控工作。红寺堡区代区长、区应对新冠肺炎疫情工作指挥部指挥长王忠强等在红寺堡分会场聆听收看会议实况。

是日 红寺堡区代区长、区应对新冠肺炎疫情工作指挥部指挥长王忠强主持召开区应对新冠肺炎疫情工作指挥部第40次会议，传达全国、自治区、吴忠市有关会议、文件精神，对红寺堡区疫情防控工作进行再安排、再部署、再推进。强调要深入学习贯彻习近平总书记关于疫情防控的重要指示精神，全面落实自治区、吴忠市疫情防控工作要求，科学施策，织牢防控之网，全力以赴做好疫情防控各项工作。

23—24日 出席政协吴忠市红寺堡区第四届委员会第一次会议的委员们陆续到达驻地。

24日 政协吴忠市红寺堡区第四届委员会第一次会议预备会议召开。红寺堡区政协党组书记张致强，四届区政协副主席候选人浦彦卿、马春梅，三届区政协秘书长张铁出席会议。三届区政协副主席买廷东主持会议。

是日 红寺堡区政协党组书记张致强主持召开政协吴忠市红寺堡区第四届委员会第一次会议主席团第一次会议。红寺堡区三届区政协副主席买廷东，四届区政协副主席候选人浦彦卿、马春梅，三届区政协秘书长张铁出席会议。

是日 政协吴忠市红寺堡区第四届委员会第一次会议预备会议复会召开。红寺堡区政协党组书记张致强，四届区政协副主席候选人浦彦卿、马春梅，红寺堡区三届区政协秘书长张铁出席会议。红寺堡区三届区政协副主席买廷东主持会议。

是日 吴忠市委常委、红寺堡区委书记丁建成带领四套班子领导看望出席政协吴忠市红寺堡区第四届委员会第一次会议的政协委员。

24—25日 参加吴忠市红寺堡区第四届人民代表大会第一次会议的代表们陆续到各代表团驻地报到。

25日 政协吴忠市红寺堡区第四届委员会第一次会议在罗山宾馆开幕。

是日 吴忠市红寺堡区第四届人民代表大会第一次会议党员大会召开。

27日 政协吴忠市红寺堡区第四届委员会第一次会议第三次全体会议召开，选举产生政协吴忠市红寺堡区第四届委员会主席、副主席、秘书长和常务委员。

是日 吴忠市红寺堡区第四届人民代表大会第一次会议第二次全体会议召开，分别听取红寺堡区人大常委会工作报告、区人民法院和人民检察院工作报告。

是日 政协吴忠市红寺堡区第四届委员会第一次会议圆满完成各项议程，在红寺堡区罗山宾馆胜利闭幕。

是日 吴忠市委常委、红寺堡区委书记丁建成主持召开吴忠市红寺堡区第四届人民代表大会第一次会议主席团第三次会议。红寺堡区人大常委会主任候选人苏达志、红寺堡区代区长王忠强、政协主席张致强、区委副书记杨文福及主席团全体成员参加会议。

是日 红寺堡区政协主席张致强主持召开区政协四届常委会第一次会议。红寺堡政协副主席买廷东、浦彦卿、马春梅及常委会组成人员出席会议。

是日 吴忠市委常委、红寺堡区委书记、区委应对新冠肺炎疫情工作领导小组组长丁建成主持召开区委应对新冠肺炎疫情工作领导小组第25次会议。传达学习自治区相关文件精神，分析当前疫情防控形势，安排部署近期疫情防控重点工作。红寺堡区代区长、区应对新冠肺炎疫情工作指挥部指挥长王忠强等参加会议。

28日 吴忠市红寺堡区第四届人民代表大会第一次会议胜利闭幕。

是日 红寺堡区区长、区应对新冠肺炎疫情工作指挥部指挥长王忠强主持召开区应对新冠肺炎疫情工作指挥部第41次会议。

是日 吴忠市委常委、红寺堡区委书记丁建成带领调研组，深入各重点场所、路口卡点调研疫情防控工作。红寺堡区领导杨文福、徐明勇、杨平、杨金花陪同。

29日 吴忠市委常委、红寺堡区委书记丁建成主持召开区委理论学习中心组党史学习教育第34次集体学习会。红寺堡区委副书记、区长王忠强，红寺堡区委副书记杨文福等参加学习。

30—31日 红寺堡区支援利通区、青铜峡市的178名医护人员圆满完成核酸采样任务、样本实验室检验和流行病学调查工作，平安归来。

31 日 晓鸣股份红寺堡智慧农业产业示范园父母代种业基地项目开工。吴忠市及红寺堡区领导丁建成、苏达志、王忠强、张致强、杨文福，宁夏晓鸣农牧股份有限公司董事长魏晓明等出席开工仪式。

10月31日—11月1日 吴忠市委常委、红寺堡区委书记丁建成带领红寺堡区四套班子主要领导对各乡镇农村人居环境整治工作进行调研。

11月

2 日 红寺堡区调派 33 名医护人员再次出征，驰援银川市疫情防控工作。

是日 吴忠市委常委、红寺堡区委书记丁建成主持召开区委理论学习中心组党史学习教育第 35 次集体学习会。红寺堡区委副书记、区长王忠强，红寺堡区委副书记杨文福等参加学习。

3 日 吴忠市委常委、红寺堡区委书记丁建成主持召开四届区委 2021 年第 4 次常委会会议，传达学习自治区深入实施"四大提升行动"、全面促进乡村振兴工作现场会精神，自治区党委、吴忠市委常委会会议精神等；审议《红寺堡区进一步落实自治区深入实施"四大提升行动"、全面促进乡村振兴工作现场会精神分工方案（送审稿）》等；听取前三季度经济运行情况的汇报，分析当前经济形势，研究部署下一步工作。红寺堡区委副书记、区长王忠强，红寺堡区委副书记杨文福及其他常委出席会议。红寺堡区人大常委会主任苏达志、政协主席张致强等列席会议。

是日 吴忠市委常委、红寺堡区委书记丁建成带队调研红寺区 2022 年乡村振兴示范村谋划情况。红寺堡区领导杨文福、徐明勇、张宏志陪同。

4 日 吴忠市委常委、红寺堡区委书记丁建成主持召开区委理论学习中心组（扩大）党史学习教育第 36 次集体学习会。红寺堡区委副书记、区长王忠强，红寺堡区委副书记杨文福等参加学习。

是日 红寺堡区委副书记杨文福深入新庄集乡，就产业发展、人居环境整治等秋冬季重点工作及 2022 年度工作谋划情况进行调研。

5 日 红寺堡区大河乡龙源村李耀梅获得全国第八届道德模范提名奖。

12 日 吴忠市委常委、红寺堡区委书记、区委应对新冠肺炎疫情工作领导小组组长丁建成主持召开四届区委 2021 年第 6 次常委会会议暨区委应对新冠肺炎疫情工作领导小组第 26 次会议。传达学习党的十九届六中全会精神、自治区党委常委会会议暨应对新冠肺炎疫情工作领导小组第 20 次会议精神等，听取红寺堡区近期疫情防控工作、巩固脱贫攻坚成果后评估工作准备等情况的汇报。红寺堡区委副书记杨文福及其他常委出席会议，红寺堡区人大常委会主任苏达志、政协主席张致强等列席会议。

16日 吴忠市委常委、红寺堡区委书记丁建成主持召开四届区委2021年第7次常委会（扩大）会议。传达学习党的十九届六中全会精神，自治区党委、吴忠市委常委会（扩大）会议精神，安排部署红寺堡区学习宣传贯彻工作。红寺堡区委副书记杨文福及其他常委出席会议。红寺堡区人大常委会主任苏达志、政协主席张致强等列席会议。

是日 红寺堡区召开福建省援红专业技术人才座谈会，对22名援红挂职干部进行岗位分配，红寺堡区领导徐明勇、卢山出席会议。

18日 吴忠市委常委、红寺堡区委书记丁建成主持召开区委理论学习中心组（扩大）党史学习教育第39次集体学习会。红寺堡区委副书记杨文福等参加学习。

是日 红寺堡区对2020年以来罚没的8个种类的农村假冒伪劣食品进行集中销毁。

18—19日 福建省泉州市惠安县委副书记、代县长庄稼祥，惠安县人大常委会主任张培坤带领党政考察团到红寺堡区考察对接对口帮扶协作工作。吴忠市委常委、红寺堡区委书记丁建成、红寺堡区人大常委会主任苏达志、区长王忠强、区委副书记杨文福等陪同。

19日 红寺堡区各中小学校陆续复课，全面恢复正常教育教学秩序。

22日 红寺堡区召开驻村帮扶工作推进会，总结驻村工作经验，分析存在问题，安排部署近期驻村帮扶工作。红寺堡区委常委、组织部部长赵军参加会议。

是日 红寺堡区34名驰援银川医护人员圆满完成各项疫情防控任务，平安归来。

23日 吴忠市委常委、红寺堡区委书记丁建成主持召开区委理论学习中心组（扩大）党史学习教育第40次集体学习会。红寺堡区委副书记、区长王忠强，红寺堡区委副书记杨文福等参加学习。

是日 红寺堡区召开2021年第2次扫黑除恶斗争暨重点行业领域专项整治推进会，深入学习贯彻习近平总书记关于扫黑除恶斗争的重要论述精神，认真贯彻落实全国第二次扫黑除恶常态化推进会精神，加快推进六大重点行业领域专项整治工作，推动红寺堡区扫黑除恶斗争常态化开展。吴忠市委常委、红寺堡区委书记丁建成出席会议并讲话。红寺堡区领导杨文福、马杰君、杨平等参加会议。

24日 红寺堡区学习贯彻党的十九届六中全会精神宣讲动员备课会召开，安排部署学习贯彻全会精神宣讲工作。红寺堡区委常委、宣传部部长马青松参加会议。

是日 吴忠市教育局督查组到红寺堡区督查各学校复学疫情防控及校园安全工作开展情况。

25日 红寺堡区委理论学习中心组召开党史学习教育第41次集体学习扩大会议。红寺堡区委、区政府领导参加学习。

是日 红寺堡区妇联组织干部及巾帼志愿者在政务服务中心开展反家暴宣传活动。

27日 福建省泉州市惠安县与红寺堡区开展线上直播招聘活动。双方签订闽宁劳务协作框架协议，开启推动两地劳务协作向深向实发展的新征程。

29日 红寺堡区总工会召开第二届代表大会，传达学习党的十九届六中全会议精神，补选第二届工会委员会常委、副主席，选举出席吴忠市工会第五次代表大会代表。红寺堡区领导慈小荣、伍洪亮、杨金花、买廷东参加会议。

12月

1日 红寺堡区人大常委会召开人大代表学习贯彻党的十九届六中全会精神座谈会，传达学习党的十九届六中全会精神，对学习贯彻全会精神进行安排部署。红寺堡区人大常委会副主任王琳参加会议。

是日 红寺堡区开展第34个"世界艾滋病日"主题宣传活动。

是日 吴忠市委常委、红寺堡区委书记丁建成主持召开四届区委2021年第8次常委会（扩大）会议，传达学习自治区党委十二届十四次全会精神、自治区贯彻落实习近平总书记在深入推动黄河流域生态保护和高质量发展座谈会上重要讲话精神暨先行区建设第六次推进会精神、中国共产党吴忠市第六次代表大会精神，听取巩固拓展脱贫攻坚成果后评估考核情况汇报等。红寺堡区委副书记杨文福等常委出席会议，红寺堡区人大常委会主任苏达志、区政协主席张致强等列席会议。

2日 红寺堡区开展第十个"12·2"全国交通安全日宣传活动。

是日 吴忠市委常委、红寺堡区委书记丁建成主持召开区委理论学习中心组（扩大）党史学习教育第42次集体学习会，传达学习党的十九届六中全会精神重要论述。红寺堡区委副书记杨文福等参加学习。

是日 吴忠市委常委、红寺堡区委书记丁建成带队到部分村、社区，就基层党建工作开展情况进行实地调研。区委常委、组织部部长赵军陪同。

2—3日 自治区党委宣传部检查考核红寺堡区新一批自治区级文明单位、村镇。吴忠市委宣传部三级调研员杨宗麒及红寺堡区领导马青松、张瑞峰、买廷东陪同。

3日 红寺堡区人民政府与杭州趣村游文旅集团有限公司签约文旅融合、农旅融合高质量发展项目。红寺堡区领导王忠强、徐明勇、卢山，杭州趣村游集团总裁汪崇斌，浙江省新农第六产业研究院院长王建军参加签约仪式。

是日 红寺堡区科学技术局联合福建省泉州市惠安县科学技术局举办了以"深化闽宁协作、专家助力发展"为主题的首期线上科技交流会。

是日 红寺堡区新时代文明实践"12·5"国际志愿者日系列主题活动启动。红寺堡区委常委、宣传部部长马青松出席启动仪式。

5 日　红寺堡区召开迎接中央第二轮生态环境保护督察动员会，传达学习中央第四生态环境保护督察组督察宁夏动员会和吴忠市迎接第二轮中央生态环境保护工作督察动员会精神，安排部署红寺堡区迎接中央生态环境保护督察服务保障工作。吴忠市委常委、红寺堡区委书记丁建成出席会议并讲话。红寺堡区区长王忠强主持会议。红寺堡区委副书记杨文福等参加会议。

6 日　吴忠市委常委、红寺堡区委书记丁建成在新庄集乡白墩村为新庄集乡党员干部宣讲党的十九届六中全会精神。

是日　自治区党委宣传部、吴忠市委宣传部、宁夏新华书店联合红寺堡区委宣传部举办"新时代文明实践——红寺堡区 2021 年度农家书屋'线上点单'选书活动"。

7 日　红寺堡区委理论学习中心组召开党史学习教育第 43 次集体学习扩大会议。红寺堡区委副书记杨文福等参加学习。

是日　红寺堡区政协主席张致强为政协机关党员干部宣讲党的十九届六中全会精神。红寺堡区政协副主席浦彦卿、马春梅聆听宣讲。

8 日　红寺堡区在阶梯教室举办科级干部暨新一届村（社区）干部培训班，邀请吴忠市委党校一级调研员杨存葆专题辅导党的十九届六中全会精神。红寺堡区委常委、组织部部长赵军出席开班式。

是日　自治区冬春季火灾防控工作电视电话会议召开，通报全区消防安全形势，安排部署火灾防控工作任务。自治区党委常委、常务副主席、消防安全委员会主任赵永清出席会议并讲话。红寺堡区副区长王亮等相关部门负责同志在红寺堡分会场聆听收看会议实况。

是日　红寺堡区召开中长期青年发展规划联席会议第二次全体会议，传达学习自治区相关会议精神，听取红寺堡区落实《宁夏回族自治区中长期青年发展规划（2019—2025 年）》2021 年工作情况的汇报，审议《红寺堡区落实〈宁夏回族自治区中长期青年发展规划（2019—2025 年）〉分工方案》。红寺堡区委常委慈小荣参加会议。

是日　红寺堡区召开改革和加强派出所工作暨"乡村地网"建设推进会，通报公安分局相关工作进展情况，分析存在的短板和问题，安排部署下一步工作任务。红寺堡区副区长、公安分局局长杨平参加会议。

9 日　吴忠市委常委、红寺堡区委书记丁建成主持召开区委理论学习中心组党史学习教育第 44 次集体扩大学习会。红寺堡区委副书记、区长王忠强，红寺堡区委副书记杨文福等参加学习。

是日　红寺堡区区长王忠强走访慰问大河乡石炭沟村残疾人运动员马尚俊，为他送去慰问金和党与政府的关怀。红寺堡区委常委慈小荣陪同。

是日　由清华大学专家组成的考察组到红寺堡区就传承黄河文化、贺兰山东麓葡萄酒文旅融合项目、黄河国家文化公园项目等进行考察调研。吴忠市及红寺堡区领导高建博、王忠强、马青松陪同。

是日 自治区乡村旅游发展研修班成员到红寺堡区观摩学习特色旅游村创建工作。

是日 宁夏日报报业集团副总编辑杨学农带队，对红寺堡区学习宣传贯彻落实党的十九届六中全会精神工作推进情况进行调研采访。红寺堡区领导苏达志、马青松陪同。

10日 自治区宣讲团成员、宁夏社科院党组副书记、院长刘雨到红寺堡区，宣讲党的十九届六中全会精神。红寺堡区人大常委会主任苏达志、政协主席张致强等聆听宣讲。红寺堡区委常委、宣传部部长马青松主持宣讲会。

是日 自治区党委教育工作领导小组考核验收红寺堡区校园治理达标县（校）创建工作。红寺堡区人大常委会副主任伍洪亮陪同。

12日 党史学习教育中央第十指导组副组长沈传宝一行，到红寺堡区实地调研指导党史学习教育开展情况。吴忠市及红寺堡区领导徐耀、高建博、丁建成、马青松参加。

是日 由红寺堡区委宣传部、检察院、民政局、团区委、妇联牵头，上海联劝公益基金会和阿里巴巴公益基金会支持，同心爱心救助协会承办的XIN益佰——"一个鸡蛋的暴走"困境儿童项目在新庄集乡南源村启动，为受助儿童发放了棉鞋、羽绒服、书包、学习用品等爱心物资。

13日 吴忠市委常委、红寺堡区委书记、区委应对新冠肺炎疫情工作领导小组组长丁建成主持召开四届区委2021年第9次常委会会议暨区委应对新冠肺炎疫情工作领导小组第27次会议。传达学习中央经济工作会议精神、习近平总书记在全国宗教工作会议上的重要讲话精神和自治区党委、吴忠市委常委会会议有关精神等；研究审议《红寺堡区村干部管理考核办法（送审稿）》等；听取全区当前疫情防控形势汇报，安排部署下一步工作。红寺堡区委副书记、区长王忠强，红寺堡区委副书记杨文福及其他常委出席会议。红寺堡区人大常委会主任苏达志、政协主席张致强等列席会议。

是日 国家烟草专卖局挂职干部考核及新任挂职干部见面会召开。吴忠市委常委、红寺堡区委书记丁建成，红寺堡区区长王忠强，国家烟草专卖局及宁夏区局领导等参加会议。

14日 吴忠市委常委、红寺堡区委书记丁建成带队，对中央生态环境保护督察组转交红寺堡区的信访案件办理情况进行督导。红寺堡区副区长杨根枝陪同。

是日 吴忠市委常委、红寺堡区委书记丁建成主持召开区委理论学习中心组党史学习教育第45次集体扩大学习会。

是日 中国扶贫基金会联合元气森林旗下品牌外星人共同发起的"全球补水计划"公益项目在红寺堡区新庄集乡马渠小学启动。红寺堡区副区长杨金花、中国扶贫基金会资源发展部副主任黎钊、元气森林集团企业社会责任负责人王淄等出席活动。

16日 红寺堡区人大常委会主任苏达志主持召开区四届人大常委会第一次会议。红寺堡区人大常委会副主任关保智、马锦花、王琳及部分人大常委会委员出席会议。红寺堡区领导张瑞峰、徐明勇、马春梅列席会议。

是日 红寺堡区总工会联合中国建设银行红寺堡支行打造的"爱心驿站"正式对外开放。

是日 红寺堡区委副书记、区长王忠强主持召开区委理论学习中心组党史学习教育第46次集体（扩大）学习会。红寺堡区委副书记杨文福等参加学习。

是日 红寺堡区大河乡举办党的十九届六中全会精神宣讲报告会。

16—18日 红寺堡区大河乡举办2021年度农村党员冬季轮训启动会暨入党积极分子及发展对象专题培训会。

17日 红寺堡区人力资源和社会保障局举办红寺堡区事业单位人事管理工作政策培训班。

是日 红寺堡区民政局联合中宁县银海智慧养老服务有限公司、大河乡社会工作服务站在石炭沟小学开展以"法护未来、童心同行"为主题的未成年人保护法宣传活动。

18日 红寺堡区区长王忠强主持召开2022年城乡居民基本医疗保险参保缴费工作集体约谈会。对12个参保缴费排名靠后的村、社区包抓干部进行集体约谈。要求各乡镇（街道）、各村（社区）提高思想认识，坚持问题导向，加强宣传引导，强化工作措施，确保2022年城乡居民基本医疗保险参保缴费工作圆满完成。

19日 红寺堡区新民街道在东方社区举行困境儿童社会工作服务项目启动暨暖冬物资发放仪式。

20日 红寺堡区委宣传部、团区委、教育局、财政局、总工会、妇联联合在青云湖公园开展了2021年红寺堡区新时代文明实践——"青春有约、缘来有你、阔步健走"第四期青年交友联谊活动。

21日 红寺堡区委网信办联合网兜网络公益组织开展"2021年红寺堡区新时代文明实践暨情暖冬至、心系骑手"主题活动。

21—25日 深圳市酒协、深圳市天恒酒业有限公司带领专业葡萄酒品酒师到红寺堡区观摩选品，并与红寺堡区14家酒庄共签订100万元订单。

22日 宁夏源丰煤业有限公司湾岔沟煤矿联合红寺堡区应急管理局、民政局，看望慰问第二敬老院的"五保"老人，为他们送去米面油等生活物资和慰问金。

是日 红寺堡区举办"三区"人才实用技术培训班，邀请宁夏林权服务与产业发展中心正高级工程师李国授课。

23日 红寺堡区召开"四权"改革培训暨重点改革任务推进会，邀请自治区相关厅局专家进行授课，安排部署有关工作。红寺堡区领导徐明勇、伍洪亮、浦彦卿参加会议。

25日 红寺堡区召开2021年全国易地搬迁移民致富提升示范区重点产业提质增效集成示范项目总结会。红寺堡区委常委、副区长徐明勇，自治区科技厅相关处室负责同志参加会议。

27日 红寺堡区文明委召开2021年全体会议。红寺堡区领导马青松、王琳、杨根枝、买廷东参加会议。

28日 红寺堡区人大常委会主任苏达志主持召开区四届人大常委会第二次会议。红寺堡区人大常委会副主任关保智、伍洪亮、马锦花、王琳及部分人大常委会委员出席会议。红寺堡区领导张瑞峰、徐明勇、买廷东列席会议。

是 日 长篇报告文学《百万大移民》新书发布暨作品研讨会在红寺堡区举行。

是 日 由红寺堡区民政局主办，中宁县银海智慧养老服务有限公司承办的2021年"三区计划"配套大河乡困难老人社会工作服务项目在石炭沟村启动。

是 日 北方民族大学党委书记刀波带队调研红寺堡区移民文化、文旅项目，洽谈校地合作事宜。红寺堡区委常委、宣传部部长马青松陪同。

29日 吴忠市委党史学习教育第二巡回指导组到红寺堡区开展党史学习教育评估工作。红寺堡区委常委、宣传部部长马青松参加会议。

30日 红寺堡区召开新冠肺炎疫情防控工作推进会，传达学习自治区、吴忠市相关会议精神，安排部署红寺堡区疫情防控工作。红寺堡区领导杨平、杨根枝、杨金花参加会议。

红寺堡区概览

HONGSIBU QU GAILAN

地理人文

【地形地貌】

红寺堡区西有烟筒山，东南有大罗山，北有牛首山，红寺堡区位于三山之间，沿大罗山分布于山间盆地区域。地势南高北低，平均海拔1240~1450米，南北海拔相差70~140米，处于山区与川区的过渡带。苦水河和红柳沟（洪沟）过境。地下水储水构造属新生界储水盆地，埋藏深。土壤由灰钙土、新积土、风沙土和盐土4种类型组成，以灰钙土为主，其次是风沙土，新积土、盐土面积较小，仅占0.5%。

【气候特点】

红寺堡区属中温带干旱气候区，大陆性气候十分明显。年平均气温为10.7℃，平均无霜期为155天，年日照时数达3036.4小时，日照时间长，光热资源丰富。昼夜温差大，平均14℃。境内降水量少且集中，降水年际变化大，年降水量为248立方米，多集中于7—9月，年平均蒸发量高达2050立方米，为年平均降水量的8.3倍，干燥度在3.5左右。风向主要为西北风，年均大风天数55天，其中春季风速最大。湿度及日照条件可以满足各种农作物生长发育的需要。

【气候监测】

2021年，红寺堡区平均气温为11.3℃，年最高气温38℃，出现在7月13日；年最低气温-22.5℃，出现在1月7日；年降水量为256.2毫米，较常年（251毫米）偏多5.2毫米；年平均气压为867.3百帕，最高气压为886.9百帕，出现在11月6日；最低气压为851.2百帕，出现在5月13日；平均湿度为43.5%，最小相对湿度为2%，出现在5月5日；平均风速为2.2米/秒。年内主要降水天气集中在8月和9月，其中8月累计降水量为41.8毫米，9月累计降水量为46毫米。2021年气候条件总体有利于酿酒葡萄、枸杞和小麦生长。夏季高温少雨，导致红寺堡区出现严重旱情，对玉米生长非常不利。受夏季持续少雨影响，7月植被长势变差，植被指数较2020年同期偏小；8月中旬逐渐增多的降水使得植被长势有所恢复，但恢复程度有限，总体植被指数略高于2020年。

（武　莹）

【自然资源】

红寺堡区自然资源丰富，农业资源得天独厚，矿产资源品种多，储量丰富。植物资源有65科170属275种，动物有22目44科114种82个亚种。罗山为国家级自然保护区，蕴藏着丰富的生物物种。境内太阳山、土坡、罗山一带有丰富的煤炭、白云岩、石灰石、石膏、石英砂、石油、煤层气、铜矿、陶土等矿产资源。太阳山矿区煤炭资源储量127亿吨，白云岩储量18亿吨，石灰石远景储量49亿吨，石膏探明储量7994万吨。

【历史沿革】

红寺堡区历史悠久，早在4000多年前，就有人类从事农牧业生产活动。"红寺堡"一名始于明朝，为屯军牧马之地，时属三边总制宁夏镇灵州千户所管辖，后经历代多次变迁，分属不同（州）县。新中国成立后，东南大部分地区属同心县，西北分属中宁、利通县（区），东北分属灵武、盐池等县（市）。1998年9月5日，宁夏回族自治区党委决定成立红寺堡开发区；2009年9月30日，国务院批准设立红寺堡区，成为全国最大的单体易地生态扶贫移民安置区。

【政区位置】

红寺堡区地处宁夏回族自治区中部，地跨东经105°43′45″~106°42′50″，北纬37°28′08″~37°37′23″。北临吴忠市利通区和青铜峡市、灵武市，南至同心县，东至盐池县，西北与中宁县接壤。北距首府银川市127千米，南距固原市220千米，西距甘肃省兰州市360千米。区政府驻地红寺堡镇，是红寺堡区政治、经济、文化中心。

【行政区划】

红寺堡区总面积2767平方千米，耕地面积4.07万公顷，辖红寺堡镇、太阳山镇、大河乡、柳泉乡、新庄集乡2个镇、3个乡和新民街道办事处，行政村65个，城镇社区8个。

【人口结构】

2021年末，红寺堡区常住人口为20万人，总户数6万户，平均每户家庭人口为3.31人。男性10.2万人，女性9.8万人；城镇人口8.1万人，乡村人口11.9万人。城镇化率40.5%。汉族人口7.03万人，占比35.15%；回族人口12.94万人，占比64.68%；其他少数民族人口0.03万人，占比0.15%。人口出生率15.58‰，死亡率6.53‰，自然增长率9.05‰。

经济建设

【经济指标】

2021年，红寺堡区完成地区生产总值（含太阳山开发区）85.79亿元，增长9.2%；第一产业实现增加值10.7亿元，增长1.3%；第二产业实现增加值44.7亿元，增长10.9%；第三产业实现增加值30.4亿元，增长9.5%。地方一般公共预算收入1.9亿元，增长12.4%；一般公共预算支出30.3亿元，下降1.2%；城镇居民人均可支配收入达到27250.8元，增长7.0%；农村居民人均可支配收入达到11996.0元，增长9.8%。

【产业发展】

2021年，红寺堡区粮食播种面积31万亩以上，总产量稳定在15万吨以上。黄花菜种植面积8.02万亩，产值达到6亿元；葡萄种植面积10.8万亩，品种数量13个，年加工能力3.5万吨，产出成品酒800万瓶，实现产值4亿元。肉牛、滩羊饲养量分别达14.7万头、103.7万只，实现产值7.1亿元，规模养殖占比46%。先后打造"红漠""千红裕"等40多个葡萄酒品牌，培育"滩羊坊""兴茗萱"等13个黄花菜品牌，认证"三品一标"农产品29个，8家葡萄酒企业获得国家农产品有机认证。获得"西部天然富硒黄花菜示范基地""中国最具有发展潜力葡萄酒产区"等荣誉称号。建成黄花菜产业示范村14个、绿色高产培育示范点8个、种植资源库30亩。建成以滩羊产业生态智慧园区、中烟飞地养殖园区为示范的万只以上滩羊规模养殖园区12家、千头以上肉牛养殖园区9家，万只滩羊养殖示范村23个、千头肉牛养殖示范村25个，发展滩羊家庭经营245户。培育龙头企业17家，2021年底在农业农村部门备案的农民专业合作社367家，家庭农场129家，发展致富带头人430名，新型职业农民1890人。完成高标准农田建设8100亩。

【新型工业】

2021年，红寺堡区规模以上工业增加值下降1.4%，其中红寺堡区增长34.4%，太阳山开发区下降4.8%；增速低于自治区、吴忠市9.4个、8.5个百分点，位列吴忠市第5位、宁南山区第8位。两年平均增长8.4%，高于自治区2.3个百分点，低于吴忠市0.9个百分点，位列吴忠市第4位、宁南山区第6位。实施重点工业项目4个（其中自治区级重点项目2个），开工率100%。红寺堡区规上工业综合能源消费量70.5万吨标准煤（其中红寺堡区14.2万吨），同比增长14.7%。

【第三产业】

2021年，红寺堡区建成1个自治区级电商服务中心、4个乡（镇）级电商服务站点、54个村级电商服务站点，实现区乡村三级物流运营体系全覆盖。依托各级电商公共服务中心，实现农特产品销售额2900余万元。红寺堡区举办"5·18"国际博物馆日、"5·19"中国旅游日活动，红寺堡区旅游接待24.19万人次，同比增长120.6%；旅游综合收入2474.5万元，同比增长135.2%。投资1250万元，续建红寺堡区葡萄小镇（紫光湖）游客中心；投资998万元，续建红寺堡区大河旅游服务中心项；投资100万元对红寺堡区移民文化遗址公园进行修复。提升完善鹏胜时代广场、团结商业广场等商业圈。新增限上企业3家。红寺堡区第三产业实现增加值30.4亿元，增长9.5%。

【项目投资】

2021年，红寺堡区推进实施三峡50兆瓦风电项目、上海机电100兆瓦光伏发电项目、腾晖100兆瓦光伏项目、卧龙150兆瓦风电续建项目，总投资14亿元，稳步扩大新能源发电装机规模，进一步壮大新能源产业。2021年，新能源装机规模容量458万千瓦，占宁夏近六分之一。引进投资8亿元建设上海机电、江苏腾晖200兆瓦光伏电站。同时抢抓"宁电入湘"重大机遇，与中车株洲所、五凌电力、嘉寓集团、湘投集团签订8个装备制造及光伏项目协议，项目资金252.3亿元。引进低碳循环智能装备产业项目、2GW储能集成系统智能生产基地和5GW储能产线、双真空全玻璃太阳能集热管、宁湘产业园等项目，并迅速推动项目开工建设。

【创新驱动】

2021年，红寺堡区宁夏索米亚生态农业科技有限公司获评自治区重点龙头企业，获得中国农产品亚麻籽油金奖，争取科技研发补助专项资金17万元。宁夏平头羊冷鲜肉有限公司获得科技型中小企业奖和农村创业创新示范基地奖，吴忠兴民纺织科技有限公司获"专精特新"企业，宁夏东方盛达管业有限公司获得科技小巨人奖，宁夏加禾粮油食品有限公司获得农业高新技术企业奖。申报专利3个。

【金融支持企业】

2021年，红寺堡区为应对新冠肺炎疫情带来的不利影响，切实解决小微企业、个体工商户缺乏抵押担保的痛点。宁夏银行红寺堡支行累计办理延期还本付息贷款20户，金额1676万元。累计为11户企业投放支小贷款2600万元，利率最高不超过5.5%，为小微企业节约融资成本39万余元。陆续推出"宁银复工贷""如意税联贷""宁商贷""宁税贷"等特色产品，拓宽小微企业融资渠道。中国农业银行红寺堡支行严格落实小微企业减费让利、延期还本付息等政策，严格执行银监局"七不准、四公开"规定，累计减免小微企业融资、开户等各类费用20余万元，为24家企业办理续贷2693万元。红寺堡农村商业银行对小微企业贷款利率进行下调，相比其他贷款产品，在LPR基础上少上浮50个基点。截至2021年底，发放小微企业信用贷款3158万元。

政治建设

【政府效能】

2021年，红寺堡区始终把政治建设摆在首位，扎实开展"两学一做"学习教育、"不忘初心、牢记使命"主题教育、党史学习教育，不断增强"四个意识"、坚定"四个自信"、做到"两个维护"。严格履行全面从严治党主体责任和党风廉政建设"一岗双责"，认真落实意识形态工作责任制。严格落实中央八项规定及其实施细则精神，力戒形式主义、官僚主义，会议、文件有效压减，"三公"经费年均下降35.6%。自觉接受人大法律监督、政协民主监督，累计办理代表议案建议134件、委员提案217件。纵深推进法治政府建设，全面落实行政执法"三项制度"。扎实推进政务公开、"数字政府"建设，12345便民服务热线及区长信箱办理水平不断提升，累计承接咨询、诉求等4.8万件，按期办结率达98.8%，群众满意率达97.8%。

【政治引领】

2021年，红寺堡区坚持以习近平新时代中国特色社会主义思想为根本遵循，全面贯彻落实党的十九大和十九届历次全会精神，深入贯彻落实中央、自治区党委、吴忠市委和红寺堡区委政协工作会议精神，以"富民强区、建成示范、走在前列"为目标，坚持把巩固共同思想政治基础作为主轴，把奋力创建全国易地搬迁移民脱贫致富示范区建设作为主线，把加强思想政治引领、广泛凝聚共识作为中心环节，坚持团结和民主两大主题。

【依法行政】

2021年，红寺堡区先后召开区委常委会会议3次、政府常务会议8次，传达学习贯彻有关精神，听取法治建设、法治政府建设相关工作汇报。召开区委全面依法治区委员会第三次、第四次会议和2021年全区法治政府建设推进会，研究解决工作中遇到的具体困难和问题，安排部署阶段性工作。组织开展习近平法治思想、党的十九届六中全会精神、马克思主义民族观宗教观等专题辅导集中学习5次，邀请专家辅导4次。2021年区委常委会、政府常务会议审查重大行政决策合法性共84件（次）。红寺堡区人民政府和各部门建立了以同级法制机构人员为主体，吸收专家和律师参加的政府法律顾问制度，将公职律师纳入本地本单位政府法律顾问队伍。2021年，红寺堡区人民政府新聘政府法律顾问4名，全区已注册公职律师4名。共清理行政规范性文件和政策性文件183件，废止行政规范性文件88件，宣布失效24件；废止政策性文件18件，宣布失效4件，并及时向社会公布清理结果。

（黄　兴）

文化建设

【文化惠民】

2021年，红寺堡区按照自治区文化和旅游厅、吴忠市文化旅游体育广电局的统一安排，结合红寺堡区实际，制定《红寺堡2021年"送戏下乡"惠民文艺演出活动方案》，举办油桃采摘节、"5·18"国际博物馆日、"5·19"中国旅游日宣传活动，全年完成惠民演出90场次，其中完成"送戏下乡"演出50场次、"戏曲进乡村"演出30场次、"戏曲进校园"演出10场次。同时，还承接宁夏演艺集团京剧院赴红寺堡区"送戏下乡"演出12场次，承接吴忠市赴红寺堡区"送戏下乡"演出4场次。举办了红寺堡区2021年"童心闪耀、魅力暑假"青少年儿童公益艺术培训班和"红色小小讲解员"培训班。

【艺术创作】

2021年，红寺堡区发表各类文学作品50多万字。红寺堡区作家在公开发行的报刊发表各类文学作品50篇（首）。马慧娟、张治乾、马生智、王学军、胡静等已成长为红寺堡区内外有一定影响力的作家。马慧娟的《出路》一书已于2021年2月由宁夏人民出版社出版发行；张治乾的《罗山脚下的枪声》由宁夏人民出版社出版发行；胡静的《黄河水浇灌的荒原》进入出版环节；农民书法家李忠勤用两年多的时间抄录完成书法作品《四书五经》，作品共92卷（每卷长17米），捐赠吴忠博物馆永久收藏。各文艺家协会及文艺团体积极参与创作以乡村振兴为主题的《婚事新办树新风》，以创建全国文明城市为主题的《文明连着你我他》《丰收了》等8个小品，《最美中国》《映山红》《把一切献给党》等6支原创舞蹈，新编歌曲《罗山脚下是故乡》。涌现出了张媛、刘正东、李红娥、李生玉等一批小品表演爱好者。拍摄了《红寺堡一家人》系列情景剧，组织"文明大讲堂"《我们都是追梦人》，开展了"文艺工作者看产业"采风活动。

【公共文化服务】

2021年，红寺堡区送戏下乡演出服务20665人次，戏曲进乡村演出服务17270人次，戏曲进校园演出服务2369人次。"七一"建党节，举办"永远跟党走"红歌联唱大赛和"颂歌献给党·奋进新征程"大型文艺晚会。

【非遗保护】

2021年，红寺堡区将艾灸传承人马长琴、花儿传承人撒如宝等21人列入红寺堡区第二批非物质文化遗产代表性传承人名录名单。推荐杨永红传统戏剧皮影申报自治区级非遗代表性项目，推荐王家狮子、传统艾灸、中医针灸推拿、古建砖雕物件工艺、创意掇秀、罗山腌猪肉6个项目申报市级非遗代表性项目。

社会建设

【民生福祉】

2021年，红寺堡区实现城镇新增就业1141人，完成年度目标任务的163%；失业人员再就业422人，完成年度目标任务的105.5%；就业困难人员再就业87人，完成年度目标任务的108.75%。全年城镇登记失业率为3.73%。全年转移农村劳动力4.16万人，完成年度目标任务的118.57%，实现劳务收入6.81亿元。全年发放失业金2071人次、294.84万元，发放失业补助金1736人次、181.43万元。共开发公益性岗位2162个，其中城镇公益性岗位649个，乡村公益性岗位1513个，帮助各类就业困难群体实现收入近3200万元。

【摸清林草资源家底】

2021年，红寺堡区针对生态移民、行政区划调整等造成行政界线不明、山林草原资源权属不清等突出问题，以第三次全国土地调查为基础，采用综合调绘法和全野外调绘法，全面调查厘清山林地、草原资源现状，统一精准界定红寺堡区内国有林（草）地、集体林（草）地、移民迁出（入）区、流转林草地等山林草原资源地类和界限，做到权属清晰、界限精准、类别清楚。全面厘清林草资源家底，完成各乡镇行政村行政界线及林草地资源地类界限界定工作。

【深化改革】

2021年，红寺堡区推进农业水价综合改革和水权交易，建立健全精准补贴和节水奖励办法。健全垃圾治理体制机制，对农村环卫市场化服务进行改革，由各乡镇和第三方环卫公司签订服务协议，对辖区内的农村生活垃圾进行综合治理，住建部门进行行业指导，构建了权责清晰、职责明确的农村生活垃圾治理体系。建立县域紧密型医共体（医疗健康总院），加强对外交流合作，实施凡晋必下、千名医师下基层、对口支援医生多点执业、远程医疗等，引导上级医院的人才、技术、设备等优质资源服务基层，推动资源下沉。

【社会事业】

2021年，红寺堡区新建幼儿园8所，建筑面积达19913.72平方米；对7所城乡幼儿园教玩具进行补充，投放17辆校车；新建4所学校，建设4个学校运动场；改造40所学校营养改善计划后厨；维修改造85所中小学校舍、厕所、运动场；新建高级中学综合楼、餐厅等18489.1平方米；新建"互联网+智慧实施农业"产教融合实训中心，建筑面积1152平方米。高考成绩比上年持续提升，一本上线237人，二本（含一本）上线873人，本科上线率为45.59%。自主招聘教师202名（研究生学历65名），特岗教师25名，"三支一扶"教师114名，公费师范生15名。建设弘德村综合文化站及太阳山镇白塔水村、兴民村文化广场，建设龙泉村文化室、创业社区多功能文化活动广场，建设太阳山全民健身活动中心室外基础设施、紫光湖健身步道项目，铺设彩色沥青路面3公里。完成罗山航空飞行营地塔台项目，建设红寺堡区罗山飞行营地项目。续建红寺堡区葡萄小镇（紫光湖）游客中心项目、红寺堡区大河旅游服务中心项目，修复红寺堡区移民文化遗址公园。

【社会大局】

2021年，红寺堡区编制完成《吴忠市红寺堡区国民经济和社会发展第十四个五年规划和二〇三五年远景目标纲要》，经红寺堡区三届人大七次会议审议通过。高质量完成村"两委"换届，村党支部书记大专以上学历由 27% 提高至 49.2%，"一肩三挑"比例达到 58.7%。完成三届区委第十一轮、第十二轮和一轮涉粮问题专项巡察工作任务。完成新一届区、乡（镇）人大、政府领导班子和监委主任、法院院长、检察院检察长及出席吴忠市第六届人民代表大会代表选举任务。完成国家卫生城市复审工作，完成节约型机关创建目标。红寺堡区连续 6 年未发生较大以上道路交通事故。

【惠民活动】

2021 年，红寺堡区争取母亲小额循环贷款和惠民基金 100 万元，支持天源牧业培育滩羊 2000 多只，带动 19 户女性人均分红 2 万元。投入资金 3317 万元，加强构建现代公共文化服务体系，支持公共图书馆、文化馆、博物馆、社区和乡镇文化站等公益性文化设施免费开放，保障人民基本文化权益。争取项目资金，加快实施体育惠民工程，相继建成太阳山镇全民健身中心等一批重点体育项目，基本满足辖区群众开展文体活动的需求。

【治理新模式】

2021 年，红寺堡区以县域社会治理现代化为统揽，统筹推进乡村、社区、宗教、学校、企业、社团六大领域基层治理，持续完善基层社会治理体系，提升基层治理能力。以基层网格化服务管理为基础，积极推进矛盾纠纷排查化解，有效提升矛盾纠纷的预防化解能力。推进区、乡、村三级综治中心建设，增强治安防控科技化、智能化水平。发挥"政企联动"作用，推进中国电信、中国移动对全区 5 个乡镇 58 个村、16 个小区公共区域监控视频全覆盖。

【疫情防控】

2021 年，红寺堡区贯彻落实国家、自治区、吴忠市总体部署，坚持外防输入、内防反弹策略，紧盯疫情形势变化、积极应对作为，统筹做好疫情防控各项工作。按照"外防输入、内防反弹"的工作要求，常态化开展疫情防控工作，全力以赴守好入红寺堡通道，累计核查登记来红寺堡车辆 12.6 万辆、人员 14.4 万人，核查指令 523 条 1.5 万人，有效阻断疫情输入风险，疫情防控形势持续稳定。截至 2021 年 12 月 31 日，红寺堡区累计接种疫苗 355266 剂次，其中，完成第一剂次接种 168901 人、完成两剂次接种 159886 人，完成第三剂次接种 26479 人。

【提高城乡服务功能】

2021 年，红寺堡区新建一级综合客运站，打造集客运、邮政快递、物流、农资配送、养护等于一体的乡镇综合服务站 4 个、农村客货邮商融合发展线路 10 条，探索邮政快递与 26 条农村客运线路融合发展，逐步实现"多站合一、资源共享"，农村快递网点乡镇覆盖率达 100%。开通定制客运，乘客通过"红寺堡出行"公众号实现"门对门、点对点"接送。红寺堡区成功创建全国城乡交通运输一体化示范县。

生态文明建设

【生态建设】

2021 年，红寺堡区以城区绿化提升、弘德村等村庄绿化、四个入城路口环境整治等为重点，落实各项林业重点建设任务，完成国土绿化任务 7.789 万亩（人工乔木林 0.43 万亩，村庄绿化及庭院经济林 0.40 万亩，生态经济林种植 0.37 万亩，城区景观改造提升 0.08 万亩，弘德同原村庄绿化改造提升 0.059 万亩，灌木林种植 1.95 万亩，未成林抚育及退化林改造 2.5 万亩，退化草原修复 2

万亩），森林覆盖率、人均公共绿地面积分别达到14.12%和18.39平方米。组织军民共建义务植树2.3万株。2021年计划实施项目16个，已实施项目14个，总投资为15179万元。当年计划投资7660万元，已完成投资6230万元，其中，续建2020年生态经济林（文冠果）等项目2个，投资875万元；新建红寺堡区草原生态修复治理补助等项目12个，投资6785万元。

【林业生态】

2021年，红寺堡区加强有害生物防治，完成红寺堡区北部、南部及城区11.25万亩虫害防治，有效控制了春尺蠖、沟眶象等虫害的高危发生。加强种子苗木检疫，共检疫400余批次，从源头抑制有害生物调入调出风险。加强森林草原防火工作，未发生重大火灾。累计开展禁牧督查90余次，先后拆除羊圈100余处，立案查处偷牧案件80余起，共计罚款18.8万元。

（马小花）

【水土保持】

2021年，红寺堡区实施红寺堡区巴庄小流域综合治理一期项目，封禁治理水土流失13.83平方千米，完成年度水土流失治理任务。依托"水保法实施10周年""世界水日""中国水周"等重要时间节点，进机关、进校园、进村庄、进企业开展水土保持宣传教育活动。严格落实生产建设项目水土保持监管，依法许可水土保持方案56个。建立生产建设项目水土保持日常监督检查制度，现场检查项目68个，审批项目全覆盖，印发各类检查整改意见53份，接受水土保持设施自主验收报备项目32个，完成黄河流域红寺堡区生产建设项目水土保持专项整治行动，开展水利建设项目水土保持问题专项整治行动和红寺堡区压砂地水土流失危害风险分析及生态安全评价。

（马　莉）

【美丽乡村建设】

2021年，红寺堡区新改建农村公路42公里，开工建设大河乡高标准重点小城镇，完成3个高质量美丽宜居村庄建设，即增即改危房28户，改造抗震宜居房462户。实施农村垃圾收集分拣项目，采购环卫设施，对农村环卫市场化服务进行改革，构建权责清晰、职责明确的农村生活垃圾治理体系。红寺堡区投入6700余万元，实施柳泉乡永新村污水管网项目、沙泉水源地污水管网项目、第二污水处理厂尾水水质提升项目、乡镇级及以下集中式饮用水水源地（暨千吨万人农村水源地）保护区规范化建设项目、红寺堡清洁煤配送中心项目。完成柳泉乡污水处理站提标改造项目、新庄集乡污水处理站建设项目招标。

【生态治理】

2021年，红寺堡区坚持打好蓝天、碧水、净土三大保卫战。对红寺堡区内30家涉气企业进行检查，重点对大气污染物处理设施运行情况、在线监测设施运行情况、是否按照排污许可证许可事项排污、废气是否实现达标排放等行为进行检查，立案查处环境违法问题5起。对污水处理企业在线监控是否正常运行和达标排放情况进行检查，要求企业做好污水处理设备的日常维护、检修记录以及突发环境应急事故的报备和处理，确保污水达标排放。对红寺堡区内4家危险废物产生单位、12家医疗废物产生单位、6家砖瓦企业、30家畜禽养殖场开展专项执法检查。完成红寺堡区医疗废物处置单位医疗废物运输、处置信息化监管和医疗卫生机构、畜禽养殖企业医疗废物处置排查工作。同时，对红寺堡区排污单位排污许可核发、执行情况进行梳理，共核发排污许可证43家，对70家一般管理排污单位进行排污登记。

【水利建设】

2021年，红寺堡区建立以"扬水管理处+红寺堡区水务局""扬水管理处各站所+乡镇""灌溉管理站+水管所"及"村委会+支渠长"的四级灌溉管理服务体系，实行乡镇负责制，并设立乡镇灌溉管理办公室。通过村民代表大会民主选举村级支渠长，签订灌溉管理协议。三大灌区执行统一水价，实现了水价统 标准、水费统一收支、渠道分级管护，彻底打破"谁管水、谁收费、谁配水"的传统管理模式，解决收费标准不统一、管护主体不明确、管护费用无法保障等问题。同时，开发农业水价综合改革管理系统和微信缴费平台，采取0.5%的返现奖励优惠政策，选取具有代表性的2个行政村开展试点工作，不断查问题、补短板，优化缴费平台，总结工作经验，加强宣传推广，线上水费收缴共计9.5万元。太阳山镇巴庄村已建成1.84万亩数字信息化高标准农田。

（李成玉）

【环境整治】

2021年，红寺堡区开展农村人居环境整治工程，农村生活垃圾无害化处理率达到90%，农村生活污水治理率10.94%。红寺堡区柳泉乡永新村污水管网工程、红寺堡区沙泉水源地污水管网工程已完工并投入使用。红寺堡区第二污水处理厂尾水水质提升工程、红寺堡区乡镇级及以下集中式饮用水水源地（暨千吨万人农村水源地）保护区规范化建设项目已完成主体工程。红寺堡区柳泉乡污水处理站提标改造工程已开工建设，红寺堡区新庄集乡污水处理站工程正在办理土地规划手续。安装22家酒庄污水处理设施系统，淘汰燃煤锅炉12台、62蒸吨。

中国共产党红寺堡区委员会

重要会议

【区委三届十八次全体会议】

2021年6月24日召开，会议审议《红寺堡区部分乡镇行政区划变更工作实施方案（草案）》，审议《中共红寺堡区委员会关于同意变更红寺堡区部分乡镇行政区划的决议（草案）》，审议表决乡镇党政正职拟任人选和推荐人选。

【区委三届二十次全体会议】

2021年7月25日召开，会议审议乡镇领导班子换届考察及人事安排。

【区委三届二十一次全体会议】

2021年7月25日召开，会议开展四套班子及成员、法检两长民主测评和政治素质考察测评，全额定向推荐新一届区委、人大、政府、政协领导班子成员和法检两长人选，开展换届风气测评。

【区委三届二十二次全体会议】

2021年8月20日，会议推荐新一届区委委员、候补委员和区纪委委员候选人初步人选。

【区委三届二十三次全体会议】

2021年9月21日，会议听取杨文福同志汇报中国共产党吴忠市红寺堡区第四次代表大会筹备情况汇报，审议《中国共产党吴忠市红寺堡区第三届委员会工作报告》和《中国共产党吴忠市红寺堡区第三届纪律检查委员会工作报告》，审议通过《中国共产党吴忠市红寺堡区第四届委员会委员、候补委员和纪委委员候选人建议名单》，审议通过《红寺堡区出席吴忠市第六次党代会代表候选人预备人选建议名单》。

【区委四届一次全体会议】

2021年9月26日，会议选举产生中国共产党吴忠市红寺堡区第四届委员会书记、副书记、常委；通过中国共产党吴忠市红寺堡区第四届纪律检查委员会第一次全体会议选举产生的书记、副书记、常委。

【三届区委2021年第1次常委会会议】

2021年1月4日召开，红寺堡区委书记丁建成主持。会议传达学习中共中央政治局民主生活会会议精神，研究贯彻意见；传达学习全国精神文明建设表彰大会精神，听取"文明细胞"创建评选有关情况汇报；传达学习自治区党委经济工作会议精神，听取区政府党组关于2020年全区经济工作情况和2021年经济工作思路汇报；传达学习自治区党委贯彻新时代党的组织路线、加强领导班子建设暨培养选拔优秀年轻干部工作座谈会精神，研究贯彻意见；传达学习自治区基层治理经验交流会、平安吴忠建设协调小组第1次会议和平安吴忠建设暨市域社会治理现代化试点工作推进会精神，研究贯彻意见；传达学习自治区保密工作会议精神，研究贯彻意见；传达学习自治区党委常委会会议暨应对新冠肺炎疫情工作领导小组第16次会议精神，安排部署"两节"期间疫情防控工作；传达学习市纪委《关于3起违反中央八项规定精神典型问题的通报》，研究贯彻意见；听取有关乡镇（街道）党委和区直部门（单位）党委（党组）主要负责同志述责述廉汇报，听取冬春季大气污染防治攻坚战情况汇报，听取红寺堡区党支部建设工作情况和区直机关党建工作情况的汇报；研究增加红寺堡区生活垃圾、餐厨垃圾、城市污泥处理补助费用事宜。

【三届区委2021年第2次常委会会议】

2021年1月12日召开，红寺堡区委书记丁建成主持。会议传达学习习近平总书记在中央农村工作会议、全国政协新年茶话会上的重要讲话精神，发表的二〇二一新年贺词，向人类减贫经验国际论坛的贺信，祝贺探月工程嫦娥五号任务取得圆满成功的贺电；传达学习《中国共产党统一战线工作条例》，研究贯彻意见；传达学习自治区劳动模范和先进工作者表彰大会、自治区双拥模范城（县）命名暨双拥模范单位和个人表彰大会精神，研究贯彻意见；传达学习黄河流域生态保护和高质量发展先行区第三次推进会精神以及市委经济工作会议，研究成立红寺堡区创建全国易地搬迁移民脱贫致富示范区领导小组和工作组有关事宜；审议《政府工作报告》《法院工作报告》《检察院工作报告》《关于吴忠市红寺堡区第三届人民代表大会第五次会议代表议案建议办理情况的报告》《吴忠市红寺堡区国民经济和社会发展第十四个五年规划和二〇三五年远景目标纲要》《关于吴忠市红寺堡区2020年国民经济和社会发展计划执行情况与2021年国民经济和社会发展计划的报告》《关于吴忠市红寺堡区2020年财政预算执行情况和2021年财政预算的报告》；研究召开区三届人大七次会议、区政协三届五次会议有关事宜；研究补选红寺堡区第三届人大常委会委员的有关事宜。

【三届区委2021年第3次常委会会议】

2021年1月21日召开，红寺堡区委书记丁建成主持。会议传达学习习近平总书记在省部级主要领导干部学习贯彻党的十九届五中全会精神专题研讨班开班式、中央政治局常务委员会会议、中央全面深化改革委员会第十七次会议上的重要讲话精神，对政法工作作出的重要指示、致全国人民警察的慰问；审议《红寺堡区2021年国土绿化及重点工程建设方案》《红寺堡区推进基层整合审批服务执法力量的实施方案》《2021年春节走访慰问实施方案》；听取红寺堡区2020年第四季度意识形态领域风险隐患分析研判情况汇报；研究赖有为等同志记个人二等功有关事宜，召开红寺堡区党的建设领导小组2021年第1次会议，召开红寺堡区人才工作领导小组2021年第1次会议。

【三届区委2021年第4次常委会会议】

2021年2月3日召开，红寺堡区委书记丁建成主持。会议传达学习习近平总书记在1月28日中央政治局会议上和中央政治局第二十七次集体学习时的重要讲话精神；传达学习自治区十二届人大四次会议、政协十一届四次会议和吴忠市五届人大六次会议、政协五届五次会议精神，研究贯彻意见；审议红寺堡区八大重点产业高质量发展实施方案；传达学习全国宣传部长会议、全国"扫黄打非"工作电视电话会议和全区宣传部长会议精神，研究贯彻意见；传达学习全国巩固拓展脱贫攻坚成果同乡村振兴有效衔接工作会议、全国扶贫开发工作会议、自治区党委农村工作会议、自治区扶贫办主任座谈会精神，研究贯彻意见；传达学习全国、自治区和吴忠市安全生产电视电话会议精神，研究贯彻意见。

【三届区委2021年第5次常委会会议】

2021年2月5日召开，红寺堡区委书记丁建成主持。会议传达学习习近平总书记向各民主党派、工商联和无党派人士，向统一战线广大成员致以的诚挚问候和新春祝福，传达学习十九届中央纪委五次全会、十二届自治区纪委五次全会精神，审议《红寺堡区纪委三届六次全会工作报告》，研究区纪委三届六次全会暨全区党风廉政建设和反腐败工作会议有关事宜，传达学习自治区工程建设政府采购等重点领域突出问题专项治理工作动员部署会议精神，审议《红寺堡区关于开展工程建设政府采购等重点领域突出问题专项治理工作的实施方案》。

【三届区委2021年第8次常委会会议】

2021年3月5日召开，红寺堡区委书记丁建成主持。会议传达学习习近平总书记在党史学习教育动员大会上的重要讲话、自治区党史学习教育动员大会及市委常委会会议暨市委党史学习教育领导小组第1次会议精神，审议《中共红寺堡区委关于在全区开展党史学习教育的实施方案》，安排部署全区党史学习教育工作；传达学习习近平总书记在全国脱贫攻坚总结表彰大会上的重要讲话精神和自治区党委常委会会议暨扶贫开发领导小组2021年第2次会议精神，审议《红寺堡区2021年第一批巩固拓展脱贫攻坚成果项目任务清单》《红寺堡区2020年度结余资金分配方案》《红寺堡区乡村振兴重点帮扶村名单》及"两类人员"风险点消除事宜；传达学习全国、全区政法队伍教育整顿动员部署会议精神，研究审议《红寺堡区政法队伍教育整顿实施方案》；传达学习2021年全国、自治区生态环境保护工作会议和自治区党委常委会会议暨生态环境保护领导小组2021年第1次会议精神，研究贯彻意见；传达学习中共中央办公厅印发《关于进一步解决形式主义问题做好2021年为基层减负工作主要措施及分工方案》的通知，研究贯彻意见；审议《区委常委会2021年工作要点》；宣布市纪委干部处分决定。

【三届区委2021年第9次常委会会议】

2021年3月19日召开，红寺堡区委书记丁建成主持。会议传达学习习近平总书记在中央党校（国家行政学院）中青年干部培训班开班式、中央政治局第二十八次集体学习时的重要讲话精神；传达学习全国两会、习近平总书记在部分团组会上的重要讲话和自治区传达贯彻全国两会精神会议精神，研究贯彻意见；召开区委全面深化改革委员会第九次会议；传达学习全国保密工作会议、全区保密机要密码工作会议精神，研究贯彻意见；传达学习自治区、市县乡领导班子换届工作会议精神，研究贯彻意见；传达学习《自治区落实全面从严治党主体责任运用"四种形态"实施办法》《自治区政治生态分析研判评价办法》，研究贯彻意见；传达学习自治区巡视指导督导工作专题培训会议和十二届自治区党委十一轮巡视动员部署会精神，研究贯彻意见；审议《红寺堡党委（党组）意识形态工作责任制实施细则》《关于开展2021年红寺堡区领导干部廉政警示教育周的活动方案》；听取全区政法队伍教育整顿进展情况汇报，安排部署下一步工作。

【三届区委 2021 年第 10 次常委会会议】

2021年4月7日召开，红寺堡区委书记丁建成主持。会议传达学习习近平总书记在福建考察时、中央财经委员会第九次会议、视察武警第二机动总队、参加首都义务植树活动时和在3月30日召开的中央政治局会议上的重要讲话精神；传达学习《中国共产党组织处理规定（试行）》，研究贯彻意见；传达学习全国、全区、全市新冠病毒疫苗接种工作电视电话会议精神，研究贯彻意见；传达学习自治区禁毒工作电视电话会议精神，研究贯彻意见；传达学习自治区党委书记陈润儿在中卫市调研生态环境保护工作讲话精神、《自治区党委办公厅 人民政府办公厅关于禁止违法开垦荒地、河道非法采砂和新增压砂种植的通知》和十二届自治区党委2021年第9次、第10次常委会会议以及五届市委2021年第10次常委会会议精神，研究贯彻意见；审议《关于认真做好乡镇领导班子换届工作的通知》《红寺堡区领导班子换届工作实施方案》《红寺堡区乡镇行政区划变更工作实施方案》《红寺堡区2021年农业特色优势产业扶持政策措施》；听取红寺堡区安可替代工程建设情况汇报，听取关于拟推荐自治区、吴忠市、红寺堡区优秀共产党员、优秀党务工作者和先进基层党组织有关情况的汇报；研究试用期干部有关事宜；召开红寺堡区2020年度党（工）委书记党管武装工作述职评议考核汇报会。

【三届区委 2021 年第 11 次常委会会议】

2021年4月15日召开，红寺堡区委书记丁建成主持。会议传达学习习近平总书记对革命文物、对深化东西部协作和定点帮扶工作作出的重要指示和关于崇尚英雄、缅怀英烈的重要论述，学习《中共中央关于全面加强新时代少先队工作的意见》；召开区委全面深化改革委员会第十次会议；传达学习《中共中央关于加强对"一把手"和领导班子监督的意见》，研究贯彻意见；传达学习自治区党史学习教育领导小组第二次会议精神，听取区委党史学习教育领导小组办公室关于党史学习教育进展情况汇报；审议《2021年红寺堡区全面从严治党党风廉政建设和反腐败工作任务分工方案》《红寺堡区2020年国家脱贫攻坚成效考核反馈问题整改方案（送审稿）》《红寺堡区关于实现巩固拓展脱贫攻坚成果同乡村振兴有效衔接的实施方案》《吴忠市红寺堡区就业创业政策促进乡村振兴实施方案》《吴忠市红寺堡区获得文明单位、文明村镇、文明校园有关奖励办法》；听取关于审定自治区、吴忠市、红寺堡区优秀共产党员、优秀党务工作者和先进基层党组织推荐对象的工作，听取2020年度全区效能目标管理考核有关情况汇报。

【三届区委 2021 年第 12 次常委会会议】

2021年4月23日召开，红寺堡区委书记丁建成主持。会议传达学习习近平总书记在中法德领导人视频峰会、在博鳌亚洲论坛2021年年会、到清华大学考察时的重要讲话和对打击治理电信网络诈骗犯罪工作作出的重要指示精神；传达学习自治区党委书记陈润儿调研吴忠座谈会、自治区建设黄河流域生态保护和高质量发展先行区第四次推进会和当前经济形势分析通报会精神，听取政府党组2021年第一季度经济运行情况汇报，安排部署下一步经济工作；传达学习自治区纪委《关于徐光金严重违纪违法案件的通报》《关于王政严重违纪违法案件的通报》；召开红寺堡区党的建设领导小组2021年第2次会议；听取2020年度全区效能目标管理考核有关情况汇报；研究关于调整红寺堡区政法队伍教育整顿领导小组第一副组长的请示；研究干部相关事宜。

【三届区委2021年第13次常委会会议】

2021年4月30日召开，红寺堡区委书记丁建成主持。会议传达学习习近平总书记在广西考察时、在领导人气候峰会上的重要讲话精神；传达学习自治区纪委《关于郝方伟严重违纪案件的通报》《关于工程建设政府采购等重点领域5起违纪违法典型案例的通报》；传达学习中共中央保密委员会《关于2020年全国窃密泄密案件情况的通报》，研究贯彻意见；听取全区2020年党内法规工作开展情况汇报，审议《中共吴忠市红寺堡区委关于废止、宣布失效和修改部分党内规范性文件的决定（送审稿）》《吴忠市红寺堡区关于开展违法开垦荒地河道采砂和新增压砂种植专项整治行动实施方案》《红寺堡区贯彻落实自治区生态环境保护督察反馈意见整改方案》《红寺堡区高效节水灌溉工程运行管理方案（2021—2022年）》；听取区乡换届工作进展情况汇报，审议《关于成立吴忠市红寺堡区区乡领导班子换届工作组织机构的通知》《关于成立红寺堡区乡镇领导班子换届工作指导组的通知》。

【三届区委2021年第14次常委会会议】

2021年5月19日召开，红寺堡区委书记丁建成主持。会议传达学习习近平总书记在中共中央政治局会议、中共中央政治局第二十九次集体学习、在河南考察时、在推进南水北调后续工程高质量发展座谈会上的重要讲话和致首届中国国际消费品博览会贺信、给《文史哲》编辑部全体编辑人员回信精神、致空间站天和核心舱成功发射贺电；传达学习自治区党委常委会会议暨应对新冠肺炎疫情工作领导小组第17次会议精神，听取红寺堡区应对新冠肺炎疫情工作指挥部关于做好当前疫情防控工作的汇报，研究部署下一步工作；传达学习自治区党委书记陈润儿调研督导红寺堡区百万移民致富提升行动座谈会、党史学习教育专题党课报告精神，研究贯彻意见；传达学习全国巡视工作会议暨十九届中央第七轮巡视动员部署会精神，研究贯彻意见；传达学习中共中央办公厅印发《关于当前意识形态领域形势的通报》的通知，研究贯彻意见；传达学习中共中央关于印发《中国共产党领导国家安全工作条例》的通知，研究贯彻意见；传达学习全区党委办公厅（室）系统学习贯彻习近平总书记"5·8"重要讲话精神座谈会精神，研究贯彻意见；传达学习自治区纪委《关于王俭严重违纪违法案件的通报》《关于尹全洲严重违纪违法案件的通报》；传达学习全国统战部长会议，全国民委主任会议，自治区统战部长会议，自治区党委、吴忠市委统一战线工作领导小组2021年第1次会议，《中国共产党统一战线工作条例》精神；审议《红寺堡区统一战线2021年工作要点》《红寺堡区民族团结进步创建工作实施方案》《〈中国共产党统一战线工作条例〉宣讲工作方案》；研究干部事宜。

【三届区委2021年第15次常委会会议】

2021年5月25日召开，红寺堡区委书记丁建成主持。会议传达学习习近平总书记出席全球健康峰会重要讲话、委托湖南省委书记看望袁隆平同志家属并转达对袁隆平同志的深切悼念和对其家属的亲切问候；传达学习中央政治局常委、全国政协主席汪洋来宁视察讲话精神，研究贯彻意见；传达学习赵乐际同志在广西调研、杨晓渡同志在宁夏调研时的讲话精神以及自治区党委（党组）书记集体谈心会精神，听取区委常委会落实全面从严治党主体责任情况、全区党风廉政建设和反腐败工作情况汇报，安排部署下一步工作；传达学习自治区扫黑除恶专项斗争总结表彰大会精神，研究贯彻意见；传达学习自治区庆祝中国共产党成立100周年信访安全保障工作会议、自治区庆祝中国共产党成立100周年安保维稳工作动员部署会议精神，研究贯彻意见；听取全区生态环境保护工作情况汇报；听取全区意识形态领域分析研判情况汇报，安排部署下一步工作；研究干部挂职事宜。

【三届区委2021年第16次常委会会议】

2021年6月4日召开，红寺堡区委书记丁建成主持。会议传达学习习近平总书记在中央政治局第三十次集体学习、在中国科学院第二十次院士大会、中国工程院第十五次院士大会和中国科学技术协会第十次全国代表大会重要讲话精神以及致世界环境司法大会、中国日报创刊40周年、世界马克思主义政党理论研讨会贺信，给江苏省淮安市新安小学少先队员的回信；召开区委全面深化改革委员会第十一次会议；传达学习闽宁协作第二十五次联席会议精神，审议《红寺堡区2020年国家脱贫攻坚成效考核反馈问题整改情况的报告》；传达学习《关于王玉明严重违纪违法案件的通报》《关于潘景林严重违纪违法案件的通报》《宁夏回族自治区加强作风建设八条禁令》；审议《吴忠市红寺堡区创建全国文明城市工作规划（2021—2023）》；通报马林国信访事项，听取近期信访维稳工作情况汇报，安排下一步工作；听取三届区委第十一轮巡察综合情况汇报；听取全区政法队伍教育整顿查纠整改环节工作开展情况汇报；研究成立红寺堡区人民代表大会换届选举委员会及其工作机构有关事宜；研究各乡镇召开党代会事宜；研究干部事宜；召开区委三届十八次全体会议。

【三届区委2021年第17次常委会会议】

2021年6月11日召开，红寺堡区委书记丁建成主持。会议传达学习习近平总书记在5月31日中央政治局会议、在青海考察调研时的重要讲话精神，习近平向巴基斯坦世界环境日主题活动所致贺信、向上海合作组织民间友好论坛贺信；传达学习习近平总书记视察宁夏重要讲话精神、自治区党委常委会（扩大）会议精神；传达学习自治区《整治形式主义官僚主义为基层减负暗访调研情况通报》，研究贯彻意见；传达学习中共中央办公厅、国务院办公厅《党政机关电子政务建设和管理"十四五"规划》，研究贯彻意见；传达学习自治区"四大提升行动"部署推进会精神，研究贯彻意见；听取关于赴湖南招商引资情况的汇报；传达学习全市组织部长联席会议精神及吴忠市《关于开展"六个先锋"示范引领行动深入推进抓党建促乡村振兴的实施意见》，审议红寺堡区《关于开展"六个先锋"示范引领行动深入推进抓党建促乡村振兴的实施方案》；审议《红寺堡区乡镇领导班子换届工作考察方案》；研究调整配备区直属机关工委等党工委委员及设立应急管理局党委有关事宜。

【三届区委2021年第18次常委会会议】

2021年6月17日召开，红寺堡区委书记丁建成主持。会议传达学习习近平总书记对湖北省十堰市张湾区艳湖社区集贸市场燃气爆炸事故作出的重要指示、李克强总理批示，全国和自治区安全生产电视电话会议精神，听取全区安全生产工作情况汇报；传达学习全区防范化解近期突出风险维护社会稳定视频会议精神，研究贯彻意见；听取红寺堡区贯彻落实习近平总书记视察宁夏重要讲话精神情况汇报；召开区委全面依法治区委员会第三次会议；听取关于红寺堡区、乡镇两级人大换届选举工作方案的汇报；研究召开区委全委会有关事宜。

【三届区委2021年第19次常委会会议】

2021年7月2日召开，红寺堡区委书记丁建成主持。会议传达学习习近平总书记在庆祝中国共产党成立100周年大会上的重要讲话精神，并作交流发言；传达学习习近平总书记在中央政治局第三十一次集体学习时、在"七一勋章"颁授仪式上的重要讲话精神；张怀力、张淑艳两位同志作检查；听取处级领导包抓重点项目进展情况汇报；审议《关于贯彻落实〈吴忠市全面推进黄河流域生态保护和高质量发展先行区建设2021年工作计划〉的分工方案》；审议《吴忠市红寺堡区城乡居民收入提升行动实施方案》；审议《2021年全国航空航天模型锦标赛暨红寺堡区第七届航空文化旅游节、2021年全国青少年航空航天模型锦标赛实施方案》《2021年全国航空航天模型锦标赛暨红寺堡区第七届航空文化旅游节、2021年全国青少年航空航天模型锦标赛执行委员会工作方案》；审议《红寺堡区工商业联合会2021年换届工作方案》《关于筹备成立红寺堡区伊斯兰教协会工作方案》；研究鹏胜公司新建商业楼配套设施建设费用相关事宜。

【三届区委2021年第20次常委会会议】

2021年7月9日召开，红寺堡区委书记丁建成主持。会议传达学习自治区党委常委会（扩大）会议、吴忠市委常委会（扩大）会议、吴忠市委常委会会议暨市委应对新冠肺炎疫情工作领导小组第十七次会议精神；审议《红寺堡区创建全国易地搬迁移民致富提升示范区任务分工方案》《吴忠市红寺堡区基础教育质量提升行动实施方案》《吴忠市红寺堡区全民健康水平提升行动实施方案》《吴忠市红寺堡区2021年闽宁协作资金项目计划实施方案》；研究干部事宜。

【三届区委2021年第21次常委会会议】

2021年7月25日召开，红寺堡区委书记丁建成主持。会议研究《关于推荐红寺堡区第四届人大代表候选人的请示》《关于中国共产党吴忠市红寺堡区第四次党代会下派代表有关事宜的请示》《关于乡镇领导班子换届考察及人事安排的请示》《关于赵军等同志任职的请示》和《关于白占玉等同志调整任用的请示》。

【三届区委2021年第22次常委会会议】

2021年7月26日召开，红寺堡区委书记丁建成主持。会议传达自治区党委、吴忠市委关于换届工作精神，介绍考察政策、重要任务和总体安排，并就换届工作和纪律再安排、再要求。

【三届区委2021年第23次常委会会议】

2021年7月27日召开，红寺堡区委书记丁建成主持。会议研究《关于各乡镇出席中国共产党吴忠市红寺堡区第四次代表大会代表候选人预备人选的请示》；研究干部事宜。

【三届区委2021年第24次常委会会议】

2021年7月29日召开，红寺堡区委书记丁建成主持。会议吴忠市委赴红寺堡区干部考察组通报红寺堡区领导班子和纪委领导班子换届考察谈话调研推荐情况，审议红寺堡区领导班子换届全额定向会议推荐参考人选名册和红寺堡区纪委领导班子换届全额定向会议推荐参考人选名册；研究干部事宜。

【三届区委2021年第25次常委会会议】

2021年7月30日召开，红寺堡区委书记丁建成主持。会议研究确定拟提拔人选考察对象名单，研究《关于红寺堡镇领导班子换届人事安排有关事宜的请示》。

【三届区委2021年第26次常委会会议】

2021年7月31日召开，红寺堡区委书记丁建成主持。会议研究吴忠市委赴红寺堡区干部考察组通报红寺堡区领导班子和纪委领导班子换届考察拟提拔人选有关情况，审议红寺堡区领导班子换届考察拟提拔人选建议名单和红寺堡区纪委领导班子换届考察拟提拔人选建议名单。

【三届区委2021年第27次常委会会议】

2021年8月2日召开，红寺堡区委书记丁建成主持。会议传达学习习近平总书记在中央政治局会议、党外人士座谈会、西藏考察时的重要讲话精神以及对防汛工作作出的重要指示；传达学习自治区党委常委会会议暨应对新冠肺炎疫情工作领导小组第18次会议、市委常委会会议暨应对新冠肺炎疫情工作领导小组第18次会议精神，听取区应对新冠肺炎疫情工作指挥部关于近期全区疫情防控工作情况汇报，研究部署下一步工作；传达学习自治区、吴忠市上半年经济形势分析会议精神，听取全区上半年经济运行情况汇报，研究安排下一步工作；听取关于召开吴忠市红寺堡区工商业联合会第三次会员代表大会有关事宜的汇报；审议各乡镇党员代表大会选举结果有关事宜。

【三届区委2021年第28次常委会会议】

2021年8月6日召开，红寺堡区委书记丁建成主持。会议传达学习习近平总书记对深入推进厕所革命作出的重要指示、国务院联防联控机制电视电话会议精神和自治区党委应对新冠肺炎疫情工作专题会议精神；传达学习自治区乡村振兴系统建设和工作推进会精神，研究贯彻意见；审议《吴忠市红寺堡区关于常态化开展扫黑除恶斗争巩固专项斗争成果的实施方案》《吴忠市红寺堡区2021年闽宁协作资金项目计划实施方案》《吴忠市红寺堡区2021年统筹整合使用财政涉农资金实施方案》《2021年红寺堡区效能目标管理考核方案》；听取关于召开红寺堡区红十字会第一次会员代表大会有关事宜的汇报；审议红寺堡区第四届人民代表大会代表候选人初步人选名单；听取关于推荐上报"最美公务员"有关事宜的汇报。

【三届区委2021年第29次常委会会议】

2021年8月13日召开，红寺堡区委书记丁建成主持。会议传达学习习近平总书记对档案工作作出的重要批示；传达学习全区深入实施"四大提升行动"、全面促进乡村振兴工作会议精神，研究贯彻意见；传达学习中央保密办、国家保密局《关于部分机关、单位微信泄密案例的通报》，研究贯彻意见；传达学习自治区纪委《关于中宁县喊叫水乡蓄水池溃口事故违规违纪违法案的通报》，研究贯彻意见；审议《加快推进社会治理现代化建设更高水平的平安红寺堡实施方案》《政协吴忠市红寺堡区第四届委员会换届工作方案》《红寺堡区委第四届委员会委员、候补委员和区纪律检查委员会委员候选人预备人选推荐工作方案》；研究召开三届区委第二十二次全委会（扩大）会议和部分党

（工）委召开党员大会（代表大会）有关事宜。

【三届区委 2021 年第 30 次常委会会议】

2021 年 8 月 20 日召开，红寺堡区委书记丁建成主持。会议传达学习习近平总书记在中央财经委员会第十次会议上的重要讲话精神；传达学习黄坤明在学习宣传贯彻习近平新时代中国特色社会主义思想研讨会暨党史学习教育高端论坛上的讲话精神及自治区、吴忠市学习贯彻习近平总书记"七一"重要讲话精神专题研讨班精神，研究贯彻意见；传达学习自治区疫情防控工作会议和自治区、吴忠市应对新冠肺炎疫情工作指挥部有关会议精神，听取近期全区疫情防控工作汇报，研究部署下一步工作；传达学习自治区抗旱减灾工作会议精神，研究贯彻意见；召开区委议军会议。

【三届区委 2021 年第 31 次常委会会议】

2021 年 8 月 23 日召开，红寺堡区委书记丁建成主持。会议传达学习习近平总书记关于总结党的历史经验、加强党的政治建设的重要论述，致第五届中国—阿拉伯国家博览会的贺信；传达学习自治区党委关于《加强对"一把手"和领导班子监督实施办法》《"一把手"和领导班子开展党内谈话实施办法》《"一把手"述责述廉实施办法》，研究贯彻意见；审议表决中共吴忠市红寺堡区第四届委员会委员、候补委员和区纪律检查委员会委员候选人预备人选；审议表决中共吴忠市红寺堡区第四届委员会委员、候补委员和区纪律检查委员会委员候选人预备人选。

【三届区委 2021 年第 32 次常委会会议】

2021 年 8 月 27 日召开，红寺堡区委书记丁建成主持。会议传达学习全区推进黄河流域生态保护和高质量发展先行区建设（重大项目建设）第五次推进会精神，研究审议《关于各党（工）委（支部）出席中国共产党吴忠市红寺堡区第四次代表大会代表候选人预备人选的请示》。

【三届区委 2021 年第 33 次常委会会议】

2021 年 9 月 3 日召开，红寺堡区委书记丁建成主持。会议传达学习习近平总书记在中央民族工作会议上的重要讲话精神，研究贯彻意见；传达学习习近平总书记在中共中央政治局会议上、在河北承德考察时、在中央全面深化改革委员会第二十一次会议上的重要讲话精神和自治区党委常委会会议有关精神，研究贯彻意见；传达学习《自治区党委办公厅、人民政府办公厅关于印发〈平安宁夏建设领导责任制实施办法〉〈平安宁夏建设考核奖惩办法〉的通知》，研究贯彻意见。召开区委全面依法治区委员会第四次会议，审议《红寺堡区统筹整合使用财政涉农资金管理办法》，研究增加警务辅助人员编制及经费预算有关事宜，听取三届区委第十二轮巡察综合情况汇报；研究调整区纪委委员候选人预备人选有关事宜。

【三届区委 2021 年第 34 次常委会会议】

2021 年 9 月 9 日召开，红寺堡区委书记丁建成主持。会议传达学习习近平总书记在中央党校（国家行政学院）中青年干部培训班开班式上的重要讲话精神，审议《红寺堡区排查整顿农村发展党员违规违纪问题实施方案》，研究各机关选举单位选举出席红寺堡区第四次党代会代表人员名单和红寺堡区出席吴忠市第六次党代会代表候选人推荐人选名单；研究试用期干部期满任职事宜。

【三届区委 2021 年第 35 次常委会会议】

2021 年 9 月 12 日召开，红寺堡区委书记丁建成主持。会议传达学习习近平总书记关于生态文明建设重要论述、全区生态环境保护工作视频调度会议精神，通报自治区生态环境保护专项督察反馈意见，研究贯彻意见；传达学习自治区党委常委会会议精神，听取红寺堡区"我为群众办实事"实践活动工作情况汇报；审议《中国共产党吴忠市红寺堡区第三届委员会工作报告》和《中国共产党吴忠市红寺堡区第三届纪律检查委员会工作报告》；审议表决红寺堡区出席吴忠市第六次党代会代表候选人初步人选名单；研究干部事宜。

【三届区委 2021 年第 36 次常委会会议】

2021 年 9 月 21 日召开，红寺堡区委书记丁建成主持。会议传达学习习近平总书记在陕西榆林考察时的重要讲话精神；传达学习《中共宁夏回族自治区委员会贯彻落实〈中国共产党统一战线工作条例〉实施办法》，研究贯彻意见；传达学习自治区粮食购销领域腐败问题专项整治工作动员部署会议精神，听取红寺堡区粮食安全工作情况汇报；听取中国共产党吴忠市红寺堡区第四次代表大会筹备情况汇报；研究中国共产党吴忠市红寺堡区第四次代表大会有关事宜；审议《吴忠市红寺堡区 2021 年农田水利基本建设实施方案》；研究退还宁夏泰山阳光能源开发有限公司芦草井沟煤矿剩余采矿权价款有关事宜；审议表决红寺堡区出席吴忠市第六次党代会代表候选人初步人选名单。

【四届区委 2021 年第 1 次常委会会议】

2021 年 9 月 29 日召开，红寺堡区委书记丁建成主持。会议传达学习习近平总书记致第四个"中国农民丰收节"的贺信精神；传达学习尤权同志来宁调研讲话精神，研究贯彻意见；传达学习自治区纪委《关于五起违反中央八项规定精神典型问题的通报》，研究贯彻意见；传达学习自治区党委、吴忠市委"坚持以案促改、深化作风建设"专题民主生活会和自治区违规吃喝隐形变异问题专项整治动员会议精神，研究贯彻意见；听取全区全域创建"食品药品安全区"工作开展情况汇报，听取红寺堡区工程建设、政府采购等重点领域突出问题专项治理工作进展情况汇报，听取吴忠市红寺堡区第四届人民代表大会第一次会议和政协吴忠市红寺堡区第四届委员会第一次会议筹备情况汇报；审议《吴忠市红寺堡区棚户区改造紫苑社区新民小区新民片区房屋征收补偿安置方案》；审议政协吴忠市红寺堡区第四届委员会委员建议名单。

【四届区委 2021 年第 2 次常委会会议】

2021 年 10 月 13 日召开，红寺堡区委书记丁建成主持。会议传达学习习近平总书记在纪念辛亥革命 110 周年大会上、在中共中央政治局第三十三次集体学习时的重要讲话精神；传达学习中央人才工作会议和自治区党委常委会会议精神，研究贯彻意见；传达学习自治区党委十二届十三次全会精神，安排部署学习宣传贯彻工作；召开区委全面深化改革委员会第十二次会议；传达学习自治区、吴忠市退役军人事务工作领导小组会议精神，研究审议有关文件，安排部署下一阶段工作；听取全区乡村两级妇联换届工作情况汇报；研究干部事宜。

【四届区委 2021 年第 3 次常委会会议】

2021 年 10 月 21 日召开，红寺堡区委书记丁建成主持。会议传达学习习近平总书记在中央人大工作会议上的重要讲话精神；传达学习党史学习教育中央指导组座谈会和"充分发挥基层党组织战斗堡垒作用和党员先锋模范作用，进一步深化党史学习教育'我为群众办实事'实践活动"工作通气会精神，研究贯彻意见；召开区委农村工作领导小组 2021 年第 4 次会议；审议《政府工作报告》《吴忠市红寺堡区第三届人民代表大会第七次会议代表议案建议办理情况的报告》《吴忠市红寺堡区 2021 年国民经济和社会发展计划执行情况与2022年国民经济和社会发展计划草案的报告》《吴忠市红寺堡区2021年财政预算执行情况和2022年财政预算的报告》；研究审议红寺堡区第四届人大常委会委员、出席吴忠市第六届人民代表和政协红寺堡区第四届常委会组成人员候选人初步建议人选名单。

【四届区委2021年第4次常委会会议】

2021年11月3日召开，红寺堡区委书记丁建成主持。会议传达学习习近平总书记关于扎实推动共同富裕的重要论述、在深入推动黄河流域生态保护和高质量发展座谈会上的重要讲话精神；传达学习全区深入实施"四大提升行动"全面促进乡村振兴工作现场会精神，审议《红寺堡区贯彻落实自治区深入实施"四大提升行动"全面促进乡村振兴工作现场会精神分工方案》；传达学习自治区党委、吴忠市委常委会会议精神，听取前三季度经济运行情况汇报，分析当前经济形势，研究部署下一步工作；审议《吴忠市红寺堡区村级组织运转经费管理使用制度》；研究试用期满干部考核事宜。

【四届区委2021年第5次常委会会议】

2021年11月8日召开，红寺堡区委书记丁建成主持。会议研究讨论中国共产党吴忠市第六届委员会委员、候补委员和市纪委委员候选人初步人选建议名单。

【四届区委2021年第6次常委会会议】

2021年11月12日召开，红寺堡区委书记丁建成主持。会议传达学习党的十九届六中全会精神；召开区委应对新冠肺炎疫情工作领导小组第26次会议；传达学习自治区纪委《关于胡杰严重违法案件的通报》，研究贯彻意见；听取全区巩固拓展脱贫攻坚成果后评估工作准备情况汇报；研究审议红寺堡区出席吴忠市工会第五次代表大会代表候选人建议名单，研究干部事宜；审议相关案件。

【四届区委2021年第7次常委会会议】

2021年11月16日召开，红寺堡区委书记丁建成主持。会议传达学习党的十九届六中全会精神和自治区党委、吴忠市委常委会（扩大）会议精神，安排部署学习宣传贯彻工作。

【四届区委2021年第8次常委会会议】

2021年12月1日召开，红寺堡区委书记丁建成主持。会议传达学习习近平总书记在中共中央政治局会议、第三次"一带一路"建设座谈会上的重要讲话精神；传达学习自治区党委十二届十四次全会精神，研究贯彻意见；传达学习自治区贯彻落实习近平总书记在深入推动黄河流域生态保护和高质量发展座谈会上重要讲话精神暨先行区建设第六次推进会精神，研究贯彻意见；传达学习中国共产党吴忠市第六次代表大会精神，研究贯彻意见；听取巩固拓展脱贫攻坚成果后评估情况汇报，审议《吴忠市红寺堡区2021年结余衔接资金分配计划方案》《吴忠市红寺堡区全面推行林长制的实施方案》《关于加强和改进新时代党建带团建工作、凝聚青年投身示范区创建的实施意见》和红寺堡区出席政协第六届吴忠市委员会委员初步推荐人选名单。

【四届区委2021年第9次常委会会议】

2021年12月1日召开，红寺堡区委书记丁建成主持。会议传达学习习近平总书记在中央军委人才工作会议、中共中央政治局会议上，在中共中央政治局第三十五次集体学习时的重要讲话精神和习近平总书记关于注重家庭家教家风建设的重要论述；传达学习中央经济工作会议和自治区党委常委会会议精神，研究贯彻意见；传达学习习近平总书记在全国宗教工作会议上的重要讲话精神和自治区党委、吴忠市委常委会会议有关精神，研究贯彻意见；传达学习全国、全区新冠肺炎疫情防控工作电视电话会议和自治区党委、吴忠市委应对新冠肺炎疫情工作领导小组第21次会议精神，听取全区当前疫情防控形势汇报，安排部署下一步工作；传达学习徐耀同志在调研红寺堡区经济社会发展及示范区创建工作座谈会上的讲话精神，研究贯彻意见；传达学习《中共中央办公厅印发〈关于拓展新时代文明实践中心建设的意见〉的通知》，听取红寺堡区新时代文明实践中心工作情况汇报；研究召开区委四届三次全会事宜；研究审议《吴忠市红寺堡区关于集中开展"四查四补"持续巩固脱贫攻坚成果实施方案》《红寺堡区村干部管理考核办法》《关于调整部分党工委委员党组成员的请示》《关于新一届政府组成部门主要负责人任职的请示》。

【四届区委2021年第10次常委会会议】

2021年12月29日召开，红寺堡区委书记王忠强主持。会议传达学习习近平总书记在中国文联第十一次全国代表大会、中国作协第十次全国代表大会开幕式上的重要讲话，对老干部工作作出的重要指示，对党内法规制度建设作出的重要指示；传达学习自治区党委经济工作会议精神；传达学习吴忠市两会精神，研究贯彻意见；传达学习自治区党委陈润儿书记在自治区应对新冠肺炎疫情工作推进会上的讲话精神，研究贯彻意见；召开区委全面深化改革委员会第十三次会议；听取区人大常委会党组、政府党组、政协党组、法院党组、检察院党组工作汇报；听取全区2021年意识形态工作责任制落实情况汇报；听取有关乡镇（街道）党（工）委和区直部门（单位）党委（党组）主要负责同志述责述廉汇报；研究干部试用期满考核事宜。

综合服务

【文件流转】

2021年，红寺堡区委办公室贯彻落实中央、自治区党委、吴忠市委及红寺堡区委关于改进工作作风、密切联系群众的中央八项规定，压缩会议，精简文稿，提高办文办会质量。规范公文传阅，保证公文运转安全、高效。多次合并召开全局性会议，控制会议时间，压缩会议发言时间。2021年，共组织制发正式文件470余份，接收上级文件1450余份。

【督查督办】

2021年，红寺堡区委办公室坚持问题导向，运用实地暗访、随机抽查等方式，推动各项决策部署和工作事项落实到位。围绕红寺堡区确定的重点工作、重要事项、重大项目和区委、区政府决策部署，以及领导关注、群众关心的热点难点问题，开展督查考核工作。

【保密工作】

2021年，红寺堡区委办公室强化保密检查，落实周自查、月检查、季通报制度。加强保密意识教育，落实保密工作责任制，举办保密培训班1次，加强对红寺堡区涉密计算机和非涉密计算机、党政部门涉密人员、信息网络的保密指导管理，加大保密督察执法力度，严肃查处失泄密事件。做好党政内网视频会议和电子政务文件传输工作，确保网上公文交换全程畅通和数据安全。坚持实行24小时值班制度，做到迅速反应、细心对待、谨慎处置。

【后勤服务】

2021年，红寺堡区委办公室共承办党代会1

次、区委常委会会议45次、区委全委会9次，对每次会议从议题、议程、报告起草、文件材料的制发，到会议告知、会场安排、报道、记录、会务服务、宣传报道都进行精心安排，做到忙而不乱、有条不紊、万无一失。建立和完善财务管理制度，严格财经纪律，合理使用人、财、物，确保机关工作正常运转。

【理论学习】

2021年，红寺堡区委办公室开展党史学习教育，在每周一例会集中学习，开展交流研讨，观看警示教育片。坚持集中学习与个人自学相结合，组织党员干部学习党章党规、党的十九届历次全会精神、习近平总书记系列重要讲话精神，以及中央、自治区、吴忠市规定的学习篇目，打牢转变作风的思想基础，提高办公室工作人员工作能力和水平。

【队伍建设】

2021年，红寺堡区委办公室提拔任用正科级干部1名、副科级干部3名，招录西部计划志愿者1名，三支一扶工作者2名，借调基层干部3人。培养年轻干部，利用各种机会，分批次组织干部参加培训锻炼，学习掌握业务工作技能。

（徐　浩）

档案史志

【党建党史】

2021年，红寺堡区档案史志馆开展党史学习教育，坚持学史明理、学史增信、学史崇德、学史力行，联合区委第一巡察组临时党支部开展"感悟光辉历程、汲取精神力量"主题党日活动。开展"不忘初心路、奋进新征程、向党送祝福、感恩新时代"主题党日活动，组织党员干部到同心红军西征纪念园参观学习。在地情刊物《美丽红寺堡》设立党建党史专栏，激发各级党组织研究党史工作的热情。

【档案管理】

2021年，红寺堡区档案史志馆完成5个乡镇57个行政村2906盒土地确权档案进馆上架，并完成数字化成果挂接档案管理系统。完成2016年至2019年353盒15617件婚姻档案的进馆工作。完成馆藏26个全宗207605件纸质档案的数字化扫描和挂接工作，馆藏档案数字化率达到92.3%。组织61家立档单位参加自治区档案馆举办的信创业务应用系统培训班。全年接待查档人员101人，提供利用档案294件。2021年，首次将档案工作纳入年终效能目标考核中，以考促重视、促整理、促移交、促数字化，有效提高红寺堡区档案规范化管理水平。成立档案鉴定工作领导小组，对馆藏档案进行开放鉴定，共鉴定7000余份。拍摄微视频《档案见证移民开发致富路》，在自治区"凝聚百年之辉·筑兰台之梦"微视频征集比赛中被评为优秀微视频。

【史志编研】

2021年，红寺堡区档案史志馆编纂完成《红寺堡年鉴（2020）》，并向各单位发放600余册。《红寺堡年鉴（2020）》被评为第八届全国地方志优秀成果（年鉴类）县级二等奖。完成《杨柳村志》初稿编写工作，现已移交出版社进行排版设计、三审三校。收集、整理资料，撰写《弘德村志》。指导完成《红寺堡教育志》《红寺堡一中志》初稿编纂工作，撰写《宁夏年鉴（2021）》《吴忠年鉴（2021）》红寺堡部分。编纂《红寺堡抗"疫"日志》，已完成初稿；编写地情刊物《美丽红寺堡》第9期和第10期。

【宣传交流】

2021年，红寺堡区档案史志馆组织红寺堡区61家立档单位的分管领导及档案工作人员共360余人次先后参加国家档案局、自治区党委办公厅、吴忠市档案局组织的新修订《中华人民共和国档案法》、"十四五"全国档案事业发展规划公益大讲堂、脱贫攻坚档案归集整理移交工作视频培训班。一名从事地方志工作的干部参加首届中国方志编辑出版学术论坛，会议以"新时代、新方志、新使命"为主题，通过学术分享、座谈的形式，为新形势下如何推动地方志工作高质量发展提供了思路和方法。推选的《继承与创新并举 助推年鉴高质量出版发行》一文，被收录《中国首届方志编辑出版学术论坛论文集》。一名干部参加在浙江省温州市举办的中国抗击新型冠状病毒肺炎疫情志资料收集编纂研讨会，并现场交流发言。一名干部参加中指办举办的"讲述黄河故事，传承黄河文化"活动，并获得线上比赛三等奖。

【史志赠阅】

2021年，红寺堡区档案史志馆常态化开展"五进三赠"活动，整合《红寺堡移民史》《红寺堡史话》《红寺堡年鉴》《美丽红寺堡》等地情志（书）进各级图书馆、进乡村阅览室、进学校、进机关单位、进村级文化大院；定期或不定期地将地情志（书）赠送本区任职的处级领导，赠送开发建设红寺堡的离退休老领导、老干部，赠送宁夏南部山区8县区党委、政府以及全区各市县兄弟单位。全年向各单位赠送《红寺堡年鉴（2020）》《红寺堡开发区志》《美丽红寺堡》共计1500余册。

《红寺堡年鉴（2020）》获评全国二等年鉴

2021年12月，中国地方志指导小组、中国地方志学会印发第八届全国地方志优秀成果（年鉴类）评审活动通报表扬成果，《红寺堡年鉴（2020）》获得县级综合年鉴二等年鉴，《红寺堡年鉴》由吴忠市红寺堡区地方志编纂委员会编，已连续公开出版7部。《红寺堡年鉴（2020）》紧扣2019年度红寺堡区各项事业发展情况，突出国家、自治区战略、政策，反映移民特点和时代特色，全书设29个部类、700余条目，共50余万字。

【红色学堂】

红色学堂设在红寺堡区档案史志馆一楼，使用面积220平方米，于2019年9月底建成并投入使用，旨在为各单位提供党建党史活动平台。红色学堂内设唱红色歌曲、讲红色故事、诵红色经典、书红色精神四个部分，学堂内有党史书籍1000余册。2021年，共有9家单位350余人在此开展活动。

（邵金梅）

组织工作

【概　况】

2021年，红寺堡区组织工作坚持贯彻落实党的十九届历次全会和习近平总书记视察宁夏重要讲话精神，深入实施"六项行动"，着力在干部培养锻炼、基层组织建设、集聚优秀人才上下实功、出实招、见实效，为争当黄河流域生态保护和高质量发展先行区排头兵、创建全国易地搬迁移民致富提升示范区提供坚强组织保证。

【干部队伍建设】

2021年，乡镇换届期间，区委主要负责同志和分管同志先后到5个乡镇及有关部门调研换届工作，围绕乡镇党代表名额分配、人事安排等工作，全面开展换届谈心谈话，深入了解干部情况，注重选配熟悉党的建设、"三农"工作、生态环保、基层治理等方面的干部，先后召开8次区委常委会会议对乡镇领导班子换届工作进行精细研究、统筹部署，分4批次对乡镇领导班子进行调整配备。换届后，有2年以上乡镇领导工作经历或3年以上乡镇工作经历的党委书记有4名，占80%；乡镇领导班子中研究生学历干部占总数的26.67%，较2016年换届后增长71.42%；有乡镇工作经历40名，占总数的88.89%，乡镇领导班子结构得到优化。先后选派10名年轻干部到乡村振兴、基层治理等一线锤炼筋骨、摔打历练。抽调48名业务骨干参与党史学习教育、人居环境整治、新冠肺炎疫情防控等重点工作，推动干部在实践中历练、在实干中成长。择优提拔政治素质好、表现突出的年轻干部进入党政领导班子。结合年度考核开展优秀年轻干部调研工作，99名优秀年轻干部进入组织视野，实行入库管理。加强选调生培养管理，坚持重点管理、跟踪培养、择优选拔、科学考评，选拔9名进入科级领导干部队伍，其中2名担任乡政府正职。截至2021年底，红寺堡区科级领导干部中35岁以下年轻干部占27.37%，45岁以下正科级领导干部占全区正科级领导干部总数的54.92%，其中"90后"正科领导级干部4名。

【基层党组织建设】

2021年，红寺堡区处级领导带头深入包抓联系村督导检查党建工作，宣讲党课50余场次，形成调研报告40余篇。各级党组织举办专题培训班207期，培训党员5400余人次，实现基层党组织书记轮训全覆盖。制定"基层党建全面提升年""六项行动"任务清单，226名党委（党组）书记及班子成员联系187个基层党支部，层层压实"书记抓书记"工作责任。先后召开区委常委会、党的建设领导小组会15次，研究基层党建工作有关议题。扎实开展"我为群众办实事"实践活动，全年三分之二以上时间深入村（社区）、项目一线调研指导工作，深入基层走访调研210余人次，解决急难愁盼问题500余件、纠纷85起。高质量完成村"两委"换届工作，村党支部书记大专以上学历由27%提高至49.2%，"一肩三挑"比例达到58.7%。扎实推进"两个带头人"工程，有序培养村级后备力量

2021年6月16日，红寺堡区举办"光荣在党50年"纪念章颁发仪式　（红寺堡区委组织部提供）

255 名、致富带头人 752 名。遴选 19 名帮带导师，鼓励引导 191 名村干部积极参加村干部学历提升行动。从严落实组织部门备案、区乡党委日常管理责任，下发通报 2 期，调整驻村工作队员 5 人，推动全区 63 个行政村、181 名驻村队员严格履职。以移民村党建提升行动为抓手，建立移民村党建工作"四包一"机制，按照"一村一案"制定移民村党建提升行动方案 40 个。深入实施"六个先锋"示范引领行动，讲好"一村一故事""一户一事迹"，发动群众评选"六个先锋"示范户 1088 户，动员 176 个基层党组织、2794 名党员投身疫情防控一线。组织庆祝中国共产党成立 100 周年系列活动，开展"向党送祝福、感恩新时代"等主题活动 1200 余次，颁发"光荣在党 50 年"纪念章 135 枚，推荐表彰"两优一先"获得者 130 名，走访慰问党员群众 1152 名，切实凝聚起广大党员干部群众创建示范区的强大合力。

【人才队伍建设】

2021 年，红寺堡区推进校地、校企合作，支持企业积极与高校院所创新团队合作，建立葡萄产业博士工作站、宁夏滩羊育种工程技术研究中心、新能源实践基地等平台 9 个，柔性引进外籍酿酒专家 3 名、国内知名行业专家 16 名，实现以"人才链"延伸"产业链"。推行"人才+项目"引才模式，发挥项目集聚人才、人才带动项目的功能和作用，围绕六大重点产业积极申报自治区、吴忠市人才项目 9 个，批复支持 6 个，支持资金 169 万元，引导用才主体引进 32 名专家人才开展产学研合作，以人才项目激发人才活力。引进湖南湘电等企业投资项目 11 个，吸引 20 余名高端人才同步进驻红创新创业。率先面向全国自主招聘事业单位人员 127 名（硕士研究生 28 名），统招选调生、公务员等 41 人。推行"重点培百、有序育千、联合带万"培育机制，通过产业扶持、专家指导等方式培养一级致富带头人 107 人，传帮二级致富带头人 1061 人，联合带动近万人增收致富。围绕产业发展定向培养人才，建立全产业链实用人才培养模式，与西北农大共建宁夏滩羊实验示范站和滩羊产业复合应用型人才培养基地，培养农业生产经营人才、高素质农民等产业人才 1573 人，其中 1 人在 2021 年中国青年创新创业大赛中荣获全国总决赛银奖。建成新能源产业人才培养基地，引进 30 名光伏运维专家自编教材，采取"理论教学+场站实操"培养模式，培育新能源创新运维人才 96 人。协调嘉泽集团捐赠 2000 万元支持红寺堡区教育、医疗人才队伍建设。与上海六院等医疗机构共建跨区域医联体，推动优质医疗资源共享，邀请名医通过"远程带教+候鸟服务"模式培养本土人才 35 名。与北京师范大学共建学科教研工作室，成立城乡教研人才联盟，组建名师工作室 45 个，带动培养学科带头人 230 名，促进教学质量稳步提升。

（高正武）

老干部工作

【自身建设】

2021 年，红寺堡区制定《"基层党建全面提升年"离退休干部党建工作任务清单》，细化任务，明确目标。围绕党史学习教育，及时召开动员大会，印发《关于在全区离退休干部党员中开展党史学习教育的实施方案》，制订学习计划。采取支部主题党日活动、送学上门、微信群"线上学"等多种方式扎实推进党史学习教育，先后推送学习资料 20 余次、120 条，组织党务工作者、离退休干部党支部书记参加自治区和吴忠市组织的各类学习培训班、邀请专家来红寺堡开展专题辅导等方式，引导和帮助老干部树牢服务意识、开阔眼界思路、弥补知识短板，不断提高履职尽责的专业素养和能力水平。通过专题党课、参观警示教育基地、观看专题纪录片等方式，教育引导全体党员严守政治纪律，知敬畏、存戒惧、守底线。

【发挥老同志余热】

2021年，组织广大老同志参与疫情防控、农村人居环境治理、关心下一代等活动6场次，用实际行动践行"我为群众办实事"，激励引导广大老同志继续做建设美丽红寺堡的亲历者、见证者、参与者。发挥退休干部的政治、威望优势，区委、区政府召开各类重大会议均邀请老干部参加并发表意见，邀请退休干部列席区委、区政府召开的重大会议及活动5场次。推荐先进典型参加自治区"不忘初心、我是老党员"评选表彰活动。组织离退休干部参加自治区党委老干部局举办的庆祝中国共产党成立100周年"学党史 感党恩 跟党走"知识竞赛，其中2名退休干部分别获得二、三等奖。

【服务管理】

2021年，红寺堡区充分利用七一、春节、重阳节等节日，开展走访慰问困难老党员活动，累计发放慰问金1.9万元。按照每月200元标准及时发放离退休干部党支部书记工作补贴，激励党支部书记进一步发挥凝聚、引领老党员的带头人作用。对离退休干部情况进行摸底排查，准确掌握离退休干部党员基本情况，做到心中有数，为老干部服务夯实基础。为离退休干部党支部订阅报纸杂志，对行动不便的老同志提供"送学上门"精准服务。通过组织开展专题党课、"我看建党百年新成就"畅谈建言专题座谈会，承办吴忠市庆祝中国共产党成立100周年"筑梦新时代·翰墨颂党恩"离退休干部书画展等系列活动，表达退休干部对党无限忠诚的深厚感情。依托弘德村党员教育基地、宁夏移民博物馆、体育馆等场所打造退休干部结对共学点、休闲文娱点，丰富老干部精神文化生活，增进身心健康。

（张亚丽）

区直机关党的建设工作

【政治引领】

2021年，红寺堡区以习近平新时代中国特色社会主义思想为指导，深入学习贯彻党的十九届六中全会精神、习近平总书记"七一"重要讲话精神及习近平总书记视察宁夏重要讲话精神，持续强化党员干部理论武装、培育力度，组织开展"老党员干部讲故事""向党送祝福，感恩新时代"等各类主题党日活动150余次，开展党课、微党课200余次，分层分类举办培训班3期，培训党员干部500余人，教育引导党员干部继续发扬红寺堡精神，当好红寺堡改革发展的奠基者、拓荒者、奋斗者。坚持把学习党史作为机关党员干部的必修课和常修课，依托移民旧址、宁夏移民博物馆、弘德村党员教育基地等新时代红色资源优势，开展"重温入党誓词""参观移民旧址""学唱革命歌曲"等互动实践课程150余次，组织开展"我和群众心连心，我为群众办实事"志愿服务2400余人次，为民办实事1400余件，解决好群众的操心事、烦心事、揪心事。选树表彰各级"两优一先"23名，慰问生活困难党员、老党员86名，切实凝聚起广大党员、群众奋进新时代、启航新征程的强大合力。围绕创建"让党中央放心、让人民群众满意"模范机关，进一步加大考核奖惩力度，推动机关党建和业务工作深度融合，努力使党建工作由"软任务"变成"硬指标"，模范机关创建比例达50%。加大星级党组织创建力度，从严考评定级，对抓党建成效明显的13个支部予以晋升星级。

【政治功能】

2021年，红寺堡区深入贯彻落实《中国共产党党和国家机关基层组织工作条例》，优化组织设置，规范设立7个临时党支部，指导38个支部完成支部书记、委员补选工作，5个支部完成换届选举工作，新成立1个党支部，有序推进党支部建设规范化标准化。扎实开展"基层党建全面提升年"活动，印发《红寺堡区直机关工委"基层党建全面提升年"任务清单》，50个支部对照清单细化责任，明确任务，规定完成时限，让党建责任落地生根。加强对党支部工作的指导，全年下发月指导清单12次，督促各支部逐项对标、逐项落实。严把发展党员入口关，积极吸收39名先进分子和优秀人才加入党组织，32名预备党员按期转正，党员队伍结构持续优化、质量不断提高。组织培训入党积极分子和发展对象1期190余人次，观看《榜样》《党的光辉历程》等专题节目3场次，共200余人次观看，以教育培训、实践锻炼等方式，着力提升党员队伍综合素质和党性修养，抓好后继有人这个根本大计。

【服务群众】

2021年，红寺堡区压实社区"联合党委"成员单位职责，深化在职党员到社区"双报到双服务"机制，700余名在职党员在基层治理、环境整治、疫情防控等方面群策群力、齐抓共管，各联合党委成员单位累计提供便民器材、慰问救助居民物资等折合150余万元，帮助实现"微心愿"400余个，助力基层治理体系和治理能力完善提升。

【作风建设】

2021年，红寺堡区稳步推进区乡领导班子换届工作，坚持教育在先、警示在先、预防在先，通过谈心谈话、组织观看警示教育片等方式，教育引导广大党员干部严守纪律、恪守规矩，以实际行动落实"十个严禁"换届工作要求，营造风清气正的换届氛围。召开区直机关党代表会议，选举产生出席红寺堡区第四次党代会代表62名。聚焦巩固拓展脱贫攻坚成果同乡村振兴有效衔接等重点任务，以月指导、季督查等有力措施，持续纠治形式主义、官僚主义，防止机关党建"灯下黑""两张皮"问题发生。

（王彩玲）

非公有制经济组织和社会组织工作

【理论武装】

2021年，红寺堡区组织召开党史学习教育动员部署会，向各基层党组织免费赠阅《论中国共产党历史》等指定书籍，组织集体学习、交流研讨等10余场次。指导各党组织制订计划，组织党员职工参观弘德村党员教育基地等"家门口"党员教育基地，观看《悬崖之上》等红色影片，借助红寺堡党建网、"学习强国"等平台，丰富和深化学习教育形式。在"我为群众办实事"实践活动中，各党组织积极捐款捐物达10万余元。残疾人综合服务中心党支部发挥自身优势，帮助新庄集乡康庄村、柳泉乡甜水河村20余户群众销售近两吨滞销苹果，鹏胜公司和常红公司等党支部组织慰问全区各防控卡点，鑫月驾校党支部组织10名职工参与城区和高速出口防控卡点值守等工作，推动学习教育走深走实。

【党员引领】

2021年，召开工委会议4次，专题研究党组织设置、"两代表一委员"推荐等工作。全面建立党支部书记抓党建"四个清单"，开展党建督查2

2021年4月23日，自治区直属机关党支部、宁夏广播电视台党支部、中共吴忠市红寺堡区委党支部等党支部300多名党员在百瑞源开展植树活动（红寺堡区委宣传部提供）

次，规范5名转正党员和2名预备党员入党程序，培养储备入党积极分子10人。全面推行"双向进入、交叉任职"，占比超过80%，党组织参与和引导监督工作机制逐步完善。对25名党组织书记、党务工作者进行全员轮训，党建业务水平持续提升。注重在急难险重一线练兵，30余名党员职工在疫情防控一线冲锋陷阵，3名负责人和职工分别荣获"自治区抗击新冠肺炎疫情先进个人""优秀共产党员"等称号，5个党支部和2名党员分别获得市、县两级表彰。

【党组织建设】

2021年，红寺堡区委组织部联合行业主管部门全面开展摸底排查，同步在符合条件的1家非公企业和2家社会组织建立党组织，党组织覆盖率分别达到85.71%和82.35%，较上年增长4.5%和5.8%。通过选配党建工作指导员和"挂靠"建立功能型党组织等方式，实现纳入统计的非公企业和社会组织党的工作全覆盖。工委班子成员"一对一"帮抓党建工作薄弱党组织，联合机关工委组织13家行业部门党组织结对共建，对运营异常、党组织作用发挥不到位的1家社会组织和2家非公企业党组织及时予以调整撤销，助推党建工作整体提升。

【支部建设】

2021年，红寺堡区委组织部联合民政局等业务主管部门，按照"五好"标准在社会组织领域精心选培打造红寺堡区残疾人综合服务中心党支部党建示范点，指导该支部联合各领域党组织开展共建活动10余次，牵头举办行业领域助力地方发展等座谈会3次。在非公企业领域打造鹏胜房地产有限公司党支部党建示范点，有效发挥先进党组织引领作用，带动一批"两新"组织开展党建工作。围绕强化新业态领域党建工作要求，联合鹏胜公司党支部打造时代广场商圈党群活动服务中心1个，分版块设计微型党史馆、职工之家、青年之家、红色议事厅等，累计开展各类党内活动10余次，促成各类商业洽谈20余次。

（田路忠）

宣传工作

【党史学习教育】

2021年，红寺堡区委宣传部举办区委理论学习中心组党史学习教育学习46次，专题研讨13场次，带动全区187个党组织、5200余名党员读原著、学原文、悟原理，如期召开专题组织生活会，推动理论学习不断提升，从先进党员、道德模范等人员中精选42名宣讲员组建"弘德""城市之光"等10支宣讲团，坚持示范讲与普遍讲相结合、请进来与走出去相结合、线上与线下相结合，向百姓巡回开展既"接天线"又"接地气"的宣讲403场次，受众人数9.8万人次。开展移民旧址等修复保护，再现历史原味，增强了可看性、可听性、可续性。弘德村以"习语大道"串点成线打造党员教育基地等现场教学点，2021年累计接待全国各地游客326批次8335人，红色研学潜力不断提档升级，不断叫响"锦绣新灌区、魅力红寺堡"文旅品牌。通过"可视化监测、清单化推进、销号式管理"高效办结红寺堡区和处级领导包抓实事32项、各乡镇事实88件。

【宣传宣讲】

2021年，红寺堡区委宣传部组织召开党史和"传承党的百年光辉史基因、铸牢中华民族共同体意识"宣讲动员备课会，组建区、乡镇（街道）两级宣讲团和百姓宣讲团12个，共吸纳宣讲员402人。采取对象化、分众化、互动化方式，深入开展"学党史、感党恩、跟党走""传承党的百年光辉史基因、铸牢中华民族共同体意识"等宣讲活动。2021年，开展习近平总书记"七一"重要讲话精神宣讲、党的十九届六中全会精神宣讲活动等累计235场次，参与人数37100余人次。利用宁夏移民博物馆、1236移民旧址、弘德村党员教育基地等新时期红色资源，常态化开展理论宣讲。通过"基地讲+出去讲"两种方式，组织优秀共产党员、道德模范等向百姓巡回宣讲

2021年9月9日，红寺堡区委统战部、区文明办等单位在弘德燕宝学校举办铸牢中华民族共同体意识主题宣讲活动 （红寺堡区委统战部提供）

120余场，受众人数1.5万余人，多角度把党史讲到"家"。组织老战士、老党员为中小学生讲红色故事，开展"讲红色故事""学党史、颂党恩、跟党走"等主题教育33场次，红色班队会415次，激发青少年爱党、爱国之情，多角度把党史讲到"家"。

【宣传报道】

2021年，红寺堡镇在新华网等11个媒体平台开通"红寺堡视线"账号，刊播新媒体作品3000余条。被《人民日报》等平台采用116条，开展网络直播56场次。打造媒体采访"记者之家"新闻会客厅，改革创新新闻宣传方式，持续壮大主流舆论，2021年，在市级以上媒体刊发新闻稿件2531篇，其中国家级媒体675篇，自治区级媒体1192篇，吴忠市级媒体664篇。

【精神文明建设】

2021年，评选红寺堡区移风易俗先进村镇6个，优秀红白理事会6个，移风易俗示范户12人；推荐自治区级移风易俗先进村镇1个，红白理事会2个，示范户2人。以"六个先锋"示范引领行动为抓手，从乡村两级评选出的1278户先锋示范户中选树红寺堡区级典型示范户30个、工作先进村5个。按照"七有"标准建立新时代文明实践中心1个、新时代文明实践所6个、新时代文明实践站14个。建立理论宣讲、公共法律、技术推广、科技科普、健康卫生、群众文化、教育关爱、技能培训等新时代文明实践中心专业志愿服务队10支，建立"太阳花""红袖标"等新时代文明实践所特色志愿服务队6支，建立夕阳红、邻里守望等新时代文明实践站贴心志愿服务队35支。常态化开展"最美红寺堡人""我们身边的好人"等道德模范评选活动，推选发布红寺堡区第四届"我们身边的好人"16人，打造红寺堡好人馆，李耀梅荣获第八届全国道德模范提名奖，徐海侠、丁建云荣登中国好人榜，评选第四届"我们身边的好人"。微电影《扎出来的好光景》《爱的力量》分别荣获自治区社会主义核心价值观微电影大赛二等奖、三等奖。坚持问题导向，按照文明创建"四色"管理要求，实施十大提升行动，通过持续努力，公共基础设施不断完善、城乡人居环境更加优美、交通秩序更加规范、社会文明风尚持续向好。深入开展"我们的节日"等系列主题活动300余场次。拍摄《女儿的心声》主题微电影，在红寺堡区广泛传播。

【文艺创作】

2021年，红寺堡区以《罗山》《文明红寺堡》为文艺作品创作平台，组织创作文学、书法、绘画、剪纸、摄影等作品2300余篇（幅），各文艺家协会及文艺团体积极参与创作以脱贫攻坚为主题的《懒汉脱贫》，以创建全国文明城市为主题的《文明连着你我他》《丰收了》等8个小品，《一条大河》《油纸伞》《哈尼宝贝》《打开幸福门》《天南地北唱中华》《追梦人》6支原创舞蹈。音乐快板《建设美丽新宁夏》参加"欢乐宁夏"全区巡演，涌现出王小军、叶秀霞、魏旭平等一批小品表演爱好者。参与拍摄了《红寺堡一家人》专题片，组织参加"文明大讲堂"《罗山印象》，组织开展"百万大移民"新书发布暨作品研讨会、"红寺堡文艺工作者看产业"采风活动、"不忘贫困记忆、唤醒振兴伟力"主题摄影展，组织开展2021年"文化、科技、卫生"三下乡活动，以及"移民新村过大年""新春送万福、讴歌新时代""作家进万家、喜看家乡新变化"等系列主题活动。举办大型广场文艺演出18场次，完成"送戏下乡""戏曲进校园""戏曲进乡村"等文化惠民演

90场次，开展系列文化讲座4次，举办书画展览活动4场。文联作家马慧娟、张治乾分别出版发行新书《出路》与《罗山脚下的枪声》。

（王　丽）

巡察工作

【政治站位】

2021年，红寺堡区委巡察办坚持以习近平新时代中国特色社会主义思想为指导，坚决贯彻党的十九大和十九届历次全会精神，坚决贯彻党中央、自治区党委、吴忠市委关于巡视巡察工作新部署新要求，增强"四个意识"、坚定"四个自信"、做到"两个维护"，围绕"三个聚焦"监督重点，深化政治巡察定位，高质量推进三届区委巡察全覆盖任务落实。

【巡察全覆盖】

2021年，红寺堡区委巡察办共完成三届区委第十一轮、第十二轮和一轮涉粮问题专项巡察工作任务，每轮巡察组建2~3个巡察组，采取"一托二、一托三"方式对6个部门（1个部门所属单位）和5个乡镇39个村党组织的巡察任务。2021年10月15日至12月10日，按照自治区党委巡视办和红寺堡区委安排部署，区委组建1个巡察组，从纪委监委、组织部、财政局、审计局、市场监督管理局等单位抽调7名业务骨干，对红寺堡区发展和改革局（粮食和物资储备局）及所属粮食购销公司开展涉粮问题专项巡察。2021年，三届区委完成对51个部门（单位）党组织、71个村（社区）党组织的巡察全覆盖。三届区委12轮巡察共向被巡察单位党组织反馈问题784条，完成整改778条，整改率99.23%。移交问题线索65件，已办结65件，办结率100%。49名党员干部受到党纪政务处分，收缴、清退违纪违规资金38.7万元。

（马　涛）

2021年12月29日，红寺堡区委巡察工作领导小组2021年第4次会议暨书记专题会议召开　（红寺堡区委巡察办提供）

网信工作

【网络宣传】

2021年，红寺堡区委网信办组织开展"全国网络名人宁夏行走进红寺堡""民族要复兴、乡村必振兴""中国葡萄酒、当惊世界殊"等主题活动，邀请全国、自治区、吴忠市及红寺堡区网络大V等6次120余人来红寺堡采风，宣传红寺堡、推介红寺堡。

【信息化建设】

2021年，红寺堡区在"互联网＋教育"方面，红寺堡区委网信办完成各学校教育信息化基础设施建设，持续扩大建设多媒体教学设备、录播教室、智慧教室等，建成"互联网＋教育"标杆学校3所。在"互联网＋医疗健康"示范区方面，完成电子健康码线下、线上和自助服务的改造，实现线上发卡与线下就诊、线上线下混合就诊。在"互联网＋智慧医疗"方面，实现医疗健康信息专网100%全覆盖，实现医疗机构居民电子健康档案互联互通，进一步提高区域整体医疗服务水平。在推进"互联网＋电商"方面，依托乡镇快递网点、村级超市和便利店等建设乡镇电商服务站点4个，村级电商服务站点54个，安装"智慧乡村""快递超市"等生活服务类手机App，同时对接"美团优选""橙心优选""多多买菜""鸿运优选"等社群电商平台，带动村站月均收入1000余元。

【网络安全】

2021年，开展网络安全综合检查，围绕"网络安全为人民、网络安全靠人民"主题，办好一年一次网络安全宣传周活动。分类举办主题活动7次，策划特色活动7场次，发放各类宣传品1.5万余份，参与人数3万余人次。

（马慧玲）

政策研究

【文件起草】

2021年，红寺堡区委政策研究室牵头起草红寺堡区第四次党代会报告、自治区深入实施"四大提升行动"全面促进乡村振兴工作现场会发言材料，参与起草《关于支持红寺堡区建设全国易地搬迁移民脱贫致富示范区的意见》《红寺堡区创建全国易地搬迁移民致富提升示范区任务分工方案》等文件，形成《深入学习贯彻党的十九届五中全会精神、奋力创建全国易地搬迁移民致富提升示范区》等理论文章，并在《宁夏工作研究》《吴忠工作研究》发表。完成各类讲话、汇报、党课、表态发言等文稿40余篇。

【深化改革】

2021年，红寺堡区委政策研究室先后召开深改委会议5次，研究部署深化改革工作，制定印发《红寺堡区2021年全面深化改革工作要点》，从9个方面提出25项具体改革任务，推出了耕地指标跨省交易、异地常住居民低保、高龄津贴审批试点等一批实质性的改革举措，切实发挥改革的先导性作用。坚持把推进"四权"改革融入全国易地搬迁移民致富提升示范区创建，融入"四大提升行动"，融入经济社会发展全程，聚焦水资源短缺、土地利用效益低下、生态环境脆弱等难点、弱点和痛点，深入扎实推进"四权"改革，及时成立"四权"改革工作领导小组，制定印发《红寺堡区用水权、土地权、排污权、山林权"四权"改革实施方案》，建立联席会议、"三单一书"等督办机制，建立完善工作台账，召开红寺堡区

"四权"改革培训暨重点任务推进会，制定具体配套措施，确保"四权"改革各项任务全面落实。

（白小会）

统战工作

【统一战线】

2021年，召开区委常委会5次、政府常务会议3次、统战工作领导小组会3次、基层宗教治理工作推进会4次，统筹谋划，精心部署，压实各级责任，推动工作落实。深入开展统战系统党史学习教育，组织开展民主党派成员、无党派人士、党外知识分子、宗教界人士、非公有制经济人士、新的社会阶层人士等30余场、1.2万人次培训班。邀请自治区党委统战部副部长、政府侨务工作办公室主任柴建国同志为红寺堡区委、人大、政府、政协、各乡镇（街道）、部门（单位）主要负责人进行《中国共产党统一战线工作条例》专题培训。推动统战工作会议及中央民族工作会议精神等纳入各级党委（党组）理论学习中心组学习内容，组织各单位、乡镇（街道）观看《石榴花开别样红 同心共筑中国梦》政论片和微电影《珠"恋"璧合》，引导各级领导干部深研细读，熟悉掌握统战政策及重大理论。有序推动红寺堡区工商联换届和市、区政协委员换届以及无党派人士认定工作。积极动员民营企业家、宗教界人士开展爱心捐赠活动，疫情期间给各卡口、疫情防控值守点捐赠防护服、消毒液等防疫物资以及送去牛奶、方便面、苹果等慰问品，帮助解决因疫情滞销苹果10万多公斤。

【民族团结进步创建】

2021年，坚持将民族团结进步创建工作纳入红寺堡区"十四五"规划，与经济发展、社会事业、党的建设同部署、同检查、同推进，按照每个创建单位3万元的标准，将民族团结进步创建工作经费列入财政预算，给予全额保障。投入25万余元分别在4个人居环境整治示范村打造村级民族团结文化广场，在城北、新集村等地悬挂5块巨幅宣传牌，刷写标语、绘画36幅。花费15万元制作纸杯、围裙、抽纸等群众常用的物品，购置《宁夏回族自治区促进民族团结进步工作条例》《"石榴籽"故事丛书》等书籍5000余册。创新开展民族团结进步月活动，依托"繁星"青年宣讲团进校园主题活动等，通过开展征文、书法、绘画、摄影、剪纸评选比赛，评选出优秀作品100余幅。领导干部带头深入银行、企业、宗教活动场所开展"传承党的百年光辉史基因、铸牢中华民族共同体意识"主题宣讲活动，着力引导各族群众干部铸牢中华民族共同体意识，切实践行"两个维护"。深化拓展"我为群众办实事"实践活动，开展文明城市与民族团结"双创"志愿服务活动以及慰问辖区困难群众，用心用情用力为各族群众解决烦心事、难心事、揪心事，为各族群众构建共居共学共事共乐的良好社会环境。

（杨 慧）

红寺堡区人民代表大会

HONGSIBU QU RENMIN DAIBIAO DAHUI

综 述

【概 况】

2021年，红寺堡区人民代表大会始终坚持正确的政治方向，坚持以习近平新时代中国特色社会主义思想为指导，深入学习贯彻党的十九大、十九届历次全会精神及习近平总书记系列重要讲话精神，始终坚持以人民为中心的发展思想。2021年，共编发《人代会资料汇编》2期、《常委会公报》9期、《人大工作》50期。获2021年第一批自治区健康细胞示范点等荣誉称号。

【财政监督】

2021年，红寺堡区人大常委会加大对国民经济和社会发展计划执行情况的监督力度，为红寺堡区经济运行问诊把脉。突出全口径常态化预算执行监督，发挥预算联网监督平台作用，严格审查预决算执行和财政收支审计情况，依法批准计划、预决算及预算调整方案，规范预决算编制，提高预算管理水平。专题听取区人民政府关于审计问题整改情况的报告，督促区人民政府及相关部门抓好审计发现问题的整改落实。专题视察重点项目建设情况，加快财源性项目建设，以项目带动产业升级，增强发展内生动力。专题听取区政府关于国有资产管理情况的报告，力促有关部门加强和改进红寺堡区国有资产管理工作。

【工作评议】

2021年，红寺堡区人大常委会先后对区农业农业局、应急管理局、民政局3个单位工作及班子成员依法履职情况进行评议，制定评议工作方案，创新评议工作方式方法，多方征求评议意见，落实评议准备、评议调查、集中评议、整改落实各个阶段工作任务，帮助被评议部门查问题、找不足、提要求，促进被评议部门不断提升依法行政工作水平。

【执法检查】

2021年，红寺堡区人大常委会坚持以维护司法权威、保障群众权益为出发点，持续巩固和强化执法检查效果。对区政府贯彻执行大气污染防治法等情况进行执法检查。坚持问题导向，研究移送审议意见，紧盯问题整改，跟踪督促落实，不断提升监督实效，推动一批社会关注度高、影响面广的难事实事落地见效。

【依法行使权力】

2021年，红寺堡区人大常委会坚持依法行使权力，通过法定程序体现区委要求和人民意愿，坚持党管干部与人大依法任命有机统一，正确行使民主权利，严格任免程序，严把法律知识考试、个人供职、审议票决、向宪法宣誓等关键环节，严肃人事任免选举和任后监督工作。2021年，共任免国家工作机关人员53人次。

代表工作

【履职平台】

2021年，红寺堡区人大常委会为代表履职搭建平台，加强乡镇"人大代表之家"规范化建设，精心谋划开展"五带头三联系一述评"活动，加强沟通联系，完善人大代表工作微信群、QQ群，定期发送政策法规、工作动态和政情通报，倾听代表的呼声，鼓励代表积极建言，为代表订阅《中国人大》《宁夏人大》等报刊，指导各乡镇、街道按照标准建设"人大代表之家"和村级代表小组活动室，实现代表活动阵地全覆盖。

【代表活动】

2021年，红寺堡区人大常委会以常委会、各乡镇为单位，举办人大代表履职能力提升培训班4场（次），培训各级人大代表360余人次。组织常委会组成人员和人大代表赴云南、河北等地开展学习交流，学习借鉴先进地区工作经验。开展"三联系"活动，常委会班子成员分别到所联系乡镇召开座谈会，征求基层代表对"一府一委两院"工作的意见建议，部分意见建议已由相关承办单位研究落实。各乡镇人大主席团注重代表小组工作积极性，根据各自特色，制定代表活动清单，全年共评议述职代表60人次，协调媒体宣传履职优秀代表20人次。

【议案建议】

2021年，红寺堡区人大常委会推进人大代表议案建议办理工作，对区三届人大七次会议确定的1件议案和27件建议及时转交区政府办理，并进行了集中视察和督办，有力促进了议案建议办理工作。

【乡镇人大工作】

2021年，红寺堡区人大常委会指导乡镇、街道完成换届选举，完善人大代表工作微信、QQ群，方便联系基层代表工作，加强履职平台的管理，为各级人大代表依法履职做好服务保障工作。

【自身建设】

红寺堡区人大常委会始终坚持党建引领。牢牢把握坚持党的领导这个重要政治原则，坚持重大事项请示报告、重要指示及时传达学习、重要部署及时跟进落实，保证了人大各项工作与区委决策部署同频共振、同向发力，把党建融入日常、化为经常。深入实施"六大提升行动"，扎实开展党史学习教育，组织人大全体领导干部赴六盘山红军长征纪念馆、西吉将台堡红色教育基地开展党史学习教育，着力推进联合党委共建活动。深化文明创建，全员投入全国文明城市创建活动，认真开展疫情防控，不断深化"能力提升年"活动实效，共同推进人大常委会机关建设迈上新台阶。

【办公室工作】

2021年，红寺堡区人大常委会办公室着力提高会议服务保障水平，规范文秘工作，加强办文统一管理和指导，执行机关公文处理办法和精简文件的有关规定，规范办文程序，抓好办文质量。做好行政接待和后勤保障工作。依照财务规定控制各项收支，坚持经费开支审批制度、财务公开制度，规范财务管理工作。开展乡村振兴和人居环境整治工作。

【法律宣传】

2021年，红寺堡区人大常委会机关宣传民法典知识，弘扬宪法精神，提高广大干部群众的宪法意识，营造全社会尊崇宪法、学习宪法、遵守宪法、维护宪法、运用宪法的良好氛围。把"谁执法谁普法"责任制融入监督工作之中，督促相关部门带头学习法律、宣传法律、运用法律，增强民主法治观念，提高依法行政、公正司法能力。

【理论武装】

2021年，红寺堡区人大常委会始终把思想政治建设放在首位，坚持以习近平新时代中国特色社会主义思想为指导，深入贯彻落实党的十九大、十九届历次全会精神和习近平总书记系列重要讲话精神，坚定理想信念，坚守为民宗旨，提高政治素养。利用会前学法一刻钟，学习党章党规，筑牢意识形态防线，加强党的民族宗教政策的学习，强化思想认同。班子成员、机关干部分批次参加全国、自治区、吴忠市人大组织的培训，深入开展组织法、监督法、保密法、网络安全法等法律法规的学习，加强监督、选举、代表工作业务知识培训，提升常委会组成人员履职能力。

【改进作风】

2021年，红寺堡区人大常委会将前期调查与集中调查相结合、个别走访与座谈交流相结合、问卷调查与征求意见相结合，提高调查研究的针对性和实效性，提升审议建言质量。贯彻落实中央八项规定精神，督促机关完成区委巡察反馈问题的整改落实工作，推动机关作风建设制度化、规范化。

【机关建设】

2021年，红寺堡区人大常委会坚持民主集中制原则和集体行使职权的工作原则，严格议事程序，规范履职行为，推动常委会履行职权民主化、法治化。加大人大工作宣传力度，2021年编写人大工作信息50余期。组织机关干部到创业社区等联系点宣传疫情防控知识，创建全国文明城市，争创自治区文明机关，加强"四个机关"建设。常态化开展志愿服务等活动，转变机关工作作风。

重要会议

【第三届人民代表大会第七次会议】

吴忠市红寺堡区第三届人民代表大会第七次会议于2021年1月18—20日召开，会议补选张瑞峰为红寺堡区监察委员会主任。

【第四届人民代表大会第一次会议】

吴忠市红寺堡区第四届人民代表大会第一次会议于2021年10月25—28日召开，会议选举产生新一届"一府一委两院"领导班子，听取和审议各项工作报告。

【三届人大常委会第三十次会议】

2021年1月13日召开，会议听取和审议红寺堡区第三届人民代表大会代表资格审查委员会

2021年10月26—28日，吴忠市红寺堡区第四届人民代表大会第一次会议第一次全体会议召开 （红寺堡区人大提供）

关于代表变动补选代表的代表资格审查情况的报告，表决关于召开红寺堡区第三届人民代表大会第七次会议时间的决定和红寺堡区第三届人民代表大会第七次会议有关事宜，会议接受谭兴玲请求辞去区人民政府区长职务的辞呈。

【三届人大常委会第三十一次会议】

2021年2月23日召开，会议审议吴忠市红寺堡区人大常委会2021年工作要点，会议表决通过区人大常委会和区监察委员会有关任命议案，任命王忠强为区人民政府代区长、马晓莲为区人大常委会代表联络与选举工作委员会主任、马德福为区人大常委会民族宗教法制工作委员会主任，任命张宏昌为红寺堡区监察委员会委员，会议表决通过区人民政府任免议案，决定免去高建斌区人民政府办公室主任职务，免去马贵人力资源和社会保障局局长职务，免去海琴区科学技术局局长职务，免去魏世雄区应急管理局局长职务，免去张怀力区综合执法局局长职务，免去王成虎区审批服务管理局局长职务，任命哈小军为区人民政府办公室主任，高建斌为区科学技术局局长，马贵为区科学技术局局长，黑茂森为区综合执法局局长，蔡金玉为区审批服务管理局局长。会议通报了拟任命人员任前法律知识考试情况。会议接受蔡金玉请求辞去红寺堡区第三届人民代表大会常务委员会委员职务。

【三届人大常委会第三十二次会议】

2021年4月28日召开，会议听取和审议区人民政府关于开展社区矫正工作情况的报告、区人民政府关于乡村公共文化建设情况的报告和区人民政府关于提请红寺堡区部分乡镇行政区划变更工作方案的议案。会议表决通过红寺堡区人大常委会和红寺堡区人民政府人事任免议案，免去蔡金玉新民街道人大联络办主任职务，免去马秀荣区审计局局长职务，免去马亚群区财政局局长职务，免去王琳区农业农村局局长职务，免去虎治亮区文化旅游体育广电局局长职务，任命刘学军

为新民街道人大联络办主任、贾汝为红寺堡区人大常委会办公室副主任、马秀荣为区财政局局长、马亚群为区农业农村局局长、海正祥为区文化旅游体育广电局局长。审议通过有关备案事项。

【三届人大常委会第三十三次会议】

2021年6月16日召开，会议听取审议并表决通过区人大常委会主任会议关于任命区、乡（镇）两级选举委员会组成人员的议案。

【三届人大常委会第三十四次会议】

2021年6月24日召开，会议听取和审议区人民政府关于乡村振兴战略实施情况的报告、区人民政府关于2020年度红寺堡区国有资产管理情况的报告、区人民政府关于红寺堡区农村教育工作情况的报告，会议表决通过区人民政府关于2021年红寺堡区预算调整方案（草案）的报告，听取和审议区人大常委会关于农村教育工作的调查报告、区人大常委会农财委关于2021年红寺堡区预算调整方案的审查报告，会议听取和审议区人民法院关于刑事审判及扫黑除恶专项斗争开展情况的工作报告、区人大常委会关于红寺堡区刑事审判及扫黑除恶专项斗争工作情况的调查报告，会议听取和审议区人民检察院关于生态检察工作情况的报告、区人大常委会关于红寺堡区人民检察院生态检察工作情况的调查报告。会议表决通过区人大常委会关于区、乡（镇）两级人民代表大会代表名额分配决定（草案）的议案和区人大常委会关于区、乡（镇）新一届人民代表大会换届选举时间的决定（草案）的议案。会议表决通过区人大常委会、区人民政府、区监察委员会和区人民法院有关任免议案，免去刘汉锋区人大常委会办公室主任职务，免去张保岐区人民政府副区长职务，免去赖有为区人民政府副区长职务，免去吕振中区扶贫开发办公室主任职务，免去李君区监察委员会委员职务，免去虎登双人民陪审员职务。决定任命任成忠为区人大常委会办公室主任、张宏志为区人民政府副区长、谢二亮为区人民政府副区长、吕振中为区乡村振兴局局长、海万昌为区人力资源和社会保障局局长。

【三届人大常委会第三十五次会议】

2021年8月19日召开，会议表决通过区人民政府关于2021年上半年国民经济和社会发展计划执行情况的报告、区人民政府关于2020年红寺堡区财政决算草案和2021年上半年预算执行情况的报告、区人民政府关于2020年度财政预算执行及其他财务收支审计情况的报告、区人民政府关于环境状况和环境保护目标完成情况及大气污染防治工作情况的报告。听取和审议区人大常委会调查组关于红寺堡区2021年上半年国民经济和社会发展计划执行情况的调查报告、区人大常委会调查组关于红寺堡区2020年财政决算草案和2021年上半年预算执行情况的调查报告、区人大常委会执法检查组关于环境状况和环境保护目标完成情况及大气污染防治法贯彻情况的执法检查报告，开展关于《中华人民共和国大气污染防治法》专题询问。会议表决通过关于提请红寺堡区第三届人大常委会接受丁建成等8名同志辞去红寺堡区换届选举委员会职务及牛海萍等38名同志辞去乡（镇）人大换届选举委员会职务的议案。表决通过区人大常委会、区人民政府有关人事任免议案，决定免去尚自刚红寺堡区人民政府副区长职务，免去叶建平红寺堡区人民检察院检察长职务，免去哈小军区人民政府办公室主任职务，免去张致强人民政府副区长职务，会议决定任命杨洪霞为吴忠市红寺堡区人民检察院代理检察长，杨金花、卢山、杨根枝为红寺堡区人民政府副区长，黄国民为区人民政府办公室主任，哈小军为区教育局局长。

【三届人大常委会第三十六次会议】

2021年10月18日召开，会议票决区人民政府关于人居环境整治工作情况的报告、区人民政府关于城乡绿化工作情况的报告、区人民政府关于基础设施建设工作情况的报告，表决通过红寺堡区人大常委会关于深入开展第八个五年普法的决议。会议票决被评议政府组成部门依法行政工作情况的报告，听取和审议区人大常委会评议调查组关于被评议部门工作情况的调查报告，会议表决通过红寺堡区第四届人民代表大会第一次会议有关事项，会议审议区人大常委会工作报告（审议稿），表决通过区人民政府、区监察委员会有关人事任免议案，决定免去李玉平区工业信息化和商务局局长职务，免去刘艳区监察委员会副主任职务，任命韩明为区工业信息化和商务局局长、李玉平为区监察委员会副主任、陈莉为区监察委员会委员。

【四届人大常委会第一次会议】

2021年12月16日召开，会议书面传达学习习近平总书记在中央人大工作会议上的重要讲话精神传达提纲，向区人民政府转交区四届人大一次会议代表议案、建议。会议表决通过区人大常委会主任会议关于提请任命红寺堡区第四届人民代表大会常务委员会代表资格审查委员会组成人员的议案、红寺堡区人大常委会关于规范性文件备案审查的报告（草案），会议征求关于红寺堡区人大常委会2022年工作要点的意见建议，会议表决通过区人民政府有关人事任免议案，任命黄国民为区人民政府办公室主任、李军保为区发展和改革局局长、哈小军为区教育局局长、马金贵为区科学技术局局长、韩明为区工业信息化和商务局局长、何明为区民政局局长、杨国文为区司法局局长、马秀荣为区财政局局长、海万昌为区人力资源和社会保障局局长、王少奇为区自然资源局局长、李宗贤为区住房城乡建设和交通局局长、王贯举为区水务局局长、海正祥为区文化旅游体育广电局局长、张淑艳为区卫生健康局局长、王兴龙为区退役军人事务局局长、马贵为区应急管理局局长、黑晓军为区审计局局长、周治强为区统计局局长、高建斌为区乡村振兴局局长、黑茂森为区综合执法局局长、李虎为区医疗保障局局长、蔡金玉为区审批服务管理局局长，免去马亚群区农业农村局局长职务，免去吕振中区乡村振兴局局长职务，免去袁安莉统计局局长职务，会议接受张怀力等3名同志辞去第四届人民代表大会代表职务，周仁科辞去区第四届人大常委会委员职务。

【四届人大常委会第二次会议】

2021年12月28日召开，会议表决通过区人大常委会农财委关于2021年红寺堡区预算调整方案的审查报告，会议表决通过区人民法院有关人事任免议案，任命李静、武鹏、马宁、王晓娟4名同志为吴忠市红寺堡区人民法院审判员。

专门工作委员会

【财经农业教科文卫工作委员会】

2021年，财经农业教科文卫工作委员会围绕红寺堡区重点工作，有效开展监督工作。加强经济运行监督，对本年度国民经济计划和社会发展计划、财政预算执行等工作进行调查，为推动红寺堡区经济高质量发展问诊把脉。开展农村教育工作专项调查，并根据调查发现的问题，要求区人民政府统筹教育发展布局，合理配置师资，切实解决城乡、区域之间教师分布不合理的问题，均衡优质资源，提升教师整体素质。对乡村公共文化建设情况进行调查，要求区人民政府完善公共文化基础设施设备，丰富公共文化服务内容，提高公共文化服务能力，不断提升村民精神文化生活质量。按照区人大常委会2021年度工作计划和监督重点，对农业农村局进行民主评议。

【民族宗教法制工作委员会】

2021年，民族宗教法制工作委员会对区人民法院刑事审判及扫黑除恶专项斗争工作、区人民检察院生态检察工作进行调查，要求"两院"进一步夯实依法治区基础，为"法治红寺堡"建设尽到应有之责。听取区人民政府关于人居环境整治、基础设施建设、城乡绿化、社区矫正、国有资产管理等方面的专项工作报告，并进行满意度测评，提出推进工作的意见和建议，对区应急管理局进行民主评议，督促其高效行政。

【代表联络选举工作委员会】

2021年，代表联络选举工作委员会为提高代表履职能力，安排代表赴云南、河北北戴河人大代表培训基地参加履职能力提升培训。按照自治区、吴忠市县乡人大换届工作安排，红寺堡区结合实际，精心组织，周密安排，认真制定工作方案，严格换届工作程序，严肃换届工作纪律，顺利完成新一届区、乡（镇）人大、政府领导班子和监委主任、法院院长、检察院检察长及出席吴忠市第六届人民代表大会代表选举任务。对区应急管理局进行工作评议，督促政府部门提高工作效率。着力推进"人大代表之家"建设，为代表履职提供活动阵地。严盯议案建议办理，严格把控交办、研办、督办、领办、答复等重点环节，努力提高代表议案建议办理工作质量，做到民有所呼、我有所应。做好代表服务工作，强化代表机关建设。

（贾　汝）

红寺堡区人民政府

HONGSIBU QU RENMIN ZHENGFU

重要会议

【三届政府第 79 次常务会议】

2021 年 2 月 23 日，红寺堡区代区长王忠强主持召开红寺堡区三届人民政府第 79 次常务会议。传达学习习近平总书记在党史学习教育动员大会等会议上的重要讲话精神，听取关于赴三门峡、永寿招商和学习考察情况的汇报，审议《关于全面推进乡村振兴加快农业农村现代化的实施方案（送审稿）》等，安排部署近期各项工作。

【三届政府第 80 次常务会议】

2021 年 2 月 26 日，红寺堡区代区长王忠强主持召开红寺堡区三届人民政府第 80 次常务会议。传达学习 1 月 7 日中央政治局常务委员会、1 月 28 日中央政治局会议等重要会议精神，审议《红寺堡区城市生活垃圾分类治理实施方案（送审稿）》《红寺堡区农村生活垃圾分类治理实施方案（送审稿）》等，研究弘德村现代日光温室供水工程设施农用地手续办理、2020 年招聘高层次事业编制人才安置等相关事宜。

【三届政府第 81 次常务会议】

2021 年 3 月 11 日，红寺堡区代区长王忠强主持召开红寺堡区三届人民政府第 81 次常务会议。传达学习全国及自治区卫生健康工作会议、市场监管工作会议等重要会议精神，审议《吴忠市红寺堡区国有企业负责人薪酬制度改革工作方案（送审稿）》等，听取红寺堡区 2020 年统计工作及赴三门峡、咸阳、西安等地考察项目情况的汇报，研究新庄集乡康庄村苹果储藏室项目供地等事宜。

【三届政府第 82 次常务会议】

2021 年 3 月 26 日，红寺堡区代区长王忠强主持召开红寺堡区三届人民政府第 82 次常务会议。传达学习习近平总书记在中央党校（国家行政学院）中青年干部培训班开班式、中央政治局第二十八次集体学习等重要讲话精神，审议《红寺堡

区2021年农业特色优势产业扶持政策措施（送审稿）》等，研究红寺堡区4宗建设用地公开出让的有关事宜。

【三届政府第83次常务会议】

2021年4月8日，红寺堡区代区长王忠强主持召开红寺堡区三届人民政府第83次常务会议。传达学习习近平总书记在中央财经委员会第九次会议、3月30日中央政治局会议及在福建考察期间、参加首都义务植树时的重要讲话精神，审议《关于红寺堡区获得文明单位、文明村镇、文明校园有关奖励办法（送审稿）》等，研究红寺堡区柳泉乡滩羊集中养殖场设施农用地手续办理等。

【三届政府第84次常务会议】

2021年4月30日，红寺堡区代区长王忠强主持召开红寺堡区三届人民政府第84次常务会议。传达学习全国、全区防汛抗旱工作电视电话会议等重要会议精神，研究贯彻落实意见；听取巩固拓展脱贫攻坚成果工作进展情况的汇报，安排部署下一步工作；审议《红寺堡区关于强化易地搬迁后续扶持实施百万移民致富提升行动的实施方案（送审稿）》等，研究新庄集乡东川村壮大村集体经济发展用地手续办理、大河派出所项目供地等相关事宜。

【三届政府第85次常务会议】

2021年5月20日，红寺堡区代区长王忠强主持召开红寺堡区三届人民政府第85次常务会议暨区应对新冠肺炎疫情工作指挥部第33次会议。传达学习习近平总书记在河南视察、召开推进南水北调后续工程高质量发展座谈会等重要讲话精神，审议《红寺堡区红十字会改革实施方案（送审稿）》《红寺堡区进一步加强红十字会基层组织建设的实施方案（送审稿）》等，研究红寺堡杞福街（罗山路—太阳山路）排水防涝设施建设工程项目供地、收回银川三建房地产开发有限公司红寺堡分公司部分土地使用权等相关事宜。

【三届政府第86次常务会议】

2021年5月27日，红寺堡区代区长王忠强主持召开红寺堡区三届人民政府第86次常务会议。传达学习习近平总书记出席全球健康峰会讲话精神、习近平总书记委托湖南省委书记看望袁隆平同志家属并转达对袁隆平同志的深切悼念和对其家属的亲切问候，传达学习中央政治局常委、全国政协主席汪洋来宁视察等重要讲话精神，审议《吴忠市红寺堡区创建全国文明城市工作规划（2021—2023年）》（送审稿）等，研究红寺堡镇滩羊养殖示范区设施农用地手续办理相关事宜。

【三届政府第87次常务会议】

2021年6月10日，红寺堡区代区长王忠强主持召开红寺堡区三届人民政府第87次常务会议。传达学习习近平总书记在青海考察、5月31日中共中央政治局会议、中央政治局第三十次集体学习会议等重要会议精神，审议《关于开展红寺堡区易地户籍常住居民城乡高龄津贴审批试点工作实施方案（送审稿）》，研究划拨宁夏联成红寺堡20MWp分布式光伏电站项目供地、大河乡河西村肉牛养殖示范园区设施农用地手续办理等事宜。

【三届政府第88次常务会议】

2021年6月24日，红寺堡区代区长王忠强同志主持召开红寺堡区三届人民政府第88次常务会议。传达学习习近平总书记重要文章《以史为镜、以史明志，知史爱党、知史爱国》、习近平总书记在参观"'不忘初心、牢记使命'中国共产党历史展览"时的讲话精神，审议《吴忠市红寺堡区城乡居民收入提升行动实施方案（送审稿）》等；研究红寺堡区优化营商环境工作交接事宜暨审议《吴忠市红寺堡区持续优化营商环境助力创建全国易地搬迁移民致富提升示范区若干措施（送审稿）》等有关事宜。

【三届政府第89次常务会议】

2021年7月8日，红寺堡区代区长王忠强主持召开红寺堡区三届人民政府第89次常务会议。传达学习习近平总书记在"七一勋章"颁授仪式、庆祝中国共产党成立100周年大会等重要讲话精神，审议《关于进一步规范财政预算资金管理的意见（送审稿）》等，研究柳泉乡水套村滩羊养殖场设施农用地手续办理等有关事宜。

【三届政府第90次常务会议】

2021年8月1日，红寺堡区代区长王忠强主持召开红寺堡区三届人民政府第90次常务会议。传达学习习近平总书记视察西藏、在中国共产党与世界政党领导人峰会、亚太经合组织领导人非正式会议等重要讲话精神，以及自治区党委常委会会议暨应对新冠肺炎疫情工作领导小组第18次会议、吴忠市应对新冠肺炎疫情工作指挥部第22次会议精神，听取2021年上半年食品药品安全工作情况、自治区生态环境保护督察反馈意见整改落实情况的汇报；审议《吴忠市红寺堡区2021年上半年国民经济和社会发展计划执行情况（草案）的报告（送审稿）》等，研究吴忠市红寺堡区2021年供暖工程（燕然华府）换热站项目供地等有关事宜。

【三届政府第91次常务会议】

2021年8月5日，红寺堡区代区长王忠强主持召开红寺堡区三届人民政府第91次常务会议。会议传达学习全国疫情防控工作电视电话会议暨自治区应对新冠肺炎疫情工作指挥部关于认真做好当前新冠肺炎疫情防控工作的紧急通知及2021年下半年全区新冠病毒疫苗接种实施方案等重要会议精神，审议《吴忠市红寺堡区2021年度闽宁协作资金项目计划实施方案（送审稿）》等，研究吴忠市红寺堡区委党校南侧及西侧附属项目供地等事宜。

【三届政府第92次常务会议】

2021年8月19日，红寺堡区代区长王忠强主持召开红寺堡区三届人民政府第92次常务会议。传达学习中共中央政治局会议、中央财经委员会第十次会议及自治区深入实施"四大提升行动"、全面促进乡村振兴工作等重要会议精神，审议《吴忠市红寺堡区深入开展爱国卫生运动的实施方案（送审稿）》等，研究吴忠市红寺堡区2021年8月份预算单位申请资金与吴忠市红寺堡区新庄集精品富硒农业小镇基础设施建设项目一号路（六号路—七号路）道路工程项目供地等相关事宜。

【三届政府第93次常务会议】

2021年9月5日，红寺堡区代区长王忠强主持召开红寺堡区三届人民政府第93次常务会议。传达学习习近平总书记在河北承德考察、中央民族工作会议、中央深改委会议重要讲话精神及自治区黄河流域生态保护和高质量发展先行区建设第五次推进会精神，审议《吴忠市红寺堡区2021年秋季农田水利基本建设实施方案（送审稿）》等，研究收回红寺堡区第一中学改扩建（红寺堡区职业教育中心）项目用地并重新划拨供地、红寺堡区城乡工程建设有限公司一宗工业用地使用权分割转移登记、新庄集乡白墩村经果林基地供水工程设施农用地手续办理有关事宜。

【三届政府第94次常务会议】

2021年9月21日，红寺堡区代区长王忠强主

持召开红寺堡区三届人民政府第94次常务会议。传达学习习近平总书记在陕西榆林考察、中央党校（国家行政学院）中青年干部培训班开班式、出席金砖国家领导人第十三次会晤时重要讲话精神及自治区党委"坚持以案促改、深化作风建设"专题民主生活会等重要会议精神，审议《吴忠市红寺堡区行政复议体制改革实施方案（送审稿）》《关于在全区公民中开展第八个五年法治宣传教育的实施方案（2021—2025年）》（送审稿）、《吴忠市红寺堡区人民政府常务会议学法制度（送审稿）》、《吴忠市红寺堡区人民政府行政应诉工作规则（送审稿）》等，研究增补吴忠市红寺堡区村级事务管理公益性岗位人员有关事宜。

【三届政府第95次常务会议】

2021年9月26日，红寺堡区代区长王忠强主持召开红寺堡区三届人民政府第95次常务会议。传达学习《关于五起违反中央八项规定精神典型问题的通报》精神，研究调整吴忠市红寺堡区人民政府领导工作分工事宜，审议《吴忠市红寺堡区棚户区改造紫苑社区新民小区新民片区房屋征收补偿安置方案（送审稿）》。

【三届政府第96次常务会议】

2021年10月9日，红寺堡区代区长王忠强主持召开红寺堡区三届人民政府第96次常务会议。传达学习习近平总书记在中央人才工作会议上的重要讲话精神及李克强总理在庆祝中华人民共和国成立七十二周年招待会上的致辞精神，研究宁夏晓鸣农牧股份有限公司在红寺堡投资智慧农业产业园示范项目，研究讨论《政府工作报告（讨论稿）》。

【三届政府第97次常务会议】

2021年10月20日，红寺堡区代区长王忠强主持召开红寺堡区三届人民政府第97次常务会议。传达学习习近平总书记在纪念辛亥革命110周年大会上的重要讲话、在《生物多样性公约》第十五次缔约方大会领导人峰会上的主旨讲话精神及自治区第十二届委员会第十三次全体会议精神，审议《吴忠市红寺堡区2021年国家烟草专卖局定点帮扶资金项目计划实施方案（送审稿）》及2020年国家烟草专卖局定点帮扶结余资金分配计划等相关事宜；研究吴红地（G）〔2021〕—22号宗地公开出让等事宜。

综合服务

【自身建设】

2021年，红寺堡区政府办公室严抓理论学习，坚持每周一例会学习制度，制定印发《政府办2021年党组理论学习中心组学习计划》，组织全体干部学习《2021年党史学习教育实施方案》以及习近平总书记最新重要讲话和指示批示精神，不断增强"四个意识"、坚定"四个自信"、做到"两个维护"，牢记"国之大者"。结合习近平总书记在庆祝中国共产党成立100周年大会上的重要讲话精神及党的十九届六中全会精神，围绕把握历史规律、"牢记中国共产党是什么，要干什么"等开展心得交流。注重日常管理，严格督导落实"三会一课"、干部考勤、办文办会等制度，扎实开展扶贫帮扶、志愿服务等活动。

【政府效能】

2021年，红寺堡区政府办公室严格落实中央八项规定及其实施细则精神，力戒形式主义、官僚主义，会议、文件有效压减，"三公"经费年均下降35.6%。自觉接受人大法律监督、政协民主监督，累计办理代表议案建议134件、委员提案

217件。纵深推进法治政府建设,全面落实行政执法"三项制度"。扎实推进政务公开、"数字政府"建设,12345便民服务热线及区长信箱办理水平不断提升,累计承接咨询、诉求等4.8万件,按期办结率达98.8%,群众满意率达97.8%。同时,国防动员、国家安全、外事侨务、机关事务、新闻媒体、网络安全、电力通信、罗山保护、文物保护、档案史志、工商联、公积金、供水、供气、供热、税务、金融、保密、人防、工会、妇女、儿童、青年、老龄、气象、邮政等方面工作都取得新成效,为全区经济社会发展作出了积极贡献。

【督查督办】

2021年,红寺堡区政府办公室紧盯示范区创建、疫情防控、农村人居环境整治、项目建设等重点工作,坚持抓重点、求实效、促落实、上水平,通过实时跟进、动态跟踪、催办督办,做到"凡有安排、必有督查,凡有督查、必有结果",累计开展各类专项督查114余次,下发政务督查通报18期、提示函3期、督办单29期,撰写调研报告5份、督查专报8期、督查材料50余份,督促推动各项工作完成落实。政府主要领导在区委、区政府大型会议上对督查工作予以肯定和表扬,对各类督查材料作出批示。政府督查室起草《红寺堡区"出村入场"建设运营情况调研报告》《关于中央预算内投资项目进展情况的督查专报》,区领导充分肯定并鼓励继续保持。认真落实国务院、自治区、吴忠市上级督查督办要求,形成反馈汇报材料12份。对国务院大督查交办的5条线索,压茬推进,高质量做好督查整改工作。在《国务院办公厅关于对国务院第八次大督查发现的典型经验做法给予表扬的通报》中,"宁夏回族自治区吴忠市红寺堡区突出重点全面推进乡村振兴"作为典型经验做法被给予表扬。

【政务信息公开】

2021年,红寺堡区政府办公室全面推进重点领域信息公开,做好"双随机、一公开"信息归

2021年12月1日,红寺堡区政府督查室对超市冷冻食品进行专项督查 (红寺堡区政府办提供)

集展示，累计发布信息 210 余条。全面优化网站栏目，增设"国民经济和社会发展规划""区域规划""工作计划"等专栏，共发布各类规划信息 54 条。持续改进政策解读方式，运用图解、动漫、视频、主播微讲堂、局长谈公开等形式讲透政策，共制作政策图解 30 条、动漫微视频 50 个，组织 10 家涉及面广、群众关注度高的重点业务部门局长做客《局长谈公开》访谈栏目。通过政府网站、政务新媒体等平台发布市场监管规则标准、产品质量信息共 150 余条，全力做好市场监管"双随机、一公开"信息归集展示。规范 12345 市民热线以及各类政务新媒体留言办理流程，及时答复百姓利益诉求，依法受理政府信息公开申请 13 件，累计办理各类留言 169 件，办结率 98%。开展专题培训 100 余人次，逐步提升基层政务公开质量。组织 22 家单位开展"政府开放日"活动，打造 10 期"政府开放日、畅通政民互动"系列专题宣传短片，形成宣传矩阵，放大传播效应。

【事务管理】

2021 年，红寺堡区政府办公室完善区政府值班室基础设施，严格落实 24 小时专人值班制度，认真处理来函来电。截至 2021 年底，共上报处理突发事件 45 余次，应急值班工作受到自治区政府领导多次点评及表扬。上报 190 余篇政务信息，被自治区采编 7 篇，总体排名靠前。精心编发本级政务信息，提炼亮点，亮出问题，为领导了解情况、作出决策提供有力服务。

（黑付芳）

信访工作

【群众来访受理】

2021 年，红寺堡区信访局共接待来访群众 367 批次 1008 人次，与 2020 年相比，批次上升 50.41%、人次上升 36.22%。其中，初信初访 205 批次 595 人次，重复访 162 批次 413 人次。到吴访 5 批次 9 人次，与 2020 年（4 批次 9 人次）相比批次上升 25%，人次持平。赴银访 6 批次 18 人次，与 2020 年（5 批次 5 人次）相比批次上升 20%，人次上升 100%。进京访共 2 批次 2 人次，与 2020 年（3 批次 4 人次）同期相比批次下降 33.33%，人次下降 50%。未发生非接待场所涉访情况，信访形势总体保持平稳。

【重点信访事项办理】

2021 年，红寺堡区认真做好上级信访部门交办件、区长信箱受理件办理工作，按照《信访工作条例》等相关规定，严格办理程序，确保"件件有回音、事事有结果"。自治区信访局交办重点事项 1 件，办结 1 件；吴忠市信联办交办重点事项 6 件，办结 6 件；中央信联办、自治区信联办、吴忠市信联办交办的集中治理重复信访、化解信访积案专项件 29 件，上报化解 29 件，倒流 3 件。区长信箱共收到信件 25 件，办结 24 件。

【制度建设】

2021 年，红寺堡区落实信访工作责任制，压实各级各部门责任，落实信访事项首接首办、领导干部初信初访首办责任等制度，制定印发《红寺堡区初信初访首办责任制暂行办法》。稳定进京越级访重点人员，进京越级访苗头得到了遏制，信访秩序明显好转。推进依法逐级走访，引导群众合理表达诉求。开展治理重复信访事项化解积案专项行动，严格落实领导包案，明确化解时限，加强督导、通报等工作机制，加大对在办的重复信访积案化解工作，各包案处级领导进行跟踪督办，积极组织协调有关乡镇、部门认真研究解决方案和化解办法、齐心协力、克服困难，中央、自治区及吴忠市信联办交办案件全部化解。

【信息化建设】

2021年，红寺堡区信访信息系统受理120件，其中，本级登记件36件（网上投诉19件，网投率52.78%），上级转送73件，交办件10件，责任单位及时受理率100%，按期答复率100%，群众满意率80.72%。视频接访会商平台建设，实现了复杂事项双方或多方会商，满足国家、自治区、吴忠市视频会议、远程培训、接访需要。

（黑付芳）

机关事务

【疫情防控】

2021年，做好弘德隔离点和隔离酒店后勤保障工作，成立弘德园区新冠肺炎疫情隔离点指挥部临时党支部，组建后勤保障工作专班，多次召开专题会议安排部署疫情防控工作，安排多名工作人员专门驻弘德隔离点和隔离酒店，切实做好物资保障、生活保障、车辆保障等各项工作。协调、购买生活物资60余种、8万余件，协调医疗物资30余种、6万余件。落实区委、区政府疫情防控工作要求，牢牢织密精密智控网络，安装智能红外测温仪，组织保安人员严格落实"健康码+体温测量"工作，切实守好政府楼、综合楼等办公楼大门。落实疫情防控常态化举措，持续开展消杀，对机关大院、办公楼等公共场所，卫生间、办公室等重点场所，医学隔离点内人员接触频繁、病毒易感染的重点区域进行专业卫生消毒查杀，形成每日2次常态化大消模式，切实做到消杀无死角、无遗漏。

【机关事务】

2021年，成立标准化建设工作专班，多次召开专题研讨会，与标准化公司合作，制定《红寺堡区机关事务工作标准化建设实施方案》和《吴忠市红寺堡区机关事务服务中心党政机关办公用房管理规范》，拟定适用红寺堡区机关事务工作的标准清单。安排工作人员，负责做好各项标准化试点工作。

【公共机构节能】

2021年，利用"世界水日""中国水周"等节能宣传日在政府大楼、综合楼、博大购物广场组织开展公共机构节约能源资源宣传活动2次，共发放宣传画册500余份，宣传资料1000余份，悬挂横幅5条。做好公共机构能耗统计工作和督促检查工作，通过收集、汇总、分析每季度公共机构能耗统计数据，及时监控和全面掌握全区公共机构能耗情况，统计上报143家单位2020年公共机构能耗数据情况，已完成公共机构能耗下降目标。完成节约型机关创建目标。2021年，有13个单位创建节约型机关，均通过自治区验收，顺利完成自治区下达的任务目标。垃圾分类工作取得明显成效，保洁人员回收资源垃圾收益2万余元，共发放保洁人员垃圾回收绩效工资2.5万元。

（苏　晨）

政务服务

【营商环境】

2021年，通过进一步深化"放管服"改革，创新机制体制，营造公平竞争市场环境、高效便捷政务环境、公开透明监管环境、公正公平法治环境、宽松有序创新环境，提高办事效率，树立"对标找差距、对表抓落实"的理念，不断转变职能，优化服务，有效激发市场主体活力和创造力，不断提升群众和企业满意度。开展优化营商环境宣传，营造一种"人人关心营商环境、事事关心营商环境"的积极氛围，提升红寺堡区广大干部职工和人民群众关心和支持营商环境工作的意识。周密组织优化营商环境评价工作，组织各单位主动研究指标，针对短板缺什么补什么，并就2020年失分点积极对接各牵头单位，逐一进行反馈，各牵头部门检查指标填报进度，做好指导和统筹协调工作，由各牵头部门分批次集中核验填报结果，将694道题目及2000余份佐证材料100%上传。2021年度优化营商环境评价结果排名较上年有大幅提升。

【服务事项】

2021年，红寺堡区梳理完善政务服务事项1323项，可不见面办理事项1041项，网上可办率达78.68%，已进驻事项1213项，进驻率达91.69%，设立综合窗口，对事项少或办件少的单位政务服务事项进行代办、帮办，共产生办件量337501件。宣传宁夏政务服务网和"我的宁夏"App，积极引导群众开展网上办事，用好全程网办、代办制、快递送等方式，增强群众对不见面办理的认可度。完善政务服务"好差评"制度体系。共采购78台线下评价设备并上线运行，连通窗口办事评价、线上办事评价、二维码办事评价和App办事评价等评价方式，让企业和群众真正参与其中，便民服务满意度达95%以上。推动政务服务网与部门专网系统对接，不断强化数据互联共享，业务协同联动，继续开发网上申报的办理事项电子表单，让更多事项实现无纸化申报，深入推广数据核验专用章应用，激活更多"死数据"，变为群众办事"活材料"。

【审批服务改革】

2021年，红寺堡区制定《吴忠市红寺堡区推进基层审批服务便民化改革工作方案》《红寺堡区基层政务服务人员队伍建设管理办法》，按照"依法下放、宜放则放"原则，梳理出《红寺堡区乡镇（街道）赋权清单指导目录》和《红寺堡区乡镇（街道）政务服务事项清单指导目录》。按照"三规范、七统一"的要求，进一步规范乡镇（街道）民生服务中心标准化建设，设置"综合受理"窗口、统一岗位设置，配备岗位标牌、工作人员公示牌、事项公示牌等基本服务标识，标准化率达100%。稳步推进基层相关服务事项进驻乡镇民生服务中心集中办理，完善村级代办服务机制，提升村级代办服务能力，在64个村和8个社区设立村级民生服务代办点，将48项政务服务事项下沉到村（社区），2021年1—12月，村级代办量达3538件，基本实现群众办事不出村。

【"12345"服务热线】

2021年，红寺堡区优化"12345"便民服务热线功能，灵活督办"12345"便民服务热线，加强上门督办、领导批办，推行首接负责制，建立督办台账，实行定期通报制度，引导承办单位自我联办。2021年接到"12345"便民服务热线11187件，转办诉求2462件，办结件2382件，办结率96.75%，群众满意率达到97.31%，进一步提升了服务群众的能力。

（李明珍）

退役军人事务

【双拥工作】

2021年，红寺堡区退役军人事务局及时发放各类优抚对象优抚资金，全年发放资金近500万元。积极做好2021年49名秋季退役士兵返乡工作。积极落实优抚安置政策，协调区委组织部、编办、人社局做好退役士兵的移交安置。清明节前夕，会同人武部，前往红寺堡区烈士陵园开展烈士祭扫活动，教育引导干部职工学习英烈精神、传承英烈精神。春节、"八一"等重要时间节点，区委、政府、人大、政协四套班子领导坚持亲自上门慰问优抚对象、军烈属、特困和患大病的退役军人，全年落实慰问经费100余万元。按照新兵入伍"四尊崇"、退役返乡"五关爱"、日常关怀"六必访"的要求，为荣获三等功及喜报的现役军人家属送去喜报和慰问金，全年送出立功受奖喜报53份，发放慰问金3.85万元。慰问离世退役军人家属3人，发放慰问金5000元。看望慰问定武高速路口、红寺堡北高速路口参与疫情防控退役军人志愿者10人，发放慰问金2000元。看望慰问边海防特殊执勤军人家属，送慰问金1.3万元。

【权益保障】

2021年，红寺堡区退役军人事务局召开红寺堡区委退役军人事务工作领导小组第3次全体会议，审议《红寺堡区委退役军人事务工作领导小组成员单位工作职责》等5个文件，明确各成员单位工作职责，推动退役军人工作高质量发展，巩固深化军地合力"宁夏经验"成果。发挥考核指挥棒作用，积极参与区委效能目标考核，将退役军人事务工作纳入区委对各成员单位、相关部门考核。坚持开展春季"大走访"活动，进村入户走访挂牌及发放双拥卡，赠送双拥纪念品等，摸排生产生活中存在的困难和难题，对生活困难的退役军人家庭，党组班子积极协调相关部门进行帮助解决。截至2021年底，协调民政局为困难退役军人杨进学发放2000元临时救助。积极为13名残疾军人换发新版残疾证。

【就业创业】

2021年，红寺堡区退役军人事务局通过微信群、QQ群、微信公众号等平台推送各企业招聘信息，为退役军人提供更多就业机会，并积极协调红寺堡区相关单位、企业吸纳退役军人就业。全年联合就业局开展专场招聘会4场，累计提供工作岗位千余个，对接银川康洁公司，为其输送退役军人中高级管理人才，为众源安保公司推荐本年度优秀退役军人4人。举办为期一周的退役士兵适应性培训，重点讲授SYB创业能力课程，强化退役士兵创业意识，增强小微企业抗风险能力，本次培训班共有30余名退役军人参加。联合税务局为红寺堡区54名退役军人、3家退役军人创办企业落实税收减免12.8万余元。

【创建工作】

2021年，红寺堡区退役军人事务局继续深入开展全国示范型、标杆型退役军人服务中心（站）创建活动，指导新庄集乡退役军人服务站创建全国标杆型退役军人服务站；红寺堡区退役军人服务中心作为2021年宁夏10家精品退役军人服务机构之一，拟申报全国样板退役军人服务中心。积极推进服务保障体系实体化运转。坚持将退役军人服务保障体系建设作为一项政治任务，积极探索基层武装和退役军人事务工作融合发展新途径，着力提升乡镇（街道）、村（社区）退役军人服务站的服务保障能力。

（付方玉）

政协红寺堡区委员会

ZHENGXIE HONGSIBU QU WEIYUANHUI

综 述

【民主监督】

2021年，红寺堡区政协常委会紧紧围绕区委、区政府中心工作，带头深入基层开展调研。先后围绕创建全域食品安全示范区、依法治区、优化营商环境、实施特色农业提质增效等议题开展调研协商，完成7篇调研报告。与自治区、吴忠市政协围绕草原保护、水资源保护、葡萄产业发展、"四大提升"行动、巩固拓展脱贫攻坚成果同乡村振兴有效衔接等议题开展联动调研5次，为建设黄河流域生态保护和高质量发展先行区、创建全国易地搬迁移民致富提升示范区积极建言献策。2021年，委员列席旁听区委常委会、政府常务会议和各类听证会95余人次，民主监督氛围浓厚。对高考、中考、特岗面试等考场进行监督。坚持把提案工作作为一项全局性工作来部署和推进，发挥重点提案示范引领作用，按照"三见面"要求，把面商过程变成与委员交流沟通的过程，把办理过程变成与界别群众增进共识的过程，全面提高了提案办理质量、协商质量、服务质量，实现了由"答复满意"转为"办理满意"，得到政协委员和各界群众的一致好评。

【自身建设】

2021年，召开常委会会议5次、主席会议11次、理论学习中心组学习会18次、政协党组会议17次。落实与各党派团体联系制度，对各民主党派以本党派名义提出提案、提交大会发言作出机制性安排，邀请各民主党派、工商联、人民团体参加政协调研协商、民主监督等活动，加强同党外知识分子、非公有制经济人士、新的社会阶层人士的沟通联络，搭建有序参与协商、合理表达诉求的政协平台。制定《关于加强和促进人民政协凝聚共识工作的实施意见》，通过政协民主协商程序和有效工作，把党的主张转化为社会各界共识。做好政协文史资料工作，2021年召开2次文化界委员和相关人士座谈会，审议商讨《红寺堡文化》初稿。聚焦宗教事务管理、培养符合新时代要求的宗教教职人员队伍等议政建言、凝聚共识，积极引导宗教与社会主义社会相适应，广泛宣传党的民族宗教政策。

重要会议

【红寺堡区政协三届五次会议】

中国人民政治协商会议吴忠市红寺堡区第三届委员会第五次会议于2021年1月17日至19日在红寺堡区图书馆晋江报告厅召开。会议应出席委员94人，实到90人。应邀列席会议63人。大会开幕式由红寺堡政协副主席宋立忠主持。红寺堡区委、人大、政府领导和区人武部、人民法院、人民检察院、太阳山开发区红寺堡产业园、罗山管理局、水投公司的领导到会祝贺。红寺堡区政协主席蔺保飞、副主席买廷东代表三届常委会分别作了《吴忠市红寺堡区第三届委员会常务委员会工作报告》和《吴忠市红寺堡区第三届委员会常务委员会关于三届四次会议以来提案工作情况的报告》。1月18日下午，红寺堡区政协三届五次会议举行第二次全体会议。会议共收到大会发言材料32份，8位委员作了大会发言，围绕经济发展、教育、卫生、城市建设等方面发表了意见和建议。大会闭幕式由红寺堡区政协主席蔺保飞主持，并致闭幕词。会议通过了红寺堡区政协第三届委员会常务委员会工作报告、提案工作报告、区政协2021年协商工作计划和关于区政协三届五次会议提案审查情况的报告，通过了会议决议，委员列席了红寺堡区三届人大七次会议，听取并讨论王忠强同志代表人民政府所作的政府工作报告，讨论了红寺堡区"十四五"规划纲要、红寺堡区人民法院工作报告、红寺堡区人民检察院工作报告及其他报告。会议赞同王忠强同志所作的政府工作报告，赞同红寺堡区人民法院工作报告、红寺堡区人民检察院工作报告及其他报告。会议同意蔺保飞同志所作的《政协吴忠市红寺堡区第三届委员会常务委员会工作报告》和买廷东副主席所作的关于提案工作情况的报告，会议通过了《吴忠市红寺堡区政协2021年协商工作计划》和《吴忠市红寺堡区政协提案委员会关于三届五次会议提案审查情况的报告》。大会共收到提案82件，经审查立案41件。

【红寺堡区政协四届一次会议】

中国人民政治协商会议吴忠市红寺堡区第四届委员会第一次会议于2021年10月23日至27日在红寺堡召开。会议应出席委员150人，实到116人。大会开幕式由政协党组书记、大会主席团常务主席张致强主持。红寺堡区委、人大、政府领导和区人武部、人民法院、人民检察院、太阳山开发区红寺堡产业园、罗山管理局、水投公司的领导到会祝贺。红寺堡区政协三届委员会主席蔺保飞、副主席买廷东代表政协吴忠市红寺堡区第三届委员会常务委员会向大会分别作了常委会工作报告和提案工作报告。委员们列席区第四届人民代表大会第一次会议，听取并讨论区委副书记、代区长王忠强所作的政府工作报告，讨论了红寺堡区人民法院工作报告、红寺堡区人民检察院工作报告及其他报告。会议赞同王忠强同志所作的政府工作报告，赞同红寺堡区人民法院工作报告、红寺堡区人民检察院工作报告及其他报告。会议同意蔺保飞同志代表政协吴忠市红寺堡区第三届委员会常务委员会所作的工作报告，同意买廷东同志代表政协吴忠市红寺堡区第三届委员会常务委员会所作的提案工作情况的报告，审议通过《政协吴忠市红寺堡区第四届委员会第一次会议提案审查情况的报告（草案）》《政协吴忠市红寺堡区第四届委员会第一次会议政治决议（草案）》《吴忠市红寺堡区政协2022年协商工作

2021年10月23日，中国人民政治协商会议吴忠市红寺堡区第四届委员会第一次会议召开（红寺堡区政协提供）

计划（草案）》，会议按照《政协章程》的规定，经过民主协商，选举产生了政协吴忠市红寺堡区第四届委员会主席、副主席、秘书长和常务委员。

【红寺堡区政协三届常委会第二十二次会议】

2021年1月11日在红寺堡区政府会议中心第二会议室召开，应到常委18人，实到常委16人。会上，传达学习陈润儿、崔波同志在自治区党委政协工作会议上的讲话，审议通过有关人事事项，审议通过区政协三届五次会议有关文件（草案）及各项建议名单，协商通过大会议程（草案）、大会日程（草案），审议通过《关于召开政协吴忠市红寺堡区第三届委员会第五次会议的决定（草案）》。

【红寺堡区政协三届常委会第二十三次会议】

2021年1月19日在晋江报告厅召开，应到常委18人，实到常委18人。会议听取了各组讨论区政府工作报告及其他工作报告、"十四五"规划纲要、政协吴忠市红寺堡区三届五次会议决议（草案）情况的汇报，审议通过《红寺堡区政协2021年协商工作计划（草案）》《政协吴忠市红寺堡区三届五次会议提案审查情况的报告（草案）》《政协吴忠市红寺堡区三届五次会议决议（草案）》。

【红寺堡区政协三届常委会第二十四次会议】

2021年4月29日在红寺堡区政府会议中心第二会议室召开，应到常委18人，实到16人。会上，集中学习《中国共产党统一战线工作条例》，传达学习中央、自治区党委政协工作会议精神，审议通过有关人事事项，围绕"创建食品安全示范区"工作开展专题议政。

【红寺堡区政协三届常委会第二十五次会议】

2021年7月8日在红寺堡区政府会议中心第二会议室召开，应到常委18人，实到16人。会上，集中学习了习近平总书记在庆祝中国共产党成立100周年大会上的重要讲话，审议通过《关于加强和促进人民政协凝聚共识工作的实施意见》《中国人民政治协商会议吴忠市红寺堡区委员会协商工作规则》《关于强化政协委员责任担当的实施意见》，围绕黄花菜产业发展情况开展专题议政，协商决定有关人事事项。

【红寺堡区政协三届常委会第二十六次会议】

2021年9月30日在红寺堡区政府会议中心第二会议室召开，应到常委18人，实到15人。会上，传达学习了中国共产党吴忠市红寺堡区第四次代表大会会议精神，听取政协吴忠市红寺堡区第四届委员会界别设置和委员组成情况的说明，听取政协吴忠市红寺堡区第四届委员会第一次会议筹备情况汇报，审议了《红寺堡区就业创业示范工程开展情况》调研报告。

重要活动

【专题调研】

2021年3月11日，自治区政协副主席冯志强一行到红寺堡区开展"全面依法治区"调研。区政协主席蔺保飞、副主席买廷东参与调研。调研组通过实地调研、走访交流、召开座谈会等形式，充分了解红寺堡区"严格执法""公正司法"等工作情况。

4月8日，红寺堡区政协副主席杨金花带队围绕"创建全域食品安全示范区"开展专题调研。调研组重点对农产品和食品生产、流通、餐饮服务等方面进行充分调研，摸清现状，详细了解和掌握红寺堡区创建食品安全示范区工作，深入分析创建食品安全示范区工作现状，针对监管机制、模式和方法创新、网格化监管手段、信息化建设等方面开展调查研究，为创建工作提出对策建议，形成调研报告。

4月9日，红寺堡区政协副主席宋立忠带队围绕"实施水资源优化配置示范工程"开展专题调研。调研组通过实地走访、召开座谈会、听取汇报等形式，详细了解和掌握红寺堡区实施水资源优化配置示范工程工作，深入分析实施水资源优化配置工作现状，针对水资源优化配置、可持续利用、节约保护、库区管理、供水工程总体规划等方面开展调查研究，对实施水资源优化配置工作提出意见建议，形成专题调研报告。

4月27日，自治区政协副主席郑震带队来到红寺堡区就"如何培养符合新时代要求的宗教教职人员队伍"开展专题调研。红寺堡区政协主席蔺保飞、副主席买廷东参与调研。调研组先后前往红寺堡区红寺堡镇兴旺村南清真寺、红寺堡镇团结村东清真寺、大河乡河西清真寺进行实地调研。

6月3日，红寺堡区政协副主席宋立忠组织经济界别委员结合党史学习教育，对红寺堡区黄花菜产业发展情况进行专题调研。调研组通过实地查看、走访了解、听取相关单位汇报等形式，详细了解和掌握红寺堡区黄花菜产业发展现状及存在的问题并开展调查分析，为推动红寺堡区黄花菜产业高质量发展提出对策建议并形成专题调研报告。

6月21日，自治区副主席郭虎带队到红寺堡区就"进一步做好易地搬迁安置区后续发展工作"开展专题调研。红寺堡区政协主席蔺保飞参与调研。调研组先后到红寺堡区太阳山镇兴民村、大河乡乌沙塘村、大河乡平岭子村、大河乡龙泉村、大河乡龙源村进行调研。

6月30日，红寺堡区政协主席蔺保飞带队围绕"实施特色农业提质增效示范工程，打造产业融合发展示范区"开展专题调研。调研组通过实地调研、听取介绍、召开座谈会、征询多方不同层面意见建议等方式，对红寺堡区实施特色农业提质增效工程进行调研。详细了解和掌握红寺堡区实施特色农业提质增效示范工程，打造产业融合，就发展示范区发展现状及存在的问题开展调查分析，为推动红寺堡区实施特色农业提质增效示范工程，高质量打造产业融合发展示范区提出对策建议，形成调研报告。

6月30日，红寺堡区政协副主席宋立忠带领部分政协委员通过学习培训、实地察看、走访了解、听取汇报、召开座谈会、征求意见建议等方式，围绕红寺堡区"进一步优化营商环境、助力高质量发展"进行专题调研。调研组按照红寺堡区高质量发展要求，重点就贯彻落实关于优化营商环境各项决策部署落实情况进行调研，详细了解和掌握红寺堡区优化营商环境工作基本情况、存在的主要问题，形成专题调研报告。

7月7日，吴忠市政协副主席马骞一行到红寺堡区调研红寺堡区保护传承发展黄河文化情况。区政协副主席宋立忠参与调研工作。调研组先后到1236原指挥部旧址、移民旧址、宁夏移民博物馆、弘德村观摩调研红寺堡区保护传承发展黄河文化情况。

8月24日，红寺堡区政协副主席买廷东带队，围绕"红寺堡区深化'135'基层社会治理模式，打造县域社会治理示范区，促进移民社会融入"开展专题调研。调研组通过实地调研、听取介绍、召开座谈会等形式，详细了解和掌握红寺堡区"135"基层社会治理模式，打造县域社会治理示范区，掌握移民地区社会融入工作的基本情况、主要做法、取得的成效以及存在的问题。着眼提升社会治理社会化、法治化、智能化、专业化水平，加快形成共建共治共享的县域社会治理示范区，为重点影响国家安全、社会安定、人民安宁的突出问题建言献策，形成专题调研报告。

9月15日，自治区政协常委、农业和农村委员会分党组书记、副主任，宁夏大学教授许兴带队到红寺堡区就"四大提升行动"实施情况开展专题调研。红寺堡区政协主席蔺保飞、区政协副主席候选人浦彦卿参与调研。调研组先后前往柳泉乡永新村、沙泉村，大河乡龙兴村、龙泉村，新庄集乡东川村、新台村进行调研。

9月17日，红寺堡区政协副主席候选人浦彦卿带队围绕红寺堡区"实施就业创业示范工程"开展专题调研，调研组通过学习培训、实地察看、走访了解、听取介绍、召开座谈会、征询多方不同意见建议等形式，详细了解和掌握红寺堡区实施就业创业示范工程的现状及存在问题，重点针对就业优先政策、就业服务体系、就业培训、以产业促就业服务平台建设、"互联网+就业创业服务"体系建设开展调查研究，并形成调研报告。

【考察学习】

9月14日，四川省政协常委、绵阳市政协副主席尚丽平，吴忠市政协副主席李焕民一行到红寺堡区考察学习脱贫攻坚、乡村振兴、文化融合的做法和经验。红寺堡区政协副主席候选人浦彦卿陪同。考察组先后到柳泉乡永新村、罗山酒庄、宁夏移民博物馆进行观摩学习。

专门委员会

【提案和委员联络委员会】

2021年，提案和委员联络委员会共提交提案130件，经审查立案36件（并案30件），在立案提案中委员个人提案92件，集体提案和联名提案共38件。政治建设方面，提案4件，占立案提案总数的11.1%；经济建设方面，提案5件，占立案提案总数的13.9%；民生改善方面，提案11件，占立案提案总数的30.6%；文化建设方面，提案6件，占立案提案总数的16.7%；社会事业方面，提案5件，占立案提案总数的13.9%；生态建设方面，提案5件，占立案提案总数的13.9%。委员提出了很多宝贵而有价值的提案，有效推动了人民政协提案工作提质增效，为区委、区政府决策部署提供了重要依据。

【经济委员会】

2021年，经济委员会组织委员开展调研等各类活动3次。围绕"创建全域食品安全示范区""实施就业创业示范工程"开展专题调研，形成多项调研成果。针对存在的问题提出了多条意见建议并被区委、区政府采纳。配合自治区政协、吴忠市政协开展调研活动3次。

【教科文卫体委员会】

2021年，教科文卫体委员会组织委员开展调研等各类活动3次。围绕"进一步优化营商环境，助力高质量发展"开展对口协商。紧扣高质量发展要求，重点就贯彻落实关于优化营商环境各项决策部署落实情况进行调研，努力为企业营造稳定、公平、透明的营商环境，增强企业获得感，推动企业转型升级，形成多项调研成果。认真分析存在的问题，提出多条建议并被区委、区政府采纳。配合自治区政协、吴忠市政协开展调研活动2次。组织编撰《红寺堡文化》，为红寺堡区经济社会全面发展添砖加瓦，提升区政协文史工作影响力。

【社会治理委员会】

2021年，社会治理委员会组织委员开展调研等各类活动4次。围绕"全面依法治区""深化'135'基层社会治理模式，打造县域社会治理示范区，促进移民地区社会融入""实施水资源优化配置示范工程"等开展对口协商调研，形成了多份调研报告。提出多条意见建议供区委、区政府参考。配合自治区政协、吴忠市政协开展调研活动3次。

（吴惠兰）

中共红寺堡区纪律检查委员会 监察委员会

综 述

【落实责任】

2021年，红寺堡区突出政治监督，推动"两个责任"落实落细，聚焦"关键少数"日常监督管理，动态更新区管干部廉政档案274份，干部担当作为、干事创业氛围更加浓厚。严把党风廉政意见回复关，在推荐表彰、评优选先、提拔任用过程中联审党风廉政意见182批5311人次，防止"带病提拔""带病上岗"。各派驻机构下沉监督37次，提醒谈话24人次，确保党和人民赋予的权力始终用来为人民谋幸福。协助红寺堡区委全面落实主体责任，区委常委会专题研究部署全面从严治党和党风廉政建设工作16次，区委班子约谈、提醒"一把手"18人次，推动管党治党责任向基层延伸。加强对全面从严治党主体责任落实情况的监督检查，加强对"一把手"和领导班子监督，把政治监督贯穿监督执纪问责和监督调查处置全过程，督促制定领导班子主体责任601条、党组书记主体责任425条、班子成员"一岗双责"975条，红寺堡区各级党组织切实把主体责任扛稳、抓牢、做实。

【问题整治】

2021年，红寺堡区强化上下联动、凝聚工作合力，会同15个职能部门解决了一批群众急难愁盼问题，公布专项整治成果2期。查处医疗机构行业乱象5起，打击非法行医行为6起。对30家校外培训机构"双减"政策落实情况逐一进行筛查，关停文化课校外培训机构7家。责令36家建筑领域用人单位支付劳动用工报酬共计888.82万元，责令80家建筑企业补缴农民工工资保证金共计1868.4万元。紧盯乡村振兴资金使用管理、产业项目实施、政府采购等关键环节，查办党员干部违纪违法问题20起，给予党纪政务处分6人，组织处理4人。坚决惩治涉黑涉恶腐败和"保护伞"，立案追究党纪政务责任9件9人，组织处理14人，认定"保护伞"6人。对31条反映政法干警违纪违法问题线索进行深挖彻查，给予党纪处分 2 人，有效提升了人民群众的获得感、幸福感、安全感。

【腐败惩治】

2021 年，红寺堡区全年受理信访举报 137 件，处置问题线索 150 件，坚决做到有贪必肃、有腐必惩，初步核实 139 件，谈话函询 3 件，立案 38 件 43 人。聚焦政策支持力度大、资金资源集中、财政投资富集的领域和环节，坚决查处项目审批、公共资源交易和基础设施、乡村振兴、"四大提升行动"中的腐败和作风问题，以及"雅贿""影子股东"等隐性腐败，给予诫勉谈话等组织处理 71 人，给予党纪政务处分 48 人。严格按照"三个区分开来"要求，精准运用"四种形态"，运用"第一种形态"批评教育帮助党员干部 171 人次，占比 78.1%；运用"第二种形态"39 人次，占比 17.8%；运用"第三种形态"7 人次，占比 3.2%；运用"第四种形态"2 人次，占比 0.9%，实现精准问责、规范问责。常态化做好回访教育工作，回访教育受处分处理党员干部 63 人。审慎办理 2 件违纪申诉案件，对 4 起不实举报进行澄清正名，激发党员干部干事创业内生动力。

【巡察工作】

2021 年，红寺堡区坚持政治巡察定位，牢牢把握"两个维护"根本任务，围绕"三个聚焦"监督重点，全年开展 4 轮巡察，完成对 6 个部门（单位）、40 个村（社区）党组织的常规巡察和涉粮问题专项巡察工作。全年巡察发现并反馈问题 480 条，移交问题线索 3 条，推动全面从严治党向纵深发展、向基层延伸，巡察利剑作用持续彰显。紧盯被巡察党组织巡察整改主体责任，对中央第八巡视组、自治区党委第四巡视组巡视反馈问题和三届区委前十轮巡察反馈问题整改情况开展督查检查，进一步推进巡察反馈问题整改落实。三届区委巡察反馈问题 784 条，完成整改 778 条，移交问题线索 65 件全部办结，给予党纪政务处分 49 人，推动各被巡察单位建立完善制度机制 400 余项，真正把巡察整改成果转化为改进作风、推动发展的实际成效。始终坚持把巡察队伍建设、制度建设、信息化建设作为保障巡察工作的基础性工程来抓，制定下发了《红寺堡区新提拔任职的科级干部参与巡察工作制度》《红寺堡区优秀中青年干部到巡察岗位锻炼工作制度》，调整优化巡察人才库、组长库，收集整理完善巡察工作制度 30 余项，为巡察工作提供行动指南，加强金纪三期巡视巡察信息系统的推广使用，全面提升巡察工作质量和水平。

重要会议

【红寺堡区纪委三届六次全体会议】

2021 年 2 月 9 日，红寺堡区纪委三届六次全体会议在六楼视频会议室召开。出席会议纪委委员 12 人，列席 31 人。会议以习近平新时代中国特色社会主义思想为指导，全面贯彻党的十九大和十九届二中、三中、四中、五中全会，十九届中央纪委五次全会精神，回顾 2020 年纪检监察工作，部署 2021 年任务，审议通过纪委书记张瑞峰代表红寺堡区纪委常委会所作的《坚定不移推动纪检监察工作高质量发展 为红寺堡"示范区"建设提供坚强纪律保障》工作报告。会议由红寺堡区纪律检查委员会常务委员会主持。红寺堡区委书记丁建成出席会议并讲话，区四套班子领导出席会议。

【红寺堡区纪委四届一次全体会议】

2021 年 9 月 26 日，红寺堡区纪委四届一次全体会议在第四会议室召开。出席会议的纪委委员 15 人，列席 5 人。会议以习近平新时代中国特色社会

2022年1月28日，中国共产党吴忠市红寺堡区第四届纪律检查委员会第二次全体会议（第一次大会）召开 （红寺堡区纪委监委提供）

主义思想为指导，全面贯彻党的十九大和十九届二中、三中、四中、五中全会，十九届中央纪委五次全会精神，回顾总结了过去5年的纪检监察工作，部署今后五年工作任务，审议通过纪委书记张瑞峰代表中国共产党吴忠市红寺堡区第三届纪律检查委员会所作的《以新姿态奋斗新时代 以新担当展现新作为 为创建全国易地搬迁移民致富提升示范区提供坚强纪律保障》的工作报告。选举产生了中国共产党吴忠市红寺堡区第四届纪律检查委员会常务委员会委员7人，分别是王宁、田兴龙、李玉平、张瑞峰、陈莉、黄文辉、顾骁骥。张瑞峰当选为中国共产党吴忠市红寺堡区第四届纪律检查委员会书记，李玉平、王宁当选为中国共产党吴忠市红寺堡区第四届纪律检查委员会副书记。

【警示教育大会】

2021年3月2日，红寺堡区开启"领导干部廉政警示教育周"活动，组织全区党员干部深入学习贯彻落实习近平总书记关于全面从严治党重要论述，以及视察宁夏重要讲话精神，进一步增强党员领导干部廉洁自律意识，推动建立反腐倡廉教育长效机制，一体推进不敢腐、不能腐、不想腐，教育引导全区党员领导干部始终秉持赶考心、答好时代大考题、交出合格新考卷，以"赶考"精神开启新征程、战胜新挑战、促进新发展。会议上，红寺堡区委常委、纪委书记、监委主任张瑞峰安排廉政警示教育活动。区委书记丁建成讲话。

（王进银）

群众团体

QUNZHONG TUANTI

红寺堡区总工会

【概 况】

2021年,红寺堡区总工会新建工会组织15家,发展工会会员917人。发展网约工、快递员、外卖小哥、自由职业者、外来务工人员到工会组织中来。新建工会组织和会员实名制信息录入率100%。与5家单位达成12项具体普惠项目,惠及近万名工会会员。召开红寺堡区工会二届十次全委(扩大)会议、第二届会员代表大会第二次全体会议及二届十二次全委(扩大)会议,举办"宁夏·奔跑"红寺堡区新年健身跑、"学党史、感党恩、跟党走——职工在行动"主题快闪等系列活动10余场次。

【服务民生】

2021年,红寺堡区总工会举办"春风行动"线上、线下招聘会2期,75家区内外用人单位提供计算机、水电维修、财务等197个工种的就业岗位424个,吸引群众2000余名,现场达成就业意向430名;购买新春大礼包慰问5家企业稳岗留工职工27人。完成第五期医疗互助交费工作,涵盖企事业单位70家,参保人数3193,参保金额159650元。慰问困难企业3家、困难职工122人,发放慰问金11.2万元;大病救助3人,救助金额8000元;医疗互助19人,补助金额5.4万元;慰问劳模3名,每人1000元;"六一"慰问80名儿童,共计8000余元;结对帮扶,为自然资源局、北海林场30名困难职工送上价值1.2万余元的生活慰问品;为29家单位"送清凉",总价值19余万元;"金秋助学",为14名大学生发放助学救助金5.6万元;"工会班"150人,发放金额39万元;举办个人能力提升、育婴员等技能培训班4期,共计培训600余人;对职工收入开展大摸排,将低收入职工全部纳入帮扶系统;为农销售滞销苹果逾10万斤、甜瓜逾15万斤;给予红海村农村人居环境整治工作经费2万元,用于村道整修和绿化;畅通"12351"职工服务热线,

2021年6月16日，红寺堡区总工会与福建省泉州市惠安县总工会举行互帮互学签约仪式 （红寺堡区总工会提供）

受理职工诉求19件，全部予以办结；召开工资集体协商"四季要约"启动会和劳动关系三方协商会议；工资集体协商建会企业签订率为93%；开展线上集体协商办法微课堂10期，发放集体协商海报700余份；88家企事业单位、9家国有及国有控股企业，厂务公开、职代会厂务公开、职代会建制率100%；38家非公企业，厂务公开、职代会建制率92%；在企事业单位广泛开展"公开解难题、民主促发展"主题活动；开展"聚合力、促发展"优秀提案征集活动，推荐上报优秀职工代表提案3件；组织协商指导员深入已建制企业开展"地毯式"排查摸底及劳动风险排查，完善"四类企业"工会基本信息台账、监督指导企业合同的履行，指导基层工会加强企业安全生产工作责任落实，保障职工安全。

【选树典型】

2021年，红寺堡区总工会组织宁夏天源良种羊繁育有限公司参加全市职工技术创新大赛成果展，荣获二等奖；推荐鹏胜社区、博大社区分别申报自治区、吴忠市"会、站、家"一体化项目，水投公司、检察院申报吴忠市"职工之家"建设项目；推荐宁夏汇达阳光生态酒庄有限责任公司生产部为全国工人先锋号，推荐自治区"五一巾帼标兵"1名；打造红寺堡区级劳模创新工作室1家（杨占江劳模创新工作室）；组织医疗、教育、农林、法律等行业的劳模及专家41人组成服务团队，开展"劳模服务基层、助力乡村振兴"专项行动；组队参加吴忠市总工会庆祝中国共产党成立100周年合唱大赛，获优秀组织奖。红寺堡区总工会被评为"让党中央放心 让人民群众满意"模范机关。

【业务培训】

2021年，红寺堡区总工会组织参与线上知识竞赛3场，联合机关事务服务中心，举办"迎五一、拼技能、强服务"岗位技能大赛；开展《中华人民共和国民法典》专题知识讲座1场，参会70余人次；工会干部、基层工会主席40余人次参加自治区、吴忠市总工会开设的各类培训班。

【问题整改】

2021年，吴忠市总工会2020年度经费预算执行情况审计反馈的3个方面9个具体问题及本级工会经费预算审计反馈的2个方面3个具体问题全部整改完成并取得明显成效。

（杨晓燕）

共青团红寺堡区委员会

【思想引领】

2021年，红寺堡区团委坚持以庆祝中国共产党成立100周年为主线，采取对象化、分众化、互动化方式，加强对习近平新时代中国特色社会主义思想的宣讲，制定《红寺堡区共青团党史学习教育工作方案》，深入开展青少年"学党史、强信念、跟党走"学习教育，以"青年大学习""红领巾爱学习"为抓手，动员6.7万名青少年参与"青年大学习"29期、"红领巾爱学习"10期。开展手抄报、诗朗诵、唱红歌、参观研学等形式多样的党史学习教育260余场，参学率持续提升，覆盖面不断扩大。召开"青春向党、奋斗强国"庆祝中国共产党成立100周年暨纪念五四运动102周年青年座谈会，邀请清华大学实践团成员开展"请党放心、强国有我"示范活动10场次。开展首届"红色小小讲解员"评选及宣讲活动，"繁星"青年宣讲团开展主题示范宣讲37场次，并获吴忠市"2021年优秀宣讲品牌"。开展青少年"传承党的百年光辉史基因、铸牢中华民族共同体意识"主题教育活动，打造"重走移民路、感恩共产党"研学游线路，开展"重走移民开发路·激发青春正能量"主题党日、主题团日活动，举办"民族团结月——铸牢中华民族共同体意识"主题宣讲20余场次，组织开展民族团结进步知识竞赛，常态化开展"今昔对比看变化、知史感恩共产党"主题团队日活动200余场次。严格落实意识形态工作责任制，主动融入全区宣传格局，完善"红寺堡共青团"公众号运营机制，落实"三审三校"制度，全年发布信息350余条，

2021年9月2日，红寺堡区燕宝小学举办"请党放心·强国有我"主题队会　（红寺堡区团委提供）

团属新媒体矩阵联动70余次，在市级以上新闻媒体中宣传报道10余篇，全年未发生涉团舆情。

【基层建设】

2021年，红寺堡区团委提请区委常委会出台《关于加强和改进新时代党建带团建工作凝聚青年投身示范区建设的实施意见》，严格落实重大事项请示报告制度，扎实开展模范机关创建，团区委党支部荣获三星级党组织。以"智慧团建"系统为抓手，完成村（社区）团组织换届工作，新建非公企业团组织3家、社会组织团组织3家，中学团校实现全覆盖，规范发展704名新团员，"学社衔接""学学衔接"率均超过99%，团支部（总支）"对标定级"、基层团组织书记述职评议、团内激励记载、团费收缴、党史学习教育专题组织生活会等重点工作有序推进。对接区委组织部为团区委选派1名挂职副书记，在罗山社区设立红寺堡区团代表联络站，参加自治区、吴忠市青年干部培训班，组织中学和乡镇团干部开展互学互评交流活动。召开红寺堡区各界青年学习贯彻党的十九届六中全会精神专题学习班暨2021年团干部和少先队辅导员培训班，全面提升基层团队干部综合素质能力。贯彻落实《中共中央关于全面加强新时代少先队工作的意见》，将团队建设纳入教育系统党建工作计划和效能考核。举办庆祝少先队建队72周年分批入队、鼓号队展演等系列主题活动60余场。成立红寺堡区第六小学少工委，在创业社区成立校外少工委，筹备召开红寺堡区少工委全会，将"红领巾奖章"争章活动纳入中小学生综合评价体系，举行"红领巾奖章"二星章颁章仪式，颁发集体二星章8个、个人二星章170名，推荐三星章集体7个、个人46个。

【服务青年】

2021年，红寺堡区团委召开红寺堡区青年工作联席会议第二次全体会议，制定《红寺堡区落实〈宁夏回族自治区中长期青年发展规划（2019—2025年）〉分工方案》，联合建设未成年人检察工作社会支持体系示范单位，立项红寺堡区未成年人保护中心项目。开展"共青团与人大代表、政协委员面对面"活动3场次，形成《关于提高青少年心理健康公共服务供给水平的建议》政协提案1份。结合"八五"普法，推荐罗山社区开展"青少年零犯罪零受害"社区试点创建，开展青少年法治宣传教育。开展线上专场招聘会2场次，挂牌成立红寺堡区首家"青年驿站"，联合举办"红寺堡区2021年建筑工人技能大赛""请党放心、强国有我"青年创新创业大赛，返乡创业青年刘朋鑫在第八届"创青春"中国青年创新创业大赛（乡村振兴专项）中获得银奖；红寺堡区"反诈骗"青年警官李通入选团中央宣传部百名"青年好网民"；高质量举办青年联谊交友活动3场次，对8名涉毒家庭青少年进行常态化帮扶；对接同心爱心救助协会争取上海联劝公益基金会支持，在大河乡、新庄集乡实施"XIN益佰"项目，对摸排的82名困境儿童进行精准帮扶。

【服务大局】

2021年，红寺堡区团委招募储备800余名青年志愿者，组建8支青年突击队投身疫情防控、核酸检测和社区值守，募集2.5万元防护物资，推荐1名青年志愿者评选自治区抗疫先进个人。加强红寺堡区青年志愿者协会建设，争取42名西部计划志愿者，成立"青春助力示范区"志愿服务队，组织184名返乡大学生和青年志愿者深度参与学业辅导、环境整治、基层治理、文明实践，结合文明城市创建，在清云湖、紫光湖组织开展净滩青年志愿服务等生态文明实践活动2次。围绕六大重点产业，以落实《推动返乡入乡青年投身乡村振兴的实施方案》为载体，分领域培育青年创新创业孵化园2家、青创农场2个、青年创业就业基地3个、清洁能源项目青年突击队2支、青年致富带头人7名。宁夏希望工程助力"四大提升行动"工作推进会在红寺堡区召开，全年累计募集资金336.8万元，聚焦百万移民致富提升行动，启动移民帮扶项目，实施罗山社区易地扶贫搬迁安置社区青少年互助支持服务项目，关爱帮扶特需青少年248名。聚焦城乡居民收入提升行动，举行返乡大学生社会实践活动，协调9家用人单位为61名大学生提供见习岗位。聚焦基础教育质量提升行动，争取在红寺堡区8所小学实施"2021年姚基金希望小学篮球季"项目，启动希望工程·助学兴教项目，实施黄河银行、芙蓉学子、壹圆基金等助学项目4个，奖励学生276名，为农村学校捐赠爱心校服1600余套、爱心桌椅50套，为46所小学配备书法、美术、音乐教学用品。聚焦全民健康水平提升行动，启动健康守护项目，举办青春期心理自护、中高考前心理减压活动2场，争取1名西部计划志愿者实施上海复星基金会乡村医生项目，联系康明眼镜在34所城乡中小学为2.4万名青少年开展健康用眼知识普及宣传活动15场次。聚焦青少年科技创新能力提升，在一小、四小实施青少年科技创新项目，配备价值1.18万元设备，为20所小学提供核桃编程软件20套。

（张忠福）

红寺堡区妇女联合会

【巾帼引领行动】

2021年，红寺堡区妇联开展"党的声音进万家"等群众性宣讲48场次，2400余人次参会。组织百名妇联主席开展"重走移民开发路、振奋精神再出征"观摩学习活动，开展妇女扫盲培训3期，246人参加培训，推荐全国三八红旗手1人。

【巾帼建功行动】

2021年，红寺堡区为1630户家庭发放妇女

2021年7月8日，全国人大代表马慧娟在红寺堡区新华书店开展妇女能力提升讲座　（红寺堡区妇联提供）

创业担保贷款 13245 万元，其中 500 万元以上的村有 8 个，其中永新村 1428 万元，存量 2514 人、18949.5 万元，发放贷款金额同比增长 59%，贷款总量位居全区县（区）第一。培养梁巧红、李志巧等一大批妇女致富典型，贷款妇女年收入在 10 万元以上的达到 80%；争取母亲小额循环贷款和惠民基金 100 万元，支持天源牧业养殖滩羊 2000 多只，带动 19 户女性人均分红 2 万元；争取妇联主席双培双带项目 2 人、10 万元；开展家政技能培训班 26 场次，1000 余人参加培训。

【巾帼关爱行动】

2021 年，红寺堡区妇联慰问单亲母亲、残疾儿童、空巢老人等特殊困难群体 120 人，下发慰问金 1.2 万元；"两癌"筛查 4750 人，其中低保困难妇女 150 人，救助"两癌"患者 20 人、20 万元；叫响"兰花芬芳"志愿服务品牌，1341 名妇联执委、500 名巾帼志愿者参与战"疫"；购买"爱妮保"保险 1429 人，理赔 2 人；签约心理咨询师，打造"巾帼心理直播间"，线上关注 2600 人，线下观看 200 余人，1000 余户家庭受益。

【巾帼维权行动】

2021 年，红寺堡区妇联全面开展"大学习大宣传大走访大排查+关爱帮扶"工作，组织基层妇联执委一线接访调处家庭矛盾，调解婚姻家庭案件 53 件，调解成功并达成协议案件 44 件；12338 热线及现场接访处理婚姻家庭矛盾纠纷 22 件，现场调处 18 件，转办 4 件，均已办结。反家暴宣传片推送全国妇联权益部。顺利通过自治区妇联评估终期验收，红寺堡区率先完成新一轮"两规划"（2021—2030）编制工作。

（刘　敏）

红寺堡区残疾人联合会

【概　况】

2021 年，红寺堡区有持证残疾人 5830 人，其中，一级 566 人、二级 2284 人、三级 1546 人、四级 1434 人；视力残疾 790 人、听力残疾 460 人、言语残疾 93 人、肢体残疾 3214 人、智力残疾 505 人、精神残疾 385 人、多重残疾 383 人。红寺堡区共有村（社区）残疾人协会 72 个，覆盖率达到 100%，打造了新庄集乡残联和红川村残协。各乡镇（街道）残联均已建成，有乡镇（街道）残疾人专职委员 6 人，村（社区）联络员 72 人，已构建红寺堡区、乡镇（街道）、村（社区）三级服务残疾人档案和信息网络。

【康复工作】

2021 年，红寺堡区残联依托残疾人康复中心，为红寺堡区 102 名 0~6 岁残疾儿童提供康复服务，同时为不能到机构做康复的 9 名 0~6 岁残疾儿童开展送健康上门服务。为 13 名 7~14 岁残疾儿童和成人提供康复治疗、培训服务，为残疾人提供便捷、高效的康复服务。康复治疗各类残疾人和患者 211 人次，有 6 名残疾儿童顺利进入幼儿园就读。为 344 名有需求的残疾人适配辅助器具，为行动不便的重度残疾人上门适配电动轮椅、康复床等辅助器具。与宁夏康复辅助器具有限公司签订适配协议，为残疾人运动员马尚俊定制运动轮椅 1 辆，对 11 名残疾人骨关节置换进行摸底筛查，投入 15.6 万元为 15 名残疾人进行筛查、评估、取模型、适配假肢与矫形器等工作，并积极向自治区康复中心争取，为 6 名残疾人提供假肢、矫形器适配服务。开展精神障碍残疾人医疗救助工作，共为 730 人次精神残疾人免费发放药品救助金 14.3 万元，为 11 名重度精神残疾人住院治疗提供救助，救助金

1.65万元。与区卫健局对接，为残疾人提供健康管理和康复指导服务，残疾人家庭医生签约服务率超过85%。在红寺堡区人民医院、柳泉乡卫生院等地建成自治区级规范化社区康复站7个，加快"医康教"一体化建设步伐。

【无障碍改造】

2021年，红寺堡区残联投入104.6万元对有改造需求的220户困难残疾人家庭和重度残疾、多重残疾或一户多残家庭实施无障碍改造，切实解决红寺堡区困难残疾人家庭实际困难，消除困难残疾人居家障碍，改善困难残疾人居家生活环境，提高困难残疾人生活品质。

【残联干部帮扶机制】

2021年，红寺堡区残联扎实抓好残联系统防止返贫致贫监测预警和动态帮扶机制工作，印发《吴忠市红寺堡区残疾人联合会关于建立防止返贫致贫监测预警和动态帮扶机制的实施方案》，排查"三类人群"中的重点监测残疾人31户36人，实行残联干部帮扶机制，随时掌握残疾人的生活现状，逐户核实走访，现场解决存在的问题与困难。做好特殊困难残疾人家庭访视工作。制定《红寺堡区2021年特殊困难残疾人家庭访视工作实施方案》，领导班子成员每人每年实地走访不少于5户特殊困难残疾人家庭，其他干部每年实地走访不少于2户特殊困难残疾人家庭。重点访视社会救助、医疗康复、教育、就业、社会保险等各项惠残政策落实情况，在助残日，对本单位干部结对帮扶访视的残疾人进行慰问、入户宣传政策。做好定点帮扶工作，经常组织帮扶干部深入定点帮扶村（康庄村）、帮扶社区（创业社区）进行帮扶慰问，2021年走访慰问14次。

【社会保障】

2021年，红寺堡区残联严格按照办理程序，配合民政局完成1—2月困难残疾人生活补贴和重度残疾人护理补贴的发放工作，共发放两项补贴961.07万元。投入8750元为175名新增符合条件的残疾人购买意外伤害保险，为550名下肢残疾人发放燃油补贴14.3万元，为139名符合条件的困难智力、精神残疾人发放残疾评定补贴20850元。努力改善困难残疾人生活质量，通过政府购买服务方式，投入25万元为250名就业年龄段智力、精神和重度肢体残疾人解决房屋吊顶、粉刷和院落道路铺装等便民服务，提供居家托养、日间生活照护服务。

【残疾学生帮扶】

2021年，红寺堡区残联对接教育部门摸底红寺堡区适龄残疾儿童人数，并优先考虑康复中心7~14周岁适龄残疾儿童入学。向高考取得好成绩的视力二级残疾考生提供志愿填报、录取院校争取等服务工作；积极摸底中考残疾考生情况，为20名参加中考的残疾考生争取加分政策；实施扶残助学工程，为2021年被大中专院校录取的21名残疾学生争取市残联助学帮扶，为22名学前残疾儿童给予2.2万元救助。

【残疾人就业创业】

2021年，红寺堡区残联开展残疾人就业政策宣传与宣讲，举办残疾人（线上+线下）专场招聘会2场，参加人数160余人。同时以书面函的形式向人社部门落实公益性岗位10%安排残疾人及其家属就业政策，拓宽残疾人就业渠道。已安排在机关、企事业单位就业11人，农村公益性岗位就业128人。配合国税部门，积极收取残疾人就业保障金，推动各企事业单位安置残疾人就业。2021年共征收残疾人保障金51.17万元。采取"一对一"跟踪服务、召开座谈会面对面交流、上门开展服务等方式，积极协调鼓励2021年毕业的8名残疾毕业生就业。8名残疾毕业生中2名继续就学、其余6名均已在不同岗位实现就业。开展职业技能培训，增加残疾人就业机会，完成农村实用技术培训200人、职业技能培训150人。争取残疾人就业创业扶持资金，投入30.9万元扶持141名残疾人自主创业、灵活就业，全面提升残疾人就业能力。培育带动残疾人增收致富的各种就业基地，先后培育了红川村小番茄、红关村甘草、菊花台村扶贫车间等残疾人就业基地，培养4名残疾人致富带头人，打造玉池村蔬菜种植合作社、残疾人托养中心等两个残疾人辅助性就业基地，努力增加残疾人家庭经济收入。

【宣传活动】

2021年3月3日，红寺堡区残联在博大购物广场开展形式多样的"爱耳日"宣传咨询服务活动，共计发放宣传品、宣传资料750份，通过宣传服务，将党的各项惠残、惠民政策宣传到千家万户。5月20日，在体育馆东侧广场开展第31次全国助残日文艺会演及宣传服务活动，残联干部职工在各乡镇（街道）开展宣传、走访慰问、上门发放辅助器具等。6月1日，与残疾人康复中心共同举办了"童心向党、快乐成长"——庆祝中国共产党成立100周年暨六一儿童节文艺会演。6月4日，联合区文体局，结合党史学习教育，开展"我为群众办实事"实践活动，带领残疾人康复中心和托养（自强）中心的残疾人、家长和老师等60余人共同观看红色电影《小兵张嘎》。6月11日，联合红寺堡区妇联、残疾人托养（自强）中心开展"学史力行办实事、端午慰问暖人心"活动，为新庄集乡菊花台村日间照料中心的残疾人送上文艺表演和节日祝福。6月中旬，承办吴忠市"小康路上、奋斗有我"残疾人文化艺术作品展，全市五个县（市、区）100余幅涉及书法、摄影、刺绣等作品在红寺堡区文化馆展出，200余人参观展出，极大地丰富了残疾人精神文化生活。10月14—15日，组织全区100名残

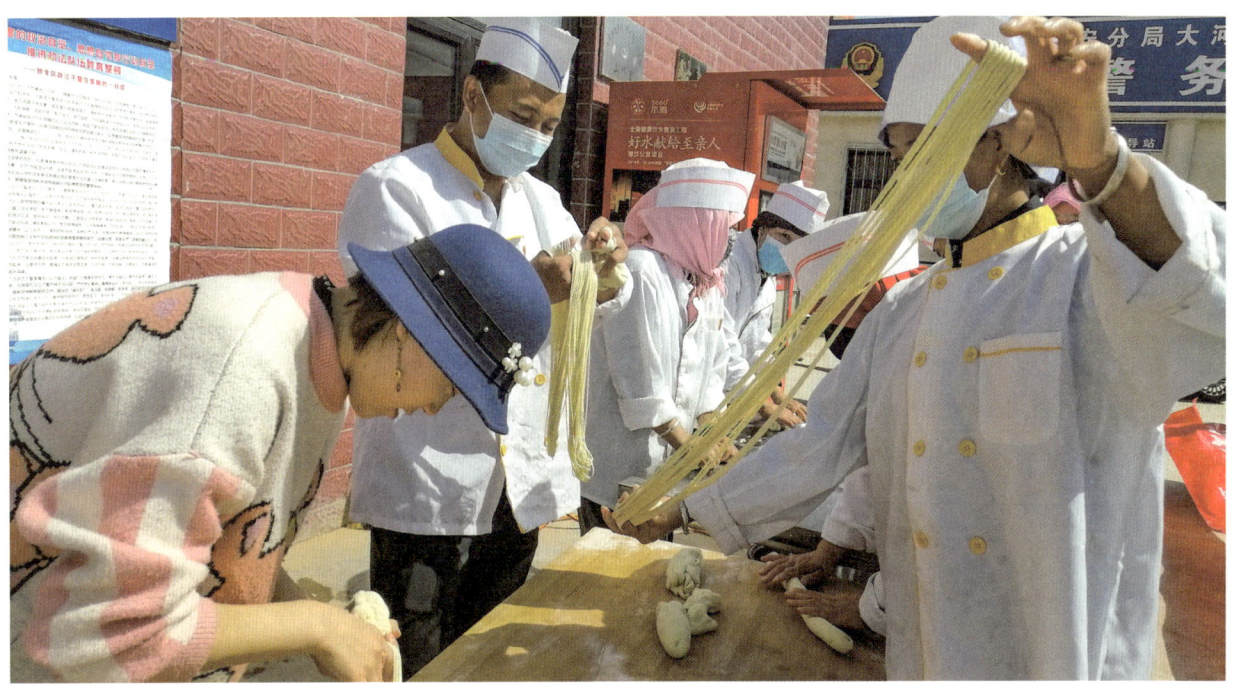

2021年4月30日，红寺堡区举办残疾人职业技能培训 （红寺堡区残联提供）

疾人及家属开展文化进家庭"五个一"活动。吴忠市红寺堡区残疾人运动员马尚俊代表宁夏参加在陕西省西安市举办的全国第十一届残疾人运动会暨第八届特殊奥林匹克运动会获得男子F52级铅球银牌、铁饼铜牌。先后在罗山社区、绿苑社区、鹏盛社区、振兴社区开展"文化进社区"活动，向辖区内残疾人发放书籍、话筒、体育用品等文化用品。

（李昕燃）

红寺堡区红十字会

【概　况】

红寺堡区红十字会成立于2021年2月，核定全额预算事业编制3名，有专职工作人员6人，红寺堡区共取得中国红十字会总会救护师资证书5人，并按规定配备办公场所和物资储备库。

【基层组织建设】

2021年，红寺堡区红十字会共发展机关单位团体会员56家、个人会员296人，发展志愿者50人。成立基层组织20个，其中乡镇（街道）6个，社区（村委）10个，卫健系统3个，教育系统1个。各基层红十字会由同级党组织任命或选举产生理事长、会长、秘书长。乡镇（街道）按照"规范管理好、作用发挥好、社会形象好"的标准和要求，把红十字会组织建设与深化精神文明建设相结合、与优化基层社会治理相结合、与强化服务民生能力相结合，实施阵地化推进、志愿化服务，在民生服务中心设置办公接待窗口，安排专职工作人员开展日常工作，同时各基层红十字会成立由15人组成的志愿服务队。

【应急救护知识培训】

2021年，红寺堡区红十字会推进红十字救护培训进社区、进农村、进学校、进企业、进机关。针对社区群众、在校师生、干部职工及企业员工，开设了心肺复苏、创伤包扎等应急救护技能培训班及救护员培训班，共13期，累计培训1237人。其中取得心肺复苏（CPR+AED）培训证书900人，取得红十字救护员证337人。开设应急救护技能普及性讲座20期，累计受益2025人。

【人道救灾救助】

2021年疫情防控期间，红寺堡区红十字会向社会各界发起公开募捐，共筹集募捐款物价值28.238万元（其中物资价值24.85万元，资金3.388万元），并将物资全部交予疫情防控指挥部统一调配，捐赠资金视疫情情况拨付相关单位，用于防疫物资采购。响应自治区、吴忠市关于疫情期间开展献血活动的号召，对接企业开展员工献血活动，共采集血量11500毫升。帮助1名白血病患儿、3名心脏病患儿向中国红十字会总会申请天使阳光基金资助。多渠道募捐款物，重点走访慰问因灾因病需要给予人道救助人员、大病及罕见病患儿家庭、人体器官捐献者家庭、造血干细胞捐献者、志愿者等需要给予人道关爱、人道慰问人员，发放粮食及衣物等生活必需品，惠及家庭545户。

【结对帮扶】

2021年，红寺堡区红十字会对接福建省泉州市惠安县社会团体、企业开展结对帮扶工作，接受惠安县非定向社会捐赠资金1250万元，定向"村企帮扶"捐赠资金80万元，涉及8个村，每个村10万元。用于困难群众救助、捐资助学、人居环境提升、公益项目等人道公益事业。截至2021年底，已向红寺堡区18所农村学校困难学生捐赠棉服2600件。积极对接惠安县红十字会开展结对帮扶工作，已接收捐赠各类服装2658套（件），用于红寺堡区博爱送万家等救助工作，惠及家庭5200余户。

【宣传活动】

2021年，红寺堡区红十字会利用世界急救日、"99公益日""5·8"世界红十字日等重要时间节点，在社区、街道、广场开展各类宣传活动10余次，通过发放宣传单、宣传物品及借助微信、融媒体等网络电视平台，全方位、多形式、广覆盖地对群众进行应急救护、疾病防御、防灾减灾等知识的宣传，累计发放宣传单（物品）1万余份，编辑信息简报15期、新闻报道5次。开展"三献"知识宣传活动，动员广大干部职工及企业员工进行无偿献血和遗体器官捐献志愿登记，采集造血干细胞41份，遗体器官捐献志愿者1名。

【交流经验】

2021年12月16日，红寺堡区红十字会参加自治区红十字会在中宁县举办的全区红十字会基层组织建设推进会，并在会上向各市县介绍红寺堡区红十字会的工作经验与初步成效。

（韩　江）

法 治

FAZHI

综合治理

【社会治安】

2021年,红寺堡区深入开展"清风""云剑""百日攻坚"等专项整治行动,群众安全感得到提升。查处涉黄行政案件13起,打击处理13人;涉黄刑事案件1起,移送起诉2人。查处涉赌行政案件85起,打击处理304人;涉赌刑事案件1起,移送起诉2人。查获吸毒人员10人,其中强戒2人,破获毒品案件1起,现场查获毒品海洛因2.60克,批捕3人。共立刑事案件520起,同比上升40.16%;破案333起,同比上升30.59%;抓获逃犯8名,未发生抢劫和抢夺案件。国庆期间打掉1个犯罪窝点,抓获犯罪嫌疑人12名,串并案件200余起,查获银行卡52张、手机卡240余张,扣押手机14部,冻结资金3.8万元,全案涉案资金高达2000余万元,实现了全链条式打击质效,有力震慑电信网络诈骗犯罪。

【政治安全】

2021年,红寺堡区委先后4次研究部署国家安全工作,在"4·15"全民国家安全教育日组织红寺堡区各乡镇、各部门(单位)负责人开展宣传活动;邀请自治区国安办领导为全区科级干部作国家安全专题讲座;区委国安办每月定期研判国家安全风险隐患,每季度组织重点领域牵头单位开展季度风险研判,明确各项工作措施,努力将风险隐患消除在萌芽状态。

【教育整顿】

2021年,红寺堡区政法干警思想受到洗礼,65条线索实现深挖彻查、清仓见底,144条顽瘴痼疾得到全面有效整治,相关政法干警受到严肃处理。重点线索高质量核结,中央督导组和自治区第三驻点指导组反馈问题得到及时整改,广大政法干警的精神面貌、思想作风、工作质效显著提升,线索核结率、查实率、主动说明问题干警的处置率都位居全市前列,群众满意度升高至98%,政法各单位评估验收均取得"优秀"等次，达到教育整顿的预期效果。

【铁路护路】

2021年，红寺堡区印发《红寺堡区2021年铁路护路联防工作要点》，召开"五位一体"协调会议2次，签订路外安全责任书380余份，自治区整教办下达的15处安全隐患已全部整治销号，完成率100%。清理高铁、普铁沿线杂草、垃圾及压砂瓜地膜等轻飘物21余吨，整治各类安全隐患23处，在水套联防队区段安装3个高清视频监控探头和1个监控平台。利用各级铁路沿线视频监控发现和处置摆放障碍物、闲杂人员及牲畜上道、涵洞积水、护网倒塌、护网未上锁等各类隐患178处，安装"双段长"公示牌24块，涉铁沿线村（社区）覆盖面达100%。联合"五位一体"成员单位开展摸排督查5次，发布退出种植硒砂瓜公告1次，走访学校18所、五残户6户、废品收购点4家，共签订安全协议书20余份。铁路护路"五位一体"成员单位形成联动机制，共同发力消除各类安全隐患16处，铁路沿线各类问题及时得到整改。深入铁路沿线的18所中小学校，举办铁路爱路护路宣传挂图展和专题辅导讲座6场次，书写宣传标语26条，向沿线村社、中小学校下发铁路爱路护路宣传挂图50幅，宣传材料2400份，巡回宣传13场次，受教育师生达3000人次，累计发放各类宣传资料18000余份，发放各类生活用品、学生用品800余份，现场解答群众咨询2000余人次，表彰18名优秀辅导员和107名优秀"铁道小卫士"。

【矛盾化解】

2021年，红寺堡区研究制定《红寺堡区矛盾纠纷排查化解专项行动方案》，综合运用调解、仲裁、行政复议、诉讼等方式，拓展多元化解渠道，将各类风险矛盾消灭在萌芽状态。排查矛盾纠纷568件，化解523件，化解率92%，挽回经济损失998.31万元。

【扫黑除恶】

2021年，红寺堡区共接收各类线索19条，打掉涉恶团伙两个，抓获犯罪嫌疑人37人，冻结、扣押、查封财产、车辆等总计698余万元。破获电信网络诈骗案件94起，抓获犯罪嫌疑人52人，查获银行卡52张、手机卡240余张，冻结资金20余万元。打掉代办驾驶证犯罪团伙和电诈洗钱窝点1个，串并案300余起，涉案资金2000余万元。查扣非法运营车辆21辆，行政处罚62次，约谈警示企业6家。检查危险货物运输企业35家，发现整改问题3起。立案查处自然资源领域违法线索4件，拟处罚没款70.48万元。2021年，红寺堡区被自治区扫黑除恶斗争领导小组评为全区扫黑除恶斗争优秀县（市、区）。

【县域社会治理】

2021年，红寺堡区结合"55124"村级治理模式，推进弘德村、玉池村等村的13个基层党建引领基层治理示范点建设。总结推广"135"县域社会治理模式，推进基层网格化建设，促进三级综治中心实体化、实战化运行，加快"五治"一体推进，形成一批共建共治共享的社会治理创新成果。

【网格化建设】

2021年，红寺堡区65个行政村、8个社区划分三级673个网格，选配网格员1050名，网格覆盖率和网格员配备率都达到100%。采集人口、房屋等基本信息26万条，上报事件6869条，办结6865条，办结率99.9%。红寺堡委、区政府先后印发《关于推行农村"网格化"服务管理加强和创新社会治理的实施意见》《红寺堡区以"135"为抓手加快推进县域社会治理现代化任务分工方案》《红寺堡区推行农村"网格化"服务管理加强和创新社会治理任务分工方案》，要求各乡镇每月为网格员发放200元生活补贴，并制定网格员积分制考核办法。

【政法工作】

2021年，红寺堡区配齐配强乡镇（街道）政法委员6名、综治中心主任6名。红寺堡区先后召开11次区委常委会传达学习中央、自治区和吴忠市党委政法工作会议精神和文件精神。制定印发《2021年红寺堡区政法工作要点》，统筹推进"七大提升行动""十项重点工作"、政法队伍教育整顿、维护国家政治安全、扫黑除恶专项斗争、防范化解重大风险等工作，确保年度各项目标任务顺利推进。

（马　驰）

法治政府建设

【依法行政】

2021年，红寺堡区先后召开区委常委会3次、政府常务会议8次，传达学习贯彻有关精神，听取法治建设、法治政府建设相关工作汇报。召开区委全面依法治区委员会第三次、第四次会议和2021年全区法治政府建设推进会，研究解决工作中遇到的具体困难和问题，安排部署阶段性工作。组织开展习近平法治思想、党的十九届六中全会精神、马克思主义民族观宗教观等专题辅导集中学习5次，邀请专家辅导4次。2021年区委常委会、政府常务会议审查重大行政决策合法性共84件（次）。红寺堡区人民政府和各部门建立了以同级法制机构人员为主体，吸收专家和律师参加的政府法律顾问制度，将公职律师纳入本地本单位政府法律顾问队伍。2021年，红寺堡区人民政府新聘政府法律顾问4名，全区已注册公职律师4名。

【普法工作】

2021年，红寺堡区累计选拔农村"法律明白人"骨干137名、法律明白人1047人。开展"法律八进"活动，结合创建文明城市、乡村振

2021年3月5日，平安红寺堡建设协调小组召开2021年第1次会议　（红寺堡区委政法委提供）

兴、法治政府建设等工作，组织工作人员深入社区、学校、企业、农户家中开展法治宣传260场次，发放民法典等各类宣传资料5.5万余份。实施"互联网+"普法模式，开通微信公众号，及时推送有关宪法、民法典、道路交通安全等法律法规知识和移风易俗事例，推行典型案例定期发布制度，及时发布法律援助和人民调解典型案件，以案说法。

【法律服务】

2021年，红寺堡区在6个乡镇（街道）建立公共法律服务工作站、72个村（社区）成立公共法律服务工作室，构建以区法律援助中心为区域圆心，乡镇（街道）法律援助工作站、村（社区）公共法律服务工作室为辐射半径的公共法律服务实体平台，形成了三级配套联动、上下贯通、互相衔接、互相支持的公共法律服务体系。完善法律服务接待大厅、律师值班室、私密谈话室、人民调解室等业务功能室，建立一次性告知和首问负责制、限时办结制、服务承诺制等工作制度，并配备业务能力强、服务水平高、实践经验丰富的工作人员，是集法律援助、法律服务、法治宣传、人民调解等司法行政职能于一体的"3+X"（"3"为法律援助、人民调解、法律咨询等基本职能，"X"为引入法治宣传、社区矫正、律师、公证等服务）"一站式"服务平台模式，为群众寻求法律帮助提供便利条件。中心累计接待来访群众3000余人次，通过电话"不见面"解答群众法律咨询300余人次，为困难群众节省律师费用110余万元，挽回或避免经济损失550余万元。

【文件清理】

2021年，红寺堡区人民政府依法向吴忠市人民政府及同级人大备案政府规范性文件3件，备案审查区人民政府部门出台的行政规范性文件2件。依法落实文件清理工作。2021年，清理行政规范性文件和政策性文件183件，废止行政规范性文件88件，宣布失效24件；废止政策性文件18件，宣布失效4件，并及时向社会公布清理结果。

（黄　兴）

公　安

【概　况】

2021年，红寺堡区公安分局坚持以政治建设为统领，开展党史学习教育和队伍教育整顿，组织开展政治轮训、专题讲座、教育实践等学习活动50场次。获"全区脱贫攻坚先进集体""全区扫黑除恶专项斗争先进集体"等多项荣誉，6个集体、21名个人受到上级表彰奖励。加强民警权益维护和暖警爱警措施落实，办理民警维权案件10起，打击处理23人，慰问因公受伤民辅警15人次。

【疫情防控】

2021年，红寺堡区公安分局按照"外防输入、内防反弹"的工作要求，常态化开展疫情防控工作，全力以赴守好入红寺堡通道，累计核查登记来红车辆12.6万辆、人员14.4万人，核查指令523条1.5万人，有效阻断疫情输入风险，疫情防控形势持续稳定。

【安保维稳】

2021年，红寺堡区公安分局圆满完成庆祝中国共产党成立100周年等安保任务，开展反恐、处置群体性事件演练4次。制定易引发极端案事件警情处置工作规范，依法稳妥处理各类警情，排查化解矛盾纠纷3343起，排查整改道路交通安全隐患110处，施划停车位900余个，安装道路隔离护

2021年3月23日,红寺堡区公安分局全体民警在宁夏移民博物馆门前重温入党誓词 (红寺堡区公安分局提供)

栏1.4万米,道路交通事故"四项指数"稳中有降,全年未发生一次性死亡3人以上交通事故,连续6年未发生较大以上道路交通事故。

【打击犯罪】

2021年,红寺堡区公安分局核查办结涉黑线索8条,打掉涉恶犯罪团伙2个,抓获犯罪嫌疑人32人。严厉打击群众反映强烈的盗抢骗、黄赌毒、食药环、电信网络诈骗等违法犯罪,破获刑事案件443起,抓获犯罪嫌疑人296人、上网逃犯83人,实现了侵财案件抓获数、起诉数、判决数、判决5年以上数"四个上升"的目标任务,群众安全感和满意度不断提升。

【公安改革】

2021年,红寺堡区公安分局实现派出所设置和警务室布局、派出所所长和社区民警"进班子"、社区警力配备"三个全覆盖","两不办"率先在吴忠市"拉闸变轨"。建成运行一类警务室15个、二类警务室51个,为派出所增加警力30名。警种支援互补、"半年+月度+积分"考核等机制运行顺畅,专业警种和派出所打击防范能力明显提升,警种互援互补机制和积分考核机制分别在全区改革和加强派出所工作推进会上进行经验交流。

【政务服务】

2021年,红寺堡区公安分局持续深化"放管服"改革,全面落实各项便民利企措施。在公安政务服务大厅增设首席代表,负责受理治安、禁毒、经侦等18类政务服务审批事项,实现"前台受理、后台分类、部门审批、窗口出件"的"一窗通办",共计办理户籍、出入境、车驾管业务6.9万件。建成"互联网+公安政务服务"代办点14处,代办业务2319件,网上办理业务7116件,回复群众咨询325人次。严厉打击涉企违法犯罪,全力为辖区企业高质量发展保驾护航。

【科技强警】

2021年,红寺堡区公安分局紧扣警务实战需求,聚力数据汇聚融合,实体化运行合成作战中心，搭建视频资源解析平台，运用各类数据资源服务基层实战工作。鼓励全警开展大数据建模应用工作，共向市局报送应用模型8个，2个模型在全市公安机关建模比赛中获三等奖，获得全区网安法制大比武团体二等奖。

【创新服务】

2021年，红寺堡区公安分局推行"平安顾问"签约行动，组织全警与辖区5.67万名群众签约"平安顾问"，让每一名群众都有一个警察朋友，帮助办理实事难事462件。推进"乡村地网"工程，在重点路段、重点单位、要害部位、农户院落、牛棚羊圈以及居民小区等区域安装"地网"9620路、"天网"324路。创新实施积分制考核，在全局营造"千斤重担大家挑，部门警种有目标"的工作导向，圆满完成各项工作任务。

（张　鹏）

检　察

【刑事检察】

2021年，红寺堡区人民检察院共办理审查逮捕案73件105人，批捕44件66人。办理审查起诉案144件196人，提起公诉109件154人，全年无撤回起诉及判无罪案件。突出打击黄赌毒、盗抢骗等影响社会稳定和侵犯人民群众财产犯罪，全年共办理公安机关依法移送审查逮捕的黄赌毒、盗抢骗犯罪37件47人，办理审查起诉39件64人，精准治理影响群众安全感的突出问题。办理涉重大责任事故案件3件5人。全面贯彻落实少捕慎诉慎押刑事司法政策及宽严相济刑事政策，依法不批捕29件39人，不捕率37.1%，不起诉35件42人，不诉率21.4%。全面落实认罪认罚从宽制度，适用率92.6%，确定型量刑建议提出率97.7%，法院采纳率100%。监督立案6件12人，撤案11件14人，漏捕2人，纠正遗漏罪行1人。针对侦查活动违法提出纠正违法7件，对审判活动违法提出纠正违法9件，发出检察建议5件。

【民事检察】

2021年，红寺堡区人民检察院共办理民事生效裁判监督案件1件，2020年发出的1件再审检察建议法院裁定再审并依法改判；办理民事审判程序、执行监督案件51件，发出检察建议40份；办理支持起诉案件18件，帮助农民工讨回工资100余万元。探索开展代表人诉讼支持起诉活动，通过实地走访当事人、调查核实案件事实、帮助农民工推举诉讼代表人，协调司法援助中心提供法律帮助，坚持与法院及时沟通对接，最大程度方便当事人进行诉讼程序，帮助其解决问题、依法维权，帮助154名农民工成功讨薪。

【行政检察】

2021年，红寺堡区人民检察院共办理行政审判程序、执行监督（包括非诉执行）案件13件，发出检察建议13份；发出社会治理类检察建议5份；办理行政争议实质性化解案件1件，协助解决矛盾纠纷。开展土地执法查处领域行政非诉执行监督专项活动，发出检察建议书3份，均已书面回复并采纳。

【公益诉讼】

2021年，红寺堡区人民检察院共办理行政公益诉讼72件，发出诉前检察建议69份，磋商解决1件。生态环境和资源保护领域，督促恢复未开发荒地49.24亩，复垦22.61亩人工牧草地；督促行政机关投资1062.5万对8个沟道进行治理，治理水土流失面积14.70平方千米；督促整治扬尘污染企业1家；督促清除违法堆放生活垃圾7812吨，清运建筑垃圾113立方米，拆除违章建筑6处、旱厕45户，平整修剪林带4公里，平整沟渠道18公里，绿化植被5640株；没收采砂违法所得13342.2元，罚款3.5万元；拆除废弃机砖厂14.11万平方米，回填采土1.34万立方米。督促乡政府投资380万元，开工建设大河村人居环境整治提升工程，建成小广场1个，面包砖铺设巷道5900平方米，建成花园围墙1000平方米；投资150万元建成黄花菜5333平方米晾晒场，基本解决乡辖区内农户晾晒场地问题。国有财产保护领域，督促行政机关收回国家所有财产和权益价值7.64万元（违规领取养老金77.64万元，现无能力一次性偿还，逐月抵扣追回）。食品药品安全领域，督促行政机关积极履职，没收违法经营的牛肉345公斤、羊胴体572.9公斤，处以1253.02万元罚款。通过开展"乡村振兴检察行""无障碍环境建设""保护农村食品安全"等专项活动，落实最高人民检察院"四号检察建议"要求，努力守护群众"舌尖上的安全""头顶上的安全""脚底下的安全"。

【未成年人监督】

2021年，红寺堡区人民检察院组织召开"侵害未成年人案件强制报告"联席会议，邀请区纪委监委、公安分局、教育局、司法局、民政局、卫健局、团委、妇联及各乡镇相关负责人参加会议，联合印发《吴忠市红寺堡区关于全面落实〈建立侵害未成年人案件强制报告制度的意见（试行）〉的实施方案》，形成未成年人保护社会合力，及时研究实践中出现的新情况、新问题，确保强制报告制度落地落实。办理未成年人公益诉讼案12件，1件被自治区检察院评为优秀案例。提出未成年人社会治理类检察建议18件，办理支持起诉撤销监护权案2件，开展未成年人救助11件、18人，拓展未成年人犯罪预防工作方式，引入社会组织对39人开展观护帮教，办理立案监督案件1件、1人，撤案监督案件8件、19人，通过开设法治课堂、发放宣传手册、以案释法、拍摄宣传视频、以身边人讲身边事及法治情景剧等各种方式开展法治进校园26次、进乡村66次，进社区15次，授课师生及群众有9000余人，发放学习文具类奖品800余份，宣传册1万余册。针对父母对孩子监护不全面、不到位等问题，导致适龄未成年人停学打工，结交社会上的不良朋友，发放督促监护令2份，督促监护人积极配合司法机关做好未成年人教育挽救工作。联合民政部门申请建设宁夏首家未成年人保护中心，为未成年人健康成长筑起防护网。加强未成年人保护工作检察监督，强化未成年人救助工作，加强对辖区内未成年人的兜底监护、关爱保护工作。

【矛盾化解】

2021年，红寺堡区人民检察院践行新时代"枫桥经验"，通过"信、访、网、电"等方式，拓展群众信访渠道。对重大、疑难案件实行带案下访和检察长接访办理。"12309"检察服务中心全年受理群众信访案222件，7日内程序性回复、3个月内办理过程或结果答复率，信访化解率均为100%。与吴忠市检察院联合办理刑事申诉案1件。办理司法救助案19件，发放救助金26.7338万元。邀请人民监督员、人大代表、律师代表等对3件司法救助案件进行公开听证，真正做到案结事了。

【防范电信网络诈骗】

2021年，红寺堡区人民检察院办理电信网络犯罪审查逮捕案件14件、18人，审查起诉案件5件、24人。结合服务乡村振兴、检察为民办实事、法律志愿服务等工作，通过检察开放日、法制宣传日等节日宣传活动，积极推动防范电信网络诈骗法治宣传教育进社区、进乡村、进学校，不断提高群众识骗、防骗、拒骗意识和能力，坚决守护人民群众钱袋子。

（刘敏艳）

法　院

【刑事审判】

2021年，红寺堡区人民法院共受理刑事案件121件，审结118件，结案率97.5%。严惩危害公共安全犯罪，依法审结危险驾驶、交通肇事、寻衅滋事、毒品犯罪等案件54件；依法保护公民人身财产安全，审结盗窃、诈骗、故意伤害等案件39件；不断规范市场经济秩序，审结非法经营、电信诈骗、组织传销等案件6件；依法保护生态环境，审结破坏环境资源保护罪1件；保持反腐高压态势，严惩发生在群众身边的腐败，审结贪污贿赂、渎职案件3件。

【民事审判】

2021年，红寺堡区人民法院受理民商事案件4374件，审结4139件，结案率94.63%。防范金融领域风险，加强对借款合同纠纷的审查力度，审结金融借款、民间借贷等案件948件。审慎处理婚姻家庭纠纷，促进家庭和睦、社会和谐，审结婚姻家庭案件627件。发挥联动优势，深入开展反家暴工作，发出人身保护令，有效维护妇女合法权益。

【行政案件】

2021年，红寺堡区人民法院坚持监督、支持行政机关依法行政与保护公民合法权益并重，注重行政争议实质性化解，共受理行政诉讼及行政非诉审查案件112件，结案107件，结案率95.54%。坚持落实行政机关及其负责人出庭应诉制度，被诉行政机关负责人出庭率达87.8%。

【案件执行】

2021年，红寺堡区人民法院持续巩固基本解决执行难工作成果，全年共受理执行案件2547件，执结2297件，结案率90.18%，执行到位金额13907.17万元，均创历史新高。

【法治宣传】

2021年，红寺堡区人民法院深入学习宣传贯彻民法典，举办民法典专题讲座6次，开展线上"每日一典"宣讲60期，在红寺堡区电视台录播9期民法典专题访谈节目。到辖区乡镇、村组开展扫黑除恶、禁毒防毒等法治宣传23次，发放宣传材料27000余份。

【案件受理】

2021年，红寺堡区人民法院速裁中心全年共受理案件2107件，占一审民商事行政案件总数的59.38%，结案率97.62%，调撤率83.24%。

【智慧法院】

2021年，红寺堡区人民法院先后网上立案132件，跨域立案74件，协助推送65件。推行"互联网庭审"机制，率先在自治区建成"新视云"互联网法庭，升级改造远程提审法庭，助力防疫审判两手抓两手硬，全年运用互联网开庭审理案件472件。

【队伍建设】

2021年，红寺堡区人民法院加强专业化队伍建设，广泛开展分层分类岗位培训，组织培训180余人次，参加上级法院举办的各类培训班11期，培训干警85人。开办民法典专题法官夜校，邀请审判业务专家到院集中授课，提升干警专业能力，2021年共有4名干警通过法律职业资格考试，12名干警获得表彰奖励。围绕"五个过硬"总要求，突出思想引导，强化监督管理，努力树立风清气正、干事创业的良好院风，建设一支忠诚干净担当的法院队伍。

【党风廉政建设】

2021年，红寺堡区人民法院坚持全面从严治院，集中整治违反中央八项规定精神和纪律作风突出问题，集中警示教育专项活动、"三个以案"警示教育取得良好成效，干警队伍纪律作风得到提升。开展审务督查，运用监督执纪"四种形态"，坚决查处违纪违法行为。完善党风廉政建设"两个责任"制度，自觉接受派驻纪检监察组监督，坚持问题导向和目标引领，落实"一岗双责"、民主集中制原则、党组议事规则和决策程序。严格落实《法官审判权力和责任清单》《关于进一步加强院庭长对"四类案件"实施监督的办法》等文件要求，采取有效措施杜绝人情案、关系案、金钱案，筑牢思想防线，守住法律底线。

【政法队伍教育整顿】

2021年，红寺堡区人民法院共受理20件线索（其中自治区政法队伍教育整顿办公室转交1件，吴忠市政法队伍教育整顿办公室转交了11件，红寺堡区政法队伍教育整顿办公室转交2件，主动说明问题4件，群众举报2件），均已办结。对照《全区政法队伍教育整顿制度建设指引》，建立健全38项制度。

（马渊博）

司法行政

【依法治区】

2021年，红寺堡区司法局履行区委全面依法治区委员会办公室职责，制定印发《红寺堡区委全面依法治区委员会2021年工作要点》《党政主要负责人履行推进法治建设第一责任人职责情况列入年终述职内容工作实施方案》《红寺堡法治社会建设实施方案（2021—2025年）》《法治红寺堡建设规划（2021—2025年）》和《关于在全区公民中开展第八个五年法治宣传教育的实施方案（2021—2025年）》等重要文件，明确法治建设各项目标任务。开展"法律八进"活动，丰富"两微一端"、以案释法、法治讲堂等普法载体，大力实施农村法律明白人培养工程。开展普法宣传活动和"12·4"宪法宣传日系列活动。先后开展各类法治宣传讲座100场次，人民群众法治意识明显提升。

【行政执法监督】

2021年，红寺堡区司法局共受理行政复议案件28件，行政应诉案件17件，并针对复议当中发现的问题，及时与相关机关执法部门进行沟通，监督进行改正。

【社区矫正】

2021年，红寺堡区司法局编印通俗易懂的《红寺堡区社区矫正三字经》《温情的陪伴》，被司法部及自治区司法厅有关网站转发。全面推进国家级"智慧矫正中心"建设，发挥"数字法治、智慧司法"信息化体系作用，强化一体化视频指挥调度平台运用，重点加强入矫宣告、手机定位监管和微信执法核查、电子腕带使用等，不断使"双矫四扶"工作模式发挥实效。持续做好社区矫正重点对象和社区矫正重点区域、重点时段的稳控工作，确保做到可防、可管、可控。

【法律援助】

2021年，红寺堡区司法局落实刑事案件律师辩护全覆盖、律师值班参与涉法涉诉信访案件化解等机制，加大法律援助力度，简化受援程序，优化服务流程，让更多群众打得起官司，做到应援尽援。开展法援惠民生活动，开通农民工讨薪案件"绿色通道"，简化受理程序。2021年，先后接待法律咨询群众2100人次，办理各类法律援助案件290件，农民工案件42件，挽回经济损失300余万元。

（马登基）

综合执法

【概况】

2021年，红寺堡区综合执法局共立案查处城乡环境卫生、大气污染防治、水务管理、草原管理、土地管理、矿产资源管理、森林管理、城乡规划、环境噪声污染防治等行政违法案件1637起，罚款892.3万余元，腾退土地783亩。其中，一般行政处罚案件392起，罚款886万余元，简易程序1245起，罚款金额6.3万余元。严格落实执法"三项制度"，组织开展重大案件集体讨论32次，开展案卷评查通报12次，召开重大案件集体案件讨论会32次、听证会33次，行政复议案件17起，行政诉讼案件18起，通过宁夏行政执法监督管理平台办理行政执法案件235起，初步实现了执法案件网上办理。

【机构改革】

2021年，红寺堡区综合执法局深化综合执法改革，对原254项执法权力清单及文化旅游、自然资源等10个部门拟移交的700余项行政处罚权力清单再讨论、再梳理，充分做好人员划转、执法事项承接及划转后重新编制权力清单和责任清单，调整优化单位内部机构设置等各项准备工作。将80%执法人员下沉到各乡镇（街道）执法队，实行综合执法局和乡镇（街道）双重管理，按照"两个机构、两个清单、一支队伍"开展综合执法工作，并统筹协调，联合执法，实现了一个区域一支队伍管执法。

【城乡环境整治】

2021年，红寺堡区综合执法局继续以创城、创卫和农村人居环境整治为契机，提升城乡人居环境新面貌。坚持疏堵结合、以疏为主的理念，狠抓"门前三包"责任落实，强力整治占道经营、乱停乱放、户外广告和门头牌匾等违法违规现象，提升市容市貌档次，方便城市居民生活，助力红寺堡区创建全国文明城市，顺利完成国家卫生城市复审工作。累计清理流动摊点4500余次，规范店外经营3000余家次，清理违规、破损广告1000多处，拆除沿街乱搭乱建棚亭、钢构物、遮阳棚75个，清拖机动车辆687辆，清拖非机动车辆223辆，确保城区停车井然有序，市容环境秩序得到提升。开展城乡人居环境整治工作，为新庄集乡向阳村提供了2万元农村人居环境整治经费。以"美丽庭院"示范创建为重点，推动红寺堡镇弘德村农村人居环境质量全面提升，抽调人员组成7个工作组，对该村96户庭院按照整治标准逐户进行规范整治，每家每户环境面貌得到大幅提升。开出了农村"三堆"首张罚单，确保了农村人居环境整治有序化、常态化、法治化。

【制度建设】

2021年，红寺堡区综合执法局规范行政执法行为。落实行政执法公示制度，办理的所有行政处罚案件信息全部录入"双公示"系统，录入率达到100%。对执法人员信息、权责清单、行政执法信息等在区政府门户网站进行公示，接受人民群众监督。落实执法全过程记录制度，建立执法规范化保障平台。由专人负责对全过程记录文字和音像资料的归档、保存和使用，每宗案卷实现纸质档案和电子档案双保险，确保执法全程留痕。落实重大执法决定法制审核制度，建立依法行政保障平台。聘请法律顾问，对重大案件提出法律意见。审核重大行政执法决定案件实行执法人员、执法队负责人、法制审核人等层级负责，对拟作出的重大行政执法决定，召开重大案件集体案件讨论会32期、听证会33期，听取并复核当事人申辩、质证意见，确保处罚公平公正。

【队伍建设】

2021年，红寺堡区综合执法局组织新修订《中华人民共和国行政处罚法》等法律法规培训4场次，法律知识考试6场次，全面提升执法人员的法治思维和依法行政能力，坚定理想信念，忠诚干净担当。成立执法纠风办公室，实施监督考核机制，督促严格落实"721"工作法及三项制度，做到依法行政、公正执法、规范执法，打造文明执法队伍形象。

【生态保护】

2021年，红寺堡区综合执法局落实河长督办单11起，逐一核查清理整治河道"四乱"问题，查处沟河道乱采乱倒案件6起，罚款10.5万元，没收违法所得0.26万元。抽调执法人员在滚新南路与中航线交接处、城东设立重型车辆绕城卡点，共劝阻1110余辆重型车辆进城。加大对北部草原等重点矿产资源地带的执法巡查监管力度，坚持白天动态巡查和夜间伏击执法相结合的方式，严厉打击非法盗采矿产资源行为。查处非法盗采矿产资源10起，罚款19.6万元。加强禁牧封育巡查频次、密度，切实做到草原巡查无盲区、无死角，立案查处非法放牧156起，罚款金额共计34.5万元。抽调执法人员20余人组成4个工作组在硒砂瓜种植地设置临时巡逻执勤监控点，实行全天候24小时巡查执法制度，督促硒砂瓜种植全部退出，生态环境得到有效恢复。

（陈永琪）

军 事
JUNSHI

红寺堡区人民武装部

【概　况】

2021年，红寺堡区人武部坚持以习近平强军思想为根本指导，以新时代强军目标为统领，坚定维护核心，聚焦练兵备战，突出主责主业，紧盯改革落实，持续转改作风。学习贯彻党的十九届六中全会精神，严格贯彻落实宁夏军区、军分区党委扩大会议精神，巩固深化"传承红色基因、担当强军重任"和"不忘初心、牢记使命"主题教育成果，尤其是在深化民兵调整改革、兵员征集和基层武装部规范化建设上倾注大量心血，取得明显成效。贯彻落实全区促进民族团结进步工作会议精神，组织民兵投入地方建设，开展民族团结进步创建工作，被自治区评为"全区民族团结进步示范单位"。12月，坚持以实战化标准抓推演。上半年，红寺堡区人武部党委深入调研大河乡麻黄沟村，科学制定帮扶措施，投入8万元为麻黄沟村军援精饲料加工厂购买生产设备。2021年底，人武部被宁夏军区表彰为"练兵备战先进单位"。

【自身建设】

2021年，红寺堡区人武部党委学习贯彻党的十九届六中全会精神，开展党史学习教育、习近平总书记"七一"重要讲话等系列活动。紧密结合国内外形势及重要敏感时期，抓好战备安全教育。严格落实"三会一课"制度，领导干部自觉参加组织生活，定期召开民主生活会和组织生活会，聚焦"五个带头""四个讲清""八个说清楚"，开展批评和自我批评，确保党员干部受教育不走过场。按照《军队党委工作条例》和上级通知精神，修订完善人武部《党委议事规则》，落实党委议战议训制度，深刻剖析和解决战备训练方面存在的薄弱环节和问题不足，坚持落实大项经费开支党委集体研究审议制度。严格按照《党委议事规则》，落实民主集中制，坚持重大问题集体研究讨论，分工负责落实，确保党委模范带头作用、支部战斗堡垒作用和党员先锋作用得到有效发挥。根据《中国共产党军队党的建设条例》，组织召开全体党员大会，进行党委、纪委换届选举。

【廉政建设】

2021年，红寺堡区人武部纪委坚持把纪律规矩挺在前面，组织党员干部传达学习上级纪委通报，开展党风廉政建设形势分析和警示教育，观看《铁纪强军》《指尖上的陷阱》等警示教育片，学习各项纪律规定以及军地交往"13个严禁"，教育大家严守底线、红线，严防网上泄密，禁止饮酒、公车私用等，撰写心得体会，带头践行"三严三实"，执行廉洁从政各项规定，围绕《军区系统重点行业领域廉政风险预警防控机制》明确的21个方面80个风险点，开展自查自纠。每季度召开一次纪委工作例会、组织一次纪委集体学习，每半年进行一次党风廉政建设形势分析，每年开展一次党风廉政建设专项检查调研，把全面正风肃纪要求落实到末端。严格落实党员领导干部个人事项报告制度，从严抓好廉洁征兵工作，纠治基层"微腐败"问题。加强纪检队伍建设，强化纪检干部担当精神，带头落实廉政制度规定，始终保持纪委良好形象。

【国防教育】

2021年7月22日，红寺堡区人武部邀请国防大学教授韩旭东为红寺堡区副科以上领导干部作国防教育专题讲座。8月，结合征兵宣传工作，在辖区主要广场开展国防教育宣传活动，强化辖区各级领导干部和人民群众的国防意识。

【征兵工作】

2021年，红寺堡区人武部不间断展开征兵宣传，开展各类国防动员宣传教育。截至12月，累计发放宣传手册4500余份，张贴宣传海报133处，对大学生家庭走访入户496户，发送手机短信宣传26万余条，利用流动宣传车播放征兵宣传视频547小时，进行国防动员宣传教育26次。全年完成437名应征入伍青年的乡镇初检、上站体检和政治考核，筛选出106名双合格人员参加役前训练，最终确定预定新兵70余名。

【扶贫帮困】

2021年，人武部党委先后多次赴帮扶村开展调研工作，指导麻黄沟村对军援精饲料加工厂进行管理升级，切实发挥经济效益，实现养殖户降低养殖成本、村集体每年增加5万元收入的双赢。为进一步支持加工厂可持续性发展，人武部投入8万余元购买叉车、传送带、地磅等基础设施，协调电力部门安装固定扫描用电设备，完成配电增容、扫码改造，解决变压器损耗问题，每年节省电费1万多元。关注边缘户返贫问题，按照区委、区政府统一要求，党委委员结对帮扶20名帮扶对象，定期进行走访，了解帮扶对象生活状况，防止因故返贫。

【疫情防控】

2021年疫情防控期间，红寺堡区人武部组织退役军人参与到疫情防控一线，主动担负起社区检测登记、为隔离患者送物资等工作。2月2—3日，红寺堡区人武部组织开展新民街道应急公共卫生防疫理论知识学习，防护装备器材操作、道路封控、洗消杀毒等专业科目训练。2月2日，新民街道应急排民兵及社区人员在罗山花园小区进行综合演练，医疗人员模拟核酸检测，民兵消杀组对通道进行洗消杀毒；检测组对外来人员进行体温检测、查验行程码；信息登记组对采样人员进行信息登记、核实真实信息；样本采样组对人员进行核酸检测。11月5日，红寺堡区人武部政委高长祯、部长赵雯带队到大河乡石炭沟村和定武高速收费站2处疫情

防控卡点，组织慰问参与疫情防控的执勤民兵。

（惠　达）

红寺堡区武警中队

【概　况】

中国人民武装警察部队吴忠支队红寺堡中队，前身为吴忠市支队五中队。历届班子，始终坚持用"苦学、苦练、苦创、苦干"精神教育官兵，激励斗志，先后圆满完成以执勤处突为中心的各项任务，得到各级首长和驻地党委、政府以及人民群众的广泛好评，为维护国家安全和社会稳定、保障人民群众安居乐业、促进红寺堡区经济发展作出了重要贡献。

【支部建设】

2021年，武警红寺堡中队党支部秉承"公正处事，模范带头"，抓好"两个群众组织"和"三支队伍"建设，不断积蓄发展后劲。深入学习贯彻习近平总书记"七一"重要讲话精神，围绕庆祝中国共产党成立100周年这条主线，紧盯部队安全发展基础，紧抓重点工作推进落实，在聚焦主题、聚力主线中不断推进中队内涵建设向更高层次迈进。加强新颁法规制度学习，支部一班人采取集中学习、个人自学、讨论深化的形式，重点学好了三个条例。指导两个群众组织认真学习《团支部工作规范》和《军人委员会工作规范》，引导其在干中学、学中干，不断提升业务水平。以迎接武警部队党委巡视巡察为契机，持续抓好中队风气建设和党风廉政建设，规范党费收缴工作，扎实开展"弘扬优良传统、整顿作风纪律"学习教育活动，做好"廉政三进"氛围营造，打牢中队官兵崇廉拒腐的思想根基。

【政治教育】

2021年，武警红寺堡中队坚持把迎大庆、保大庆作为全年工作主线，推动政治引领、思想育人，确保官兵绝对忠诚、绝对纯洁、绝对可靠。把贯彻习近平新时代中国特色社会主义思想、习近平强军思想和党史学习教育贯通起来，结合"传承红色基因、担当强军重任"主题教育，通过知识竞赛、官兵讲堂、讨论交流等形式，深化学习效果，有力推动教育工作落实落地。结合"密切内部关系、杜绝打骂体罚"专项教育整治活动，借助"三互""双四一"等有效活动载体，常态化开展谈心交心、"吐槽大会"和恳谈会，形成"心事有人听、困难有人帮、犯错有人管、进步有人夸"的良好氛围。通过思想心理骨干每周汇报和三互小组成员互相摸排等方式，为中队官兵营造成长成才的工作氛围和拴心留人的良好环境。

【执勤战备】

2021年，武警红寺堡中队党支部以"三场维稳战役"为主线，着眼形势任务，提高备战基点，围绕"两个不经、一个保持"落实战备工作。各类方案修订及时细致，熟悉"大小三线"兵力布势，战备值班任务完成圆满。"一句话命令加补充指示"指挥法运用熟练，战备教育演练常态化，官兵熟悉方案，任务明确，遂行任务完成好。中队紧抓战备教育，做好形势分析，并定期进行战备常规检查，做到有问题立刻狠抓落实整改，确保中队"召之即来、来之能战、战之必胜"。为提高官兵情况处置能力，下大力抓好专勤专训，并把训练场搬到哨位上，针对可能出现的情况对战士进行引导启发，从而提高哨兵情况处置能力。2021年圆满完成区政府国庆升旗、烈士陵园公祭敬献花篮、县两会期间的警卫任务。

【军事训练】

2021年，武警红寺堡中队以新纲要为建设依据，深化官兵新大纲学习，严格落实训练制度、战备演练，从正规执勤秩序入手，大力纠正官兵执勤"常见病""多发病"。搞好执勤研究。深入实地考察周边敌社情，修改完善相关方案。不断提升应急处突能力。通过观看宣传片、规章制度等学习，激发训练热情和军人血性。落实奖惩机制，调动官兵训练积极性。抓好训练安全，打牢官兵安全意识，树牢自我保护意识。坚持训练安全检查，严密组织训练，严格落实议训制度，干部全程跟训，对危险性高的科目亲自组训，利用每周议训对中队的训练安全进行深入分析，及时发现存在问题并抓好整改。

【日常管理】

2021年，武警红寺堡中队认真对照新《条令》抓好官兵作风养成和一日生活制度落实，在精细管理促发展上下功夫，制定营区管理责任分工表，达到"事事有人管，人人有分工"的管理状态。开展暑期"百日安全活动"，在重点问题防范上下功夫。深入开展密切内部关系活动，通过恳谈会、吐槽大会等形式让官兵主动说出心中的话，解开内心的疙瘩。加强互联网使用管理，深刻吸取失泄密事故深刻教训，确保不发生失泄密问题。加强对在外人员管理，强化安全意识。严格疫情防控，严格"一对一"在外人员责任制，确保疫情"不输入、零感染"。

【后勤保障】

2021年，武警红寺堡中队坚持支部当家理财，严格落实财经纪律，坚持经费投向一线，按照"少花钱、多办事、办好事"原则，做到有计划、有研究、有预算、有汇报，确保经费开支依法依规。组织相关人员学习各级新修订下发的各项后勤规章制度，坚持财务工作"四个到位"，即重视到位、保障到位、管理到位和培养到位。加大对后勤队伍指导力度，严格落实专业兵训练、会操、考核制度。每月经济民主组查账，考核司务长业务能力、卫生员战场救护能力、军械员武器练习分解结合能力，通过制度落实形成专业兵钻研本职业务的良好氛围。中队发扬勤俭节约、精打细算的优良作风，严格落实财经纪律。发挥经委会的作用，严防因管理不善而丢失的现象发生。开展农副业生产，实行责任制，激发官兵劳动热情。

（张海通）

经济管理

JINGJI GUANLI

宏观经济管理

【"十四五"规划】

2021年，红寺堡区发展和改革局编制完成《吴忠市红寺堡区国民经济和社会发展第十四个五年规划和二〇三五年远景目标纲要》，经红寺堡区三届人大七次会议审议通过，于5月6日正式印发执行。

【主要经济指标】

2021年，红寺堡区实现地区生产总值85.79亿元，增长9.2%；完成地方一般公共预算收入1.9亿元，增长12.4%；一般公共预算支出30.3亿元，下降1.2%；固定资产投资增长4.1%；实现社会消费零售总额16.46亿元，增长3.0%；城镇居民人均可支配收入27250.8元，增长7.0%；农村居民人均可支配收入11996.0元，增长9.8%。

【重点项目】

2021年，红寺堡区发展和改革局计划实施项目166个（含太阳山开发区），年度计划投资107.87亿元，完成投资83亿元。其中：现代农业产业园项目、水发浩海黄花菜加工项目、G344线红寺堡过境段公路项目、综合客运站项目、第五中学项目（一期）、中医医院、太阳山镇巴庄子村高效节水蓄水池配套建设项目、滩羊产业生态智慧园区项目、第二污水处理厂尾水水质提升工程等107个区本级计划实施项目全部开工，完成投资43亿元；区本级26个列入自治区重大项目全部开工，投资完成率100%。36个重点建设项目全部开工建设，完成投资25亿元。全年共计完成社会投资备案事项110项，完成政府投资审批事项278项，涵盖住建交通、社会事业、农林水牧产业等多个领域。

【上争资金】

2021年，红寺堡区发展和改革局共落实上争项目210个，到位资金25.28亿元，完成目标任务的101%。

【服务业】

2021年，红寺堡区发展和改革局开展2021年自治区服务业发展引导资金项目和贷款贴息项目（企业）申报工作，助推宁夏黄河中药材成功申报服务业引导资金100万元。开展"乐享消费、约惠红寺堡"系列促消费活动，促进服务业恢复性增长，累计销售2480万元。

【清洁能源】

2021年，红寺堡区发展和改革局抢抓实施"宁电入湘"工程的重大机遇，立足红寺堡区实际，聚焦产业定位，充分发挥新能源产业的区位优势、资源优势、政策优势，坚持高点定位、超前谋划，编制《红寺堡区"十四五"新能源发展规划》《宁夏红寺堡区新能源制造示范园规划》，做好"一园一基地"顶层设计。与中车株洲所、五凌电力、嘉寓集团、湘投集团签订装备制造及光伏项目协议，项目资金252.3亿元。引进"低碳循环"智能装备产业项目、2GW储能集成系统智能生产基地和5GW储能产线、双真空全玻璃太阳能集热管、宁湘产业园等项目，并迅速推动项目开工建设。建成投产新能源集中运维中心和新能源培训学校，推动新能源服务业发展。稳步推进三峡50兆瓦风电项目、上海机电100兆瓦光伏发电项目、腾晖100兆瓦光伏项目、卧龙150兆瓦风电续建项目实施，扩大新能源发电装机规模，截至2021年底，新能源装机规模容量458万千瓦，占宁夏近六分之一。

【粮食安全】

2021年，红寺堡区发展和改革局贯彻落实习近平总书记关于粮食安全系列重要讲话和重要指示批示精神，落实吴忠市下达红寺堡区2000吨原粮临时储备任务和1040吨应急成品粮储备任务，完成地方

2021年7月8日，红寺堡区举行"宁电入湘"工程宁夏红寺堡区新能源装备制造示范基地和光伏产业示范园项目签约仪式 （红寺堡区发改局提供）

储备粮仓储及配套设施建设项目的备案、重大项目库录入工作。开展粮食购销领域腐败问题专项整治，完成吴忠市委和红寺堡区委涉粮问题专项巡察。常态化开展政策性粮油库存检查、粮油价格监测和粮食安全宣传工作，切实保障粮食安全。

【能源保供】

2021年，红寺堡区发展和改革局制定《红寺堡区今冬明春能源保供应急预案》，协调解决供暖公司冬季用煤。印发《红寺堡区农村取暖用煤调运保障方案》，为684户农村困难群众户均解决平价煤3吨，确保农村困难群众冬季有煤烧、烧得起。督促长燃天然气与中卫市汇和瑞能天然气公司签订能源保供协议，使县级以上地方人民政府至少拥有不低于保障本行政区域日均3天需求量的储气能力、供气企业拥有不低于其合同年销售量10%的储气能力、城镇燃气企业拥有不低于其年用气量5%的储气能力，实现保煤炭电力供应、保企业稳定生产、保群众温暖过冬。

【能耗"双控"】

2021年，红寺堡区成立能耗"双控"工作领导小组，组建工作专班，全面摸清在建、拟建和存量"两高"项目情况，建立预警通报制度和"两高"项目整改台账。加大对重点耗能企业赛马水泥的用能和节能情况监督管理，强化企业节能目标责任和考核，督促企业自我加压，深挖节能潜力。全年规模以上工业综合能源消费量70.5万吨标准煤，增长14.7%，单位工业增加值能耗增长16.4%。

【社会信用体系建设】

2021年，红寺堡区向"宁夏十公示报送系统"推送双公示信息5570条，其中：行政许可信息4008条，行政处罚信息1562条。向"信用吴忠"门户网站推送各类信息及政策法规3081条。引导企业完成信用修复21家，其中：行政处罚修复19家，申请移出失信被执行人名录库2家。授予红寺堡区12家连续3年无拖欠农民工工资的用人单位"吴忠市红寺堡区农民工工资保障诚信单位"称号，对恒诚人力资源有限公司等12家用人企业进行评级，其中A级6家、B级6家。

（丁 华）

市场监管

【概　况】

2021年，红寺堡区市场监督管理局完善公平竞争审查工作机制，建立公平竞争审查工作联席会议制度、举报受理回应制度、政策措施公平竞争审查抽查机制。加强公平竞争审查工作的协调指导，组织开展公平竞争审查自查和抽查工作。开展"双随机、一公开"监管工作。制定印发红寺堡区年度随机抽查事项清单和部门联合抽查工作计划，强化业务培训，稳步推进"双随机、一公开"监管工作落实。2021年，对相关部门"双随机"抽查47项，其中部门内部41项、部门联合6项，检查市场主体675户，出动执法人员1400余人次。加强知识产权保护。开展打击侵犯知识产权和制售假冒伪劣商品工作，集中开展专利、商标、地理标志等领域知识产权专项保护行动。截至2021年底，共检查36家经营单位，立案查处2起，罚款1000元。

【特种设备安全整治】

2021年，红寺堡区市场监督管理局召开红寺堡区气瓶安全专项整治三年行动推进会，开展气瓶安全专项整治，联合工业商务局等单位开展餐饮行业气瓶安全检查，共检查气瓶使用单位8家。

开展"安全百日会战、喜迎百年华诞"特种设备安全百日专项整治，对小区、商场、医院在用电梯、起重机械等特种设备使用单位开展集中检查。截至2021年底，共检查特种设备使用单位64家次，排查特种设备安全隐患49处，下达特种设备监察指令书49份，查办1起特种设备违法案件，罚没款8万元。

【商事制度改革】

2021年，红寺堡区市场监督管理局督促企业开办"一网通办"平台，推行"证照分离"改革，推进简易注销登记，为企业进入与退出提供便利。截至2021年底，注册各类市场主体13244户，其中：企业2388户、合作社674户、个体户10182户。

【公共服务质量】

2021年，红寺堡区市场监督管理局开展公共服务质量提升攻坚行动。制定工作方案，明确重点任务，压实行业部门责任，推动公共服务质量不断提升。先后开展"质量月"集中宣传咨询活动、"检验检测机构开放日"活动、"服务企业质量提升行动百家行"活动。开展质量体系认证提升行动，辖区内3家葡萄酒生产企业通过质量管理系统认证。指导红寺堡区诗裕酒庄、卓德酒庄申报使用"贺兰山东麓葡萄酒"地理标志。强化产品质量抽检，完成日用消费品抽检8批次、电气产品抽检8批次、体育用品抽检8批次、建材产品抽检10批次、成品油抽检10批次、成品油快速检测9批次的抽样检测，开展学生校服床品及部分重点纺织产品质量专项检查，抽检校服2批次、纤维制品6批次。开展流通领域农资质量抽检2批次、抽检不合格企业立案查处1家，罚款9.5万元。

（马辉宏）

自然资源管理

【自身建设】

2021年，红寺堡区自然资源局召开党组（中心组）党史学习教育会议35次、干部理论学习32次、专题研讨会14次、专题宣讲会6次、意识形态分析研判会议4次，对自然资源领域意识形态方面存在的风险隐患进行认真分析研究。加强微信工作群监督管理，对工作微信群实行实名制，杜绝不当言论行为发生。

【林业生态】

2021年，红寺堡区自然资源局加强有害生物防治。完成红寺堡区北部、南部及城区11.25万亩虫害防治，有效控制春尺蠖、沟眶象等虫害的发生。加强种子苗木检疫，共检疫400余批次，从源头抑制有害生物调入调出风险。加强森林草原防火工作，未发生重大火灾。累计开展禁牧督查90余次，先后拆除羊圈100余处，立案查处偷牧案件80余起，共计罚款18.8万元。

【自然资源管理与保护】

2021年，红寺堡区自然资源局供应建设用地155宗，面积164.3658公顷，收缴土地出让金32742.9418万元，项目用地实现应保尽保。制定《红寺堡区批而未供和闲置土地盘活利用专项行动方案》，在全区范围内开展批而未供地和闲置土地盘活利用专项行动，共消化批而未供建设用地1410.67亩，处置闲置土地719.74亩，超额完成自治区下达任务。加快解决城乡遗留问题宗地处置。完成96宗建设用地历史遗留问题处置任务，收缴土地收益金503.80万元，城区建设用地遗留问题处置率达97%。

【城乡规划】

2021年，红寺堡区自然资源局完成国土空间规划9个专题的编制工作和生态红线划定工作，推进完善城镇开发边界、红寺堡中心城区土地用途划分工作。村庄规划编制加快推进，2021年完成弘德、同原、红川及永新等14个成建制移民村村庄规划编制工作，并通过自治区自然资源厅审查。强化规划审核工作，截至2021年底，审定规划总平图39件，办理建设项目选址意见书30件，办理建设用地规划许可证41件，办理工程规划许可证47件，规划核实验收26件。

【矿山监管】

2021年，红寺堡区自然资源局加快推进绿色矿山建设，按照自治区自然资源厅统一安排部署，已完成7家矿山企业《绿色矿山建设方案》编制，并通过市级评审。加强矿山监管。结合自治区自然资源厅关于全区矿产资源领域违法违规开采清查整治行动及吴忠市非煤矿山专项整治行动，对红寺堡区2016年4月30日以来过期未注销和有效期内的51家矿山企业进行实地核查（其中采矿权47家，探矿权4家），现场下达整改通知书48份、停工通知书11份，对存在的问题跟进并督促完成整改。加大巡查力度，联合检察院、综合执法局等部门开展专项巡查6次，严厉打击非法盗采矿产资源等行为，移交综合执法局立案查处8起，罚款102.57万元。

【地理信息测绘】

2021年，对红寺堡区22个测量标志逐一进行巡查，未发现测量标志破坏现象。完成红寺堡区第三次国土调查工作。按照自治区自然资源厅工作安排部署，组织工作人员对辖区地图市场进行全方位、无死角排查，特别针对书店、打印部等地图出售单位加大排查频次，未发现违法违规行为。对辖区有测绘资质单位进行监管巡查，确保有测绘资质单位依法依规开展测绘工作。

2021年8月4日，市、县同步验收土地开发整治（补充耕地）项目 （红寺堡区自然资源局提供）

【耕地保护】

2021年，红寺堡区自然资源局实施土地开发整治（补充耕地）项目9个，完成6个项目新增耕地验收入库，新增耕地2.08万亩。施工项目3个，预计新增耕地约1.6万亩。2016年，大河乡红柳沟耕地占补平衡项目区1389亩新增耕地指标纳入统筹交易，交易金额3800万元。开展基本农田划定工作，以第三次国土调查成果为依据，完成红寺堡区46.63万亩永久基本农田划定不实、违法违规建设占用、生态退耕以及其他情形逐图斑内业分析判读和外业核实工作。完成红寺堡区永久基本农田划定52.86万亩。

【不动产登记】

2021年，红寺堡区自然资源局加快推进农村宅基地"房地一体"确权登记，红寺堡区农村宅基地"房地一体"确权登记发证涉及5个乡镇65个行政村47856宗。外业调查、测量全部完成，除红寺堡镇团结村、新庄集乡东川村，其余村一轮、二轮公示全部完成，具备发证条件12697宗，已发证12697宗。推进河湖水域岸线划定确界工作，完成辖区内60条沟道（828.71公里）、14条渠道（219.84公里）、6个水库的划定确界和数据库建立，埋设1927根界桩，顺利通过市级现场抽查复验。解决不动产登记难问题，先后解决红寺堡创业、建兴、恒馨园、御泉新苑、罗山福邸等老旧、问题小区1399户不动产办证问题。针对建设用地遗留问题处理完后宗地权利人无规划手续等问题，及时集中组织研究，出具规划，核实文件办理不动产登记，妥善解决群众反映强烈的问题。

【行业治乱】

2021年，红寺堡区自然资源局采取日常巡查和突击检查的方式，累计开展动态巡查70余次，重点对大河乡土坡煤矿、城北营盘井地区、罗山外围、退耕还林区等重点区域进行不定期巡查监测，共发现非法采砂问题线索12件。加大违法图斑核查整改，自然资源部下发红寺堡区土地疑似违法图斑3550个，自然资源厅下达全时域监测图斑841个，经核实认定违法图斑190个，已移交综合执法局查处。核查发现农村乱占耕地建房问题共7处，涉及土地面积2.19亩，其中占用耕地面积2.1亩（基本农田面积1.02亩），已全部拆除整改到位。

【水资源调查】

2021年，全区取水总量2.445亿立方米、用水量2.183亿立方米，水损0.262亿立方米。用水量中黄河水2.13亿立方米，占98%；取用地下水0.044亿立方米，占1%。

（马小花）

食品药品监管

【食品安全监管】

2021年，红寺堡区市场监督管理局推进红寺堡区全域创建"食品药品安全区"工作。及时召开工作推进会，红寺堡区委、区政府主要负责同志先后2次开展专题调研；先后召开区委常委会1次、政府常务会议3次，听取红寺堡区全域创建食品药品安全区工作汇报，研究解决食品药品安全工作相关事项。加强食品生产监督检查，检查食品生产企业32家，针对发现的问题责令限期整改。加强餐饮食品安全质量监管，落量化分级管理实现全覆盖。强化餐饮从业人员线上培训，培训626家。开展餐饮单位重点区域、重点环节食品安全专项治理。对检查过程中发现的索证索票不规范、卫生差等问题，下发责令整改通知书22份，约谈"美团""饿了吗"网络订餐平台2家，要求其严格落实网络食品经营者实名登记管理制度，禁止无食品经营许可证入网经营等违法行为。

【学校食堂监管】

2021年，红寺堡区市场监督管理局加强春秋季学期学校（幼儿园）食堂监管，联合教育局开展春秋季学期学校（幼儿园）食堂检查，检查241家次，对发现的问题责令限期整改。105家学校食堂投入使用的"互联网+明厨亮灶"系统全部上线。

【药品安全监管】

2021年，红寺堡区市场监督管理局强化对药店、医疗机构等药械经营使用单位检查，共检查药械经营使用单位69家，办理药械简易处罚案件11起。督促零售药店严格落实疫情防控措施，检查药店56家次，"一退两抗"药品登记221130条。开展新冠病毒疫苗专项监督检查，以新冠病毒疫苗配送、接种及病毒检测点为重点，检查相关单位6家。持续推进"阳光药店"创建工作。截至2021年底，纳入"阳光药店"系统管理的零售药店63家，纳入率90.4%，"阳光药店"创建成功60家，创建率为71.4%。完成2021年度药械抽检任务。

【流通环节监管】

2021年，红寺堡区市场监督管理局强化流通环节食品安全监管，严格疫情防控，开展进口冷链食品集中排查，严格落实"三个停止"措施，确保冷链食品安全。2021年，共检查辖区内冷链食品经营户1032家次。强化冷链食品核酸检测，共检测2574批次。加强长江流域非法捕捞渔获物检查，检查红寺堡区内各类经营主体1401户次。加强畜禽肉产品质量安全专项整治，检查畜禽肉经营户57家，监督抽检91批次，查处畜禽肉品案4件，罚款16.53万元。

（马辉宏）

社会管理

SHEHUI GUANLI

创业就业

【概　况】

2021年，红寺堡区实现城镇新增就业1141人，完成年度目标任务的163%；失业人员再就业422人，完成年度目标任务的105.5%，就业困难人员再就业87人，完成年度目标任务的108.75%。全年城镇登记失业率为3.73%。全年转移农村劳动力4.16万人，完成年度目标任务的118.57%，实现劳务收入6.81亿元，其中，脱贫户、边缘易致贫户劳动力转移就业2.15万人，实现劳务收入2.98亿元。完成企业职工培训324人，完成年度目标任务的108%；重点群体就业培训2848人，完成年度目标任务的474.67%；贫困劳动力培训300人，完成年度目标任务的100%。创业培训510人，完成年度目标任务的121.43%；培训后成功创业238人，完成年度目标任务的158.67%；培育创业实体190个，完成年度目标任务的146.15%；创造新岗位306个，完成年度目标任务的102%；全民创业带动就业2348人，完成年度目标任务的102.09%；发放创业担保贷款1.18亿元，完成年度目标任务的318.92%。接受高校毕业生档案1210份，实名制系统录入人员中，教育部门移交的458人中已有426人实现就业，年度高校毕业生就业率达到93%。

【重点群体就业】

2021年，红寺堡区离校未就业毕业生实现就业420人，其中，党政机关、事业单位就业40人，企业就业134人，灵活就业156人，基层项目吸纳就业75人，社区岗位吸纳就业15人。鼓励高校毕业生到基层就业。实施"三支一扶"招募计划，招募230名高校毕业生到基层就业，安排107人参加事业单位实习、就业见习。切实掌握高校毕业生就业信息。通过求职登记小程序对131名高校毕业生信息进行登记，并通过落实就业创业服务举措，帮助其中的121人实现就业。全力促进退役军人就业，通过开发公益性岗位安置18名退役军人实现就业。通过开发公益性岗位帮助65名残疾人就业。

【公益性岗位】

2021年，红寺堡区开展"就业援助月""春风行动""民营企业招聘月"等公共就业服务活动，共举办各类招聘会18次，提供就业岗位3700余个，达成就业意向480余人。持续提高失业金经办效率。通过"我的宁夏"等渠道线上申请办理失业金申领业务，全年发放失业金2071人次、294.84万元，发放失业补助金1736人次、181.43万元。开发公益性岗位保障就业。2021年共开发公益性岗位2162人，其中城镇公益性岗位649人，乡村公益性岗位1513人，帮助各类就业困难群体实现收入近3200万元。通过公益性岗位开发、就业岗位推荐、职业技能培训等帮扶措施帮助520名就业困难人员实现就业。

【劳务协作】

2021年，红寺堡区开展劳务经纪人培训，培育劳务经纪人42人。对接山东省相关企业，向青岛海信日立等公司定向输送78名技工院校毕业生参加见习，成立红寺堡区驻山东省劳务工作站，初步打通赴鲁稳定务工渠道。组织红寺堡区外出务工人员购买"铁杆庄稼保"，为务工人员上好"安全锁"。2021年购买"铁杆培训庄稼保"29546人，完成目标任务的105.52%。积极促进赴闽就业。制定鼓励赴闽就业政策，激发群众赴闽就业积极性，组织226人赴闽就业，其中脱贫户及边缘易致贫户劳动力赴闽转移就业164人。

社会保障

【概　况】

2021年，红寺堡区企业职工养老保险、机关事业养老保险、失业保险、工伤保险、城乡居民养老保险参保人数分别达5079人、4318人、6934人、14520人和123733人，分别完成目标任务的121.6%、110.9%、105.1%、100.1%和110.8%。低保、特困户、易返贫致贫户、重度残疾等困难群体基本养老保险实现应保尽保、待遇应发尽发、政府代缴应缴尽缴。

【社保卡】

2021年，红寺堡区社保中心以社保卡为服务载体，深入贯彻落实"人社服务快办行动"，推动社保服务向一线延伸，深入到户，服务到家，为老年人特别是高龄、空巢、失能、留守等重点群体，以及残疾人等特殊群体，主动提供上门服务，践行"记录一生、保障一生、服务一生"服务宗旨。2021年，共发放实体社保卡170914张，社保功能激活率100%，电子社保卡签发率达56.2%，完成目标任务112.4%，统计残疾人共计5799人，发放残疾人社保卡1365张，发放率23.5%。实现各类资金"三个全覆盖"，即养老待遇、财政供养人员工资、涉农资金社保卡发放率均为100%。

【稽核管理】

2021年，红寺堡区通过切实有效的硬招实招，进一步健全完善社会保险基金管理风险防控体制机制，坚持问题导向，强化责任追究，化解存量风险，严格控制增量风险，注重标本兼治，严格防范和坚决遏制社会保险领域各类违法违规违纪事件、案件的发生，以实际行动，推动实现社会保险事业高质量发展。2021年共排查自治区下发的6批疑点数据4类3849条，涉及基金16.76万元，追回4.47万元，完成整改3115条，完成率81%。

【社保便民服务】

2021年，红寺堡区依托政务大厅"小窗口"，创新管理，提供上门认证新模式，坚持业务工作和窗口建设"两手抓"，不断提升管理水平，实现保障民生"大效应"。社保中心结合当前实际，遵循"五个不出村，服务零距离"工作要求的前提下，对当前一些政策进行细化，研究出更加便捷高效的服务模式，进村入户为行动不便、儿女不在身边、不会使用手机的老人们用"我的宁夏"App进行养老保险待遇资格认证。提高社保经办水平，推动社保服务向一线延伸，深入到户，服务到家，帮助群众解决实际困难。实现缴费不见钱、业务网上办、信息多跑路、办结不出村的服务新模式。

人事人才

【人事管理】

2021年，经过个人申报、用人单位初步审核，红寺堡区人社局复审，吴忠市批复，聘请8人为技师、11人为高级工、2人为中级工。本年度申请参加技能培训考核14人，因疫情影响，吴忠市未举行培训及考试工作。为进一步加强红寺堡区事业单位人才队伍建设，通过自主招聘引进27名硕士研究生学历，其中双一流院校双一流学科1人，全区统一公开招考引进17人，本科以上学历15人。与往年相比，招考人员学历层次提高，有利于优化干部队伍。

【职称评审会】

2021年12月30日，红寺堡区召开初级专业技术职务任职资格评审会，各系列评审专家对推荐申报的116名初级职称人员材料进行评审，其中中小教系列99人、林草工程系列11人、工程技术系列2人、地质矿产工程系列4人，经评审全部通过。并在红寺堡区人民政府网进行公示，公示无异议，文件已印发各单位。

【人才评选】

2021年，依据第三届"吴忠英才"、吴忠市优秀人才暨第五届享受市政府特殊津贴人员评选工作的精神，遵循公正、公平、公开、择优的原则，通过各单位推荐、公示无异议，征求各部门后，经红寺堡区人社局审核，推荐卫生、教育、农林水牧、群文等行业18位同志参评，经吴忠市专家委员会评审，1名同志被评为"吴忠英才"、7名同志被评为吴忠市优秀人才，3名同志享受第五届市政府特殊津贴。

收入分配

【工资福利发放】

2021年，红寺堡区共审核发放3412名事业单位工作人员和40名机关工勤人员工资3.47亿元，其中核定并发放2021年绩效工资2041.3万元，发放2020年政府效能剩余部分917.8万元，预发2021年政府效能奖3018.4万元，发放困难职工补助1919.8万元、第一次文明单位奖503.16万元、全年住房补贴2002.09万元、采暖费1736.66万元，补发2020年乡镇补贴53万元，发放2021年乡镇补贴1035.75万元、第一季度平时考核奖892.927万元、年休假工资报酬394.48万元。审批事业编警务人员绩效工资140.28万元、卫生防疫津贴19.7万元。2021年红寺堡区教师人均收入为10.54万元，公务员人均收入为9.89万元，现已全面实现教师工资收入水平不低于当地公务员收入水平。

【人员工资晋升】

2021年，共为243名事业人员和机关工勤晋升岗位和职务工资，月增资6.8万元。办理工资关系调转、退休、学历变更、去世人员丧葬费及遗属生活补助等业务共170人次。完成2017年转正特岗教师

67人、2020年统招事业编53人、2021年自主招聘234名事业人员的信息采集整理、信息录入、工资核定。完成教育系统353名教师编制信息变更和工资确定工作。完成2021年度事业人员和机关工勤年度考核晋升薪级工资，月增资23.9万元。

【工资制度改革】

2021年，红寺堡区推动区域性和行业性工资集体协商，成立工会组织的企业44家，涵盖职工1849人，实行行业性和区域性工资集体协商制度41家，实行率93%。推进落实国有企业工资决定机制和企业负责人薪酬制度改革，国有企业工资总量管理实行率100%，50%以上企业负责人已纳入国有企业负责人薪酬管理。完成企业薪酬调查样本任务，调查样本企业23家，任务完成率100%，数据合格率100%。

【工资综合管理】

2021年，红寺堡区落实宁夏人事工资综合管理系统的线下培训以及线上操作，推动人事工资业务办理网络化。完成单机版工资数据核对提交，并与信息中心沟通后，联系培训场地，作出详细培训安排，开展试运行培训工作。完成人员信息数据比对工作。指导各单位运用人事综合管理系统开展线上业务办理，初步实现人事工资业务不见面办理。

劳动执法

【法规宣传】

2021年，红寺堡区开展《保障农民工工资支付条例》线上线下培训活动，深入辖区项目工地，面向建设单位、施工总承包方、劳务分包企业相关负责人、项目经理、劳资专管员和农民工广泛宣传条例内容和要求。2021年共开展条例等劳动保障法律法规宣传活动15次，发放宣传资料1万余份，现场解答咨询群众530余人次。

【受理欠薪投诉】

2021年，红寺堡区共受理欠薪投诉案件95起，涉及728人1322.22万元，投诉举报结案率100%。针对欠薪案件，对施工企业下发限期责令整改书，督促企业及时足额发放拖欠的农民工工资。涉及行业主管和属地管辖单位的，通过农民工工作领导小组办公室下发督办单，通知责任单位工程项目中清欠农民工工资存在的具体问题、具体人数、金额及时间、办结时间，联合查处。

【专项检查】

2021年，红寺堡区组织各项检查共计90次，检查企业及建筑项目264家，其中企业134家，建筑项目122家，新业态检查8家，下达限期责令改正指令书107份。结合宣传《保障农民工工资支付条例》进企业和日常执法检查工作，对辖区建筑施工企业进行劳动保护执法检查，共排查全区在建工程项目42个，涉及农民工10986人。出动检查人员168人次，排查问题61项，已全部责令改正。排查发现个别建设项目未及时按月发放农民工工资，已督促施工单位及时发放。重点检查辖区新业态、餐饮、纺织等劳动密集型行业劳动报酬不低于最低工资标准，并将此项检查贯穿于日常劳动用工执法检查工作中。对辖区8家人力资源和劳务派遣公司进行检查，重点对自治区双随机抽取的3家人力资源公司和劳务派遣公司进行检查。对4家劳务派遣公司经营管理中存在合同签订不规范、未给派遣者缴纳社会保险等问题，依照相关规定责令改正；对1家劳务公司连续半年未开展经营活动督促其注销营业执照。2021年，开展联合专项执法检查5次，对辖区餐饮业、KTV以及无证经营户进行检查，共检查用人单位32家，发现违法使用童工5起，处罚5起，并向社会进行了公布。

【守法诚信等级评价】

2021年，红寺堡区印发《吴忠市红寺堡区人力资源和社会保障局关于开展2020年用人单位劳动保障守法诚信等级评价工作的通知》。根据诚信等级评价工作要求，对必须参加2020年劳动保障守法诚信等级评价的18家企业进行检查。检查发现，除宁夏嘉祥晨旭玻璃制品有限公司等3家企业处于关门歇业状态以外，其他15家企业都属正常经营。并将宁夏弘德包装材料有限公司等9家企业评定为劳动保障守法诚信A级企业；拟将宁夏加禾粮油食品有限公司等6家企业评定为劳动保障守法诚信B级企业。

【诚信单位评选】

2021年，红寺堡区发布《关于申报2020年度农民工工资保障诚信单位的通知》，组织社会相关企业申报2020年度农民工工资保障诚信单位，并评选出12家连续三年无拖欠农民工工资，未被自治区、吴忠市及信访局通报及保障农民工工资支付各项制度落实较好的申报单位，并向社会公示。

【欠薪执法行动】

2021年，红寺堡区开展根治欠薪夏季专项执法行动，共排查在建工程项目43个，涉及农民工3640人，下达限期责令改正指令书17份。检查企业3次，共39家，发现并现场整改问题49处，涉及新业态行业、校外培训机构等。

【合同备案工作】

2021年，红寺堡区合同备案共计3403份，解除合同备案2358份，其中线上合同备案共计2183份，涉及445家企业，线上解除合同备案共计1804份，涉及388家企业；线下合同备案1220份，涉及375家用人单位，线下解除合同备案554份，涉及165家用人单位，农民工合同备案9609份。

【农民工工资保证金】

2021年，红寺堡区有在建建筑项目117个，缴纳农民工工资保证金107个，保证金缴纳率达到91.45%，其中政府类在建项目110个，缴纳保证金110个，保证金缴纳率100%，共计缴纳3706.749万元，其中保险保单3091.719万元，银行保险保函保118.78万元，缴纳现金496.25万元，减免保证金200.8728万元。实行农民工工资保证金银行保函、保险保单及减免，保障农民工工资支付，缓解疫情下企业资金压力。

（李永安、卢维生）

民政工作

【低保供养】

2021年，红寺堡区印发《关于提高红寺堡区城乡居民最低生活保障标准和特困供养标准的通知》。农村低保标准提高至A档380元/（人·月）、B档300元/（人·月）、C档240元/（人·月）；城市低保标准提高至A档600元/（人·月）、B档500元/（人·月）、C档420元/（人·月）。截至12月底，共有城乡低保对象11664户17669人，城乡高龄对象1385人，共发放城乡低保资金（含高龄）9323.4万元。

【特困供养】

2021年，城市特困供养标准由原来的728元/月提高到780元/月，农村特困供养标准继续按照原来的530元/月执行。截至12月底，红寺堡区共有分散特困供养对象245人，集中特困供养对象106人，其中，中心敬老院供养38人，第二敬老院供养68人。红寺堡区有养老床位736张，护理型床位数

253 张，60 岁以上老年人口为 18245 人，每千名老年人养老床位数为 40 张。

【社区建设】

2021 年，红寺堡区制定《吴忠市红寺堡区"社区万能章"治理专项行动暨基层减负工作实施方案》，摸排上墙制度 35 项、清理 17 项；摸排外墙挂牌 13 项，清理 9 项；摸排证明事项 21 项，清理 15 项。制定《社区管理和服务职责事项指导清单》，共涉及 6 类 64 项，加大对社区综合服务设施建设投入，对社区内部功能室进行统一整合、合理划分，7 个社区在功能设置上实现"一室八中心"，除紫苑社区外（2020 年新增社区），社区服务站面积全部超过 500 平方米。在第十一届村委会换届选举结束后，举办做实村民代表会议制度培训班，并对 3 个乡、2 个镇、24 个村做实村民代表会议制度有关任务落实情况进行督查抽查，抽查比例达到 36.5%。

【行政区划调整】

2021 年，红寺堡区编撰《红寺堡区图录典志》初稿，开展红寺堡区乡镇行政区划调整工作，主要对红寺堡镇、新庄集乡和柳泉乡行政区划作合理设置和调整，申报增设乡镇 1 个，完成盐池县与红寺堡区行政区域界线第四轮联检工作。

【孤儿生活费补助】

2021 年，红寺堡区孤儿生活费标准按照自治区统一标准执行，散居孤儿生活费补助标准为 937 元/（人·月），低保和建档立卡户家庭的事实无人抚养孤儿的生活费补助标准为 937 元/（人·月），非低保和非建档立卡户家庭的事实无人抚养孤儿的生活费补助标准为 531 元/（人·月）。2021 年共发放孤儿基本生活费 3971 人次、342.93 万元。借助村级儿童主任力量，对辖区内孤儿进行动态管理，对年满 18 周岁且不在校读书和其他已不符合孤儿条件的保障对象及时清退，确保有进有退、进退及时。加强对孤儿保障经费的管理和监督，开展对社会孤儿基本生活费发放工作的绩效考评，健全制度，规范档案管理。

【婚姻与救助】

2021 年，红寺堡区共办理结婚登记 2636 条，离婚登记 192 条，补发婚姻登记证 656 条。共救助流浪乞讨人员 125 人，发放救助资金 7500 元。

【志愿服务】

2021 年，红寺堡区在"全国志愿服务信息系统"实名注册志愿者总数 40360 人，占常住人口的 20%，注册志愿服务队伍 257 支，实施志愿服务项目 8174 个，志愿服务累计总时长 1541911 小时，有志愿服务时间记录的志愿者人数占注册志愿者总人数比例 55%。

【残疾人两项补贴】

2021 年，红寺堡区根据自治区民政厅、财政厅、残联印发《关于提高困难残疾人生活补贴和重度残疾人护理补贴标准并建立动态调整机制的通知》文件要求，特困难残疾人生活补贴标准提高至 110 元/（人·月），重度残疾人护理补贴标准提高至 120 元/（人·月），同时符合两项补贴条件的残疾人可重复享受。开展"我为群众办实事"困难家庭重度精神障碍患者筛查活动，共筛查重度精神障碍患者 150 人，对符合住院条件的 108 名重度精神障碍患者陆续送往宁夏社会福利院，且争取自治区民政厅和宁夏社会福利院支持，落实费用全部兜底保障。2021 年，享受困难残疾人生活补贴共 4216 人，享受重度残疾人护理补贴 2829 人，全年发放残疾人两项补贴 961.18 万元。

【临时救助】

2021年，红寺堡区充分发挥临时救助保民生、托底线、救急难的作用，积极解决城乡居民突发性、紧迫性、临时性生活困难问题，根据救助对象类型，严格按照临时救助最高标准和最低标准，合理确定救助水平。全年累计临时救助1611人次，发放临时救助资金776.9万元。

（李 柄）

审计工作

【审计监督】

2021年，红寺堡区审计局共完成审计项目44个，审计发现问题303项，涉及资金2.88亿元。其中，预算执行审计3个，财务收支审计2个，经济责任审计21个，自然资源审计1个，专项审计调查4个，政府投资审计13个，提出审计建议88条，移送行业主管部门处理处罚1件。

【审计整改】

2021年，红寺堡区审计局共梳理历年审计发现问题961个，其中上级审计机关审计发现问题43个，已整改20个，正在整改23个；区本级审计发现918个问题，已整改867个，正在整改51个，整改率达到92%，较上年增长6%。

【经济责任审计】

2021年，红寺堡区审计局对21名党政及企事业单位领导干部进行经济责任审计，涉及资金737.62万元，查出问题117个，已整改96个，正在整改21个，提出审计意见及建议56条，全面、准确、客观、公正作出审计评价，鼓励干部干事创业，促进领导干部规范用权、秉公用权、廉洁用权。

【项目跟踪审计】

2021年，红寺堡区审计局跟踪审计2020年续建项目7个，审计发现问题83个，下发整改意见单70份，已完成整改79个；跟踪审计2021年新建项目6个，审计发现问题43个，下发整改意见单36份，已完成整改28个，共涉及资金1538.94万元。

【企业审计】

2021年，红寺堡区审计局完成红寺堡区正红国有资本运营集团有限公司、供暖公司财务收支审计，审计发现问题5个，提出审计建议5条，涉及资金17598.06万元。

【专项资金审计】

2021年，红寺堡区审计局完成全区扶贫资产管理、红寺堡区高效节水管理及运行情况、红寺堡区职业技术学院管理及运行情况3个专项审计，审计发现问题33个，提出审计建议17条。

（蔡淑娟）

统计工作

【统计服务】

2021年，红寺堡区统计局撰写统计简要分析34篇、统计专报12篇、统计监测快报10篇、调研报告7篇、统计内部分析21篇、简报信息82条，其中9篇统计分析获政府领导批示，25篇统计分析和35篇信息被自治区统计局内网采用，所有公开发布信息都通过政府门户网站公开，接受群众监督。

【统计调查】

2021年，红寺堡区统计局印发《红寺堡区统计局关于开展统计数据质量核查的通知》，结合工作实际，不定期深入企业进行调查研究，尤其是组织统计力量就农业统计存在的问题和短板进行认真分析，针对经营主体复杂、管理交织、容易遗漏的区域进行集中摸排，共摸排各类专业合作社、家庭农场、企业46家，涉及葡萄、青贮玉米、园林水果、蔬菜11.4万亩。在固定资产投资方面，与相关部门对批复备案项目按月进行梳理，对未入库项目从科研、入库要件等方面分析原因，积极上报，并组织人员就区域项目跑现场，查看是否有部门不掌握的社会投资项目。开展服务业和商贸领域调研，针对问题，认真分析，提出对策建议。2021年，配合红寺堡区政府办督查室对乡镇和部门统计工作进行3次督查，通过督查强化统计法治意识，教育引导统计从业人员实事求是，如实上报统计数据，不重不漏，应统尽统，确保统计资料的真实性、准确性、完整性和及时性。

【统计法治宣传】

2021年，红寺堡区统计局制订《红寺堡区统计局2021年统计法治宣传教育工作计划》，发放统计法律法规知识问答和统计法律法规资料汇编1400余份。将《关于深化统计管理体制改革提高统计数据真实性的意见》《统计违纪违法责任人处分处理建议办法》《防范和惩治统计造假、弄虚作假督察工作规定》列入科级干部培训课程当中。分别在政府常务会议红寺堡区统计法律法规培训班、统计系统专题会议上传达学习《国家统计局关于2021年上半年13起重大统计违法案件的通报》《自治区人民政府办公厅关于第七次全国人口普查统计违纪违法案件查处情况的通报》，以案为戒、举一反三，筑牢全区统计法治思想防线。全年分别开展固定资产投资、劳动工资、统计法律法规、农业数据评估和培训8次。

【统计督查】

2021年，红寺堡区统计局印发《贯彻落实国家统计督察反馈意见整改问题"回头看"工作任务分工方案》，完成整改并上报整改结果。印发《吴忠市红寺堡区人民政府办公室关于开展统计工作督查的通知》，联合政府督查室对11个部门和5个乡镇进行了现场督查并形成督查通报，使部门对统计工作进一步重视，举办统计业务知识现场培训，精准宣传统计法律法规，有效提高部门和乡镇领导及统计人员业务能力和水平，进一步规范统计工作。

【人口普查】

2021年，红寺堡区统计局落实普查数据质量控制责任，制定《红寺堡区第七次全国人口普查数据发布防控应急工作预案》。对人口普查数据进行认真核对，撰写人口普查公报，已通过微信公众号和政府官网发布，完成人口普查总结和技术总结。印发《红寺堡区统计基层基础规范化建设任务分工方案》，从统计人员配备、压紧压实责任、开展业务培训等方面，确定责任人及完成时限，夯实统计基层基础，切实提升统计工作能力。根据抽样变动调查任务，在疫情防控的严峻形势下，分场次组织召开人口抽样变动调查培训工作，并向调查员配备了调查物资，购买保险，细化调查任务，抽样调查工作按照调查计划有序开展。

【常规业务】

2021年，红寺堡区统计局按时准确完成农业、工业、固定资产投资、商贸业、服务业、房地产、劳动工资、能耗、科研等领域月报、季报、数据审核评估及全区经济运行情况的发布工作，按期、按量完成各项统计任务。及时在红寺堡区政府网站、统计外网公布主要指标完成情况，向区委、区政府领导及相关部门领导手机推送信息，编制红寺堡区国民经济和社会发展统计公报，满足社会对统计数据的需求。

【巡察整改】

2021年，红寺堡区统计局把接受巡察作为一项政治担当、政治要求和行动自觉，按照巡察组提出的具体要求，主动配合开展巡察工作。针对反馈的3个方面4个问题立行立改。对巡察反馈的4个方面13个问题和书记点人点事的3个问题完成了整改，并在红寺堡区人民政府网上发布巡察整改通报。

【统计执法】

2021年，红寺堡区统计局制订《红寺堡区统计局2021年统计数据质量核查和执法检查计划》，印发《红寺堡区统计局关于开展统计数据质量核查的通知》，全年开展调研、数据核查、执法检查企业230家，其中调研企业86家，核查企业124家，开展本级和配合吴忠市"双随机"执法检查20家。

（黑 霞）

社会经济调查

【概 况】

2021年，红寺堡区社会经济调查队严格执行国家统计调查方案，按照数据生产流程，完成城乡居民收支与生活状况调查、月度劳动力调查、生态移民监测调查、粮食播种面积与产量调查、主要畜禽监测调查、分乡镇农民可支配收入调查、农民工监测调查等各项调查工作。

【居民收入】

2021年，红寺堡区城镇居民人均可支配收入27250.8元，较上年增加1782.8元，同比增长7.0%；农村居民人均可支配收入11996.0元，较上年增加1070.8元，同比增长9.8%。

【移民收入】

2021年"十二五"生态移民人均可支配收入9178.55元，较上年增加969.7元，同比增长11.8%。

【农民收入】

2021年，红寺堡镇农民人均可支配收入11393.8元，同比增长8.9%；太阳山镇农民人均可支配收入11393.9元，同比增长11.0%；柳泉乡农民人均可支配收入11195.9元，同比增长9.2%；新庄集乡农民人均可支配收入10040.1元，同比增长9.8%；大河乡农民人均可支配收入10638.1元，同比增长10.2%。

【粮食生产】

2021年，红寺堡区粮食总面积31.8万亩，较2020年增加1.11万亩，增长3.61%；粮食总产量15.5万吨，较2020年增加0.16万吨，增长1.04%。小麦2.06万亩，较2020年减少0.43万亩，降幅17.2%；小麦平均亩产223公斤，较2020年亩产增加93公斤，增长71.5%；小麦总产量0.45万吨，较2020年增加0.13万吨，增长40.6%。秋粮总面积29.74万亩，较2020年增加1.54万亩，增长5.5%；秋粮总产量15.04万吨，较2020年增加0.02万吨，增长0.13%。秋粮中玉米面积29.08万亩，较2020年增加2.28万亩，增长8.5%；玉米总产量15万吨，较2020年增加0.1万吨，增长0.67%；玉米平均亩产516公斤，较2020年减少40公斤，降幅7.19%。马铃薯面积0.07万亩，较2020年减少0.26万亩，降幅78.8%；马铃薯总产0.0084万吨，较2020年减少0.3216万吨。秋杂粮面积0.59万亩，较2020年减少0.48万亩；秋杂粮总产量0.0286万吨，较2020年减少0.0414万吨。

【畜禽生产】

2021年，红寺堡区生猪存栏12408头，同比增长29.0%，出栏10481头，同比增长43.3%；肉牛存栏74271头，同比增长8.4%，出栏42242头，同比增长2.9%；羊存栏370218只，同比增长3.2%，出栏325875只，同比下降5.8%；家禽存栏249806只，同比增长18.7%，出栏291713只，同比下降27.2%。

【统计信息化】

城乡居民收支与生活状况调查全面推行电子记账，农作物播种面积调查采用PDA遥感测量技术，并探索使用无人机开展农业调查。

（张　环）

应急管理

【安全生产】

2021年，红寺堡区共发生生产安全事故2起，死亡1人，亿元GDP死亡率为0.012，控制在0.144目标以内，安全形势总体平稳。

【责任落实】

2021年，红寺堡区强化党政领导责任，将安全生产、防灾减灾等重点内容纳入国民经济和社会发展"十四五"规划，年内共召开区委常委会2次、政府常务会议11次，学习贯彻习近平总书记关于安全生产、防灾减灾救灾、应急救援的重要论述和指示批示精神，传达自治区、吴忠市关于安全生产、防灾减灾有关决策部署，研究安排每一阶段应急管理工作。召开4次安委会全体（扩大）会议，在第二次安委会会议上签订2021年安全生产管理目标责任书。修订完善红寺堡区安全生产责任体系，重要节日、重要活动期间，区委、区政府主要领导和分管领导带队督查检查，全面做好重点行业领域安全生产、防灾减灾工作。印发安全生产隐患预警通知书9份，制作事故警示教育片《生命重于泰山　事故警钟长鸣》，录制电视问政节目《安全生产须警钟长鸣》，直面问题隐患，压实部门监管责任。湖北十堰燃气爆炸事故和河南柘城武术馆火灾事故发生后，第一时间组织召开紧急会议，组织行业部门迅速开展安全隐患大排查、大整治，全力保障庆祝中国共

2021年9月9日，红寺堡区委会2021年第二次全体（扩大）会议暨风险普查、防汛抗旱工作部署会议召开　（红寺堡区应急管理局提供）

产党成立100周年等重要活动期间安全稳定。

【宣传教育】

2021年，红寺堡区组织开展"5·12"防灾减灾日、安全生产月、安全生产万里行、安全生产宣传"五进"、"11·9"消防宣传月等活动，综合运用线上和线下相结合的方式，学习宣传习近平总书记关于安全生产、防灾减灾、应急管理重要论述，开展活动，普及安全生产、应急管理相关法律法规，在宣传活动中融入心肺复苏救助演示、消防器材使用等活动，现场通过编排快板、唱红歌、舞蹈等形式学党史、颂党恩，传播安全知识和灾害自救知识，引导群众提升安全生产和防灾减灾意识。开展"安全生产大家谈"访谈活动，各重点行业部门主要负责人畅谈安全生产工作，推介好的经验做法和工作成效，积极营造人人关注安全浓厚氛围，筑牢安全生产人民防线。

【专项整治三年行动】

2021年，红寺堡区制定印发安全生产专项整治三年行动攻坚方案，明确48项重点攻坚任务，严格落实"五定"措施，动态管理"两个清单"。制定三年行动工作专班规则，年内共召开专班会议5次，及时调度攻坚任务、重大问题和突出隐患工作情况。开展"安全百日会战、喜迎百年华诞"百日专项整治行动，召开动员部署会，印发方案，明确任务，督促指导各乡镇（街道）、各有关单位结合三年行动，开展危化、矿山、道路交通等重点行业隐患专项治理，采取"专家+监管""互联网+执法"等模式深挖细查各类安全生产问题，管控治理各类安全风险隐患。

【应急能力建设】

2021年，红寺堡区高标准推进乡镇（街道）、村（社区）基层应急能力建设，制定印发工作方案及建设标准，深入乡镇（街道）开展督查，指导乡镇（街道）修订完善各类应急预案，建立隐患基础数据表和分布平面图，编制人员责任卡，开展火灾、防汛等应急预案培训和演练，帮助乡镇基层人员熟练掌握应急要求。2021年，新庄集乡作为自治区级基层应急管理能力规范化建设试点单位，全力打造规范化建设样板和标杆，提供可参考、可借鉴、可复制的经验做法。

【自然灾害综合风险普查】

2021年，红寺堡区印发全国第一次自然灾害综合风险普查方案细则，召开部署会和培训会，应急管理局牵头协调相关部门推进各项任务落实，做好各类承灾体数据、减灾能力数据、历史灾害数据的调查、录入、核查工作。

【减灾示范社区创建】

2021年，红寺堡区根据国家、自治区、吴忠市关于全国综合减灾示范社区创建要求，加快社区高质量创建进程，切实提高城乡社区综合减灾水平能力，红寺堡区应急管理局充分发挥职能优势，强化统筹协调，创新工作方式方法，组织实施全国综合减灾示范社区创建工作。2021年，红寺堡区新民街道鹏胜社区、新庄集乡红川村被自治区推荐参评2021年全国综合减灾示范社区。

【救灾管理】

2021年，红寺堡区通过自然灾害灾情管理系统上报灾情共计9次，受灾人口115640人，向各乡镇下拨救灾资金542.31万元，使因灾生活困难群众基本生活得到保障。

（马　勇）

2021年9月28日，红寺堡区应急管理局举办政府开放日活动 （红寺堡应急管理局提供）

【消防救援】

2021年，红寺堡区消防大队共接警331起，出动车辆598辆次，出动人员3179人次，抢救被困人员5人，疏散被困人员17人，抢救财产价值8.48万元，保护财产价值395.1万元，成功处置"10·26"油罐车相撞事故和"11·23"石脑油罐车泄漏事故。共检查社会单位1278家，发现火灾隐患或违法行为767处，督促整改火灾隐患或违法行为757处，下发责令改正通知书592份，下发行政处罚决定书38份，处罚金额21.74万元，责令"三停"单位9家，临时查封9家，提请政府挂牌重大火灾隐患单位1家。

【消防安保】

2021年，红寺堡区先后召开区委常委会会议1次、政府专题会议2次以及消防工作会议4次，明确乡镇和行业部门消防安全工作职责，研究解决农村消防安全、消防装备建设、扶贫车间隐患整改等突出问题，区委议军会专题研究解决农村火灾多发高发问题和林草专业队装备建设，出台《红寺堡区农村消防安全专项整治工作实施方案》，累计下发风险预警3份、火灾隐患督办5份，投入270余万元整改移民安置区消防安全隐患。在重大消防安保活动和重要节日期间，先后10次深入各类场所进行调研督查和检查。开展联合检查30余次，督促整改火灾隐患500余处。累计拆除泡沫彩钢板8000平方米。新建电动车集中充电桩10处，新建小区施划消防车通道标线标志50处，清拖违停机动车30辆，清理"飞线充电"电动车35辆，开展常态化集中曝光行动，开展违停清拖行动。开展火灾调查3次。开展消防安全培训、演练80余次，组织开展队站开放、参观科普教育基地、志愿者服务活动10余次，发放宣传资料1万余份，全民学习平台注册人数达13000人，发展消防志愿者1000人，开展线上消防志愿服务活动11次。

【理论学习】

2021年，红寺堡区开展分岗理论学习40余次、装备器材训练250余课时，执勤车辆装备性能测试8次，体技能训练350余课时，人员体能达标率95%

以上。开展各类场所"六熟悉"演练和微型消防站联勤联训60余次、"内、外两线"实战实训10次，修订完善42家重点单位灭火救援预案，并利用数字化3D预案系统开展沙盘推演训练，调研完成《基层队站如何利用交接班、车场日提升指战员装备器材"五知一能"》灭火救援课题攻关并被《消防界》杂志刊登。开展真火实兵拉动演练3次、理论授课20余次、专业队装备器材应用训练20余次，修订完善辖区森林草原火灾扑救预案。

（杨荣荣）

基础设施维护

【基础设施项目】

2021年，红寺堡区开工建设城乡基础设施项目33个，总投资7.35亿元，2021年完成投资3.96亿元。新建改造文化街、扬黄路、德水街、兴盛街、杞福街、友爱巷等市政道路11公里，改造人行道3.3万平方米，居民出行更加便捷。开工建设第二污水处理厂二期，改造更新污水管网6.3公里、雨水管网5.9公里、供水管网4.4公里，利用中水厂和中水管网，实现中水回收再利用，提高水资源利用效率。新建改造换热站3座、供热管网49.6公里，将沿街商铺纳入集中供热范围，城区环境质量进一步改善。新建西区40吨脱硫塔1座、40吨布袋除尘1套，新建东区80吨脱硝设备1套、脱硫塔2座，投放尿素299吨、片碱88吨，保证全年供热运行过程中各项排放全部达标。投入资金363万元改造老旧小区供热设施，争取项目资金3700万元完成东供热站80吨锅炉安装运行，居民的居住环境更加舒适。实施第八幼儿园、金水广场改造、城西人防休闲公园等工程。综合客运站完工。在公园新增景观石7块，在清云湖公园安装监控10余处，新增制作宣传牌20处，有效提升城市综合服务能力。全面更换维修上下水井盖80套、雨水箅子76个，补换维修路名牌广告120余处，维修路灯320余盏，全面补修城区破损路面、道牙、人行道面包砖1800余平方米，对城区主次干道80个垃圾箱进行维修、焊接、喷漆，维修损坏果皮箱180个，焊接大垃圾箱盖74个，补充安装新果皮箱36个。维修街头游园步道600平方米，铺设面包砖650平方米。维修清云湖公园内路砖破损850平方米，制作护栏1000米。开展聚焦低碳绿色出行、电e金服务推广、扫码用电应用、助力乡村振兴等84项"我为群众办实事"实践活动。

（王　丽）

财 税

CAISHUI

财 政

【概 况】

2021年，红寺堡区地方一般公共预算收入1.9亿元，为年度预算的105.03%，增长12.38%。其中，税收收入完成10964万元，非税收入完成8021万元。全年一般公共预算支出302948万元。全年政府性基金收入30226万元，年初预算的100.75%，增长39.38%；全年政府性基金支出24473万元，下降31.85%。

【财政预算】

2021年，红寺堡区加强绩效目标管理，按照建立全面规范透明、标准科学、约束有力的预算制度的要求，深化预算管理制度改革。推进综合预算管理，健全统筹机制，增强预算有效衔接，形成定位清晰、分工明确的政府预算体系。推行部门预算编制精准度、结转结余、绩效结果、支出进度与预算安排"四个挂钩"机制，突出权责下沉，强化部门主体责任。探索事前绩效评估新方式，提升预算管理科学化和精细化水平，并借助银川天际恒财务咨询有限公司提升评估效果，选取北海林场林木管护经费、公安局辅警人员工资和禁毒专项经费、住房建设和交通局的公交运营补贴、人民医院差额工作保障项目开展事前绩效评估，做到通过压减，提高资源配置效率和资金使用效益。所有申请财政资金的项目全部纳入项目库，实行清单管理和滚动管理，统一管理，全盘调度，提升资金安排与项目筹划的有效衔接。持续优化国库集中支付业务流程，规范预算单位银行账户管理。开展政府综合财务报告编报工作，完整反映政府资产、负债、收支等财务状况和运营情况，通过完善内控制度建设，坚持定期风险排查，强化对职能岗位和重点环节的监督，提高风险防范能力，筑牢资金安全防线。建立"全面、准确、细化、动态"的国有资产基础数据库，科学掌握行政事业单位国有资产从占有、使用到处置整个生命周期的状况。落实政府向人大报告国有资产管理情况报告制度。落实国家各项税费优惠政策，采取一系列措施确保减税降费各项政策实打实、硬碰硬落实到位，让纳税人享受到实实在在的政策红利，不断为地方经济社会持续健康发展赋能。2021年，累计税收减免3353万元，各项社会保险费累计减负420万元，减轻企业经营负担。组织实施执行中央八项规定、隐性债务化解、新增地方债、惠农补贴资金、会计信息质量等专项检查。依托中央财政扶贫资金动态监控平台，对财政涉农扶贫资金、中央直达资金实行动态监控，建立资金台账，关联支付信息，全程跟踪监督，加快支出进度，确保财政资金精准分配、规范使用、发挥效益，督促指导行政事业单位完善内控制度建设。坚持"节支就是增收，降耗就是提效"的理财理念，落实中央八项规定及自治区若干规定，牢固树立"过紧日子"思想，打造"节约型政府"。不断压减一般性支出和"三公"经费支出。"三公"经费由2020年的182.33万元下降到2021年的179.46万元。强化公开意识，主动公开除涉密信息外的财政预决算、政府性债务、部门预决算、"三公"经费、预算执行、财政财务管理制度、政府采购、预算绩效、专项资金使用、政府综合财务报告等信息，公开率均达到100%。

【上争资金】

2021年，红寺堡区争取上级转移支付资金264025万元，增长0.6%，争取财力性转移支付资金82465万元，争取政府新增债券62000万元，争取各类社会帮扶资金61496200元。

【乡村振兴】

2021年，红寺堡区投入衔接资金、债券资金、直达资金共计154992万元，用于农村基础设施建设、农业产业发展、小额扶贫贷款贴息、风险补偿金、扶贫保、技能培训等。制定资金使用"负面清单"，建立资金使用情况督查通报制度。为红寺堡区乡村振兴提供财力保障。投入资金17583.04万

2021年9月7日，红寺堡区委常委、副区长张宏志主持召开红寺堡区直达资金、债券资金、项目资金支付进度调度会 （红寺堡区财政局提供）

元，支持改造城区污水管网、农村饮水安全工程、国土绿化行动，抓好江河湖库水系综合整治等农田水利发展项目，推进农村生活垃圾治理、农村"厕所革命"等重点工程有序实施，整治提升村容村貌及农业生产废弃物资源化利用等工作，推进蓝天、碧水、净土保卫战。

【民生事业】

2021年，红寺堡区贯彻落实中央和自治区安排部署，压减一般性支出、调整支出结构、统筹存量资金等优先保障公共服务领域支出需求，促进全区公共服务事业发展。2021年，红寺堡区投入资金27717万元，落实困难群体救助、复退军人安置、特困人员供养、城市低收入群体救助及城乡医疗救助等政策，推进基本公共服务均等化，确保城乡居民养老、医疗、企业职工养老等社会保险制度的正常运行，投入资金19971万元，支持实施乡村振兴战略，强化城乡基础设施建设，完善城乡服务功能，共建宜居环境，推动红寺堡区城镇化建设进程。

【社会事业】

2021年，红寺堡区教育、科技、文化、卫生、社保、城乡基础设施等公共服务保障支出累计133185万元，占财政支出比重达44%。投入资金66366万元，保障幼儿园、义务教育阶段、中职、高级中学学校建设、维修改造校舍，以及实施"互联网＋教育"、加强教师队伍建设等提高教学质量，改善办学条件。投入资金1945万元，用于基层科普行动计划、重点研发领域、科技扶贫指导员等项目，集中财力加强创新能力建设，加快农业科技成果转化应用，提高农业科技含量，为增加农民收入起到推动作用。投入资金13869万元，推动综合医院、村卫生室、卫生服务站、疾控中心等公共卫生项目建设，加强基本公共卫生服务基础保障，提升医疗服务水平，促进卫生健康事业稳步发展。投入资金3317万元，加强构建现代公共文化服务体系，支持公共图书馆、文化馆、博物馆、社区和乡镇文化站等公益性文化设施免费开放，广泛实施等惠民工程，保障人民基本文化权益。

【风险防控】

2021年，红寺堡区把防风险摆在首要位置，牢牢守住不发生系统性区域性风险的底线。出台红寺堡区地方政府债券资金使用方案，明确时间表、路线图、责任单位，为全面加强政府债务管理、防范化解隐性债务风险奠定基础。对政府债务实行规模控制、限额管理，加强日常监管。执行债务报告和公开制度，加大信息披露力度。对违法违规融资担保、名义变相举债等问题进行清理和整改。2021年，共筹措资金化解政府隐性债务8223.87万元，其中贷款化解6766万元，化解工程物资欠款852.87万元，供水、供热、城市停车场等专项建设基金605万元。新增地方政府一般债券资金62000万元，确定红寺堡区一般债券重点用于乡村振兴、农林水利、生态环保、社会事业、国土绿化、市政建设等领域。偿还2021年到期债券本息24058.6万元，其中，再融资债券偿还到期债券本金13968万元，弥补财力缺口，自有资金偿还本金2896.69万元，自有资金偿还利息6881.44万元；偿还亚行中部节水、日元重点风沙生态环境治理等外债项目到期本息312.47万元。

【政府采购】

2021年，红寺堡区规范政府采购各项流程，约束政府采购行为。制定采购合同备案、采购信息录入、项目需求论证、采购计划备案、采购方式变更等各环节运行制度，全过程规范政府采购行为。实现预算管理至资金支付全流程电子化监管。2021

年，政府采购计划金额14.37万元，实际采购金额11.696万元，节约率19%。举办政府采购专题培训3次，培训400余人次。

【国有资产监管】

2021年，红寺堡区完善资产管理信息系统，依托宁夏国有资产信息管理系统，建立"全面、准确、细化、动态"的国有资产基础数据库，科学掌握行政事业单位国有资产从占有、使用到处置整个生命周期的状况。完善房屋不动产权登记相关手续。2021年，已报废固定资产1735.81万元，调拨固定资产1727.03万元。

【直达资金】

2021年，红寺堡区收到直达资金共计46677万元，财政已分配46677万元，分配进度达100%。按照直达资金使用管理要求，筛选支持项目，及时、准确拨付资金。建立资金使用台账，详细记录资金分配、拨付、使用等情况，保证每笔资金流向明确、账目可查。对于涉及基础设施建设的，督促相关部门加快项目实施，尽快形成支出，实现直达资金政策目标。

【非税收入管理】

2021年，红寺堡区完成非税收入8021万元，较上年增加2530万元，增长46.07%，为年度预算的83.76%，慢于序时进度16.24%，占一般公共预算收入的42.25%。其中，专项收入完成1983万元，占非税收入的24.72%；行政事业性收费收入完成1098万元，占非税收入的13.69%；罚没收入完成1307万元，占非税收入的16.29%；国有资源（资产）有偿使用收入221万元，占非税收入的2.76%；捐赠收入完成1815万元，占非税收入的22.63%；政府住房基金收入完成1597万元，占非税收入的19.91%。其他收入为零，主要的非税收入来源是专项收入和捐赠收入。

【银行存贷款余额】

2021年，红寺堡区引进建设银行、工商银行。2021年，红寺堡区各银行存款余额52.5亿元，同比下降11.02%。贷款余额52.3亿元，同比增长23.7%，其中，企业贷款余额为9.98亿元，较年初增加4.89亿元；个人贷款42.36亿元，较年初增加10.16亿元；涉农贷款37.19亿元，较年初增加11.43亿元，存贷比为99.7。

【国有政策性担保机构】

2021年，红寺堡区累计担保贷款59024万元，其中农户担保贷款6983户34733万元，企业、合作社担保贷款99家24291万元。与鲁家窑养殖农民专业合作社签订动产浮动抵押合同、抵押物监管协议、抵押物处置协议等相关手续。解决农户、养殖大户、中小微企业、新型农业经营主体融资贷款时缺少反担保物的实际困难，解决融资难融资贵问题。

【财政项目管理】

2021年，红寺堡区规范和加强农村公益事业财政奖补资金及项目管理，第一批农村公益事业财政奖补项目27个，项目全部完工并已审计结算，拨款到位97%，预留3%作为工程质量保证金。第二批农村公益事业财政奖补项目15个，为柳泉乡柳泉村、新庄集乡红阳村、太阳山镇买河村、红寺堡镇弘德村、大河乡龙兴村柳泉村主干道两侧铺装人行道砖，砌筑青砖花栏，村内巷道面包砖铺设及花坛砌筑、安装路灯及配套工程，铺设面包砖、砖砌花园围墙总投资1500万元，项目全部完工。

【资金争取】

2021年，红寺堡区研究转移支付制度，紧盯政策动向和资金投向。对接上级部门，加大项目资金争取力度，局领导带领相关股室积极与自治区财政厅沟通协调，2021年，红寺堡区共争取各类资金326025万元，其中一般性转移支付207846万元，专项转移支付56179万元，新增债券资金62000万元。为红寺堡区重大项目建设提供资金保障。对接吴忠市返还2019—2020年本级税收收入802万元。弥补红寺堡区弘德产业园区因划转而产生的税收减收。

（李 慧）

税 务

【税收收入】

2021年，红寺堡区税务局落实组织收入主责主业，全年共组织收入50658.44万元，其中税收收入完成20040.98万元，非税收入完成5293.69万元，社保费完成24317.32万元。地方级税收收入共12095.48万元，其中县级税收收入共9897.46万元。

【征收管理】

2021年，红寺堡区税务局加强征管质量监控评价系统结果跟踪和金税三期系统监控，共处理完成31条异常信息。要求涉及未达起征点个体双定户发票开具金额超起征点标准补税率的13户纳税人补缴税款101948.14元。对涉及起征点以上个体发票开具金额超核定定额20%补税率的2户纳税人进行补税，合计28919.58元。个体工商户超额开票调整率为100%，连续3个月开票超定额补税率为100%。重点关注房地产行业的增值税、企业所得税收入确认、土地增值税清算、建筑安装企业成本进项发票核查、葡萄酒行业收入确认和核定扣除等事项等问题。搭建企业信息利用平台，通过税务部门之间的信息交换和传递，实现对大企业上游的原料采购方、下游的产品销售方的信息采集和对比，完成对大企业的业务链条、发票链条的跟踪核实。

【依法治税】

2021年，红寺堡区税务局全面推行"三项制度"实施方案，健全执法制度，完善执法程序，创新执法方式，推进税务执法透明、规范、合法、公正，维护纳税人合法权益。严格落实"首违不罚"制度，彰显税务柔性执法温度。

【税费减免】

2021年，红寺堡区税务局落实减税降费政策，通过"电话辅导""指尖辅导""屏幕教学"等方式，对重点企业推行"一企一策""一对一""点对点"线上辅导，提高纳税人对各项税收优惠政策的知晓率，确保政策落实不放松，减税红利不打折，减免税费3352.94万元，其中税收收入减免2930.08万元，社保费降费420.08万元，非税收入减免2.78万元，提升企业发展内生动力，促进民生发展。

【"春风行动"】

2021年，红寺堡区税务局将"我为纳税人缴费人办实事暨便民办税春风行动"工作贯穿始终，对照时间表、任务图，细化100项重点工作责任。聚焦纳税人、缴费人的堵点、难点、痛点问题，开展线上辅助办税，实现远程帮办、问办结合。推进增值税专用发票电子化试点工作，设置"专窗、专岗、专区、专线"，提升纳税服务质效，网格化服务完成率100%。梳理退税全流程，按照文件规定分化退税各流程，共计退税3456笔，退税（费）12223万元，实现2021年以前年度积压退税全部清零。举办个人所得税汇算清缴培训2场次，200余人次参加培训，发送税收优惠政策、退税通知等9类短信20860人次。开展"税收知识进校园""税收政策进企业""诚信纳税进社区"等活动，向1000余人送出税收优惠政策。

【优化营商环境】

2021年，红寺堡区税务局规范纳税服务行为，提升纳税服务质量，落实6项税务证明事项实行告知承诺制、"六合一"一体化申报功能、财行十税合并申报工作，大幅度压缩申报时长。按照"稳妥有序、风险可控"的基本原则和"小步快走、稳中求进"的总体思路推进专票电子化工作。2021年，为纳税人发放新版税务Ukey738户，新办纳税人核定电子专票92户，共计开具电子专票328份，开票金额（不含税）共计1477.5万元。扩大"银税互动"金融机构覆盖面及纳税人受惠面，全年累计为困难企业争取贷款16175.5万元。

（苏　睿）

银行保险

YINHANG BAOXIAN

中国农业银行红寺堡支行

【概　况】

2021年，农行红寺堡支行实现营业收入8717.21万元、拨备前利润7103.42万元、拨备后利润6622.71万元、净利润4957.82万元，同比分别增长7.89%、6.93%、12.92%、12.74%，超额完成年度计划。存贷利差5.01%，存款付息率0.58%，贷款收息率5.9%，保持最优水平。代理国库拨付防疫资金184笔2403.77万元，处理退税业务4534笔13325.83万元。央行降准、监管口径普惠贷款分别增加60238万元、14852万元，增量、计划完成率位居系统内前列，且保持监管达标。

【存款业务】

截至2021年底，农行红寺堡支行各项存款市场份额32.4%，总量超过信用社，跃居同行业首位。其中对公存款余额77288万元，稳居同行业第一；个人存款余额107758万元，突破10亿元大关，增量10848万元，居同行业第一位，超额完成全年计划。个人核心存款日均余额96704万元，较年初增加12832万元，增幅15.30%，完成年度计划的173.41%。

【中间业务】

2021年，农行红寺堡支行实现中间业务收入967万元，完成全年计划105.54%，同比增加138万元。其中互联网金融业务收入426万元，占比44.05%；信用卡业务总收入312万元，占比33.26%；代理保险、基金、理财、贵金属等手续费收入96万元，实现公积金委托贷款业务收入12万元。

【贷款业务】

截至2021年底，农行红寺堡支行各项贷款余额162943万元，较年初增加51546万元，增幅46.27%。其中法人贷款12730.70万元，净增360万元；个人贷款余额150212万元，净增51186万元，超过其他各行增量总和。各项贷款中涉农贷款余额99383.33万元，较年初增加18436.23万元，增幅22.78%，涉农贷款余额占各项贷款余额的61%，存贷比92%，超监管部门规定合理区域17个百分点。

【强农惠农】

2021年，农行红寺堡支行累计发放涉农贷款65490万元，余额99383万元，较年初增加18436万元，位居分行第一。累计发放精准扶贫贷款9213万元，较年初增加721万元，超额完成政府年初下达的任务计划。"惠农e贷"余额达27056万元，较年初增加13469万元，完成率位居系统"双第一"。投放专业大户（家庭农场）贷款4350万元，推动已脱贫农户向优质农户转换。建立"惠农通"服务点126个，布放惠农通机具268台，及时清理、升级无效机具142台，实现红寺堡区65个行政村全覆盖。围绕服务新发展格局和实体经济，制定《红寺堡支行2021年普惠金融服务工作方案》，新增人行、银保监会口径普惠贷款60238万元、14852万元，实现"双达标"。落实小微企业减费让利、延期还本付息等政策，执行银监局"七不准、四公开"规定，累计减免小微企业融资、开户等各类费用20余万元，为24家企业办理续贷2693万元。

【清收工作】

截至2021年底，农行红寺堡支行不良信贷资产余额884万元，不良贷款率0.54%，分别较年初上升411万元、0.12个百分点，其中不良农户贷款余额154万元，不良率0.41%，低于分行控制计划0.14个百分点。通过现金清收、自主核销、证券化等手段，累计清收处置不良贷款本金共计695万元，完成分行计划的146.89%。

【风险防范】

2021年，农行红寺堡支行开展信贷领域突出问题专项排查、信用风险专项自评估、农户贷款合规经营专项治理，整改普惠标识错误数据33条、涉农标识错误数据67条，整改贷款流入房地产、股市问题线索26条，消除潜在风险隐患，净化金融市场环境。推进"三化三铁""三化三达标"创建，加快信贷业务流程优化，清理压降贷款承诺，开展运营文化大讨论，运营、信贷、安保基础管理提升推进对公开户业务"大起底"专项治理，优化企业账户服务，落实客户分类分级管理，开展涉案账户倒查，账户业务风险得到控制。严格身份识别和尽职调查，开展客户信息治理，对公客户身份信息和个人客户"九要素"治理完成预计目标。

【内容合规】

2021年，农行红寺堡支行推进"内控合规管理建设年"活动，消费者权益保护、合规文化建设等方面不断完善，内控合规水平提升。实施案防"利箭"三年计划，完善"双线管理"体系，压实案防主体责任，落实"一把手"全面负责、领导班子成员包片挂点制度，层层签订案防责任书，按季召开案防会议，分析典型问题，拟定整改措施，保持案件事故"零发生"。集中学习，观看专题片，制定责任清单，按期开展防火防爆演练以及消防知识培训，开展安全生产整治工作，保持安全生产重大责任零事故。开展合规演讲比赛、知识竞赛，走访外部单位开展排查，召开员工行为联席会、青年员工座谈会，筑牢合规意识，使合规内化于心、外化于行。

【扩户提质】

2021年，农行红寺堡支行狠抓客户拓展，加强与市场监管、工信、发改等部门的对接，做好新注册企业的源头营销，新增对公结算账户330户，其中基本存款账户 270 户，均居同行业首位。出台重点行业客户营销方案，落实切片营销，新增村级种植养殖合作社 56 个致富带头人账户 34 户，合作社账户行政村覆盖率达 87.5%，带动代发工资业务 30 余万笔、代发额 3.7 亿元，新增个人有效客户 11223 户、贵宾客户 836 户、信用卡有效客户 1878 户、聚合码折效商户数 1348 户，超额完成全年计划。

【线上业务】

2021 年，农行红寺堡支行成功营销 9 家单位"智慧党费"平台，搭建 2 家信用卡互联网高频场景，带动新营销下游客户及掌银 5000 余户，仅 8 月开学季 3 天时间新增掌银客户 3000 余户。掌银月活跃客户突破 3 万户，较年初增加 7509 户，计划完成率 95.5%，排名位居红寺堡区第一。智迎客拉新率月均保持 10% 以上，促活率保持 15% 以上，分别排名分行第八、第十位。指定专人做好厅堂服务，做到能绑尽绑，全年累计绑卡近 4000 张，计划完成率近 400%。紧盯新领域、新客户、新专户，上下联动，分组"扫商圈""扫市场"，全年新增聚合码折效商户 2577 户，计划完成率 460.18%，居系统第一。

（方 娜）

宁夏银行红寺堡支行

【概 况】

截至 2021 年底，宁夏银行红寺堡支行各项存款时点余额 84847 万元，较年初增加 4448 万元，其中个人存款 52751 万元，对公存款 31751 万元，保证金存款 292 万元，其他存款 52 万元。各项贷款余额 46892 万元，较年初增加 18068 万元，其中对公贷款 20569 万元，较年初增加 7197 万元；个人贷款 25869 万元，较年初增加 10417 万元；贴现 454 万元，较年初增加 454 万元。

【存款业务】

2021 年，宁夏银行红寺堡支行加大客户营销力度，坚持常态化外拓营销工作，建立营销台账，提升客户经理的营销能力。培植优质服务名片，守牢厅堂营销阵地。加强厅堂营销，营业大厅设置双大堂，做好客户引导服务的同时加强储蓄存款营销工作。对零售客户按星级进行拜访维护，从行长到员工明确维护客户明细，建立回访维护台账，定期集中汇报讨论，确保做到老客户的稳存挖潜。

【贷款业务】

2021 年，宁夏银行红寺堡支行营销个人消费类贷款，增强区域内需消费力，拓宽个人消费贷款受众群体。确保全行信贷结构良性发展、信贷规模稳步增长、信贷服务市场认可、信贷风险安全可控。2021 年，支行累计完成 9 个产业企业授信 43 户，完成个人客户授信 200 余户，授信金额共计 40000 万元，占全年总授信额度的 85%。

【助力乡村振兴】

2021 年，宁夏银行红寺堡支行开展金融服务进乡村活动，助力乡村振兴。全年建立乡村金融服务站点 35 个，为乡村居民办理乡村振兴卡 1600 余张，创新开办"宁商贷 1+n""牛劲贷""洋气贷"等特色产品，解决农村居民融资难、融资贵的问题。

【复工复产】

2021 年，宁夏银行红寺堡支行支行累计办理延期还本付息贷款 20 户，金额 1676 万元。累计为 11 户企业投放支小贷款 2600 万元，利率最高不超过 5.5%，为小微企业节约融资成本 39 万余元。推出"宁银复工贷""如意税联贷""宁商贷""宁税贷"等特色产品，拓宽小微企业融资渠道。

【文明服务】

2021年，宁夏银行红寺堡支行强化厅堂服务的检查督导，健全岗位联动响应机制，提高全员主动服务意识。落实厅堂服务首问负责制，坚持厅堂轮值制度，确保营业时间内厅堂服务值守不留空隙，全时段做好厅堂内客户识别、引导和分流，提升服务质量，提高客户满意度。2021年，红寺堡区文明城市创城验收，宁夏银行红寺堡支行是红寺堡区内金融机构唯一一家获得绿码的金融单位。

（王　刚）

中国邮政储蓄银行红寺堡支行

【概　况】

2021年，中国邮政储蓄银行红寺堡支行个人储蓄存款余额2.66亿元，年时点净增1369万元，年日均净增3105万元，完成计划的172.5%。支行公司存款余额2.79亿元。支行累计实现收入4208万元，完成计划的109%；实现利润3271万元，完成计划的123.2%。

【贷款业务】

2021年，中国邮政储蓄银行红寺堡支行各类贷款余额5.79亿元，其中个人经营性贷款结余6831笔，金额4.93亿元，年净增9749万元。消费贷款结余1987笔，余额8575万元，年净增1187万元，完成计划的170%。小企业贷款结余4笔，余额1630万元，年净增239万元，完成计划的160%。信用卡本年累计发卡1040张。不良贷款金额912万元，不良率1.58%。

【客户维护】

2021年，中国邮政储蓄银行红寺堡支行持续开展营销活动，提升营销技能，自储蓄百日攻坚

2021年5月12日，中国邮政储蓄银行红寺堡支行在红寺堡区人民医院、妇幼保健院、乡镇卫生院开展营销活动（中国邮政储蓄银行红寺堡支行提供）

活动开展以来，支行全员营销、上下联动，借助营销工具 CRM 系统通过客户 360、客户标签等了解客户，便于客户经理更加精准地营销，提升客户黏性。借助"开门红"活动方案，调动全员营销积极性，主动出击，对客户进行全方位资产配置，带动支行储蓄、保险等业务综合性提升。

【信贷业务】

2021 年，中国邮政储蓄银行红寺堡支行以国家实施乡村振兴战略为契机，同红寺堡区乡村振兴局、红兴担保公司、妇联等单位继续细化合作模式，在太阳山镇、红寺堡镇、大河乡、新庄集乡、柳泉乡召开金融扶持推进会，分别邀请乡村两级负责人，对照红寺堡区行政村名单，分配专职信贷客户经理对接村委会，采取"入村宣传、入村受理、入村考察"的一站式营销服务，加快贷款推进速度。以老带新，扩大消费类贷款宣传，针对"邮薪贷""优享贷""公积金贷"等产品，加大宣传力度。"5·12"护士节，对红寺堡区人民医院、妇幼保健院、5 家乡镇卫生院全覆盖营销走访，举办专项座谈会 7 场，营销新客户 42 户，新增授信金额 672 万元。开展信用村及信用户建设，做好信用村诚信用户的评级授信工作，将红寺堡区 64 个行政村全部纳入信用村、信用户建设，对信贷客户经理进行包村划片，加大走访宣传力度，抢抓客户，扩大信贷规模。

【风险防控】

2021 年，中国邮政储蓄银行红寺堡支行开展自查工作，每周对柜面的资金、凭证、钥匙、安全等各个环节开展自查，对不规范的行为和业务操作现场进行纠正，对屡查屡犯的问题，建立规范的操作流程。加强合规培训，提高合规意识，支行利用每周例会组织员工学习相关业务制度、安全管理制度以及金融犯罪案例，从制度约束和强化认识两方面严防金融案件发生；强化逾期贷款催收，针对逾期贷款按照一户一建档原则，及时跟进催收情况，借助政府和乡村关键人合力开展逾期清收，加大法院诉讼力度，当年合计清收不良金额 243.11 万元，其中成功收回某客户不良商务贷款 132 万元，提高支行资产质量，降低支行不良率；加快不良贷款核销处置，核销贷款共计 6 笔 57.45 万元，申报核销贷款 3 笔 25.93 万元，拟准备核销共 3 笔 720.11 万元。

（马小娟）

红寺堡农村商业银行

【概　况】

截至 2021 年底，红寺堡农村商业银行各项存款余额 17.85 亿元，剔除社保资金区市级上划、工行及建行开业转移等造成对公存款下降 6.07 亿元因素，实际增加 1.33 亿元；各项贷款 18864 户、18.11 亿元，较年初增长 570 户、3.13 亿元，增幅分别为 3.12%、20.93%，贷款增幅位列黄河农村商业银行系统 19 家县（市）机构第一。

【整村授信】

2021 年，红寺堡农村商业银行组织各支行重点做好存量农户、已授信未用信农户、未评级授信农户的工作，争取做到授信一户、签约一户、用信一户。截至 2021 年底，完成整村授信村 59 个，整村授信户数 11182 户，授信金额 60719 万元、信用金额 40683 万元。

【助力示范区建设】

2021 年，结合自治区党委、政府对红寺堡区建设示范区的相关要求，红寺堡农村商业银行制

2021年2月12日，红寺堡区农业保险政策培训会召开 （红寺堡区农村信用合作社提供）

定《红寺堡农村商业银行金融支持红寺堡区建设全国易地搬迁移民致富提升示范区高质量发展实施方案》，对弘德养牛产业、太阳山镇黄花菜产业等重点项目给予信贷支持。

【信贷支持乡村振兴战略】

2021年，为持续做好脱贫人口信贷支持工作，红寺堡农村商业银行先后制定《金融助推乡村振兴实施方案》《巩固拓展金融支持脱贫攻坚成果有效衔接乡村振兴战略实施方案》，对脱贫人口小额贷款坚持脱贫不脱责任、脱贫不脱政策、脱贫不脱帮扶、脱贫不脱监管的要求，对符合贷款条件的脱贫人口应贷尽贷，在保持金融扶贫力度不减的前提下，向全面支持乡村振兴过渡。截至2021年底，发放脱贫人口小额贷款4878户、23581万元。

【小微企业扶持】

2021年，面对新冠肺炎疫情的影响，红寺堡农村商业银行坚持不抽贷、不压贷、不断贷，急企业之所急，想企业之所想，为小微企业提供有温度、有深度、有力度的金融服务。为降低小微企业融资门槛，切实解决小微企业、个体工商户缺乏抵押担保的痛点，提高服务小微的效率，对符合条件的小微企业和个体工商户采取信用方式发放贷款。为降低企业融资综合成本，在贷款利率定价时，对小微企业贷款利率进行下调，相比其他贷款产品，在LPR基础上少上浮50个基点（BPS）。截至2021年底，发放小微企业信用贷款3158万元。

【助推特色产业】

2021年，结合红寺堡区滩羊、肉牛、枸杞、黄花菜、酿酒葡萄五大产业实际，红寺堡农村商业银行以"整村授信""网格化营销"为依托，以"黄河e贷""富农贷""个人循环贷""流动资金贷"等信贷产品为抓手，从生产端、供给侧入手，把信贷支持、支付结算、理财服务等金融服务植入到农村各类产业产前产中产后的各个生产要素环节之中，支持发展高效节水农业，保障红寺堡区特色产业高质量发展。截至2021年底，发放区域五大特色产业贷款13872笔、7.4亿元。

【农商行改制】

自2020年12月获得筹建批复后，在红寺堡区委、区政府的支持和银保监部门、黄河银行党委的指导下，完成创立大会、资料上报、市场监督部门变更等开业准备工作，2021年3月9日顺利挂牌开业。

（牛瑞晗）

中国人保财险红寺堡支公司

【保费受理】

2021年，中国人保财险红寺堡支公司全险种保费5775万元，增速0.97%，市场份额58.6%，同比提升2.9%。其中车险保费3135万元，增速-7.6%，市场份额49.8%，同比提升1.7%；农险保费1995万元，增速12.4%，市场份额90.3%，同比提升2.5%；商非保费650万元，增速17.2%，市场份额48.1%，同比提升1.9%。

【理赔业务】

2021年，中国人保财险红寺堡支公司农业保险累计赔款2027.95万元，车辆保险累计赔款1114.33万元。与红寺堡创业就业服务中心签订合作协议，向红寺堡区3.1万名外出务工人员提供风险保障80.6亿元，简单赔付率40%；与农业农村局农业站开展农业机械保险补贴项目，承保220台农机综合保险，提供风险保障9900万元，已赔款5.9万元，简单赔付率104%。

【保费增量】

2021年12月，中国人保财险红寺堡支公司向吴忠市红寺堡区红丰农业开发有限公司赠送产品质量保证保险，提供风险保障100万元，保障红寺堡品牌葡萄酒质量，打造让消费者放心的葡萄酒。通过上门走访等方式，为红寺堡辖区内企事业单位提供保险保障服务工作，共计承保企事业单位118家，共计风险保障13.09亿元，其中涉及农产品生产及加工11家，风险保障5900万元；涉及中小学幼儿园10家，风险保障1.1亿元；涉及建筑施工等单位17家，提供风险保障1717万元；涉及个体工商户17家，提供风险保障8211万元。

（谢瑞峰）

农林水利

NONGLIN SHUILI

综 述

【概 况】

2021年，红寺堡区农业农村工作在"党委领导、政府主导、部门协作、社会参与"的作用下，融入自治区9个重点产业布局，按照区委、区政府对红寺堡区六大重点产业"布局区域化、产业规模化、生产标准化、经营品牌化"的发展要求，完善扶持政策，争取项目资金，培育产业主体，开展品牌创建，推进三产融合，推动红寺堡区农业产业高质量发展。出台《红寺堡区农业特色优势产业扶持政策措施》等扶持农业产业发展的政策性文件，投入扶持资金4.67亿元，用于农业产业发展。红寺堡区粮食播种面积连续5年稳定在30万亩以上，总产量稳定在15万吨以上。黄花菜种植面积8.02万亩，产值达到6亿元，同比增长20%；葡萄种植面积10.8万亩，品种数量13个，年加工能力3.5万吨，产出成品酒800万瓶，实现产值4亿元，同比增长10%；肉牛、滩羊饲养量分别达14.7万头、103.7万只，实现产值28亿元，规模养殖占比46%，同比增长10%。红寺堡区农业总产值达21.39亿元，同比增长0.7%，农村居民人均可支配收入达11996元，同比增长9.8%。

【产权改革】

2021年，红寺堡区完成辖区2个镇、3个乡、65个行政村、124个村民小组、4.58万户确权登记工作，完成农村耕地58.3万亩调查登记。颁发确权证2.87万户、37.9万亩，确权登记率达100%，除自发移民耕地和国有荒地不能颁证之外，能够颁证的土地确权颁证率达94.6%。深化农村集体产权制度改革。红寺堡区65个村完成了集体资产产权界定、成员身份确认，成立了村级股份经济合作社。红寺堡镇弘德村、同原村收入超过100万元。投入壮大村集体项目资金1000万元，采取土地流转、村企合作、村社合作、互助资金等方式发展壮大村集体经济。

【农村工作】

截至2021年底，红寺堡区累计完成改厕任务1.4万座，农村卫生厕所普及率达到32%。建立"互联网+厕所"第三方社会服务组织运营管护模式，购置吸污车10辆，粪污治理率达90%。开展对村庄主干道、房前屋后、沟渠桥涵等周边乱堆乱倒清理行动。实施村庄绿化行动，打造以永新、杨柳、弘德美丽村庄为示范的乡村振兴示范村13个。弘德、永新、杨柳3个村先后被评为第三批全国乡村旅游重点村、2021年中国美丽休闲乡村、第十一批全国"一村一品"示范村。推行"红黄绿"三色管理和"红黑榜"通报机制，开展"最美庭院"评比71场次，评选"最美庭院"585户。推行"积分超市"模式，兑现积分奖励物资2万余件。

【农牧管理】

2021年，红寺堡区招商落地两个亿元产业引擎项目，肉牛、滩羊产业各项指标均超额完成，肉牛饲养量14.7万头，存栏8.6万头，出栏6.1万头，基础母牛5.5万头；滩羊饲养量103.7万只，存栏48.2万只，出栏55.5万只；千头以上肉牛养殖场9家、百头以上14家、肉牛"50"模式家庭牧场92户，肉牛高质量发展示范村25个，肉牛改良点14家；千只以上滩羊养殖场14家、滩羊"300"模式家庭牧场245个，滩羊高质量发展示范村23个；千亩以上高产优质苜蓿示范基地5家，以紫花苜蓿为主的多年生牧草留床面积6.7万亩，一年生优质牧草5万亩；牛羊屠宰场1家、牛羊肉加工厂1家；实验室监测重大动物疫病样品27214份。落实"封、堵、防、控"措施，切断病源传播链条，排查3万头次生猪，未发现不明原因死亡的猪。根据疫病流行情况，对10万头次肉牛进行炭疽、结节性皮肤病排查，均未发现疑似症状，生猪产地检疫率达75%以上，严把出场监督关，达到企业自检和监督抽检比例分别大于5%和3%的要求。对红寺堡区内所有兽药经营、饲料和饲料添加剂经营与加工、养殖业新型经营主体、规模养殖场（户）进行专项检查，共开展兽用抗菌药及兽药残留专项整顿82人次，检查生产经营企业40家次。肉牛良种化覆盖率、秸秆综合利用率、粪污资源化利用率、规模养殖场粪污资源化设施配套率、病死畜禽无害化处理率、动物免疫密度均达到100%。

【农业投资项目】

2021年，红寺堡区累计投入财政资金4.67亿元，其中中央财政衔接推进乡村振兴补助资金3.11亿元、自治区衔接推进乡村振兴补助资金（统筹整合）0.86亿元、闽宁对口扶持协作发展资金0.7亿元，衔接补助资金用于发展特色产业比例达到52%。引进晓鸣股份、水发浩海等龙头企业6家，完成投资2.2亿元。争取中烟帮扶资金0.7亿元，接收企业捐款2500余万元。完善防止返贫致贫监测预警和动态帮扶机制，常态化开展"四查四补"，累计培育种养殖产业新型经营主体680家，其中申报评定农民专业示范合作社国家级8家、自治区级15家、市级14家、县级24家，对示范带动作用突出的15家涉农企业和67个合作社奖补资金500万元。坚持1个产业有2~3个龙头带动，通过订单收购、股份合作、务工投劳等方式延展产业链、增加群众收入，调动群众发展产业的积极性和主动性。枸杞、黄花菜采摘期间季节性用工近10万人次，直接收益1.7亿多元，以产业促就业，特色产业对农民收入贡献率达到70%以上。重点在产业到户、中烟精准到户、实用技术培训、新型农民培训、厕所改造、农田水利建设、经营主体带动、一二三产业融合发展、见犊补母、滩羊选育、富硒农产品、农业互联网、地方特色板块、农业绿色循环、农机购置补贴、黄花菜产业补助和场地硬化等基础设施建设方面给予大力支持。

【农业综合开发】

2021年，红寺堡区新建高标准农田0.82万亩，新增农田林网0.03万亩，整修宽幅林带1.4万亩，经济林修枝抚育4.2万亩。完成粮食种植面积31.81万亩，比上年增加1.12万亩，通过增施商品有机肥和腐熟农家肥、农作物秸秆还田、机械深耕等农艺农机融合措施提升耕地质量，提高土壤有机质含量和保水保肥能力。建设有机肥替代化肥核心示范园区5个。示范应用面积2.15万亩，开展有机肥应用试验3个，推广商品有机肥12万亩（含占补平衡项目6.06万亩）、腐熟农家肥21万亩、机深翻38.08万亩、秸秆还田25万亩，提高土地生产效益和单位产量，确保粮食安全生产。2021年9月17日，红寺堡区秋冬农田水利基本建设暨中部干旱带高效节水试点示范项目现场启动会在吴忠市红寺堡区召开。改造低产葡萄园1.4万亩，累计发展酿酒葡萄10.8万亩、枸杞5.6万亩、黄花菜8.02万亩。推行"企业+联合社+合作社+农户+基地"的养殖模式，示范带动发展千头以上规模肉牛养殖园区16家、百头以上规模肉牛养殖园区14家，新培育"50"模式家庭牧场82个，建设万只以上规模滩羊养殖园区23家、千只以上规模滩羊养殖园区13家、滩羊"300"模式家庭牧场224个，红寺堡区肉牛、滩羊饲养量分别达到12.5头和96万只，培育形成产业示范村32个，带动3.8万农户发展特色种养业，红寺堡区特色产业产值占农业总产值比重90%以上，特色产业覆盖农户92%以上。

【农机管理】

截至2021年底，红寺堡区农机总动力72.2万千瓦，主要农作物耕种、收机械化水平达81%，实现玉米等主要作物机收、机种。2021年，共兑付农机购置补贴资金697.77万元，补贴购置各类农业机械219台（2020年系统备案），直接受益农户134户，机械总值达2473.685万元，拉动农户自筹资金1806.213万元。在春耕春播、"五一"、国庆等农忙时节和节假日，对农机服务组织和作业现场拖拉机无证驾驶、无牌行驶等违法行为进行安全检查。2021年，共出动检查人员36人次，检查农机合作组织、农机经销企业15场次，检查拖拉机72台次；查处纠正违法行为24起，整改24起。利用"双随机、一公开"和宁夏互联网监管业务平台开展安全检查4场次，检查经销企业和合作组织各2家。2021年，共完成注册挂牌221台，检验拖拉机、联合收割机776台，审验驾驶员（含换证）215人，培训农机驾驶操作人员434人次，分别完成注册挂牌、检验、审验及培训任务的442%、100%、126%、102%。全年无较大以上农机事故发生。

【葡萄酒产业】

2021年，红寺堡区制定印发《吴忠市红寺堡区葡萄酒产业高质量发展实施方案（2021—2025年）》，明确目标任务及重点工作，通过打造"红漠"公用品牌，带动50余个企业品牌共同发展，搭建物联网平台，奠定葡萄产业数字化基础，为葡萄酒产业高质量发展定准基调。红寺堡产区新增酿酒葡萄种植面积2000亩，实施葡萄低质低效园改造提升1.4万亩。酿酒葡萄鲜果产量1.9万吨，产值8500万元。生产成品酒1500万瓶，加工产值7.6亿元。通过品牌营销、宣传推介，截至2021年底，红寺堡产区各酒庄企业共销售葡萄

2021年7月23日，"红寺堡论坛·2021年中国葡萄酒酒商大会"在罗山宾馆举办（红寺堡区农业农村局提供）

酒2397吨，销售金额达9200万元。2021年，带动就业劳动力60万人次。

【葡萄酒营销推介】

2021年，红寺堡区组织企业参加各类营销推介专场活动及国际国内赛事，找准定位，抢占市场，促进销售，通过组织18家酒庄企业参加4月全国春季糖酒会、6月杭州"锦绣新灌区，魅力红寺堡"专项推介会、7月宁夏品质中国行"遇宁湘约"长沙站等系列推介活动，召开红寺堡区首届酒商大会和第三届葡萄酒高峰论坛，与杭州市葡萄酒行业协会、广东省酒业行业协会、上海世贸等5家协会（企业）签订合作协议。组织酒庄企业参加布鲁塞尔国际葡萄酒大赛、首届中国（宁夏）国际葡萄酒文化旅游博览会。在2021年布鲁塞尔国际葡萄酒大赛上，红寺堡区以1枚大金奖、8枚金奖、4枚银奖的傲人成绩领跑其他产区，这是红寺堡产区自2017年至2021年连续5年获得布鲁塞尔大金奖。在首届中国（宁夏）国际葡萄酒文化旅游博览会上揭晓的中国（宁夏）国际葡萄酒大赛10枚大金奖名单中，红寺堡产区就有两款葡萄酒名列其中。

（李成玉）

【枸杞产业】

2021年，红寺堡区完成枸杞种植767.5亩，其中大河乡龙源村386.8亩（叶用枸杞）、北海林场83亩、百瑞源公司228.7亩、吴忠市发平种养殖专业合作社69亩。与自治区首席果树专家张国庆、枸杞病虫害绿色防控专家何嘉签订技术服务协议，加强枸杞种植田间管理技术培训和指导服务工作，截至2021年底，累计开展枸杞种植管理技术培训5场，培训人员300余人次。红寺堡区布设监测样点150个，组建16人绿色防控队伍，初步纳入枸杞病虫害绿色防控监测共计1.45万亩，占红寺堡区枸杞总面积的58%。截至2021年底，红寺堡区已建成2条枸杞加工生产线，其中，宁夏百瑞源枸杞产业发展有限公司计划分3年投资6000万元在弘德工业园区建成集分拣、包装、加工等于一体的枸杞深加工生产线，2021年投资600万元已建成年加工能力3000吨枸杞鲜果加工生产线。引进大河之洲生物科技有限公司投资2000万元在大河乡龙源村扶贫车间建设枸杞原浆加工生产线，日加工能力达20~30吨。

林 业

【生态建设】

2021年，红寺堡区完成国土绿化任务7.79万亩，其中人工乔木林0.43万亩，村庄绿化及庭院经济林0.40万亩，生态经济林种植0.37万亩，城区景观改造提升0.08万亩，弘德同原村庄绿化改造提升0.059万亩，灌木林种植1.95万亩，未成林抚育及退化林改造2.5万亩，退化草原修复2万亩。森林覆盖率、人均公共绿地面积分别达到14.12%和18.39平方米。实施"军民共建"义务植树2.3万株。2021年，实施项目共计16个，总投资为15179万元，计划投资7660万元，其中，续建2020年生态经济林（文冠果）种植等项目2个，投资875万元；新建红寺堡区草原生态修复治理补助等项目12个，投资6785万元。

【林业生态】

2021年，红寺堡区完成红寺堡区北部、南部及城区11.25万亩虫害防治，有效控制春尺蠖、沟眶象等虫害的高危发生。加强种子苗木检疫，共检疫400余批次，从源头抑制有害生物调入调出风险。进行森林草原防火工作，未发生重大火灾。累计开展禁牧督查90余次，先后拆除羊圈100余处，立案查处偷牧案件80余起，共计罚款18.8万元。

【山林权、土地权改革】

2021年，红寺堡区针对生态移民、行政区划调整等造成行政界线不明、山林草原资源权属不清等突出问题，聘请第三方测绘公司，抽调专业技术人员，充分利用现有成果数据，以第三次全国土地调查为基础，采用"综合调绘法"和"全野外调绘法"，全面调查厘清山林地、草原资源现状，统一精准界定红寺堡区内国有林（草）地、集体林（草）地、移民迁出（入）区、流转林草地等山林草原资源地类和界限，做到权属清晰、界限精准、类别清楚。全面厘清林草资源家底，完成各乡镇行政村行政界线及林草地资源地类界限界定工作。红寺堡区林地面积66.52万亩（不含罗山保护区），其中国有林地62.37万亩，集体林地4.15万亩；草原面积215.12万亩，其中国有草原191.03万亩，集体草原24.09万亩。移民迁出区整村迁出24个行政村，涉及山林地面积15.04万亩、草原面积29.95万亩。根据红寺堡区山林权改革实施方案和"三单一书"推进工作的要求，建立林草权证、"四荒"地证摸排登记措施制度，分门别类，精准梳理农户、集体持证情况，统一模板、科学整理和电子化录入，按照属地管理原则应登尽登，实现山林资源变为农民资产。建立林权、草原承包权登记台账，由第三方公司根据现地情况尽可能矢量化，为全面开展地类划定、确权登记奠定基础。红寺堡区3个乡、2个镇、65个行政村，林草权证、"四荒"地证摸底登记完成，农户持证共计436册，涉及林（草）地面积11.113万亩，其中林权证5册，涉及林地面积0.073万亩；草原承包证431册，涉及草原面积11.04万亩；无"四荒"地证。农户持有外县、邻县颁发的林草权证879册，涉及林（草）地面积26.33万亩，其中林权证229册，涉及林地面积0.38万亩；草原承包证650册，涉及草原面积25.95万亩；无"四荒"地证。针对红寺堡区所有林权证、草原证承包面积无矢量化数据问题，组织第三方公司从太阳山镇白塔水村红墩子组开始，对该村70户持有林权证、草原证3.42万亩承包面积进行现地调查确认并精准矢量化。同时，对太阳山镇红四干周边5个行政村国有林地、草原进行现场确认，精准矢量化，并确权到太阳山镇人民政府。

（马小花）

水 利

【水利工程建设】

2021年，红寺堡区围绕农村人饮工程巩固提升、沟河道治理、水库移民、水土保持、小流域综合治理、水利基础设施配套共实施项目42个，总投资19474.83万元，安排资金12413.22万元，其中中央专项资金6214.89万元，巩固拓展脱贫攻坚成果资金5098.33万元，政府债券资金1100万元。

【节水灌溉】

2021年，红寺堡区推进农业水价综合改革和水权交易，建立健全精准补贴和节水奖励办法，印发《吴忠市红寺堡区农业水价综合改革执行方案（试行）》，严格执行渠系灌溉0.21元/立方米，高效节水0.339元/立方米的用水价格标准。开发农业水价综合改革管理系统平台（PC端和App端），创新缴费方式，推行网上缴费、网上结算管理体制，以红寺堡镇朝阳村16支、大河乡香园村315支口为试点实行微信平台缴费，实现线上缴费37.2万元。截至2021年底，红寺堡区农业水价综合改革走在自治区前列，自治区农田灌排设施管护座谈会暨农业水价综合改革培训会在红寺堡区召开。严格执行用水总量控制指标。2021年度自治区分配红寺堡区年取用水总量为2.289亿立方米，目前用水总量2.169亿立方米，年度取用水总量未超指标。持续深化水权交易改革。坚持红寺堡区政府和市场协同发力，采取依法、自愿、有偿交易的原则，累计完成水量交易企业或个人22家，水量交易571万余立方米，交易金额341万余元，推进水权交易改革。推进用水权改革。印发实施《红寺堡区落实水资源"四定"原则深入推进用水权改革实施方案》，完成全区65个村组农业用水权确权面积核查登记、109家用水企业工业用水统计、43家规模化畜禽养殖企业摸底调查工作，建立统计台账。

【水旱灾害防御】

2021年，红寺堡区修订完成《2021年红寺堡区水务局水旱灾害防御应急工作预案》，编制完成鲁家窑、长渠、十字湾等小型水库防汛应急预案和水量调度运行方案。执行领导带班和工作人员24小时值班制度，及时掌握雨情、水情、汛情和灾情。对红寺堡区所有水库、蓄水池、重点沟河道及渠道等工程进行排查，发现沟道水毁和村庄内涝等30余处，建立隐患台账，明确责任单位和责任人，及时进行治理。水套沟、买河沟、碱井子沟、兰圈子沟等沟道水毁修复纳入2021年巩固拓展脱贫攻坚成果同乡村振兴有效衔接项目库，以及新庄集乡灌域和柳树台、菊花台等村度汛安全的新庄集乡支干渠防洪堤治理。编制2021年度山洪灾害防治项目实施方案，补充购置防汛物资，对柴油、汽油发电机，汽油机泵，排污泵等防汛物资进行维修检修。对34处沟河道视频监测点，雨情、水情监测系统及35处雨量站进行维护；在各沟河道重点部位安装警示牌67个。

【水土保持】

2021年，红寺堡区实施巴庄小流域综合治理一期项目，封禁治理水土流失13.83平方千米，完成年度水土流失治理任务。依托"水保法实施10周年""世界水日""中国水周"等重要时间节点，

红寺堡水务公司举办安全生产知识竞赛　（红寺堡区水务公司提供）

以《水土保持法》、水保科普知识等为主要内容开展进机关、进校园、进村庄、进企业活动，全面开展水土保持宣传教育工作。落实生产建设项目水土保持监管，依法许可水土保持方案56个。建立生产建设项目水土保持日常监督检查制度，现场检查项目68个，审批项目全覆盖，印发各类检查整改意见53份，接受水土保持设施自主验收报备项目32个，完成黄河流域红寺堡区生产建设项目水土保持专项整治行动，开展水利建设项目水土保持问题专项整治行动和红寺堡区压砂地水土流失危害风险分析及生态安全评价。

【河长制】

2021年，红寺堡区组织召开总河长第5次会议，部署2021河长制工作任务。调整区、乡、村河长40名，新增河长14名，乡、村级河长巡查沟（河）道6454人次，下发河长交办令2期，重点任务通报4期，下发督办单35期，暗访督导237人次，销号"四乱"问题25个，清理垃圾1.85万吨，安装围栏2.5公里，没收非法采砂所得13342.2元，罚款12万元，完成《宁夏红寺堡重要河道岸线保护与利用规划》编制及59条沟河道岸线划界复核工作。推进"河长+检察长+警长"工作模式，确定红寺堡区检察长5名、警长11名，下发检查建议书4份，联合督查50余人次，推进"携手清'四乱'、保护母亲河"专项行动，拆除河道管理范围内机砖厂1处，恢复面积14.11万平方米，回填G6京藏高速公路两侧采土1.34万立方米，封堵生活排污口3处。立足农田水网综合治理和乡村振兴战略，遏制骨干渠系管理范围内乱占乱建、乱围乱堵、乱采乱挖、乱倒乱排等突出问题，借鉴河长制沟河湖管理的成功经验，推行"渠长制"，逐级设立渠长，安装渠长制公示牌10个，下发渠道"四乱"问题督办3期，维护扬水骨干工程健康、安全运行。

【农村饮水安全】

2021年，红寺堡区实施红大河乡大河村人饮巩固提升工程等7个项目，总投资3133.55万元，提升改造各类人饮供水管道336.31公里，解决6378户农户饮水困难问题，提升农村饮水安全保障水平。

【驻村帮扶】

2021年，红寺堡区水务局开展结对帮扶工作，派驻新庄集乡东川村驻村第一书记1人、驻村工作队员1人，共有帮扶干部35人。改造东川村北部防护林带灌溉设施，维修加固石坡子村段护岸，保障两岸居民生命财产安全。

【疫情防控】

2021年，红寺堡区水务局按照红寺堡区委、区政府统一安排，组织党员干部职工在G344太阳山镇巴庄村段设置疫情防控临时检测点，开展外来人员排查登记，严防输入。在圣悦名邸小区配合博大社区开展疫情防控排查、登记、宣传等工作。共计85人参加，其中党员14人。

（马　莉）

供水保障

【供水工程】

2021年，红寺堡区有供水水源工程7处，全部为集中式供水工程，供水覆盖率为98.5%。人饮工程按水源分为两大类7处。以地下水为水源的供水工程有：中宁恩和以地下水为水源的西部供水工程、柳泉以地下水为水源的中部供水工程。以扬黄灌溉水为水源的供水工程有：新庄集农村饮水安全改造工程、周新供水工程、乌沙塘供水工程（西部农村饮水安全水源改造及扩建工程）、鲁家窑供水水源工程、马渠生态移民供水工程。中部供水工程水源地在柳泉，已运行水源井8眼、清水池2座，设计供水量12000立方米/天；西部供水工程水源地在中宁恩和，建有水源井2眼、清水池5座（加压一、双井子、加压二各1座，红崖2座），设计供水量2400立方米/天；鲁家窑供水水源工程由取水工程、水库工程和水厂工程3部分组成，建设380万立方米水库1座、1500立方米清水池2座，供水量5万立方米/天（生态绿化及农业灌溉3.4万立方米/天，生活及工业1.6万立方米/天）；新庄集乡供水工程水源为新庄集五支干高口扬黄渠道水，建设净化水厂1座、10万立方米蓄水池1座、100立方米和500立方米清水池各1座，设计供水量1700立方米/天；周新供水工程水源为红寺堡四干渠七支渠道水，建净化厂1座、6万立方米蓄水池1座、4万立方米蓄水池1座、500立方米清水池1座，设计供水量592立方米/天；乌沙塘供水工程水源为红寺堡三干渠扬黄渠道水，建净化水厂1座、取水泵站1座、300立方米蓄水池3座，设计供水规模为3159立方米/天；马渠供水工程水源为新庄集五支干高口扬黄渠道水，建净化水厂1座、500立方米蓄水池1座，设计供水规模为693立方米/天。

【基础设施建设】

2021年，红寺堡区按照安全风险管控相关要求，实施周新泵站安全现场目视化，安装水库水位标尺，更换安全警示标志223块，施划安全警示标线1560米，落实安全风险管控措施，将安全风险管控关口前移。定期组织开展综合及专项安全生产检查，确保各类安全隐患得到有效识别、可控在控。累计开展各类检查31次，查出各类安全隐患20项，整改落实20项，隐患整改率达到100%。针对罗山花园、盛世佳园等保障性住房、公租房存在供水管道年久老化严重，水表阀门位置设置不合理导致难以维保，易发生爆管、停水等突发问题，红寺堡区水投公司投入48万余元对罗山花园、盛世佳园等小区的部分供水设施进行改造，新建联户水表井 48 眼，安装远传水表 489 块，保障供水安全稳定，提升供水服务质量。

【安全生产】

2021 年，红寺堡区组织层层签订安全生产目标责任书、安全生产承诺书 99 份，定期检查、考核，形成安全目标有计划、有落实、有检查、有考核的"闭环管理"，提升安全管理水平，重点对制度的建立落实、从业人员资格、持证上岗、特殊作业等方面进行监管，严把施工安全准入关。按照安全风险管控相关要求，实施公司各站点安全现场目视化，安装水库水位标尺，落实安全风险管控措施，将安全风险管控关口前移。实施班组安全标准化建设，开展安全生产专项整治三年行动工作，落实应急管理及班组标准化工作，以安全标准化建设、"双控体系"建设提高安全技能水平，形成公司的企业安全文化。2021 年 6 月举行"安全生产月"启动仪式，举办安全知识竞赛、安全风险辨识、网络知识竞赛和应急演练等系列活动，营造浓厚的安全生产环境和文化氛围。

【提质增效】

2021 年，红寺堡区通过实施城区管网漏损控制信息化建设一期项目，完成城区 300 公里管网探测，形成"一张网展示、一平台整合、全流程贯通"的管理模式，提升供水业务管控效率和应急响应速度，降低城区管网漏损。实施城区管网漏损控制信息化（二期）项目建设，完善分区计量、渗漏预警、分区分时控压管控体系建设。2021 年综合管网漏损率 12.38%，较 2018 年降低了 15.6 个百分点，降幅 48%。

【政策支持】

2021 年，红寺堡区配合生态环境分局，争取 280 万元水源地保护项目资金，对水库、蓄水池围网进行改造加固，加装语音报警系统，拓展业务板块，提升水源地保护强度。并联合水务局立项新庄集乡南源村、甜水河村、沙泉村、弘德村、同原村、大河村人饮巩固提升工程，累计获得批复资金 2422.94 万元。

【优化服务】

2021 年，红寺堡区实施农村居民入户管道、阀井等供水设施排查，分乡镇逐一解决用水问题，改善用水高峰期水压不稳定等情况。对调度中心及部分厂（站）、蓄水池远程自动化进行改造，提高应急响应能力。对标供电、银行客户服务标准，推行"113"报装模式，开通绿色供水通道，成立"96669"群众热线等措施，提升供水服务水平。通过搭建网上营业厅、建立工单系统等措施，实现线上充值缴费、账单查询、业务办理、用户回访一站式服务模式。开展"供水服务公示牌进农村""智能缴费进社区"等活动，推进"四到户"工作落实。

【疫情防控】

2021 年，红寺堡区成立公司应对新冠肺炎疫情防控工作领导小组，印发新冠肺炎疫情防控工作实施细则，分解和细化各项防控管理措施。利用网络媒介、LED 显示屏、悬挂横幅等方式广泛宣传防疫知识，引导广大职工正确认识疫情、积极配合防控。采取按需配置上班人员，减少换班频次，降低人员流动，最大程度保证职工生命安全和身体健康。编制公司新冠肺炎疫情防控应急预案，坚持供水热线 24 小时在线服务，工程检修人员 24 小时待命抢修，确保疫情防控期间用水户用水无忧。捐赠消毒液等防疫物资，慰问巴庄子村和滚泉高速路口疫情防控监测点一线工作人员，组织党员青年积极参与社区防疫、开展无偿献血等活动，支援红寺堡区打赢疫情防控战。

（刘佳丽）

农田水利建设

【农田整治】

2021年，红寺堡区秋冬季农田水利基本建设投资3.41亿元，实施高标准农田、维修改造、盐渍化治理、人居环境整治等项目58个，新建高标准农田0.81万亩，铺设各类引输水管道526.55公里，累计投入各类机械设备4.85万台班，完成投工投劳13.82万工日，完成秸秆清收、农机深翻15.95万亩，整修渠道178.67公里、田间道路167.31公里，增施有机肥6.06万亩，改善灌溉面积6.65万亩，完成盐碱地改良0.96万亩，清挖整治沟道74.8公里，残膜回收61.4吨，治理水土流失20平方公里，新增农田林网0.03万亩，整修宽幅林带1.4万亩，经济林修枝抚育4.2万亩，水费收缴率100%。2021年，0.81万亩高标准农田全部开工建设，完成总进度的82%，年度建设任务如期完成。实施高标准农田建设项目、土地开发整治项目及地力提升项目，完成增施有机肥6.06万亩、土壤调理剂0.1万亩、磷石膏0.1万亩，秸秆还田0.95万亩，机深翻15.95万亩。实施土地开发整治项目，新增耕地面积1.75万亩，增加耕地面积，提升耕地质量。推广化肥农药减量增效和农作物病虫害绿色防控技术，完成残膜回收61.4吨，测土配方施肥技术覆盖率达51.5%，耕地质量持续提升。

【水利建设】

2021年，在自治区水利厅支持和指导下，红寺堡区建立"扬水管理处+红寺堡区水务局""扬水管理处各站所+乡镇""灌溉管理站+水管所"及"村委会+支渠长"四级灌溉管理服务体系，实行乡镇负责制，设立乡镇灌溉管理办公室。村民代表大会民主选举村级支渠长，签订灌溉管理协议。三大灌区执行统一水价，实现水价统一标准、水费统一收支、渠道分级管护，打破"谁管水、谁收费、谁配水"的传统管理模式，解决收费标准不统一、管护主体不明确、管护费用无法保障等问题。开发农业水价综合改革管理系统和微信缴费平台，采取0.5%的返现奖励优惠政策，选取2个行政村开展试点工作，不断查问题、补短板，优化缴费平台，总结工作经验，宣传推广，线上水费收缴共计9.5万元，为灌溉信息化管理奠定基础。突出从传统节水农业向现代信息化节水农业的转变，应用科技，精准用好每一滴水。在自治区农业农村厅的支持下，红寺堡区建成太阳山镇巴庄村1.84万亩数字信息化高标准农田。项目区建设自动化信息化系统，实现泵站无人值守、田间灌溉施肥自动化、运行管理信息化，管理人员可通过手机软件远程控制灌溉，定时灌溉施肥，及时了解土壤墒情、气象、虫情相关信息数据，制定合理灌溉方案，查看项目区影像情况。原先1人最多管理50亩，现在1.84万亩仅需要10名管理人员。

（李成玉）

工 业

GONGYE

综 述

【工业经济】 2021年，红寺堡区规模以上工业增加值下降1.4%，其中红寺堡本区增长34.4%，太阳山开发区下降4.8%。增速低于红寺堡区、吴忠市9.4个、8.5个百分点，位列吴忠市第五位、宁南山区第八位。两年平均增长8.4%，高于全区2.3个百分点，低于吴忠市0.9个百分点，位列吴忠市第四位、宁南山区第六位。2021年，实施重点工业项目4个，其中自治区级重点项目2个，开工率100%。2021年，完成总投资16.89亿元。建立"一企一策"，摸清红寺堡区企业经营规模、产业现状、资源禀赋和区位优势，梳理完善各项惠企政策，开展"上门诊断"活动，精准推送符合企业的惠企政策，建立企业问题台账，协调各单位妥善解决。建立"小升规"企业培育库，指导企业做好入规准备工作。培育拟纳规企业5家（杞煌新能源、水发浩海、光煜科技、百瑞源、大河之洲），引导中小企业走"专精特新"之路，2021年累计培育认定自治区"专精特新"中小企业7家、示范企业2家。召开专题会议传达学习节能管控相关会议精神，成立企业错峰生产工作专班，确保完成能耗"双控"目标，对重点用能企业错峰生产落实情况开展督查，掌握企业错峰生产落实情况。2021年，红寺堡区规模以上工业综合能源消费量70.5万吨标准煤（其中红寺堡本区14.2万吨），同比增长14.7%，增加9.1万吨标准煤，相比1—11月增加4.6万吨标准煤（其中红寺堡本区增加0.5万吨）；单位工业增加值能耗增长16.4%，相比1—11月回落1.6个百分点。制定《吴忠市红寺堡区技术改造资金专项管理办法》，对支持范围、申报条件、项目管理等作出明确规定，提高奖补资金使用效益。召开线上技术改造综合奖补资金政策解读会议，实地深入企业，及时解答技术改造项目申报中的问题，指导企业按照要求完善资料，加快技术改造项目申报进程。2021年，实施技术改造项目26个（含太阳山开发区），计划完成投资14.24亿元，其中投资额500万元以上项目16个。2021年，完成技术改造投资15.57亿元，较上年增长8.7%。对红寺堡区68家工业企业开展督查检查，对红寺堡区三大通信运营商的营业网点开展检查。

【商贸流通】

2021年，红寺堡区实现社会消费品零售总额16.46亿元，较上年增长3%。新增瑞思豪大酒店、大盛川汉餐馆、佳美家生活超市（雅苑店）3家企业。争取商贸项目资金397.85万元，开展"乐享消费、约惠红寺堡"消费促进活动，刺激消费增长。推进交通物流园、红寺堡区快递分拣中心等项目建设，完善鹏胜时代广场、团结商业广场等商业圈，促进餐饮、住宿、零售等消费加快回补。制定《红寺堡区2021年消费帮扶行动方案》，通过整合扶贫资金400万元，对在区外建店、销售、物流、宣传推介等方面给予政策扶持，支付补贴资金298.4万元。

【物流业务】

2021年，红寺堡区建成1个区级电商服务中心、4个乡镇级电商服务站点、54个村级电商服务站点，实现区、乡、村三级物流体系运营，依托各级电商公共服务中心，实现"工业品下行一公里，农产品上行一公里"目标。2021年，9家快递公司（18个网点）全年实现营业额2529.55万元，寄件量67.8万件，收件量769.58万件，平均每件3.02元。

【电商服务】

2021年，红寺堡区成立电子商务协会入驻并运营电商公共服务中心，指导内部电商企业发展，引入国资公司，携带子公司红丰农业、人力资源入驻，加快电商与一二三产业融合发展。极兔、百世两家快递公司入驻电商物流分拣中心，配备分拣设备并免费使用，新增电商村级站点1家，共计54家，28家设有快递代收业务，44家设有美团优选、多多买菜等社群电商自提点，每个村站月均收入超过1000元。截至2021年底，顺丰、邮政、京东3家快递实现行政村全覆盖，完成快递进村全覆盖任务。开展网上年货节、"e起来、购精彩"等电商大中小型活动10余次，设立共享直播间7个，采用"直播+社群""达人带徒弟""会场带村站"等多种直播形式，带动50余家企业及商家参与，开展直播助农活动300余次，帮助乌沙塘韭菜和红梅杏、新庄集乡苹果等滞销农产品销售50余万元，创建"打卡红寺堡"网络话题，点击量超过7600万人次。引导鸿运果蔬、美团优选等4家企业通过"社群团购"助销本地农产品，红寺堡区开设自提点1000余个，日均单量超过1万单。采用"线上授课+线下实操""白天理论+夜间模拟"等方式开展培训2期，累计培训100人次，孵化出徐海霞、潘宏伟等直播带货网红及杨宇坤、李保卿等短视频达人50余人，粉丝量最高达12万。组建网红老年团"独孤九剑"参加"阅宁夏 鉴优品"飞跃2021全民电商节活动，获全区"超能品牌团队"荣誉称号，带动红寺堡区老年人参与直播带货的热情。对接天猫宁夏电商中心与本地企业达成线上销售合作，引进杭州电商运营团队，指导开设牛羊肉、亚麻籽油天猫旗舰店，为葡萄酒、时令水果等一对一制定、策划、设计销售方案。先后孵化32家传统销售农产品企业，在京东、天猫等各类电商平台开设店铺50余家，培育"红漠""索米亚""香村叔"叔等网红产品10余款。截至2021年底，农

2021年6月3日,红寺堡区供电公司举办乡村振兴电力先行——国网宁夏电动汽车下乡活动 (红寺堡区供电公司提供)

特产品销售额2900余万元。

(李晓军)

电力供应

【电力业务】

截至2021年底,国网吴忠市红寺堡供电公司售电量累计完成17.69亿千瓦时,比上年上升4.92亿千瓦时,同比增长38.42%。全年累计售电收入6.79亿元,比上年增长2.23亿元,同比增长32.81%。分产业看,一、二、三产业及居民生活用电同比分别增长26.38%、52.74%、10.68%和10.33%。全市工业用电量12.54亿千瓦时,同比增长54.55%。

【安全生产】

2021年,红寺堡区供电公司强化对生产现场的安全监督和各项安全生产管理规章制度执行考核,开展标准化作业,维护好生产现场的安全秩序。实现年内安全生产365天,长周期安全生产7925天。

【营销服务】

2021年,红寺堡区供电公司推进优化营商环境。推行"三零""三省"服务,2021年投资业扩配套资金350.79万元,惠及1700余名客户。解决宁夏富阳工贸集团资金周转困难问题,联系枸杞经销商,售出7吨多枸杞,金额达33万元。累计投资240万元,在红寺堡创业街、汽车站及鹏胜时代广场、弘德服务区、各乡镇供电所集中安装新能源汽车充电桩,推进充电设施建设。助力盲人马腾竣"触摸光明"免费更换变压器,安装配电箱、开关等,为磨坊用电稳定运行提供保证。推广电能替代应用,与红寺堡区教育局共同商议,对红寺堡区34家中小学的厨房进行电能替代改造,打造环保节能的校园"电厨房"。

【电网建设】

2021年,红寺堡区供电公司以安全问题为导向,落实"三部两代"等安全责任,随着物联网在配网工程中的兴起,深化配网工程管理App的应用,做到"四个管住",确保各项配电网工程可控、能控、在控。"零投资"546万元,快速解决用户用电需求，为新建119个屋顶光伏实施配套工程，架设近6公里的供电线路。

【乡村振兴】

2021年，红寺堡区供电公司支持红寺堡区建设易地搬迁移民致富提升示范区，在红寺堡区实施8个乡村振兴项目，共投资3400万元。打造扫码用电新时代，提升农户用电体验。大河乡有100余户因使用扫码用电而放弃购买加工农具，为农户节省近60万元的资金投入。2019年起，红寺堡供电公司将盲人马腾俊列为红寺堡直接帮扶对象，免费为马腾俊的磨坊更换变压器，安装配电箱、开关等，为马腾俊的磨坊用电稳定运行提供保证。

【电力保供】

2021年，红寺堡区供电公司落实上级安全生产专项工作部署，落实安全工作主体责任，夯实安全管理基础，应对新能源大规模接入、电力负荷屡创新高等挑战。完成庆祝中国共产党成立100周年和中考、高考等重要时间节点保电任务。响应国网吴忠供电公司党委号召，组织11名队员、1辆应急发电车和3辆电力抢修车紧急驰援河南抢险救灾，为抗洪救灾贡献力量。

（马　丹）

太阳山开发区红寺堡产业园

【概　况】

截至2021年底，太阳山开发区红寺堡产业园共有企业61家，其中规模以企业8家，规模以下企业26家，新入园企业4家，停产停建企业23家，清理停产企业4家。完成工业总产值6.29亿元，累计完成固定资产2.31亿元，较上年增长4.55倍，其中规模以上企业完成产值4.56亿元。纳入规模以上企业2家（水发浩海黄花菜产业园、宁夏光煜科技有限公司），盘活特变电工、兴盛邦钢结构2个企业项目。

【项目进展】

2021年，宁夏嘉寓新新节能科技有限公司嘉寓光热+清洁能源采暖项目、五凌（吴忠市红寺堡区）电力有限责任公司储能产线项目、中车株洲电力机车研究所有限公司低碳循环智能装备产业项目、湖南湘投控股集团有限公司湖南湘投控股产业园项目4个清洁能源项目总投资达26.3亿元。水发浩海（吴忠）农业开发有限公司宁夏吴忠红寺堡区黄花菜加工项目一期投入1亿元，完成冷库主体建设。宁夏银泰粮油有限责任公司成品食用植物油及粮油储备库扩建项目投资2300万元，完成厂房主体建设。大唐国际红寺堡新能源有限公司宿舍楼项目正在办理施工手续。陕西奇美优护年产5万吨餐具洗涤剂生产项目，计划投资2000万元，租赁残疾人创业园厂房2栋。宁夏光煜科技有限公司特变电工红寺堡产业园新能源装备制造改造项目，总投资1000万元，新建300平方米库房一栋，改造生产车间、办公楼，用于满足单套机舱罩生产需求。

【科技创新】

2021年，宁夏索米亚生态农业科技有限公司获评自治区重点龙头企业，获中国农产品亚麻籽油金奖，争取科技研发补助专项资金17万元。宁夏平头羊冷鲜肉有限公司获得科技型中小企业奖和农村创业创新示范基地奖，吴忠兴民纺织科技有限公司获评"专精特新"企业，宁夏东方盛达管业有限公司获科技小巨人奖，宁夏加禾粮油食品有限公司获农业高新技术企业奖，申报专利3个。

（张金柱）

乡村振兴

XIANGCUN ZHENGXING

综 述

【动态预警监测】

2021年，红寺堡区健全农户自主申报、基层干部排查、部门筛查预警互为补充、相互协同的监测方式。对全区46916户（常住42135户、非常住4781户）逐户开展"一收入""两不愁三保障"大排查，建立"红、橙、黄、绿"四色监测预警台账。截至2021年底，新识别未消除易返贫致贫风险153户631人（其中脱贫不稳定户44户182人、边缘易致贫户86户363人、突发严重困难户23户86人），落实"一户一策"举措，实现"三类人口"动态监测、动态预警、动态帮扶、动态销号。

【金融帮扶】

2021年，红寺堡区保持金融帮扶政策持续稳定，组织金融机构人员、乡村干部、驻村工作队员和帮扶干部进村入户，摸清农户的真实需求，确保符合条件的脱贫户和监测对象应贷尽贷。2021年，累计发放小额贷款6686户、3.17亿元，脱贫人口小额信贷余额3.73亿元，户均获贷4.76万元，贷款覆盖率59.5%，兑付贴息资金1463.84万元。

【编制项目库】

2021年，红寺堡区围绕产业、就业、基础设施和公共服务、人居环境整治等重点工作，编制《2021年巩固拓展脱贫攻坚成果同乡村振兴有效衔接项目库》，入库项目187个，概算投资6.67亿元。

【闽宁协作】

2021年，红寺堡区与福建省惠安县建立结对帮扶，延伸协作链条，全年安排闽宁协作项目资金7000万元，实施闽宁对口协作项目五大类41项，13个非工程建设类项目已基本完成，28个工程建设类项目完工22个。惠安县、红寺堡区两地深入开展党政互访互动和协作交流，多次召

2021年6月7日，吴忠市红寺堡区乡村振兴局正式挂牌 （红寺堡区乡村振兴局提供）

开协作项目推进会，筹集社会帮扶资金1250万元，签订乡镇、村、企业、社会组织结对共建协议55份，惠安县选派22名专业技术人才到红寺堡区开展技术帮扶和交流协作。

【人居环境整治】

2021年，红寺堡区推进环境整治，打好"五清"攻坚战、基础设施提升战、庭院整治持久战"三场硬仗"，开展城乡绿化、产业融合、乡风文明、健康乡村"四大促进行动"，建成永新、弘德、杨柳3个高质量美丽村庄，大河乡重点小城镇项目加快推进，提升改造农村道路34.1公里，铺设供水管道377公里，绿化造林10.76万亩，改造污水管网70.8公里、农村卫生厕所2000座。

【扶贫资产管理】

2021年，红寺堡区印发《红寺堡区扶贫项目资产后续管理实施方案》，摸排党的十八大以来实施的扶贫项目1052个，总投资25.93亿元，建立资产管护台账、录入系统，规范扶贫资产运营维护、收益分配、资产处置和监督管理。

（尚彦平）

【社会兜底保障】

2021年，红寺堡区落实救助标准。截至2021年底，红寺堡区农村低保对象11029户16636人，低保覆盖率11.26%，分A、B、C三档，发放标准分别为380元/（人·月）、300元/（人·月）、240元/（人·月）；城市低保615户1008人，低保覆盖率2%，分A、B、C三档，发放标准分别为600元/（人·月）、500元/（人·月）、420元/（人·月）。发放农村高龄补贴1345人，发放城市高龄补贴40人，80~89周岁农村高龄津贴270元/（人·月），80~89周岁城市高龄津贴450元/（人·月），90周岁以上城乡高龄津贴均为500元/（人·月）。特困供养对象326人（集中供养106人，分散供养220人），城市和集中特困供养对象供养标准均为780元/人·月，农村为530元/（人·月）。孤儿及事实无人抚养儿童345人，其中孤儿及监护人为低保、建档立卡户的事实无人抚养儿童津贴为937元/（人·月），其他为

531元/（人·月）。享受残疾人生活补贴4179人，标准为110元/（人·月）；享受残疾人护理补贴2813人，标准为120元/（人·月）。加大资金保障。2021年，累计发放困难群众救助补助资金11692.89万元，其中，低保资金支出9129.16万元，特困供养资金支出457.2万元，孤儿津贴支出367.95万元，临时救助支出776.9万元，流浪乞讨支出0.5万元，残疾人"两项补贴"资金961.18万元。完善政策机制。2021年，将低保审批权限下放乡镇（街道），缩短审批时限，实现权责一致。在全区开展异地户籍常住居民城乡低保、高龄审批试点，共排查异地户籍困难群众301户446人，纳入低保保障范围17户23人。制定《红寺堡区临时救助实施细则》，将乡镇（街道）临时救助审批额度提高到5000元，救助金额高于5000元、低于10000元的由民政部门审批，10000元以上的由红寺堡区困难群众基本生活保障工作协调机制领导小组研究。加大动态监测。制定《民政局关于建立防止返贫致贫监测预警和动态帮扶方案》，社会救助对象没有名额、指标限制，实行应保尽保、应退尽退。开展低保清理整顿和扩面工作，建立低收入人群数据库，通过大数据比对、入户走访、民政云系统核查、低保稽查等方式，实行动态监测、动态帮扶、动态管理。

（李 柄）

资金保障

【概　况】

2021年，红寺堡区投入衔接资金、债券资金、直达资金共计154992万元，用于农村基础设施建设、农业产业发展、小额扶贫贷款贴息、风险补偿金、扶贫保、技能培训等。制定资金使用"负面清单"，建立资金使用情况督查通报制度。为红寺堡区巩固拓展脱贫攻坚成果同乡村振兴有效衔接提供财力保障。投入资金17583.04万元，支持改造城区污水管网、农村饮水安全工程、国土绿化行动，抓好江河湖库水系综合整治等农田水利发展项目，推进农村生活垃圾治理、农村"厕所革命"等重点工程有序实施，整治提升村容村貌及农业生产废弃物资源化利用等工作，推进蓝天、碧水、净土保卫战。

【乡村振兴补助资金】

2021年，自治区财政厅下达红寺堡区2021年中央财政衔接推进乡村振兴补助资金（原中央扶贫资金）31147万元。2021年，财政已拨付31147万元，拨付率100%；部门实际支出31147万元，支付率100%。自治区财政衔接推进乡村振兴补助资金8568万元，拨付率100%；部门实际支出8568万元，支付率100%。

（李 慧）

教育防返贫监测

【监测预警体系】

2021年，红寺堡区把义务教育阶段控辍保学作为教育系统防返贫监测主责主业，重点关注义务教育阶段辍学学生和非义务教育阶段家庭经济困难学生，通过班主任摸排、学校专班入户、局机关股室筛查方式，分层分级建立校级、区级监测预警台账。截至2021年底，未监测到辍学情况发生。摸排各乡镇特别困难家庭学生100人并向乡镇发出预警，由乡镇纳入临时救助范围。建立巩固拓展脱贫攻坚成果有效衔接乡村振兴"四查四补"常态化机制，重点关注义务教育阶段辍学的监测和复学巩固，常态化查找教育系统影响巩固拓展脱贫攻坚成果同乡村振兴有效衔接的弱项问题。

【改善办学条件】

2021年，红寺堡区实施教育资源增量达标工程，不断争取项目、资金，切实化解城区学校"大校额、大班额"现状，满足义务教育优质均衡发展需求，提高普惠性学前教育学位比例，改善农村学校办学条件。全年规划总投资1.88亿元，新建同原幼儿园、五中三期、高级中学教学楼等20个项目，建筑总面积达3.98万平方米。累计投入资金2495.46万元，实施平岭子、红崖湾、水套和同原等4所农村幼儿园项目，建筑总面积3962平方米。累计投入资金1.02亿元，实施弘德希望小学二期、五中实验楼、宿舍楼、特教楼、太阳山九年一贯制学校综合楼等项目，建筑总面积2.48万平方米，预计2022年秋季学期全部投入使用。先后对41所学校的供暖管网、门窗、外墙、锅炉、门房及操场等进行维修改造，为33所学校新建了专用箱变，新建（改造）40所学校营养后厨。累计投入资金2195万元，实施高级中学教学楼、宿舍楼及运动场项目，建筑总面积5650平方米，2022年6月完工并投入使用。

【队伍培养】

2021年，红寺堡区实施教师队伍增量提质工程，以缓解教师数量不足，解决好教育高质量发展短板，在扩容和赋能上下功夫，加大教师队伍优抚优待力度，凝聚起教育高质量发展的动力。全年累计招录各类教师255人，其中招录特岗教师26人、"三支一扶"教师114人，自主招聘事业编教师100人，签约免费师范生15人。全年累计实施教师培训项目10个，受训教师8000余人次，参培率100%。

【创新工作】

2021年，红寺堡区紧抓集团化办学契机，新建并优化6个教育、教研及教师发展共同体，形成"三维十五纵"集团办学机制，把准教研薄弱环节，开展循证教学研究，采用"三步六走"方式规范走教走研工作，打通城乡教育一体化协同发展通道，构建高校牵手、学者领航、名师示范、骨干下沉、全员参与和清单推进的教学教研创新工作体系。与福建省惠安县结成教育发展共同体，选择8所学校与惠安县结对，派遣教育考察团赴惠安县考察学习。完成与中国教育科学院对口帮扶对接，制定帮扶需求，在人才培养培训、教育扶智鼓劲上开展更深层次的对口帮扶。80所义务教育阶段学校（含6个教学点）课后服务开展率100%，课后服务结束时间和当地正常下班时间相衔接，学校统筹安排教师实行弹性上下班制。

【扶穗护苗行动】

2021年，红寺堡区实施扶穗护苗行动，关注留守儿童、随迁务工子女、残疾学生及家庭经济困难学生，开展关爱帮扶活动。引进"如愿入学平台"，按照房屋购买、租赁等依据安排随迁子女就近进入公办学校就读；实施重度残疾儿童送教上门、轻度残疾儿童随班就读。足额拨付残疾儿童经费，保障残疾儿童就学权利，安排182名轻度残疾学生随班就读，安排师资为125名重度残疾儿童送教。落实113名农村留守儿童关爱。全年共计为1203人次家庭经济困难幼儿发放学前两年资金60.15万元，为3626人次建档立卡幼儿发放一免一补资金434.76万元，为2.3万人次义务教育阶段家庭经济困难学生发放生活补助资金863.96万元，为3863人次家庭经济困难高中学生发放助学金386.3万元，为3772人次高中阶段建档立卡等六类群体免除学费150.88万元，为1027人次家庭经济困难中职学生发放助学金87.85万元，为2535人次中职学生免除学费253.5万元，受理493名本科新生的燕宝基金资助申请、190名高中新生的燕宝基金资助申请，为4252名家庭经济困难大学生办理生源地助学贷款 2929.31 万元。

卫生防返贫监测

【动态监测】

2021 年，红寺堡区建立防贫返贫动态监测机制，研究制定防止返贫健康扶贫动态预警监测帮扶实施方案，建立乡村医生实地核查、多部门信息资料比对、动态信息管理的工作机制，每月对辖区农村人口健康状态进行一次摸底，建立动态监测台账，并将大病、重病、慢病患者信息全部反馈乡镇进行核查。截至 2021 年底，共筛查大病患者 354 人、重病患者 421 人、重症慢病患者 1277 人。

【健康扶贫政策】

2021 年，红寺堡区在现行政策调整之前，继续落实先诊疗后付费、一站式结算和政府兜底保障等健康扶贫政策，确保不发生"因病致贫、因病返贫"现象。开展"先诊疗后付费"和"一站式"结算服务，对所有贫困患者取消住院预付押金，且患者出院结算时只缴自付部分费用，切实减轻患者经济负担。

【乡村医生健康扶贫】

2021 年，红寺堡区推进复星乡村医生健康扶贫项目，为 216 名村医承保重大疾病及意外伤害险，举办村医能力提升培训班，补齐城乡医疗服务水平短板。对接北京 301 解放军医院和自治区人民医院，为困难家庭 5 名先天性心脏病患儿免费开展治疗。

【提升服务能力】

2021 年，红寺堡区提升县级医院服务能力，推进人民医院胸痛中心、中医康复等重点学科建设，填补空白科室，增加设置血液透析室、精神疾病科、老年病科、眼科等临床科室，满足患者多样化就医需求。

【项目建设】

2021 年，红寺堡区争取项目建设社区卫生服务中心和中心卫生院，继续为常住居民和流动人口免费开展基本公共卫生服务，提高群众健康意识和健康生活方式行为能力，从根本上实现"不得病、少得病、晚得病"。

【互联网+医疗】

2021 年，红寺堡区建设县域医共体医疗卫生健康信息平台，实现医疗云专区云化部署结构，建立区域一体、上下联动、信息互通的医疗卫生服务体系

惠民服务

【文化旅游】

2021 年，红寺堡区编制完成乡村旅游发展规划，规划建设永新村、杨柳村（西川）、弘德村乡旅游新业态提升改造项目。挖掘"1236"指挥部旧址、移民文化遗址公园、弘德村、风光发电、航模基地、乡村休闲等特色旅游资源，提升红色研学、航空体验、民宿康养等经典线路竞争力，叫响移民文化、新时代红色主题、乡村旅游、康养旅游、航空运动、罗山观星"六大文旅品牌"，构建"三园两片区"（弘德文旅产业示范园、永新民宿休闲观光园、白塔水湿地观光园、罗山航空运动度假区、大河休闲采摘观光区）的文旅产业发展布局。宁夏移民博物馆成功创建国家 4A 级旅游景区，培育星级饭店 3 家，打造集观光、销售、休闲于一体的特色服务区 2 个。实施"文化+"和"旅游+"战略，结合红寺堡区文旅资源实际和优势资源内涵，设计"傲娇牛"等一批独具特色的红寺堡文旅产品并配套开发，形成系列工艺品、纪念品等

2021年6月22日，宁夏乡村振兴职业技能大赛吴忠市选拔赛暨吴忠市红寺堡区品酒师职业技能大赛在红寺堡区体育馆开赛 （红寺堡区文化旅游体育广电局提供）

文旅产品。

【文旅产业】

2021年，红寺堡区围绕"闽宁共建、红惠共赢、文化强区、融合发展"的目标，拓展红寺堡区与福建省惠安县在文旅方面的深入协作，建设红寺堡·惠安文化公园（广场）、红寺堡·惠安文化艺术展览馆，连接红寺堡·惠安旅游线路，开发红寺堡、惠安文旅产品，打造红寺堡、惠安文旅商品馆。

【送戏下乡】

2021年，红寺堡区制定《红寺堡2021年"送戏下乡"惠民文艺演出活动方案》，完成"送戏下乡"演出50场次、"戏曲进乡村"演出30场次。承接宁夏演艺集团京剧院赴红寺堡区"送戏下乡"演出12场次，承接吴忠市赴红寺堡区"送戏下乡"演出4场次。2021年红寺堡区送戏下乡演出服务20665人次，2021年红寺堡区戏曲进乡村演出服务17270人次。

（薛　原）

交通 邮政 通信

JIAOTONG YOUZHENG TONGXIN

交 通

【交通建设】

2021年，红寺堡区优化交通运输网络，综合客运站完工，G344线红寺堡过境段公路建成通车，推进乌沙塘至红阳公路建设，新（改）建农村公路42公里，实施安全生命防护工程12公里，改造危桥4座，区域路网通行能力和安全防护能力提升。

【商贸流通】

2021年，红寺堡区打造集客运、邮政快递、物流、农资配送、养护等于一体的乡镇综合服务站4个，农村客货邮商融合发展线路10条，探索邮政快递与26条农村客运线路融合发展，实现"多站合一，资源共享"，农村快递网点乡镇覆盖率达100%。

【运输服务】

2021年，红寺堡区开通定制客运，乘客通过"红寺堡出行"公众号实现"门对门、点对点"接送。开展常态化"打非治违"和危货运输源头治理，检查道路运输企业251家次，督导问题20个，行政处罚62次，约谈警示6家，打击非法营运50多次，查处非法营运车辆20辆，保障人民群众出行安全和生命财产安全。红寺堡区成功创建全国城乡交通运输一体化示范县。

（袁江明）

邮 政

【概 况】

2021年，红寺堡区邮政分公司业务收入完成875万元，增长17.3%，实现两位数增长。

【业务发展】

2021年，红寺堡区邮政分公司实施揽投部拆段扩部增人。将原揽投部拆分为银川路和丹霞路2个

红寺堡区市政环卫中心为城市除尘　（红寺堡区住房城乡建设和交通局提供）

揽投部，规划10条段道，推行"加盟制"改革。加强新增特快专递揽投人员岗前培训，开展应知应会及操作流程培训，提升人员素质。特快揽投部段道服务区域网格化拆分为南、北两个区域（团结街为中心），对核心区域、重点商圈实施派驻。将城区5个段道快递包裹实行"加盟制"承包经营。加快普服段道拆分，宁夏日报回归后将原有普服段道拆分为3个段道，提升党报党刊服务能力和服务水平。

【加强公文寄递管理】

2021年，红寺堡区邮政分公司制定政务市场开发"三轮走访法"，与政府各部门、各单位签订用邮协议，新增12家协议客户，确保政务市场万无一失。改变传统模式，对接当地公检法、政务中心，找准关键人，制定走访及维系计划，提升法院专递、公安交驾管交寄量。开展"大走访、大开发、大揭标"活动，完成24户100%走访及回访。

【抓极速鲜项目】

2021年，红寺堡区邮政分公司对接弘德实业、宁夏平头羊、聚力红杞、乌沙塘红梅杏等重点客户，抓住地方特色产品宣传时机，强化优势线路营销，以"合理价格"抢夺市场份额。截至2021年底，实现收入20.5万元。

【业务拓展】

2021年，红寺堡区邮政分公司摸排开发竞品客户，针对商务楼宇、商超百货、园区厂区和电商等客户，发挥邮政优势，实施全覆盖，累计抢挖客户21家。结合惠农走访，对城市辖区、各乡镇进行走访全覆盖，充分了解各乡镇特色经济产业状况，找准关键人，对中通、百世等民营快递公司的枸杞、黄花菜、葡萄酒企业等客户进行挖转，先后挖转7户，实现收入37万元。对接商务局、扶贫办及农业农村局，争取农特产品物流寄递补贴资金10万元，不断提升中国邮政在当地寄递市场的影响力和竞争力。借助当地政府对葡萄酒产业进行整合机会，红寺堡区葡萄酒整合为红漠品牌，与国有资产管理公司、葡萄漠酒厂签订葡萄酒寄递协议，寄递葡萄酒1.1万单，实现收入12万元。争取地方政府支持，将邮政元素融入弘德实业农特产品展销馆、永新村民俗园整体宣传内容，利用邮政渠道寄递当地枸杞、黄花菜、亚麻籽油、玫瑰花酱等特色产品，实现收入11.4万元。

【邮商融合发展】

2021年，红寺堡区邮政分公司召开推进会，与各社会快递公司签订框架合作协议。完成农村客货邮商融合发展示范县创建，建设邮政快递处理中心825平方米并交由邮政免费使用，住房城乡建设和交通局负责购买现代化分拣设备。将柳泉乡邮政所建设成为农村客货邮商融合发展综合服务站试点，2021年，开通大河乡石炭沟、平岭子、石坡子和新庄集红川、沙草墩、新集村作为公交车转运邮件试点线路。

【综合管理】

2021年，红寺堡区邮政分公司针对消防、金融、车辆等，每季度至少组织一次全员培训，网点每月进行一次预案演练培训，确保培训到位，提高全员安全意识，筑牢安全防线。加强机要安全管理，做好机要交接验视工作，确保机要通信持续安全畅通。

（王学林）

电　信

【概　况】

2021年，红寺堡区电信分公司全业务收入完成3600万元，完成年度预算的101%，较上年增加480万元，同比增长15%。公众市场2021年完成年度预算99%，政企市场完成年度预算103%。移动用户达到7万户，新增1.3万户；宽带用户达到2.6万户，新增0.4万户；智能家居用户达到1.2万户，新增0.5万户，其中天翼看家（摄像头）新增0.3万户，全屋Wi-Fi新增0.2万户。

【通信保障】

2021年，红寺堡区电信分公司在无线网建设方面，扩容16个，新建4G站点78个，新增234个小区；新建5G站点36个，新增108个小区。在宽带光网建设方面，3个居民小区升级为双千兆小区，完成3个城市居民小区光网建设。在创城及农村线路隐患整治工作方面，全年累计更换破损井盖约190个，更换隐患水泥杆、木杆600根，皮线规范整治2000多条，光缆规范及跨路提升整改254公里。完成红寺堡区内所有200户用户以上OLT双上联的建设。平安乡村FTTH建设12个村，政企各类专线建设接入31户。在光网质量提升方面，不达标用户光衰整治近1000户。完成12个机房标准化整治，完成12公里干线光缆线路标识规范。老旧设备退网下电40台，机房新增各类设备15台，有效提升用户网络感知。在疫情防控通信保障方面，党员牵头成立15人志愿团队，联系当地街道办，在各社区配合完成看护值守工作。同时，成立12人疫情防控通信安全保障突击队，保障突击队员吃住在公司，24小时待命，为红寺堡区通信保障做准备。

【安全生产】

2021年，红寺堡区电信分公司成立以总经理为组长的安全生产工作领导小组，全员签订安全生产、消防安全、综合治理责任书，责任到人。以"安全第一、预防为主"的工作方针为出发点，结合百日安全生产攻坚活动，履行安全生产职责，突出安全生产管理。坚持按日完成出工安全检查，每周抽查施工、装维现场不少于2次，针对机房、厅店、车辆，不定期开展安全检查，发现问题及时整改，确保各项安全生产落实落地达标。

【智慧乡村建设】

红寺堡区电信分公司借鉴弘德村、红塔村乡村数字治理新模式，配合柳泉乡政府建设"互联网+党建""互联网+政务服务""互联网+应急指挥"综合信息化服务平台，提供安防监控、管护与政务公开的一站式综合信息服务入口。

（李玉国）

移 动

【概　况】

中国移动宁夏公司红寺堡分公司注册成立于2004年9月16日，地址位于红寺堡区罗山南路321号，在职员工33人，目前公司主要经营GSM数字移动通信、IP电话、因特网接入服务等基础电信业务，地理范围覆盖红寺堡区全域，公司常设自营厅1个，有合作伙伴50余家，为红寺堡区群众提供2G、4G、5G及有线通信服务。

【市场概况】

2021年，红寺堡区市场无线个人客户规模接近7万户，市场份额占比40%；有线个人客户规模突破2.5万户，市场份额占比45%。集团客户数突破300家，近年来承建了"智慧红寺堡""红寺堡区教育专网""智慧农村"等重大民生信息化项目。

【精品网络】

截至2021年底，红寺堡区移动公司打造本地精品网络，通过大规模资金投入，现建有通信基站345个，其中4G基站310个，无线信号100%全域覆盖；5G基站35个，已覆盖主城区和重要乡镇。红寺堡区FTTH千兆端口行政村覆盖率达100%，城区商铺覆盖率达98%，小区覆盖率达70%。

（李　旭）

联 通

【概　况】

2021年，中国联通红寺堡分公司深入学习贯彻落实党的十九届五中全会精神及"十四五"规划，做到学深学透、入脑入心，并围绕"十四五"规划抓住业务发展的机遇和契合点，以钉钉子精神坚定不移推动公司高质量发展。

【网络建设】

截至2021年底，中国联通红寺堡分公司网络基站中，3G基站130个，4G基站185个，覆盖红寺堡区城区、居民区、各乡村。与电信共建共享5G基站73个。改善城区5G信号覆盖上网速率。全员开展寻找网络盲区活动，及时发现问题，及时调整网络，拆除设备用于拆闲补忙站点。做好网络覆盖。加速5G基站建设，提高5G网络覆盖率，提升联通5G品牌美誉度、知名度，全面围绕数字化转型，把握当前发展方向，结合工作实际，坚持互联网化转型，推进各项业务高质量发展。紧紧围绕"协同、赋能、新突破"，加强线上线下一体化运营，以大数据创新驱动，实现全渠道高质量发展。

【企业服务】

2021年，中国联通红寺堡分公司细化考核细则、服务规范标准、星级评选等内容，各渠道加大"百倍用心、十分满意"的正面引导和推荐，对不满意用户提出的意见和建议进行改进、改善，提升客户感知，引导新老用户下载"中国联通"App，方便用户足不出户办理各类业务。开展各类活动，围绕夺魁行动、春雷行动、金秋行动、争锋行动等开展各类挑战赛、营业厅内购会、客户体验日等，提升人员的销售积极性、服务主动性和销售技能。针对贬损用户进行回访修复，将客户反馈问题要求责任人在规定时限内及时与用户联系上门处理解决并反馈处理结果，形成闭环。开展总经理在线解答、总经理值班等活动线上线下解决用户疑难问题，营业厅通过抖音、快手等公众号积极与用户互动，为用户提供方便快捷的服务。

（马汉平）

商贸流通

SHANGMAO LIUTONG

招商引资

【概　况】

2021年，红寺堡区在做好疫情防控工作的基础上，成功引进湘投产业园、现代农业产业园、晓鸣股份农业产业园等招商引资项目16个，计划投资60.5亿元，实际到位资金39.8亿元，其中新建15个项目，总投资52.1亿元，实际到位资金31.4亿元；续建项目1个，总投资8.4亿元，实际到位资金8.4亿元，圆满完成自治区、吴忠市下达的37亿元以上目标任务，同比增长8.12%。红寺堡区以奋力创建全国易地搬迁移民致富提升示范区为总揽，以六大产业为重点，以"一园一基地"建设为导向，加大招商引资力度，着力突出重点区域和重点企业招商。2021年，红寺堡区主要领导和分管领导亲自带队赴上海、江苏、湖南等地考察招商23次；邀请北京城建联投、湖南湘投、杭州趣村游文旅等210余家企业来红考察；组织辖区农业特色优势产业企业赴杭州、长沙等地展示展销，并与重庆酒类协会、浙江宁波立秋商贸、珠海北纬商贸等单位和企业达成合作，在宁波、泉州、东莞等地设立红寺堡名优农特产品展示展销中心。

【招商项目】

2021年，红寺堡区项目谋划储备实现较大突破，紧盯葡萄、枸杞、黄花菜、清洁能源、文化旅游、肉牛和滩羊六大重点产业，扎实做好接续延链强链补链项目储备工作，重点谋划储备农副产品深加工、新能源装备制造、草畜生态示范园等项目14个。2021年，共达成意向性项目33个，签约项目25个，计划投资56.43亿元，收集有效投资信息70余条。聘请第三方机构谋划包装招商引资项目82个，预计投资120亿元。

【营商环境】

2021年，红寺堡区在着力提高投资服务队伍业务能力和专业水平的同时，为企业提供领办、代办等专业化、精准化不见面服务，借鉴推广晓鸣股份快速落地开工建设服务模式，为项目成立工作专班，协助中车基金管理（北京）有限公司、五凌电力有限公司、嘉寓新新投资（集团）有限公司、中车株洲电力机车研究有限公司、宁夏阿妈家食品科技有限公司、湖南湘投控股集团、江苏华纳环保科技有限公司办理公司注册、刻章等各项手续，以优质服务推动项目洽谈推进、落地开工。

（李晓军）

粮食购销公司

【营养改善计划】

2021年，红寺堡区粮食购销公司制定完善学生营养改善计划各项制度28个，公司和各加工点签订《红寺堡区学生营养改善计划目标管理责任书》，制定《红寺堡区学生营养改善计划食品安全应急预案》《红寺堡区学生营养改善计划食物中毒应急预案》，完成弘德工业园区加工点"生进熟出"通道。2021年，为红寺堡区农村义务教育阶段72所学校26185名学生加工配送营养早餐，为68所学校16013名学生加工配送免费午餐。全年加工配送供应174天，累计加工配送营养早餐4556190份、免费午餐2786262份。

【应急储备粮】

2021年，红寺堡区粮食购销公司按照辖区城乡居民8万人，每人每天0.5公斤基本口粮、每人每天0.05公斤植物油的标准，储备10天的应急成品粮油440吨，其中面粉200吨、大米200吨、植物油40吨。全年投资40.76万元，采购113220公斤面粉，每公斤3.60元；投资62124元，采购12525公斤大米，每公斤4.96元。确保完成应急储备面粉200吨、大米200吨的储备。

（魏耀礼）

烟草专卖

【概　况】

红寺堡区烟草专卖局（分公司）下设综合办公

2021年5月10日，红寺堡区委书记丁建成（左三）一行考察腾辉光伏技术有限公司招商引资项目　（红寺堡区工业信息化和商务局提供）

室、专卖监督管理科、市场部3个科室。

【卷烟销售】

2021年，红寺堡区卷烟重点品牌销量占比99.1%，同比增长0.5%；客户户均品牌宽度79个，较上年减少20个。零售客户月均获利3350元。

【营销网络】

2021年，红寺堡区烟草专卖局（分公司）成立营销党员志愿服务队，重点拜访困难零售户，摸排问题，挖掘原因，耐心疏导。开展"微心愿"捐款活动，自筹资金，上门服务，帮助"老、弱、病、孤"客户粉刷锈旧门窗、整理店堂环境，为客户提供个性化、差异化服务，用心、用情、用力帮扶客户，切实把困难客户帮扶工作办实、办好、办到客户心坎上。充分践行烟草企业的政治责任和社会责任，持续深化"我为群众办实事"实践活动，协助客户办理烟商贷24户，共计86万元，向困难零售户捐赠推烟器772个。定期下达培育目标，强化目标管控，实现定向品牌培育与专项培育活动的有效对接。加强零售终端黄金陈列区的品牌专题化集中陈列工作，多频次开展线上线下品牌宣讲活动，注重互动内容及形式的多样化，引导零售客户主动进行品牌推荐。持续开展零包主导陈列工作，引导客户主动拓展品牌宽度，实现重点街道、重点客户的全覆盖。

【市场监管】

2021年，红寺堡区烟草专卖局（分公司）根据疫情防控需要，开展线上直播咨询、维权宣传、信息收集等活动，发挥"互联网＋监管"优势。深化卷烟打假破网机制，专项治理展现成效，围绕打假破网工作的重点和难点，结合实际，统一思想，清醒认识，落实举措。扎实开展专项行动，以"雷霆－Ⅲ""利剑－1号"专项行动治理工作为抓手，与辖区公安、市场监管、交通运输、商务等相关部门沟通协调，开展市场专项整治活动。强化"互联网＋物流"监管，紧盯假烟案件目标，开展物流寄递企业跟班作业，通过采取"5+2"监管模式，持续打击物流寄递环节非法运输卷烟违法行为。抓实非法流通治理，紧盯辖区重点区域、重点品牌，通过品牌梳理对投放量大的客户实施监控，以及与交警部门的联合执法，对重点区域、重点路段、重要时间节点进行重点检查和流动巡查，真烟非法流通渠道得到有效遏制。全年共出动市场检查720人次，查获各类涉烟违法案件92起，查获卷烟30.24万支，涉案金额26.27万元。其中，查获真烟案件25起，查获卷烟25.712万支，涉案金额21.09万元；查获假烟案件67起，查获卷烟4.52万支，涉案金额5.18万元。

（王天德）

城乡建设与环境保护

CHENG XIANG JIANSHE YU HUANJING BAOHU

城乡规划与建设

【城市建设】

2021年，红寺堡区城市基础设施更加完善，新建改造文化街、扬黄路、德水街、兴盛街、杞福街、友爱巷等市政道路11公里，改造人行道3.3万平方米，居民出行更加便捷。开工建设第二污水厂二期，改造更新污水管网6.3公里、雨水管网5.9公里、供水管网4.4公里，利用中水厂和中水管网，实现中水回收再利用，水资源利用效率提高。新建改造换热站3座、供热管网49.6公里，将沿街商铺纳入集中供热范围，城区冬季大气质量改善。实施第八幼儿园、金水广场改造、城西人防休闲公园等工程，城市品质逐步提升。实施老旧小区改造项目，对创业建新、教师新村等老旧小区供热管网、给水管网、楼本体等设施进行更新改造，居民居住环境更加舒适。

【城市管理】

2021年，红寺堡区加强市政设施管理维护，落实燃气、供水、供热、物业行业监管职能，强化公厕管理，持续开展建筑工程领域执法监督检查，常态化开展扫黑除恶和安全生产专项整治三年行动，行业领域安全稳定发展。

【乡村建设】

2021年，红寺堡区村镇发展潜力更加凸显，开工建设大河乡高标准重点小城镇，完成弘德、永新、红川3个高质量美丽宜居村庄，即增即改危房26户，改造抗震宜居房462户，农村公共服务承载力明显增强。开展农村房屋安全隐患及自然灾害风险排查工作，共排查49975户，存在安全隐患的C级用作经营自建房10户，D级1户，已完成整改。实施再生能源应用试点示范项目，对柳泉乡政府办公楼及永新村16户农户试点安装空气热泵源供暖系统，完成清洁供暖改造7300平方米。

2021年3月30日，红寺堡区召开生态环境保护工作会议暨生态环境保护领导小组第一次会议　（吴忠市生态环境局红寺堡分局提供）

【环境整治】

2021年，红寺堡区完善农村环卫设施，实施农村垃圾收集分拣项目，采购三轮保洁车200辆、小型垃圾分类车26辆、垃圾桶9100个、农业粉碎机5台等，推进农村生活垃圾减量化、资源化利用。健全垃圾治理体制机制，对农村环卫市场化服务进行改革，由各乡镇和第三方环卫公司签订服务协议，对红寺堡区内的农村生活垃圾进行综合治理，住建部门进行行业指导，构建了权责清晰、职责明确的农村生活垃圾治理体系。

（袁江明）

住房保障与管理

【保障性住房】

2021年，红寺堡区增加住房有效供给，建成交付铭门雅居、海龙湾、金水名都C区等4个住宅项目，新增住房面积25万平方米。开工建设金水名都A区、燕然华府2个住宅项目。确定人才住房集中购置区，实行指导价，鼓励符合保障条件的干部职工优先选购，并改造人才公寓100套，解决人才队伍住房问题。开展保障性住房专项整治，排查发现不符合公共租赁住房保障条件住户164户，整改47户，清退117户。

【房地产】

2021年，红寺堡区房地产开发投资10.8亿元，增长113.9%。其中，住宅投资9.08亿元，增长140.2%；商业营业用房投资1.15亿元，下降8.0%；其他完成投资0.57亿元，增长307.1%。2021年，实现商品房销售面积23.02万平方米，增长87.4%，其中住宅房销售面积21.07万平方米，增长99.0%。

（袁江明）

住房公积金管理

【住房公积金归集】

2021年，红寺堡区住房公积金实缴单位129

家，缴存人数5613人，新增缴存单位13家，新增缴存人数272人，6月30日共结息422.65万元，2021年归集公积金10803.2万元，较上年（12128.06万元）下降10.92%，完成年度计划任务（9400万元）的114.93%。

【住房公积金贷款】

2021年，吴忠市住房公积金管理中心红寺堡分中心共为265户职工家庭发放住房公积金贷款10272.3万元其中，办理按揭贷款212笔，金额为8675.4万元；异地贷款25笔，金额为821.6万元；二手房26笔，金额为775.3万元，同比增长73.1%，完成年计划任务（5000万元）的206.23%，个贷率为75.38%。累计为2723户职工发放住房公积金贷款，贷款余额51266.9万元，存量贷款笔数1104户，贷款逾期率为0.1936‰，开具异地贷款缴存证明87份。

【住房公积金提取】

2021年，吴忠市住房公积金管理中心红寺堡分中心共为购买自住房、离退休、偿还贷款等业务职工办理住房公积金提取业务7154笔，提取金额9839.18万元，同比增长25.87%。

【住房公积金收益】

2021年，吴忠市住房公积金管理中心红寺堡分中心实现业务收入776.84万元，业务支出231.69万元，住房公积金增值收益545.15万元。

【住房公积金服务】

2021年，吴忠市住房公积金管理中心红寺堡分中心实现网上业务大厅办理缴存业务的单位有103家，截至2021年底，网上成功办理提取业务22笔，办理全国异地转移业务240笔，其中转入业务127笔、294.14万元，转出业务113笔、348.43万元。办理跨省通办业务1笔。

（李莉莉）

城市供暖

【设备升级】

2021年，红寺堡区供暖公司组织实施《2021年红寺堡城区学校供热设施改造工程》《2021年红寺堡区供暖设施提升改造工程》《2019年红寺堡区集中供热工程二期》等4个项目工程，共投入资金4288万元，为红寺堡区师生营造一个温暖、舒适的教学环境，部分临街商铺管网铺设实现全覆盖，集中供热覆盖率超过95%，解决因缺乏分段控制阀而导致的水力不平衡问题，降低本采暖期供热抢修的频率，为安全、平稳供暖奠定了坚实基础。投入维修资金34.1万元，对东、西2个供热站锅炉本体及其附属设备，脱硫脱硝设备、除尘设备，18个换热站，外网管线，开展全面的维修保养工作。保养大小电机122台，更换安装阀门101台，清洗换热机组41台，新砌检查井4座。完成部分小区供热设施维修改造，共更换锁闭阀205个、单元排气阀26个、单元总阀42个。采暖期共完成抢修98次，抢修频次大幅降低，维修成效显著提升。

【安全生产】

2021年，红寺堡区采暖期前，为强化安全意识、落实安全责任，供暖公司领导班子签订安全生产责任书，加大各供热站、换热站巡检力度，及时处理设备、管网老化导致的"跑冒滴漏"情况，做到大隐患不过夜、小隐患不过班。共组织安全生产大检查4次，发现安全生产隐患11个，立查立改11个，确保供热管网安全平稳运行，2021年度无一例安全生产事故发生。

管道检修 （红寺堡区供暖公司提供）

【运营情况】

2021年，红寺堡区集中供热应供面积为282.44万平方米，集中供热共新增供热面积26.5万平方米。共计资金收入10528.36万元（含银行贷款2534.21万元），资金支出9784.5万元。应收账款290.43万元，应付账款1464.99万元。

【节能减排】

2021年，红寺堡区投资3.8万元，用于环保在线监测设备升级改造，加大辅料投放力度和频次，共计投放尿素234.6吨、片碱195.5吨、工业盐22吨、磷酸三钠2吨、臭味剂55公斤，保证全年供热运行过程中各项排放全部达标，无重大环境污染及事故发生，环保工作取得显著效果。

【群众服务】

2021年，采暖季共接听热线4550余次，处理不热户3656户，入户测温256户，温度不达标26户，受理12345便民服务平台各类投诉181件，处理满意度达99.44%，2020年、2021年连续两年客户服务满意度达98%以上。

（王俊华）

生态环境

【概　况】

2021年，红寺堡区环境空气质量优良天数比例87.0%，高于考核指标1.2%；$PM_{2.5}$平均浓度22微克/立方米，低于考核指标18.5%；PM_{10}平均浓度57.9微克/立方米，低于考核指标0.1%。2020年，在自治区污染防治攻坚战考核中获优秀等次。

【生态环境项目】

2021年，红寺堡区投入6700余万元，实施柳泉乡永新村污水管网项目、沙泉水源地污水管网项目、第二污水处理厂尾水水质提升项目、乡镇级及以下集中式饮用水水源地（暨千吨万人农村水源地）保护区规范化建设项目、红寺堡清洁煤配送中心项目。完成柳泉乡污水处理站提标改造项目、新庄集乡污水处理站建设项目招标。

【督察反馈】

2018年，中央环保督察"回头看"转办件22件26个问题全部整改销号；督察反馈的4个共性问题、5个个性问题及水环境专项督查反馈的1个问题，完成整改销号。2020年自治区环保督察转办件7件；督察反馈问题29项，完成整改销号。2021年自治区生态环境保护专项督察反馈问题16项，全部完成整改销号。2021年底中央第二轮环保督察转办件16件，已办结14件，阶段性办结2件。

【蓝天保卫战】

2021年，红寺堡区强化"四尘"污染管控，严格建筑工地、裸露土地、渣土车辆以及非煤矿山扬尘管控，防治城市大气污染。对红寺堡区内30家涉气企业进行检查，重点对大气污染物处理设施运行情况、在线监测设施运行情况、是否按照排污许可证许可事项排污、废气能否实现达标排放等行为进行检查，立案查处环境违法问题5起。

【碧水保卫战】

2021年，红寺堡区加大污水处理厂检查力度，确保污水达标排放。重点对污水处理企业在线监控是否正常运行和达标排放情况进行检查，要求企业做好污水处理设备的日常维护、检修记录以及突发环境应急事故的报备和处理，确保污水达标排放。联合水务局排查整治沟河道污水直排口，取缔清水河生活污水直排口2处。深入开展农村人居环境整治工程，农村生活垃圾无害化处理率86%，农村生活污水治理率12%。

【净土保卫战】

2021年，红寺堡区开展生态环境保护交叉执法检查和畜禽养殖专项检查行动，对红寺堡区内4家危险废物产生单位、12家医疗废物产生单位、6家砖瓦企业、30家畜禽养殖场开展专项执法检查。完成红寺堡区医疗废物处置单位医疗废物运输、处置信息化监管和医疗卫生机构、畜禽养殖企业医疗废物处置排查工作。

【排污权改革】

2021年，对红寺堡区排污单位排污许可核发、执行情况进行梳理，共核发排污许可证43家，对70家一般管理排污单位进行排污登记。完成确权企业37家。核定初始排污权为二氧化硫181.92吨/年、氮氧化物1283.28吨/年、化学需氧量203.31吨/年、氨氮20.41吨/年。初步核定政府排污权储备量为二氧化硫207.09吨/年、氮氧化物97.44吨/年、化学需氧量34.04吨/年、氨氮10.21吨/年。

（张娟丽）

教育体育

JIAOYU TIYU

教 育

【基础教育】

2021年，红寺堡区为落实自治区、吴忠市有关基础教育质量提升文件精神，红寺堡区委办公室、区政府办公室印发《吴忠市红寺堡区基础教育质量提升行动实施方案》，成立专班，专班办公室设在红寺堡区教育局，教育局局长任办公室主任。建立各级领导包片包抓工作机制，根据基础教育质量提升行动"五大工程""20项工作任务"，各成员单位和教育局各股室（中心）制定措施，细化责任，做实基础教育质量提升工作。2021年9月23日，在红寺堡区罗山宾馆二楼会议室召开自治区基础教育质量提升行动现场推进会，会议由自治区副主席杨培君主持，自治区党委常委、宣传部部长、自治区党委教育工作领导小组组长李金科，自治区政府副秘书长吴涛，自治区教育厅工委书记、党组书记、厅长李秋玲以及各市、县（区）主管教育副县长、局长等共155人参加会议。

【义务教育均衡发展】

2021年，红寺堡区义务教育阶段有小学79所（含11个教学点）、初中5所、九年一贯制1所，有学生35213人（小学23614人、初中11599人）。红寺堡区高度重视义务教育均衡发展工作，落实教育优先发展战略，做到财政预算教育投入优先保障、发展规划教育项目优先安排、人事招录教育用人优先补充、工资改革教师待遇优先落实、民生实事教育问题优先解决，抓住办学条件、教师资源以及教育质量等重点环节，推进县域义务教育优质均衡发展。

【教师队伍管理】

2021年，红寺堡区争取自治区教育厅、人社厅支持，招聘特岗教师26名、事业编教师100名、公费师范生15名。采取地方政府购买服务方式临聘中小学（幼儿园）教师、校医200名。继续实施城乡教师轮岗交流，交流校（园）长9名、教师362名。实施师德师风"一票否决制"。在职称评定、评先选优、年终考核等方面始终把师德列为首位进行考核。对在教师队伍中出现的酒驾、赌博等行为严厉查处，教育行风得到了明显转变。

【德育工作】

2021年，红寺堡区各校落实立德树人根本任务，引导青少年扣好人生第一粒扣子，加强思政育人，常态化开展理想信念教育活动、落实开学第一课活动、中华优秀传统文化传承活动、国学经典诵读比赛活动及传统节日活动、新时代好少年评选活动、爱国教育基地研学旅行、劳动教育、志愿服务活动、节水活动，利用纪念日、重大活动和重要时间节点，对全体学生进行传承红色基因系列教育活动，如红色经典课本剧、红色经典故事演讲比赛、百人舞大赛、学习"四史"及党史知识等。开展德育工作先进集体和个人、优秀学生评选活动，总结德育工作"一校一案"典型案例，2021年，红寺堡区教育局德育工作宣传片被宁夏教育电视台和教育厅录用。

【学前教育】

2021年，红寺堡区学前教育普惠发展，4所公办园开门办学，公办幼儿园有40所，民办幼儿园有22所，普惠性幼儿园覆盖率达95.16%，解决"入园难""入园贵"的问题，学前三年毛入园率达到83.62%。对幼儿园园长及教师进行培训，开展学前创新素养教育，推广游戏化教学，防止"幼儿园小学化倾向"，提升学前教育水平，提高学前教育质量。

【义务教育】

2021年，红寺堡区义务教育阶段有小学79所（含11个教学点）、初中5所，九年一贯制学校1所，有学生35213人（小学23614人、初中11599人）、教职工2335人。其中，红寺堡区第六小学、弘德希望小学、第五中学于本年秋季开门办学。2021年，各项指标情况为：每百名学生拥有高于规定学历教师数，小学、初中分别达6.4人、7人；每百名学生拥有县级及以上骨干教师数，

2021年，红寺堡区幼儿园办园行为规范督导评估 （红寺堡区教育局提供）

小学、初中分别达1.6人、1.7人；每百名学生拥有体育、艺术（美术、音乐）专任教师数，小学、初中分别达0.9人、1人；生均教学及辅助用房面积，小学、初中分别达6.9平方米、9.7平方米；生均体育运动场馆面积，小学、初中分别达17.7平方米、13.3平方米；生均教学仪器设备值，小学、初中分别达4261.44元、4892.92元；每百名学生拥有网络多媒体教室数，小学、初中分别达3.2间、2.5间。依托"如愿入学转学服务平台"实现网上报名、现场审核、科学招生，杜绝学校跨区域招生、学生择校行为等。利用"红寺堡教育"公众号、红寺堡区政府网站等媒体渠道发布招生办法、片区划分、招生计划等信息，自觉接受监督，实现阳光招生。

【高中教育】

2021年，红寺堡区普通高中在校生5915人，普通高中教学班109个，普通高中学校教职工414名、专任教师406人。2021年，高中阶段毛入学率达到94.46%。学业水平合格性考试成绩逐年稳步提升，2021年学业水平测试合格率均高于全区平均合格率水平。红寺堡区委教育工作领导小组2021年第1次会议审议通过发布《吴忠市红寺堡区关于新时代推进普通高中育人方式改革实施方案》，计划将红寺堡中学打造成办学特色鲜明、文化内涵丰富、课程丰富多样、教学方式灵活、评价科学有效、办学绩效突出的普通高中多样化发展示范校。

【职业教育】

2021年，红寺堡区职业教育在规范中稳步前进，教学条件逐步改善，教学规模逐步扩大，教学质量提升明显。截至2021年底，建成汽车实训等实训中心25个。有36个全日制教学班、1个非全日制村干部学历提升班、2个幼儿园教师新型学徒制培训班，开设汽车运用与维修等9个专

红寺堡中学　（刘彦财　摄）

业。2021年招生676人，在校学生共1445名，毕业247人，升学158人（专科152人、本科6人），就业89人。在2021年全区中高职技能大赛中，57名学生参加16个项目，有27人获奖，23人获得个人奖，其中二等奖4名、三等奖19名；有2个团体获得三等奖。组织师生参加技能证书考试，有15人取得电工技能等级三级技能证书，51人取得电工技能等级四级技能证书，6人取得汽车维修等级三级技能证书，57人获得汽车维修等级技能证书。

【成人教育】

2021年，红寺堡区电大工作站继续本着为红寺堡区经济和社会发展服务的宗旨，利用电视、互联网和移动终端等载体，丰富教学内容，推动工作站向着更好、更科技、更完善的方向发展。2021年，成立宁夏大学函授站、宁夏中职衔接专科自考教学点，函授站招录5个本科专业、3个专科专业，自考点招录3个专科专业，共招录59人。截至2021年底，红寺堡区电大工作站已经向社会输入本专科人才756名。

【劳动教育】

2021年，红寺堡区开展新时代中小学劳动教育系列活动。根据《吴忠市红寺堡区新时代中小学劳动教育实施方案》要求，督促各学校制定符合本校实际的劳动教育实施方案，并开展家务劳动教育、服务性劳动教育、生产创造性劳动教育，提升学生对劳动教育的认知。开展中小学劳动技术教育精品课评选活动，经学校特邀评委共同评审，共评选出区级一等奖26节、二等奖10节，以及优秀组织单位和优秀组织个人奖。经过自治区、吴忠市劳动精品课评选，共获得吴忠市级劳动精品课24节，自治区级劳动精品课一等奖1个、二等奖2个。开展劳动教育示范校创建工作，选送红寺堡区第二小学、第三小学、朝阳小学、马渠小学参评，后经自治区教育厅评审组评审，红寺堡区第二小学、第三小学被评为自治区级劳动教育示范校。

【民办教育】

2021年，红寺堡区民办校外培训机构共24家、民办幼儿园22所。按照"双减"工作要求，规范学科类校外培训机构办学行为，其中12家学科类校外培训机构经主办者申请、教育局审核，全部予以注销，学科类校外培训机构压减率达到100%。12家艺术类培训机构已全部移交文体局管理。民办幼儿园方面，始终把学生安全放在首要位置，加强幼儿园安全、消防、卫生等方面的管理。疫情防控期间及时下发《吴忠市红寺堡区民办幼儿园暂停线下教学的紧急通知》，开班后严格实行疫情防控"零报告""日报告"制度。

【体教融合】

2021年，红寺堡区坚持"教会、勤练、常赛"的体育教学模式，开齐开足体育课。在开展好早操、大课间、眼保健操和课外体育等活动的基础上，落实学生校内每天锻炼1小时。开展学生健康水平检测工作，推进体育与健康教学质量提高和学生体质健康水平提升。2021年，红寺堡区青少年体质测试优良率较上年提升6.58个百分点，平均近视率38.57%。落实校园足球改革。保障开齐足球课的同时积极落实足球"满天星"训练营工作，中小学生足球队队员接受技能、专项和技战术基础训练，有队员113人，训练90场次，队员们逐渐成为红寺堡区校园足球事业持续健康发展的人才。认真组织体育竞赛。构建包括校内竞赛、校际联赛、区域选拔在内的青少年校园体育竞赛体系。各学校（园）组织校内常规赛，教育局组织举办第二届

"体教融合杯"青少年及教职工球类联赛，选拔优秀运动员、优秀运动队参加自治区、吴忠市各项比赛。2021年，在自治区青少年篮球锦标赛中，红寺堡区青少年男子乙组以"六连胜"的好成绩获得冠军。红寺堡区各校结合实际制定体育特色项目发展规划，有序开展体育项目活动，争创"一校一品，一校多品"特色。截至2021年底，有13所学校被教育部认定为足球特色学校，12所学校被认定为篮球特色学校。

【艺术教育】

2021年，红寺堡区强化美育课堂教学，确保音乐、美术、书法等课程教学有效落实，不断提高艺术教育的质量。加强学校艺术社团建设。为充分调动学生参与美育活动的积极性，各校积极组建美育兴趣小组、社团、工作坊，提炼优秀案例。加强校园文化建设，做好各宣传阵地的布置，营造浓厚艺术氛围。2021年，教育局组织举办"没有共产党就没有新中国"庆祝中国共产党成立100周年系列文艺比赛展演活动、"疫情防控'艺'起来"主题作品评选活动，共收集作品235件，评选优秀作品192件。组织教师参加全国主题为"共产党好、黄河水甜"交流研讨及培训文化艺术周暨"知行合一"书法教师优秀作品展复选活动；参加吴忠市教育局"我身边的抗疫故事"主题作品评选活动，共提交作品64件，获奖62件。参加红寺堡第七届中小学生艺术展演活动，共报送音乐、美术、书法、工作坊、案例等作品68件，获奖56件。积极推进"一校一品、一校多品"美育特色学校建设。红寺堡区第四中学被教育部认定为全国书法特色学校，红寺堡区第三中学被吴忠市确定为艺术生教育特色学校，红寺堡区职业技术学校（手工）、红寺堡区第三中学（剪纸）、红寺堡区大河中心小学（黏土）、红寺堡区柳泉中心小学（二胡）4所学校被认定为自治区美育特色学校。

【疫情防控】

2021年，红寺堡区教育系统通过六项措施（建章立制，严格管控师生外出；强化措施，严格落实校园封闭管理；精准筛查，跟踪做好重点人群摸排；实战演练，开展核酸检测应急演练；组织学生疫苗接种工作；安排部署，开展恢复线下教学评估工作）筑牢疫情防控"安全墙"，严防疫情向校园蔓延，确保封闭化管理期间在校师生健康安全。疫情防控期间，组织各校（园）长召开疫情防控工作会议6次、视频会议1次，传达学习疫情防控相关文件、会议及主要领导批示和讲话精神，并根据相关批示和精神对校园疫情防控工作进行专项演练、指导、评估。各级各类学校组织全员核酸检测演练141次，接种新冠疫苗102436剂次。

【教学教研】

2021年，红寺堡区依据《红寺堡区"千师百课"思政课一体化教学教研活动实施方案》，依托宁夏教育云平台，完成一体化设计"千师百课"主题教研活动，通过此次活动共打造170节各学科思政一体化提升专兼职思政课教师素养精品课例，培养100名思政教育教学人才；完成《吴忠市红寺堡区教育局优化集团化办学工作实施方案》《吴忠市红寺堡区走教走研工作实施方案》的制定；在吴忠市红寺堡区回民中学挂牌成立红寺堡区教学创新研究中心，邀请北京师范大学知名学者、红寺堡区政府教育顾问朱志勇教授举办"循证课堂教学研究"专项教研；依据《红寺堡区第二届青年教师"一体两翼"及"互联网+创新素养"优质课与精品课竞赛活动实施方案》，以循证课堂教学研究为主题，围绕案例式、情景式、探究式、体验式、互动式教学方式面向全区2400多名中小学幼儿园教师开展优质课与精品课竞赛活动；组织全体教师、教研人员参加自治区优质课精品课竞赛、教学成果和教学作品评选活动，总计获奖105项，其中一等奖34项、二等奖49项、三等奖22项；在吴忠市教育局组织的教科研成果评选、优质课竞赛等活动中获得103项，其中一等奖44项、二等奖32项、三等奖27项，总计获各类奖励208项。

【互联网+教育】

2021年，红寺堡区共投入资金2981万元，为红寺堡区回民中学等6所学校建设VR教室、智慧教室等信息化设备39套，建设云计算机教室3间、标准化考场3所、LED大屏1套，更新教师计算机253台；依托宁夏教育云平台，整合区域和校级课程社区24个，新增思政网络名师工作室1个。9月，宁夏教育云平台进行全面升级，面向全区学校、教师和学生新增了数字学校、宁教云等应用，完成区域宁教云机构建立、机构认证、通讯录同步、人员添加等工作，督促学校完成数字学校入驻工作，学校运营后台基础数据已全部录入，红寺堡区域深度应用指数积分达1000余分/月；疫情防控期间，为做好"停课不停学、离校不离教"工作，红寺堡区教育局先后印发《吴忠市红寺堡区教育局关于做好疫情防控期间学校线上教学工作的通知》《吴忠市红寺堡区教育局关于进一步提高线上教学质量的紧急通知》，开展线上教育教学督导检查、问题排查等工作，最大限度降低疫情对教育教学的影响。经统计，红寺堡区停课期间，小学共开展线上教学47867节，初中共开展线上教学18315节，高中共开展线上教学16659节，职业技术学校共开展线上教学2800节。

【师资培训】

2021年，红寺堡区组组织实施"吴忠市红寺堡区思政一体化育人专项培训"项目，培训专兼职思政课教师200名。开展教育系统人才专项培训，培训教师150名。举办"循证课堂教学研究"专项培训，培训校（园）长、骨干教师和工作室主持人120名。举办红寺堡区小学英语教师有效教学策略专题培训班，培训乡村小学英语骨干教师100名，培训大河中心小学和大河第一小学项目化学习种子团队教师40名。2021年，红寺堡区级专项培训和自治区、县、校三级中小学幼儿园教师继续教育全员培训合格率均为100%，2021年培训教师7200余人次。

【人才工作】

2021年，红寺堡区评选自治区教育厅2021年度基础教育领军拔尖人才9名，评选全市"教师育人楷模""师德标兵"先进典型事迹人选7名，评选自治区青年拔尖人才3名，推荐自治区"基层之星"人才培养研修、第二批创新素养教育"名校长工作室"2名，评选吴忠市2021年市级骨干教师培养对象17名。培养授予红寺堡区名校（园）长5名，红寺堡区教学名师13名，红寺堡区乡村教学名师8名，红寺堡区名班主任11名，红寺堡区学科带头人10名，红寺堡区教学能手30名，红寺堡区教坛新秀30名，思政课教学名师培养对象16名。

【教育督导】

2021年，红寺堡区印发《红寺堡区中小学校责任督学管理暂行规定（试行）》，成立红寺堡区政府教育督导委员会，副区长杨金花任主任。加强对学校全方位的督导，加大对"五项管理""疫情防控"及"双减"工作的专项督导，提高教育督导的针对性和实效性。

2021年12月3日，吴忠市红寺堡区召开教育系统"双减"工作推进会议 （红寺堡区教育局提供）

【"双减"工作】

2021年，红寺堡区教育局制定《红寺堡区中小学生作业管理和中小学生课外读物管理工作的实施方案》《红寺堡区中小学生课后服务工作实施方案》《全区校外培训机构专项治理的通知》《校外培训机构消防安全检查实施方案》等文件，坚持综合治理、源头治理、依法治理。

【"五项管理"工作】

2021年，红寺堡区教育局安排部署，严抓责任落实，形成"五项管理"常态化工作机制。先后制定《吴忠市红寺堡区教育局关于建立落实〈自治区教育厅关于促进中小学生身心健康发展的十条措施（试行）〉领导包校工作机制的通知》《吴忠市红寺堡区教育局落实作业、睡眠、手机、读物、体质管理工作实施方案》《吴忠市红寺堡区教育局关于作业、睡眠、手机、读物、体质管理工作20条措施的通知》等文件，指导学校制定"五项管理"具体工作方案、细化工作措施、强化常规管理。加强宣传引导，营造落实"五项管理"工作氛围。利用各类媒体和平台做好宣传，通过推送《关于加强"五项管理"工作致家长的一封信》、召开家长会等形式，让家长消除认知误区，配合学校做好作业、睡眠、手机、读物、体质管理工作。通过一年的工作实践，学生作业总量得到了有效控制，身体素质整体提高。

（魏茂森）

体　育

【体育馆】

红寺堡区体育馆坐落在红寺堡清云湖畔，位于六盘山北路与人民街交会处，占地16260平方米，总建筑面积9253平方米，总投资6000多万元，观众座位3021座。设有篮球馆、羽毛馆、乒乓球馆、健身房、国民体质监测室等。篮球馆拥有国际标准专业比赛场地1个，地板为CBA赛事专用地板，采用CBA专业24秒计分计时系统；羽毛球馆有5块国际标准专业比赛场地，具备20人同时比赛；乒乓球馆有15台专业比赛案子，可供

30~60人同时竞技；健身房配备跑步机5台、各类健身器材20余台，可供20余人同时健身。体育馆以举办篮球、羽毛球、乒乓球赛事和健身为主，辅以承接各类社会公益文体活动，发挥场馆优势，对开展全区大型赛事、文体活动及群众业余健身起到推动作用。

【承办赛事】

2021年，红寺堡区体育馆先后承办红寺堡区喜迎中国共产党成立100周年暨庆"三八"妇女节趣味运动会、"中国体育彩票杯"第四届新农民篮球争霸赛复赛、红寺堡区融媒体中心"学党史·庆五一"趣味运动会、教育局体卫艺办与海原县综合执法局篮球邀请赛、红寺堡区第二届"体教融合杯"青少年及教职工球类联赛、2021年"喜迎端午节、同赛旱龙舟"比赛暨第三届青年交友联谊活动、宁夏乡村振兴职业技能大赛吴忠市选拔赛暨吴忠市红寺堡区品酒师职业技能大赛、罗山管理局第五届运动会、红寺堡区"永远跟党走 奋进新时代"红歌联唱大赛、"知行合一"书法教师优秀作品展复选、红寺堡镇政府"凝心聚力、出彩红镇"国庆职工趣味运动会、文旅体党建联盟主题党日暨"庆元旦"趣味运动会、"请党放心、强国有我"鼓号队交流展示大赛、体育馆"职工业务知识"讲解比赛等20余项赛事活动。

【承办培训】

2021年，红寺堡区体育馆组织员工开展消防模拟演练，2021年青少年寒暑假及周末跆拳道、篮球、羽毛球、乒乓球培训班，2021年"三区"人才支持计划广场舞培训班，税务局排球训练，宁夏银行排球训练等10项培训活动。全年累计接待12.8万余人次，其中大型活动接待2.6万人次，免费项目开放4.2万人次，国民体质监测1236人次，平均每天开放时间超过11.5小时，每天免费开放不少于2小时，国家法定节假日全部免费开放。受新冠肺炎疫情影响，体育馆全年开放319天。

（马广录）

【群众体育】

2021年，红寺堡区围绕元旦、春节等重大节假日，在落实疫情防控措施等前提下，组织开展宁夏全民健身季系列活动，开展篮球、拔河、跳绳等农民群众喜闻乐见的全民健身活动，不断丰富群众的业余文体生活。举办"宁夏·奔跑"吴忠市红寺堡区新年健身跑，共有15个单位324人报名参加。举办了红寺堡区2021年"迎新春·庆两节"职工趣味运动会，红寺堡区33个单位656名干部职工报名参加。举办红寺堡区大河乡"龙源市场杯"第一届篮球运动会，共有来自周边5个县区的21支代表队参赛。《宁夏日报》及红寺堡区视线等多家媒体进行宣传报道，一周的比赛近2万人次观赛，为红寺堡区产生经济效益过百万元。举办"中国体育彩票杯"红寺堡区第四届农民篮球争霸赛，并组建参加自治区农民篮球争霸赛决赛队伍。举办2021年红寺堡区全民健身季暨百乡千村农民运动会，来自红寺堡区5个乡镇35个村的代表队参加各类体育赛事和活动，共有5000多人次参加。红寺堡区12个机关企事业单位举办各级各类文化体育活动，参与人数有1000余人次。举办新庄集乡杨柳村新时代文明实践——2021年"振兴杯"第十二届象棋公开赛暨第五届油桃采摘节活动，来自宁夏周边及其他市县区的206名象棋爱好者参加。

【竞技体育】

2021年，红寺堡区参加自治区锦标赛获得成绩。武术：女子甲组规定长拳＋剑术＋枪术全能，

1个第四名；女子甲组规定长拳+刀术+棍术全能，1个第一名；女子甲组传统拳术+传统器械全能，1个第五名；女子甲组传统拳术+传统器械全能，1个第八名；女子乙组规定长拳+剑术+枪术全能，1个第二名、1个第七名；女子乙组传统拳术+传统器械全能，1个第五名；女子乙组规定长拳+剑术+枪术全能，1个第六名。篮球：男子乙组第一名、女子乙组第九名。跆拳道：男子甲组73公斤级，2个第五名；女子乙组49公斤级，1个第二名；男子乙组51公斤级，1个第三名；女子乙组49公斤级，1个第五名。自行车：男子甲组10公里，1个第三名、1个第七名；男子甲组30公里，1个第三名、1个第四名。射箭：男子甲组1个第五名。田径：男子甲组5000米，1个第一名；10000米男子甲组，1个第一名；1500米男子乙组，1个第四名；3000米男子乙组，1个第七名；110跨栏男子甲组，1个第五名；1500米女子甲组，2个第七名。

【青少年体育】

2021年，红寺堡区共有18所中小学举办田径运动会，近30万名学生、教职工参加。举办第二届"体教融合杯"青少年及教职工体育联赛，青少年比赛设足球、篮球、排球、田径、武术、乒乓球、羽毛球、跆拳道、中国象棋等9个项目，教职工组设篮球、乒乓球、羽毛球等3个项目，共有来自17所学校的1811人次参加本次比赛。红寺堡区举办"奔跑吧少年"红寺堡区2021年青少年冬夏令营活动，包括篮球、足球、武术3个项目，近600名学生老师参加。红寺堡区组织青少年积极参加自治区、吴忠市及红寺堡区举办的田径、篮球、排球、足球、乒乓球、跆拳道、武术、羽毛球、自行车、射箭等各类体育竞技比赛并取得了优异成绩，其中第一名3个、第二名2个、第三名3个、4名至8名16个。

【体育基础设施建设】

红寺堡区共有各类体育场地面积587383.72平方米，人均体育场地面积达到2.97平方米。经常参加体育锻炼的人数占常住人口的34.2%以上。2021年，争取项目资金，加快实施体育惠民工程，相继建成太阳山镇全民健身中心等一批重点体育项目，满足辖区群众开展文体活动的需求，公共体育服务能力和水平得到了全面提升。太阳山镇全民健身活动中心建成投入使用；青云湖健身步道3公里建成投入使用；第五中学、第六小学、第七小学体育场建成投入使用；红寺堡区全民健身活动中心装饰工程完成，11月投入使用；罗山航空飞行营地续建项目2022年6月全面完成。

（周占元）

文化 旅游 科技

WENHUA LVYOU KEJI

公共文化

【概况】

按照自治区文化和旅游厅、吴忠市文化旅游体育广电局的统一安排，结合红寺堡区实际，制定《红寺堡2021年"送戏下乡"惠民文艺演出活动方案》，采取政府购买服务的方式，通过招标确定演出承接主体，2021年完成惠民演出90场次，其中完成"送戏下乡"演出50场次、"戏曲进乡村"演出30场次、"戏曲进校园"演出10场次。承接宁夏演艺集团京剧院赴红寺堡区"送戏下乡"演出12场次，承接吴忠市赴红寺堡区"送戏下乡"演出4场次。2021年，红寺堡区送戏下乡演出服务20665人次，戏曲进乡村演出服务17270人次，戏曲进校园演出服务2369人次。制定《2021年"魅力红寺堡"广场文化活动方案》，并于5月中旬启动广场文化演出。演出以庆祝中国共产党成立100周年为主题，以五一劳动节、"七一"建党节、八一建军节、教师节、国庆节等重大节日为契机，用群众喜闻乐见的文艺表演形式，宣传党的十九大精神和乡村振兴战略，弘扬社会主义核心价值观。2021年演出20场次，受益群众5万余人次。同时，在"七一"建党节举办2场大型演出，即"永远跟党走"红歌联唱大赛和"颂歌献给党·奋进新征程"大型文艺晚会。

【文化扶贫】

2021年，红寺堡区对秀兰刺绣扶贫就业工坊扶持15万元；对红寺堡镇综合文化站、新庄集乡综合文化站、大河乡龙泉村、柳泉乡红塔村分别扶持1.8万元器材设备。

【文化遗产保护与传承】

2021年，红寺堡区文化馆组织开展第二批吴忠市红寺堡区级非物质文化遗产代表性传承人申报评审工作。经各乡镇、有关单位评选申报，红寺堡区文化馆组织专家评审和征求相关部门意见，将艾灸

2021年3月24日，红寺堡区举办残疾人初级刺绣培训班 （红寺堡区残联提供）

传承人马长琴、花儿传承人撒如宝等21人列入红寺堡区第二批非物质文化遗产代表性传承人名录名单。按照《关于推荐申报第六批自治区级非物质文化遗产代表性项目的通知》要求，红寺堡区推荐杨永红传统戏剧——皮影申报自治区级非遗代表性项目。按照《关于开展吴忠市级第七批非物质文化遗产代表性项目申报工作的通知》要求，红寺堡区推荐王家狮子、传统艾灸、中医针灸推拿、古建砖雕物件工艺、创意掇秀、罗山腌猪肉6个项目申报市级非遗代表性项目。

【合作交流】

2021年，红寺堡区按照《关于印发〈庆祝中国共产党成立100周年——永远跟党走·幸福生活舞起来全区广场舞大赛活动方案〉的通知》，由红寺堡区文化馆牵头，从学校、社区选调32名有舞蹈基础的文艺骨干参加吴忠市广场舞复赛和自治区广场舞决赛，分别取得吴忠赛区第一名和自治区优秀奖的成绩。举办"共产党好、黄河水甜"——文化艺术周暨"知行合一"书法教师优秀作品展，邀请上海中国书法院院长助理、陶行知教育基金会书画教育专项基金副主任缪金元举办"漫谈书法艺术的鉴赏"讲座；邀请中国书法家协会名誉主席苏士澍从弘扬汉字文化、传承中华文明等方面，为教师、学生和广大书法爱好者作了一场以"写好中国字、做好中国人"为主题的专题讲座。举办"创建示范、文化先行"系列专题讲座，邀请宁夏作协主席郭文斌主讲《心理健康和工作状态》。邀请宁夏民族艺术研究所所长、研究员，宁夏文艺评论家协会副主席邹容讲授《文化和旅游深度融合工作研究》专题讲座。

（薛　原）

【图书馆】

截至2021年底，红寺堡区图书馆存有纸质图书20.8万余册。有乡镇（街道）、村（社区）图书室77个，纸质图书共计15万余册。建成数字图书馆、移动图书馆、微信图书馆，有红寺堡图书馆门户网站、微信公众号。馆内可同时容纳600余位读者阅读。馆内设办公室、图书馆理事会、采编室、流通部4个机构，建有中学生阅览专区、少儿阅览室、少儿体验室、老年（残疾人）阅览室、电子阅览室、晋江书苑、经典阅览室、期刊阅览室、晋江报告厅。建有麦子摄影室、墨香斋书画工作室等功能室。内部功能室配设齐全，空间功能按照现代化、网络化、智能化、人性化理念布局，将数字图书馆与传统图书馆融为一体，践行"藏、查、借、阅、参、展"六位一体的服务理念。图书馆实施总（分）馆制建设，现建成柳泉乡、玉池村、香园村、弘德村、东方社区5个分馆，实现资源共享、通借通还。成人和少儿电子阅览室共有电脑40台，每人每天可免证免费上机2小时。作为宁夏图书馆的分馆，采用DLibs图书管理系统，与宁夏图书馆实行"一卡通"，共享各类免费数字文献资源5.93TB。同时，设有网络信息接入点220个及免费Wi-Fi。读者服务部（阅享淘书吧）是黄河出版传媒集团宁夏人民出版社在图书馆设立的读者服务基地。最新出版的宁夏地方文献和各类特色书籍将在此展销，供读者阅读和选购，是一个小型的特色图书超市。馆内配备了歌德电子书借阅机2台、读报机2台、超星瀑布流电子图书机，提供电子图书1万余种，有专题和视频资源。建有自助借还系统、自助办证系统、自助查询系统等智能化设备，建立一套微信图书馆、一套门户网站。晋江书苑是福建省晋江市委、市政府援建红寺堡区文化事业发展的典范之作，也是红寺堡区干部群众了解晋江文化的一个窗口，此书苑共有图书3万余册，以文学、军事、哲学、宗教及晋江文化类书籍为主，可同时容纳80余人阅读。2021年，纸质图书流通6.8万册，电子图书下载4.6万册，接待读者7.7万人次。2021年，开展中国共产党成立100周年系列活动6场次，举办"党史知识百问百答""百年华章铸辉煌""中国共产党成立100周年英雄、模范人物展"等线上竞赛、展览活动10次，围绕党史学习教育，开展红寺堡区干部职工、中小学生演讲活动1次；

举办"红色记忆"展览4场次、红色经典课堂讲座3场次、"红色经典图书进校园"阅读分享活动5次。围绕红寺堡区创建全国易地移民搬迁致富提升示范区建设，举办"示范创建 文化先行"文化讲座3场次。以全民阅读工作为引领，紧扣"阅百年历程、传精神力量"主题，开展"赏春意、品书香、暖万家""书香红寺堡、专家带你读党史""包粽子、佩香囊、戴荷包"、书香助力战"疫"等线上线下全民阅读活动20余场次。

（陈维良）

【文化馆】

红寺堡区文化馆建成于2018年6月，位于人民街与康济路交叉口东南侧，四小西侧，总占地面积20017平方米，总建筑面积6689平方米，局部地下一层、地上三层。文化馆创建了移民人才培养、魅力红寺堡广场文艺演出、移民之声秦腔大赛等文化服务品牌，累计培养各类文化人才近2000名，针对特殊人群，常年开放相关活动室，免费开放项10余个。2021年被文化和旅游部评定为国家一级文化馆。

（薛　原）

【宁夏移民博物馆】

宁夏移民博物馆位于红寺堡区文化街，总建筑面积9436.88平方米，建于2009年4月，2013年9月30日正式开馆。宁夏移民博物馆是展示国家"八七"扶贫攻坚和宁夏"双百"扶贫攻坚成果的标志性建筑，也是一座展示宁夏历代民族文化和当今全国最大扬黄扶贫移民开发区发展过程的综合性博物馆。宁夏移民博物馆外形整体采用中国传统西北民居砖墙拼花相融合的建筑元素。地上三层，一层为办公区域，展厅设置在二、三层，展陈面积约3200平方米，设置3个展厅，主要展示从秦汉至新中国成立宁夏的移民开发史。

在每年的"5·18"国际博物馆日、端午节、中秋节等节点开展内容丰富、形式多样的主题宣传活动，2021年组织举办红寺堡区首届"红色小小讲解员"培训班，协助自治区文物考古所进行环罗山考古调查，对三楼展厅进行提升改造。举办"文物宣讲进校园"活动5次，组织研学游活动20次，惠及青少年35000人次，年接待游客10万余人次。

（范　荣）

旅　游

【全域旅游示范区创建】

2021年，红寺堡区坚持以习近平新时代中国特色社会主义思想为指引，深入学习贯彻党的十九届五中、六中全会和习近平总书记系列重要讲话精神，以创建全国易地搬迁移民致富提升示范区和全域旅游示范县（区）为目标，落实自治区、吴忠市党委和政府关于全域旅游工作的部署要求，开展《吴忠市推动全域旅游发展三年行动计划（2021—2023年）》任务分工，加快完善文旅产业顶层设计、项目建设、品牌创建、产业融合等工作，全力推进全域旅游示范区创建工作。截至2021年底，红寺堡区有3A级景区1家、全国乡村旅游重点村1个、中国美丽休闲乡村1个、宁夏特色旅游村2个、四星级乡村旅游示范点1个、四星级农家乐1家、三星级旅游饭店1家、三星级农家乐2家、旅行社营业部1家、红色经典旅游线路1条。2021年，红寺堡区旅游接待24.19万人次，较上年增长120.6%；旅游综合收入2474.5万元，较上年增长135.2%。

【规划编制】

2021年，红寺堡区根据全域旅游示范区创建工作要求和《吴忠市推动全域旅游发展三年行动计划（2021—2023年）》任务分工，组建全域旅游工作专班，明确全域旅游示范区创建任务分工，压实各部门、各乡镇（街道）责任，为扎实推进全域旅游工作提供组织保障。立足红寺堡区实际，研究制定《红寺堡区"十四五"文化旅游业发展规划》《红寺堡区全域旅游示范创建三年行动计划（2021—2023年）》《红寺堡区文化旅游产业高质量发展实施方案》，为文旅产业发展把脉定调，为可持续发展奠定基础。

【项目建设】

2021年，红寺堡区投资1250万元，续建红寺堡区葡萄小镇（紫光湖）游客中心项目；投资998万元，续建红寺堡区大河旅游服务中心项目；投资100万元，对红寺堡区移民文化遗址公园进行修复。实施弘德村旅游基础设施改造项目，投资387万元维修改造民宿院落16处，已改造6处；投资50万元，对紫光湖烧烤区进行绿化美化。夯实文化旅游产业发展基础。发展永新村"智慧民宿"乡村旅游品牌，打造永新村共享庭院，在每个院落增加沙池、吊椅、秋千、凉亭、儿童滑梯等休闲娱乐设施，发展民宿、私房菜、KTV、烧烤等庭院经济业态，形成共建共享的民宿旅游新格局。做实做精弘德村全国乡村旅游重点村文章，建设精品民宿，并在民宿周围配套建设两个观光游园——"故园""童心园"。完善紫光湖游乐设施，建成葡萄小镇（紫光湖）游客驿站和大河龙兴旅游驿站。启动移民旧址修复保护，已修复院落5座，建成网红桥1座、感恩广场1个、同心锁1只、罗山爱心打卡点1处，铺设草坪砖路5公里，维修加固游击队地道1条。完善全域旅游导览图、标识标牌，新建旅游厕所3座。

文化科技

【乡村旅游发展】

2021年，红寺堡区弘德村入选全国乡村旅游重点村和宁夏特色旅游村名录，柳泉乡永新村入选全国乡村旅游扶贫典型案例、2021中国美丽休闲乡村及宁夏特色旅游村名录，新庄集乡杨柳村（葡萄酒）入选第十一批全国"一村一品"示范村镇名单，瑞思豪大酒店被评为三星级旅游饭店，罗山酒庄被评为四星级乡村旅游示范点。

【旅游宣传与营销】

2021年，红寺堡区开展"两晒一促"文旅推介活动，开展红寺堡区旅游景点宣传直播3场，开设"红寺堡文旅"微信视频号和抖音号，发布各类文旅宣传短视频20期，在百度全科平台上传红寺堡镇弘德村、移民文化遗址公园、柳泉乡永新村、新庄集乡杨柳村（西川）等景点信息。发挥弘德服务区的资源优势，打造红寺堡区文旅推介新窗口。

【活动开展】

2021年，红寺堡区通过举办油桃采摘节、"5·18"国际博物馆日、"5·19"中国旅游日，邀请全国书法名家举办"共产党好、黄河水甜"——文化艺术周暨"知行合一"书法教师优秀作品展，举办"锦绣新灌区·魅力红寺堡"——红寺堡葡萄酒及农特产品（杭州）推介会等大型活动，强化主流媒体大平台宣传传播。

【旅游管理】

2021年，红寺堡区开展文化旅游市场日常检查和专项检查整治工作，排查治理事故隐患，规范文化旅游市场秩序，营造积极健康的文化旅游市场环境。开展安全宣传活动。强化旅游行业安全管理意识，深入景区、饭店、旅行社等重点场所进行安全检查，常态化做好疫情防控工作。2021年，发现安全隐患158处，限期改正52家，现场改正106家，已全部整改到位。开展联合执法活动。采取联合执法、抽查等多种方式，进一步规范文化旅游市场秩序。

【旅游产业开发】

2021年，红寺堡区充分发挥"中国葡萄酒第一镇"品牌效应，推进葡萄酒文化旅游产业一体化进程。为充分挖掘和扩展全域旅游发展优势，挖掘黄河文化、移民文化、农耕文化、民宿文化，规划串连融合休闲农业、酒庄、移民旧址、航模基地等旅游资源，积极探索文旅融合、农旅叠加、三产融合发展的模式。邀请第三方文创产品设计公司研究开发了"傲娇牛"等一批具有地方文化特色的文创产品，不断将文旅资源、文旅产品转变为经济产品，提升文旅资源附加值。

【合作交流】

2021年，红寺堡区成立吴忠市红寺堡宏帆旅游有限责任公司，建立健全投融资平台，推进红寺堡区文旅产业跨越式发展。加强人才培训，重点培育文创研发、景区管理、市场营销、资本运作等方面的专业人才，吸收文旅企业代表进入旅游智库，为企业发展提供智力支撑。

（赵　静）

广播电视

【新闻宣传】

2021年，红寺堡区融媒体中心围绕红寺堡区委、区政府中心工作，精心打造接地气、有品质的新闻产品。深入实施电视节目提档升级工程，2021年共开设《创建全国易地搬迁移民致富提升示范区》《奋斗百年路　启航新征程》等34个栏目，充分展示红寺堡区干部群众在创建全国易地搬迁移民致富提升示范区、巩固拓展脱贫攻坚成果同乡村振兴有效衔接等工作中取得的成就和典型经验。截至2021年底，共编发新闻1493条，有317条自采新闻被自治区、吴忠市电视台采用，与宁夏电视台连线直播7次。

【党史学习教育】

2021年，红寺堡区融媒体中心抓好党史学习教育，创新开展党史学习教育。开设专题栏目，跟踪报道红寺堡区党史学习教育中的具体举措和典型经验，引导广大干部群众铭记党的光辉历史、传承红色基因，听党话、感党恩、跟党走。制作播出《党史上的今天》《百年瞬间》等系列微宣讲视频236期，举办"重走移民开发路 学党史答题"活动，吸引3200多人答题2.3万次。在电视台开设"红色剧场"，播放红色电影、电视剧30部。利用农村数字电影放映工程，开展"党史学习教育红色电影巡回展演"活动，放映红色电影956场次。承办党史学习教育知识竞赛等主题活动4场次。推进"我为群众办实事"实践活动，完成地方节目上线IPTV平台，解决红寺堡区2.5万户IPTV用户无法观看本地电视节目难题。在"黄河云视"客户端开设"记者帮你问"板块，及时回应网民关切，协调解决群众急难愁盼问题15起。开设电视问政8期，拍摄制作监督曝光节目14期。在"红寺堡视线"微信公众平台开设"党建""政务""服务"板块，打通媒体服务群众"最后一公里"，切实做到让信息多跑路，让群众少跑腿。

【媒体融合】

2021年，红寺堡区融媒体中心实现专业技术力量占比87%。打破身份限制，坚持"能者上"原则，选拔优秀非在编人员担任股室负责人。优化绩效考核方案，按照"基础+资格津贴+工龄+任务量+质效"的方式，充分调动干部职工积极性的同时实现多劳多得。按照移动优先原则，整合电视、应急广播、网络平台资源，建立"移动首发、全媒跟进、新媒传播"的工作模式，全方位、深层次、多角度宣传报道红寺堡区奋力创建全国易地搬迁移民致富提升示范区工作举措、先进典型等。开设"对对去哪儿""主播说"等栏目，创新制作H5、Vlog、VR、动漫、微电影、电子海报图等可视化融媒体产品，不断提升正面宣传的表现力、感染力。深入推进平台融合。加快推进广播电视媒体融合，《红寺堡新闻》在政府网站、"睛彩宁夏"、IPTV平台同步播发，为推动地方经济社会高质量发展营造声势。完成红寺堡区应急广播系统建设项目，在红寺堡区城乡配备音响点位214个，每天分时段播发党的创新理论、政策解读、疫情防控等音频信息。按照融媒体功能定位，适应新媒体发展需求，在用好"黄河云视""看吴忠"App的同时，在新华网、微信微博、抖音快手等11个新媒体平台开通"红寺堡视线"账号，以"小、快、灵"方式进行创作，讲好红寺堡故事，传播红寺堡声音。

【安全播出】

2021年，红寺堡区融媒体中心不断提升安全播出能力，修订完善《网络安全管理制度》《广播电视安全播出制度》《信息网络系统日常运行维护制度》等制度，申请办理互联网新闻信息服务许可证、信息网络传播视听节目许可证、广播电视节目制作经营许可证，规范广播电视和网络视听节目播出秩序。结合庆祝中国共产党成立100周年系列活动重要保障季，全面系统排查梳理隐患，配备远程实时检测系统、网络等级保护系统，开展突发事件应急演练，提升应急处突能力。在重要节点保障期间施行双人值守、领导带班机制，完成元旦、春节、全国两会等重要保障任务，实现广播电视安全播出无故障、机器设备零事故。

【基层组织建设】

2021年，红寺堡区融媒体中心加强基层组织建设。认真落实全面从严治党要求，严格履行"一把手"主体责任和"一岗双责"职责，以"三强九严"工程为抓手，从严从实从细落实党建工作"四个清单"，创新形式开展"三会一课"，丰富主题党日活动内涵和形式，推动干部队伍素质实现新提升。截至2021年底，共开展主题党日活动11次、支部书记讲党课3次、现场参观教学3次。扎实推进联合党委共建工作，完成共建社区群众微心愿5个。严格落实帮扶责任，督促党员干部定期开展入户帮扶工作，积极筹措资金近5万元，为帮扶村捐赠电脑6台、煤炭5吨，慰问困难党员群众15户。严把发展党员质量关，培养吸纳入党积极分子5名。坚持做好巡察整改后半篇文章，完成巡察整改问题12个，修订完善各项制度21项，推动党建工作机制的健全完善，规范中心民主集中制、民主评议党员等各项制度，不断加强制度建设，形成工作长效。

【媒体宣传】

2021年，红寺堡区融媒体中心坚持互联网思维，运用新媒体手段，发展微信公众号粉丝3.28万人、抖音粉丝10.1万人、快手粉丝3.5万人。共编发刊播新媒体作品3030余条（篇）。其中点击率超过1200万新媒体作品1条、超过200万2条、超过100万1条、超过50万5条。被《人民日报》、新华社、《中国日报》、中央电视台、中新网、"学习强国"学习平台等采用116条，开展网络直播56场次，被新华通讯社新华信息中心授予"优秀传播奖"，被新华网股份有限公司宁夏分公司授予2021年度通联工作先进单位称号。

【产业发展】

2021年，红寺堡区在坚持采编、经营分开原则前提下，发挥红寺堡区新起点影视文化传媒有限公司作用，将业务向广告展示、主题活动承办、专题片拍摄制作、口才培训等公共服务领域拓展，不断增强自我造血功能，提升自我发展能力。共制作发布专题片18部、微电影1部、承办活动4场，创收36万余元。

（柳成良）

科技创新

【科技特派员队伍建设】

2021年，红寺堡区为加强科技特派员队伍建设，实行动态管理，按照"自觉自愿、双向选择、利益共享、风险共担"的原则，以个人申请与受扶单位、组织推荐相结合的方法，对科技特派员队伍进行扩充。通过各乡镇、有关部门、企业的摸底、推荐，新聘任科技特派员27名，有科技特派员131名，其中法人科技特派员62名。组织实施旱作节水农业技术在黄花菜上的示范与服务、500亩酿酒葡萄有机种植技术集成与创新示范、设施温棚蔬菜规范化种植示范与推广、宁夏扬黄灌区青贮玉米水肥一体化高产高效栽培技术集成示范等科技特派员专项行动项目17个，涉及项目资金160万元。

【科技项目】

2021年，红寺堡区抢抓科技项目带动，助推产业发展。2021年申报各类科技项目59个，争取资金2091.74万元，包括实施微谱分析和生物强化协同技术在精细化工废水处理中的研究及应用重点研发项目1个、智能碳纤维远红外线电暖炕示范推广等乡村振兴科技成果引进示范推广项目7个、黄花菜烘干技术与速冻技术示范推广等科技特派员创业行动项目17个、清洁能源智能集维中心平台产业化示范应用中央引导地方项目1个、宁夏能源供需结构调整优化研究自治区战略咨询研究项目1个、绿色循环肉牛养殖及特色种植业新模式示范与推广等乡村振兴指导员项目9个、"三区"科技人才专项1个、红寺堡区回民中学"智慧校园"项目1个、企业创新后补助项目15个、自治区科技金融专项1个、自治区现代农业科技创新示范区建设项目1个、黄河流域生态保护和高质量发展科技支撑项目1个、基础条件与创新平台建设项目1个、高新技术产业发展项目1个等。自治区科技厅出台《红寺堡区创建全国易地搬迁移民致富提升示范区科技支撑工作方案》，大力支持红寺堡区创建全国易地搬迁移民致富示范区，紧紧围绕红寺堡区葡萄、肉牛等重点产业组织实施红寺堡区创建全国易地搬迁脱贫致富示范区重点产业提质增效集成示范项目4个，涉及资金480万元。项目引进宁夏大学、宁夏农科院及水科院等院校的专家团队技术力量，开展葡萄保护仓"双防多效"稳产优质省工栽培技术、优质高产饲草种植和农林副产物资源高效利用与母牛带犊高效繁育及低成本养殖、杂交谷子渗水地膜机穴播高效技术、设施瓜菜产业提升关键技术、高质量发展水资源保障优化配置与优势主导、农业产业智能化灌溉与高效节水技术设备集成示范等支撑红寺堡区特色产业的技术示范，项目突出技术集成效果，为红寺堡区特色产业高质量发展提供一批可复制、可推广的技术和模式，助力红寺堡区创建全国易地搬迁移民致富提升示范区创建，提升示范区农业特色产业技术水平。

【科技培训】

2021年，红寺堡区以乡村振兴指导员、"三区"科技人才等为主，发挥科技人才在重点产业链中的引领作用，促进先进适用技术成果落地转化及示范推广，帮助移民群众增收致富，推动巩固拓展脱贫攻坚成果同乡村振兴有效衔接。2021年，围绕黄花菜、滩羊、酿酒葡萄等，实施黄花菜烘干技术与速冻技术示范推广、设施温棚蔬菜规范化种植示范与推广等科技特派员项目17个，涉及资金160万元。2021年，选派"三区"科技人才55人，结合各村产业发展实际，开展黄花菜、枸杞、葡萄种植等主导特色产业科技指导和服务。截至2021年底，围绕黄花菜、肉牛、经果林等重点产业开展培训30场次，培训人数达3000人次。

【科技服务】

2021年，红寺堡区为创建全国易地搬迁移民致富提升示范区提供有力的科技支撑，红寺堡区科技局主动下沉、靠前服务，将每周星期三确定为"科技服务企业日"，组织相关专业技术人员、科技特派员和乡土人才等，深入企业、合作社等，通过专题培训、跟踪辅导等方式及时宣传、解读各级各类科技创新创业政策，确保企业切实享受企业科技创新后补助、研发费用加计扣除等优惠政策。对标高新技术企业、科技型中小企业等认定标准和要求，壮大科技型企业集群，打造以国家高新技术企业、自治区科技"小巨人"企业、自治区科技型中小企业为骨干的创新梯队。成功备案自治区农业高新技术企业1家、自治区科技"小巨人"企业3家；国家科技型中小企业4家、自治区科技型中小企业12家。

（杨雨婷、张　玲）

气象服务

【概　况】

吴忠市红寺堡区气象站于2018年4月10日正式运行。红寺堡区内有国家级区域自动气象站20个（其中六要素站4个、四要素站2个、二要素站14个）、农业小气候站5个。实现乡镇全覆盖，并建设土壤水分站1个、测风塔6座。组建了270人的气象应急联系人、气象协理员、气象信息员队伍。

【业务开展】

2021年，红寺堡区气象站完善汛期工作职责、各项规章制度、有关业务流程及应急预案等。向红寺堡区委、区政府及各部门提供《气象信息专报》75期、《酿酒葡萄气象服务专题》5期，发布气象预警及雨情信息242条，服务对象216837多人次。向红寺堡区委、区政府汇报气象工作2次，红寺堡区主要领导在《气象信息专报》批示5次。

（武　莹）

卫生健康
WEISHENG JIANKANG

医疗改革

【资源下沉】

2021年，红寺堡区通过建立县域紧密型医共体（医疗健康总院）、加强对外交流合作、实施凡晋必下、千名医师下基层、对口支援医生多点执业、远程医疗等方式，引导上级医院人才服务基层，推动优质资源下沉。

【一体化建设】

2021年，红寺堡区卫生健康局与财政部门联合印发《红寺堡区2021年基本公共卫生服务项目实施方案》，明确服务项目内容，完善以服务数量、质量及满意度等为主的效能考评制度。拨付基层基本公共卫生服务项目经费1685万元，对所有专业公卫机构和基层医疗卫生单位开展技术指导及项目培训各一次。

【家庭医生签约服务】

2021年，红寺堡区普通人群家庭医生签约服务覆盖率达60%，重点人群签约覆盖率达86%，建档立卡贫困户做到应签尽签。

【一站式服务】

2021年，红寺堡区继续推动医保支付方式改革，跨省异地就医结算、"先住院、后付费"和区内"一站式"结算全面推行，医院严格实施临床路径管理。严格执行自治区药品"三统一"和"两票制"政策，全面实施药品零差率销售。探索推行基层医疗卫生机构"一类保障、二类管理"，激发各基层医疗机构内生动力。2021年，共有21名上级医院专家到红寺堡区开展为期半年至一年的门诊、查房、讲座以及业务指导等工作；同时，选派44名优秀业务骨干赴上海六院、福建德化医院等医疗机构进修学习。总诊疗人次约81万人次，其中基层诊疗量约45万人次。公立医院药占比24.48%，百元医疗收入占比

22.47%，公立医院医疗服务收入占28.09%，县域内就诊率96.07%，县域内住院量占63.4%，县域内基层门（急）诊人数占总诊疗人数的55.37%。

【监督管理】

2021年，红寺堡区卫生健康局严格按照"放管服"改革及"双随机、一公开"工作要求，开展各类专项与日常监督执法工作。落实医疗卫生行业综合监管制度，持续推进卫生监督和信用监管体系建设，在人民医院等部分医疗机构规范设置综合监管科，建立由卫生健康部门牵头，市场监管、医保等部门共同参与的日常联合执法工作机制。在各医疗机构放射科、医疗废物暂存点、中心供应室、治疗室等高风险区安装摄像头，已在27家医疗机构安装51个摄像头，卫生行政执法部门可在线实时监督。2021年，共立案36件，一般程序31件，简易程序5件，其中医疗卫生3件、无证行医6件、传染病防治2件、计划生育1件、公共场所23件、餐饮具集中消毒1件，罚款金额18.09万元，没收违法所得2670元。全部按要求在规定时间内在"国家卫生计生监督信息报告系统"中进行报告。2021年完成"双随机"任务74家，监督完成率为100%，"双随机"抽查不合格单位3家，均已立案查处。配合市场监管部门开展自治区级卫生健康领域"双随机、一公开"任务，完成"双随机"任务49家，未发现违法行为。监督推动公共场所、医疗机构、学校、生活饮用水供水单位、餐（饮）具集中消毒单位、交通卡口等疫情防控工作落实。完成职业卫生工作，对职业健康检查机构开展监督检查，开展职业病宣传周活动，在新庄集乡南源市场等人口密集区及红寺堡职业中学分别开展巡回宣传活动。对用人单位工作场所存在职业病的危害因素等信息开展预调查，填报用人单位信息卡，逐步完善用人单位信息。完成放射诊疗校验和监督，共检查放射诊疗单位10家，下达监督意见书18份，放射诊疗许可4家，放射校验4家。

疾病预防

【疾病监控】

2021年，红寺堡区累计建立居民电子健康

2021年12月21日，红寺堡区副区长杨金花（左二）带队调研"互联网+医保"工作　（红寺堡区医疗保障局提供）

档案20.56万份，建档率98.44%。传染病报告率100%，"十二苗"接种率均在99%以上；早孕建册率98.95%，产后访视率97.85%，新生儿访视率98.77%，0～6岁儿童健康管理率96.97%，视力检测率95.13%。高血压患者规范管理率91.5%，糖尿病患者规范管理率93.22%，重度精神病患者规范管理率97.66%。

【糖尿病基层管理】

2021年，红寺堡区卫生健康局持续开展前期引进的WDF-宁夏糖尿病基层管理项目，跟踪实施糖尿病患者并发症监测和健康管理工作，累计对辖区2700名糖尿病患者进行免费检查和健康随访。

【疫情防控】

2021年，红寺堡区落实商场、超市、农贸市场、宾馆、餐饮行业等人员聚集场所入门测温和戴口罩措施。加强医疗机构预检分诊和发热门诊管理，个体诊所、村卫生室、乡镇卫生院、社区卫生服务站发现发热病人一律转至定点发热门诊就诊，各医疗机构对发热患者、新住院患者和陪护人员全部进行核酸检测。对重点人群、重点环境和冷链食品实行周检测，累计核酸检测84769份，检测结果均为阴性。落实乡镇（街道）干部、网格员、基层医务工作者、民警、志愿者"五包一"社区防控责任制，压实"四方责任"，落实落细落地风险人群管控、居家健康监测和核酸检测措施。落实境外返红人员"机场车站—中途转运—社区（村居）管控—居家健康监测"全链条、无缝隙、闭环式管理。第一时间精准锁定31名密接者，对排查和外县区推送的387名次密接者落实集中隔离医学观察措施，核酸检测结果均为阴性。2021年11月5日、12月23日，对2起涉疫邮件、邮件接触人员、快递公司环境、运转工具、快递配送人员、邮件、邮件存放的车辆等共采集样品52份，对涉疫邮件接触人员落实集中隔离医学观察14天措施，核酸检测结果均为阴性。截至12月31日，红寺堡区累计接种疫苗355266剂次。

（刘冬阳）

疫情防控　（红寺堡区医保局提供）

公共卫生

【公共卫生服务】

2021年，红寺堡区按照《宁夏医疗保障经办政务服务事项清单》，落实"先诊疗后付费"，实行"一站式结算、一窗口办理、一单制结算"，优化服务窗口，简化办事流程，缩短办理周期，做到只进一扇门，让群众少跑路。

【基层医疗卫生服务】

2021年，红寺堡区城乡居民基本医疗保险总收入16021.35万元，总支出13186.71万元，期末滚存结余31762.38万元；职工医疗保险总收入5494.35万元，总支出2467.47万元，期末滚存结余21164.77万元。开展"打击欺诈骗保、维护基金安全"活动宣传月，借助"人脸识别"和"智能审核系统"，采取以实地稽核为主、日常稽核及专项稽核（市级交叉互查、自治区交叉复检）为辅等方式，加大对医保基金稽核监控力度。2021年，累计检查协议医疗机构16家，其中公立医疗机构10家、民营医疗机构6家。共查出违规使用医保基金318万元，全部追回。

【待遇享受】

2021年，红寺堡区医疗保障局共受理审核职工基本医疗费用35人次，其中基本统筹支付24.45万元，大额统筹支付9.01万元，公务员医疗补助8367.81元；职工生育待遇费用报销312人次，共支付费用276.07万元；城乡居民医疗待遇报销521人次，其中基本医疗统筹支付341.33万元，财政补助支付11.04万元，其中享受医疗救助173人次，医疗救助支付26.05万元，深度贫困补助（财政兜底）支付60.98万元。

【疫情防控】

2021年，红寺堡区医疗保障局落实新冠肺炎确诊及疑似病例执行特殊医疗保障政策和门诊大病长期处方制度、职工医疗保险（生育保险）延期办理等政策，将救治所需药品、检测试剂、诊疗项目等纳入医保基金支付范围，对所有患者发生的医疗费用，个人零支付。落实阶段性减征企业职工基本医疗保险政策，优化经办管理服务，落实不见面办、及时办、延期办、即时办、放心办、全力办6项便民服务措施，方便用人单位和参保人办理医保业务。

（赵敏学）

乡 镇

XIANGZHEN

红寺堡镇

【概 况】

红寺堡镇作为红寺堡区人民政府驻地，是红寺堡区政治、经济、文化、交通中心。行政区域面积 567 平方公里，耕地面积 13.97 万亩。下派鲁家窑工作组、团结村综合发展工作组、中圈塘上源工作组，主要负责产业发展、综治及平安建设、环境卫生整治等工作。全镇下辖 15 个自然村。常住人口 13366 户 54116 人，农村居民人均可支配收入为 11996 元，较上年增长 9.8%。

【特色产业】

2021 年，红寺堡镇坚持"3+X"产业发展思路，大力实施产业扶贫政策和高效节水特色农业发展战略。形成以中圈塘、和兴为主的 5800 亩紫色葡萄产业带，以光彩村、红海村为主的 8000 亩红色枸杞产业带，以弘德村、东源村为主的 9000 亩绿色牧草产业带，以朝阳村、河水村为主的 8000 亩金色黄花菜产业带，以兴旺村、河水村为主的 3500 亩经果林产业区，特色产业种植规模稳步扩大。

【草畜产业】

2021 年，红寺堡镇牛、羊、猪、家禽饲养量分别达到 2.1 万头、19.1 万只、0.4 万头、20.3 万羽，畜牧业产值 8190 万元，较上年增长 30%。成立弘德实业有限公司，统筹经营"傲娇哞"等本土品牌，同时，充分发挥"两个带头人"作用，创立"农户＋合作社＋基地＋服务企业＋金融机构"的新型规模化养殖模式，推动肉牛养殖出村入园。共组建养殖专业合作社 17 个，成立联合社 1 个，规模化养殖肉牛，带动 600 户农户（其中建档立卡户 424 户）年增收 2 万元以上。

【劳务产业】

2021 年，红寺堡镇按照"企业化解为先、外部输出为主、自主输出兜底"的劳务输出原则，建成弘德、玉池等6个扶贫车间，稳定解决300余名留守妇女、留守老人就业难题，实现年增收千万元以上。助力兴民纺织、宁夏富阳等多家大型企业劳务招募，鼓励支持劳务经纪人稳定有序带动劳务输出，农村劳动力转移就业累计8万余人次。

【乡村振兴】

2021年，红寺堡镇开展"三类人员"动态监测，巩固拓展脱贫攻坚成果，对全镇15个自然村140户三类人员安排"1+4"工作专班进行帮扶，消除风险点104户，36户未消除风险点，利用222名网格员紧盯"三保障""四查四补""三落实"定期监测预警，发现问题即增即报即改，建立"五套工作台账"，落实"六项帮扶措施"，对三类重点人员吃透户情、摸清风险，因户施策，确保有效预防。坚持兜底保障，稳抓政策落实，落实小额贷款贴息、雨露计划、中烟项目等资金共计3938.09万元，其中雨露计划94.95万元，驾照补贴21.7万元，小额贷款贴息426.25万元，光伏公益资金85.7万元，产业补贴2025.69万元，务工补贴655.2万元，民政补贴628.6万元。

【基础设施建设】

2021年，红寺堡镇共批复实施项目33个。依据红寺堡区2021年巩固拓展脱贫攻坚成果同乡村振兴有效衔接项目库，实施项目14个，已完成13个，续建1个。2021年计划支付资金3887.32万元，已支付3826.16万元，支付率98.43%。

【人口发展】

2021年，红寺堡镇共出生732人，其中男性384人，女性348人，政策内出生609人，超生120人，政策符合率为83%。共奖励扶助42人，发放资金5.04万元；提前奖扶91人，发放资金10.92万元，特别扶助6人，发放资金4.8万元。新申报计划生育奖励扶助1人，新增特别扶助2人。对42户奖励扶助家庭进行年审，年审中退出1人（死亡），并完成年审表册。2021年共有独生子女70人，领取独生子女保健费19人，发放资金1.01万元。共办理生育服务单514人，其中一孩217人，二孩171人，三孩126人。

【环境整治】

2021年，红寺堡镇累计出动保洁员、义务工95810人次，动用机械1130辆，清理林带4148亩，清理沟河道33条，整治清扫村巷道547条，清扫主干道路137.7公里，砌护围墙2676户，拆除违建总计1397处，清理"三堆"17833处，清理各类生产生活垃圾34672.5吨，落实村庄绿化、硬化、亮化等人居环境整治项目12个，总投资1856万元，完成农村卫生厕所改造800户。分析全区农村人居环境整治评比中发现的问题，制定《红寺堡镇2021年春季植树造林绿化建设方案》，造林1184亩，栽植樟子松、侧柏、旱柳、榆树等绿化苗木8.767万株，栽植苹果、李、杏、红枣等经果林苗木1.3万株，发展经济林种植5974亩。开展安全生产整治三年行动，定期摸排群众住房、用水用电取暖风险隐患，建立"两个清单"，从根本上消除事故隐患，守住安全生产底线。

【社会保障】

2021年，红寺堡镇坚持兜底线、保民生，养老保险参保率达95%，医保缴费目标53000人，完成93.58%，居全区第一，开展低保专项治理，新增低保户276户370人，清退554户660人，加大单双老户、残疾人、大病群体保障力度，发放临时救助595户、136.23万元。落实各项特殊人群保障政策，对1660名持证残疾人进行分类、分批核查鉴定，发放残疾人辅助器具84件，发放残疾人补贴12批、254.18万元。提升退役军人服务管理，建成退役军人服务站16个，悬挂光荣牌352户。强化就业服务功能，开发农村公益性岗位169个，开办各类实用技术、劳动技能培训班11场次，受益群众613人。

【社会管理】

2021年，红寺堡镇成立农村网格化服务管理工作领导小组，在15个村分别设立村级综治中心，配备网格员222名，服务脱贫攻坚、乡村振兴、平安建设、信访维稳等，率先在弘德村、玉池村开展数字化智能管理试点工作，发挥地网工程全覆盖优势，实现"数据多跑路，群众少跑路"。"55124"治理模式，根据村组巷道布局"划片切块"，推选村民代表，将决策、管理、落实、监督融为一体，实现由"为民做主"到"由民做主"、由"制度民主"到"程序民主"的根本转变。成功创建"自治区社区戒毒康复示范点""吴忠市禁毒示范乡镇"。

【廉政建设】

2021年，红寺堡镇共查办问题线索8件，立案审查案件3起，给予党纪处分3人，警示约谈干部7人次，批评教育4人次。严格落实党风廉政建设责任制，每半年组织召开党风廉政建设工作会议，每季度听取党风廉政建设工作报告，讲廉政党课2次。

【基层党建】

2021年，红寺堡镇深入实施"三大三强"行动和"两个带头人"工程。培育"两个带头人"205名，完成弘德、玉池、中圈塘、红海、光彩5个村"一肩挑"任务。对1个软弱涣散村党组织和2个薄弱村党组织进行整顿提升。抓干部队伍管理，实行镇干部例会制度、村干部"月月清"制度，落实驻村工作队季度考核及座谈会制度。把好发展党员入口关，储备积极分子102名，发展接收党员26名。完成基层党组织支部委员会换届选举工作。以示范村创建工作为契机，创建弘德村和中圈塘村两个示范点，创特色、出经验、求实效，以点带面创，点面结合促，示范带动所有基层组织建设全面过硬。依托弘德村党支部成立鲁家窑联合党工委，下辖5个党支部，形成"互带互动、优势互补、共同发展"的基层党建工作新格局，按照"农业绿、工业蓝、三产红"的发展思路，提高党的建设水平，统筹经济、文化等协调发展。

【精神文明建设】

2021年，红寺堡镇共组织召开专题党委会议研究意识形态工作4次，开展风险点分析排查研判4次。学习贯彻习近平新时代中国特色社会主义思想、党的十九届六中全会精神以及习近平总书记视察宁夏重要讲话精神，开展党史学习教育33次。运用"学习强国""宁夏干部网络教育学院"等学习平台，提高镇村干部的理论素养，确保各项工作保持正确的政治方向。

【农民讲习所】

2021年，红寺堡镇有新时代农民讲习所15个，以文化名人马慧娟为代表，组建泥土书香社，吸纳挖掘乡土文化人才，在各村组织开展"书香之家"推荐评选、泥土书香读书社读书交流等活动，营造"爱读书、好读书、善读书"的浓厚氛围。整合镇村两级干部职工、驻村第一书记、"两个带头人"（农村党组织带头人和致富带头人）、"乡村文化能人"、"土专家"、"田秀才"、帮扶责任人等成立红寺堡镇新时代农民讲习队。按照"有场地、有标识、有

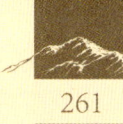

师资、有制度"的"四有"标准，依托各村党员活动室、村级综合文化活动服务中心等场所，各村建立新时代农民讲习所，按月开展集中讲习活动，逐步实现制度化、规范化、常态化管理。

【党校教育】

红寺堡镇中圈塘党校位于红寺堡镇中圈塘村，2018年10月建成并投入使用，校园占地面积6亩，建筑面积432平方米，教学楼、图书资料信息中心、学员餐厅、宾馆等主体建筑一应俱全，配备完善的硬件设施，可同时容纳120名学员学习。镇党委副书记王绍东兼任校长，镇组织委员马晓文任专职副校长，校领导班子成员3名，有讲师8名，其中专职教研人员3名，教授1人，副教授及高级讲师2人，全国人大代表1人。

【乡村旅游】

2021年，红寺堡镇充分发挥乡村旅游产业优势，打造中圈塘村乡村旅游脱贫试点，争取各类项目支持，建成村庄旅游休闲公园1处，新建党校、"求实思源"图书馆，配套文化大院、健身器材、篮球场等。有生态餐厅1家，提供以本地特色、绿色食品为主，贴近农家生活，满足游客吃农家饭的消费需求。有高标准宾馆1个，为游客提供长时间度假休闲。旅游驿站1处。交通便利，旅游资源丰富，中圈塘村向东可到达肖家窑万亩葡萄基地、葡萄酒庄和国家级自然保护区罗山，向西为千年古刹弘佛寺，既可以观赏田园风光，还可以体验葡萄采摘乐趣。形成由"生态餐厅+葡萄产业带+葡萄酒庄"组成的餐饮布局，由"文化大院+葡萄采摘园+休闲娱乐"组成的观光式乡村体验。

【乡村驿站】

2021年，红寺堡镇中圈塘乡村驿站集购物、休闲、服务为一体，为乡村旅游提供特色产品销售、旅游指南、便民服务等，主打红寺堡葡萄酒以及玉池村"巧媳妇"手工编织合作社的拖鞋、纸盒、花瓶等手工编织品，为当地村民提供了就业机会，提升了乡村旅游服务水平和接待能力。

【朝阳村】

朝阳村于1999年开发建设，含村民小组9个，常住人口1320户5562人。2014年识别为贫困村，先后投入扶贫资金7863.98万元（其中到户补贴1650.24万元，基础设施建设6213.74万元），2017年脱贫出列。驻村工作队员3人。2018年人均收入8760元，2021年人均可支配收入12700元，2021年6月荣获红寺堡区"先进基层党组织"称号。有标准化村卫生室3所，配备持有乡村医生资质的村医3名；全村建档立卡贫困户实现基本医疗保险全覆盖，养老保险应缴尽缴。截至2021年底，大病集中救治24人，慢性病签约103人，重病兜底3人，家庭医生签约服务1941人。有小学2所，在校学生580名；标准化幼儿园2所，在校幼儿200名；在校中高职以上学生70名，享受教育扶贫政策51人、8.5万元；全村义务教育阶段无辍学学生。自来水全部入室，户户有安全饮水。主要支柱产业为种植、养殖、劳务输出。有耕地15300亩，种植黄花菜1312亩、玉米12000亩、其他2288亩。有种植合作社1家，解决村民就近务工200人次。有养殖合作社3家，入社农户20户，养殖户889户（其中肉牛养殖户655户，羊养殖户234户），肉牛存栏5620余头，羊存栏16000余只。累计硬化道路46公里，铺设生产路68公里，日运行通村公交10班（次）。所有农户通照明电，52户农户通动力电。通信信号、4G网络实现全村覆盖。有村级文化舞台1座，文化广场300平方米。

【兴旺村】

兴旺村临近城西2公里处，村民自1999年由海原县搬迁而来，辖区面积5.6平方公里，耕地面积6100亩，其中90%以上为沙地。有经果林1500亩、小麦58亩、黄花菜160亩、玉米2800亩、庭院经济185亩等。兴旺村共5个村民小组，常住人口618户2450人，其中自主迁徙居民185户780人，脱贫户98户398人，"三类人员"5户21人，其中4户18人已消除风险，1户3人尚未消除风险。村"两委"班子5人，党员45人，预备党员2人，积极分子5人。全村有致富带头人6人，村民代表30人，小学1所，卫生室1座，扶贫车间1座，村组道路22公里（全部硬化）。2021年，农民人均可支配收入12050元。经果林实有面积1500亩，经果林产生效益1000亩，养殖产业现存栏肉牛515头、滩羊4950只、鸡930羽。全村劳动力1266人，其中就近打临工859人，常年外出务工107人，农村公益性岗位47人，护林员12人，扶贫工厂务工人员40人，预计全年务工创收1100万余元，开展技能技术培训50人次。2021年实施一事一议路肩硬化、村庄绿化等公共服务基础设施建设项目，总投资80多万元，路肩硬化8000平方米，全面提升村人居环境、村容村貌和基础设施水平。

【弘德村】

弘德村是"十二五"生态移民村，2012年由同心县和原州区的5个乡镇27个行政村村民搬迁而来（分别为同心县预旺镇，原州区官厅镇、张城镇易镇、开城镇、炭山乡）。弘德村现辖6个片区，常住人口1304户5615人，脱贫人口1034户4562人，监测户10户54人，其中8户43人已消除风险，2户11人未消除风险。全村共有党员117人（预备党员1人、女性党员16人）。该村2014年被确定为建档立卡贫困村，2019年脱贫出列。2021年农民人均可支配收入12500元。弘德村基层服务功能不断完善，建成村级小学、幼儿园、卫生院各1所，建成党群活动室、民生服务室、文化活动室、图书室、电子阅览室，村庄道路全部硬化，广播电视以及互联网进村入户，商业网点、金融代办点、公交车等便民设施齐备。依托周边的汇达、汉森葡萄种植基地、宁夏富阳工贸公司饲草基地、宁夏永进健康产业园、杞煌光伏农业基地、彦瑞硒甜瓜种植基地等农业企业和红寺堡产业园内兴民纺织、东方盛达管业等工业企业，年内稳定就业2878人，实现创收7000多万元。农业企业务工占比39%，主要为50岁以上男性及全年龄段女性；建筑工地务工占34%，以50岁以下男性为主；工业园区务工占21%，主要为50岁以下且有一定文化程度村民。建成3300平方米扶贫车间1座，引进宁夏瓦尔登实业有限公司生产礼品盒、瓦楞纸箱等包装品，帮助25名留守老人及妇女稳定就业。全村共有家庭分散养殖户638户，牛存栏560头、羊存栏5674只。力推养殖"出村入园"，成立24家养殖专业合作社，并组建联合社，入驻"飞地"养殖园区发展集中养殖，共带动600余户，养殖肉牛3870头，户均增收2万元以上，逐步实现养殖业向规模化、集约化发展。有6742.7亩耕地，全部流转给2家农业企业，发展高效节水现代农业，年土地流转费收益357万元。农民人均可支配收入由1800元增长至12500元。

【东源村】

东源村地处红寺堡镇东南罗山脚下，距红寺堡镇10公里，始建于2002年，由海原县、彭阳县等县区搬迁而来，属旱改水搬迁移民，有村民小组10个，常住人口751户3177人，有土地约7770亩。其中脱贫户114户520人，低保户120户195人，残疾人19户21人。开发公益性岗位9个，党员32人，村"两委"班子成员5人。村民2021年度人均纯收入10654元。村内有小学1所，教师22名，学生365名；民办幼儿园1所，入园幼儿110名；村级卫生室1个，便民服务站1处。村集体经济收入12万元。东源村主要支柱产业为种植、养殖、劳务输出。土地7770亩，其中，种植玉米6298亩、黄花菜79亩、枸杞18亩、瓜类890亩、其他农作物485亩；养殖主要为育肥牛养殖和绵羊、山羊养殖，全村养殖肉牛存栏2017头、羊存栏7037只。2021年输出劳动力1220人，劳务创收2000余万元。累计硬化道路14.7公里，铺设生产路10公里，日运行通村公交4班（次）。所有农户通照明电，20户农户通动力电。通信信号、4G网络实现全村覆盖。有村级文化舞台1座，文化广场1000平方米。

【玉池村】

玉池村位于红寺堡镇东南，盐兴公路南侧，距城区12公里，是2000年从泾源县搬迁而来的移民村，土地面积4.8平方公里，耕地面积5942亩，辖5个村民小组，全村有常住人口432户1772人。脱贫户80户312人，稳定脱贫户15户57人，脱贫不稳定户2户12人，边缘户4户15人。低保户143户223人，残疾人27户28人，单双老户14户23人。党员28人，预备党员1人，其中男性党员21名，女性党员8名。致富带头人6人，全村自来水已全部入户，2021年全村人均纯收入达到12400元。玉池村主要产业为种养殖业，特色产业为黄牛养殖，全村肉牛存栏2800余头，平均每户养殖6头。肉羊存栏4000余只，养殖业发展前景良好。种植业以玉米为主，其中现种植玉米3500余亩，青贮玉米2000余亩。特色种植有黄花菜和枸杞，共计310余亩，苗木150余亩。近5年来共修整农田5400亩，毛渠砌护108公里，危房改造219户，并全部入住。村内建有小学1所、私办幼儿园1所、卫生室1所。全村先后成立吴忠市红寺堡区玉池富众养殖专业合作社和吴忠市红寺堡区玉池养殖专业合作社2个，成立吴忠市红寺堡区红果缘种植专业合作社1个，共吸纳80户，年创收15万余元。2017年建成红寺堡区第一家扶贫工厂，有40余人进厂务工，务工村民人均年增收3万余元。

【团结村】

团结村地处红寺堡城区西南1公里，于1999年由同心县新庄集乡张台村等15个行政村搬迁组建而成。全村共有4个村民小组。2021年，全村3914户，常住人口15561人。团结村于2014年识别为贫困村，2019年脱贫摘帽，有脱贫户633户2333人，边缘易致贫23户96人，已消除致贫风险20户85人；有低保户785户1235人；残疾人237人，享受残疾津贴163人；孤儿26人；特困供养人员5人；60岁以上享受养老金626人，享受高龄津贴41人；有公益性岗位91个，其中护林员岗位17个。有中共正式党员161名，预备党员5人；村"两委"班子成员11人，村民代表127人，驻村工作队员3人。基本医疗方面，有标准化村卫生室4所，配备持有乡村医生资质的村医6名；全村脱贫户实现基本医疗保险全覆盖，养老保险应缴尽缴。截至2021年底，慢性病签约481人，家庭医生签约服务3602人。有小学2所，在校学生1226名；标准化幼儿园3所，在园幼儿633名；在校中高职以上学生458名；全村义务教育阶段无辍学学生。累计完成危房改造835户，户户有安全住房。自来水全部入户，户户有安全饮水，水质达标。团结村有耕地24600亩，种植玉米20846亩，其中青储玉米2000亩，甘草810亩，黄花菜180亩，油葵270亩，枸杞21亩，其他农作物473亩。有甘草种植加工合作社及其他种植合作社共计24家，解决村民就近务工780人次。有养殖合作社13家，入社农户65户，养殖户1157户（其中肉牛养殖户175户，羊养殖户982户），牛存栏1750头，羊存栏45000只。2021年养殖业收入1100万元。全村有劳动力6980人（其中持有职业技能资格证980人），2021年务工人数达到6580人次（包括长期外出务工和就地务工），劳务收入达1.1亿元，占户均收入50%以上。2014—2021年，村级道路硬化62.1公里，铺设沙砾路8.58公里；修建村级综合文化活动中心1处，占地160平方米；文化舞台广场1处，占地500平方米；建设村级光伏扶贫电站1座；建设小学2所，占地24500平方米；幼儿园3所，占地3996平方米；建设村部屋顶光伏；主干道路配备垃圾箱496个，专人负责清理。实现村组路网、宽带网络、通信信号、广播电视、动力电全覆盖，安全饮水普及率达100%。

【光彩村】

光彩村位于盐兴路北，距城区5公里处，于1999年8月从西吉县搬迁而来，下辖光彩和兴盛、绿科3个组，常住人口599户2592人，耕地面积10035亩。有村"两委"班子5人，绿科组聘用村干部3人，村级聘用公益岗人员2人，有党员47人，致富带头人8人，脱贫户76户296人，"三类"监测对象9户42人，五保户1户2人，低保户127户218人，一二级残疾18人，孤儿1人，领取高龄津贴补助人员3人，退役军人18人。小学1所，适龄儿童入学率达100%，村级卫生室3所，村级组织活动阵地200平方米。全村以枸杞种植为主产业，发展养殖业。全村枸杞种植1450亩，涉及种植户176户，其中老品种750亩、改良品种550亩，枸杞年产收入1800万元，带动劳动务工（摘枸杞）收入60万，全村牛、羊存栏量分别为580头、4200只，30头以上肉牛养殖户6户，务工人数1520人，工资性收入达到273万元，其他转移性收入、救助、低保、高龄补贴、农牧补贴等120万元。农民家庭二三产业净收入21万多元，养老保险和医疗保险购买率达到100%，自来水入户率达到100%。田间道路、生产路桥建修完成85%，村庄道路硬化完成85%以上。育树苗圃和枸杞苗圃589亩。成立种养殖合作社8家，养牛大户15家，养殖量达到150头。

【河水村】

河水村是彭阳县部分村于1999年搬迁至此，位于红寺堡城区以西2公里处，行政区域面积6.7平方公里，有耕地5300亩。常住人口388户1695人，其中脱贫人口87户332人，边缘易致贫户1户4人。有学校1所，设卫生室、文化活动室、文化图书室、电子阅览室，2021年人均收入12405元。河水村有劳动力655人，其中长期外出务工460人，年创收360万元，闲散劳动力195人，通过季节性打零、公益性岗位就业和扶贫工厂员工，年创收50万元。黄花菜种植和黄牛养殖为本村主打产业。种植黄花菜1562亩，牛存栏609头，现已形成规模，为广大群众增加收入奠定了良好的基础。

【同原村】

同原村是"十二五"生态移民村，2013年由同心县和原州区的5个乡镇27个行政村村民搬迁而来（分别为同心县预旺镇，原州区官厅镇、张易镇、开城镇、炭山乡）。现辖5个片区，总人口788户3388人，常住人口525户2307人，全村共有党员51名，预备党员1名，女性党员3名。脱贫户469户2081人，有低保户427户723人、残疾人91人、孤儿2人、五保户1人。2014年被确定为建档立卡贫困村，2019年脱贫出列。2021年农民人均可支配收入12100元。建成村级幼儿园、小学、卫生院各1所，民生服务室、文化活动室、图书室、电子阅览室建成并投入使用，自来水、广播电视以及互联网进村入户，群众生活水准显著增强。商业网点、金融代办点、公交车等便民设施齐备，村内商贸市场不断扩大，饭店、商店、药店等民生服务点一应俱全，劳务方面，依托周边的汇达、汉森葡萄种植基地、宁夏富阳工贸公司饲草基地、宁夏永进健康产业园、杞煌光伏农业基地、番茄种植基地等农业企业和红寺堡产业园内兴民纺织、东方盛达管业等工业企业，年内稳定就业1100余人，实现创收2500多万元。在中国烟草公司饲草料补贴和脱贫户产业补贴政策的支持下，同原村养殖产业快速发展。养殖产业分为家庭分散养殖和园区集中养殖。全村有分散养殖户314户，养殖肉牛、基础母牛2196头，肉羊、基础母羊2772只。5个肉牛养殖专业合作社与邻村合作社组建养殖合作联社，运用"农户＋合作社＋企业"的肉牛养殖模式，在养殖园区集中养殖。全村3354亩土地和430座种植大棚全部集中流转，发展紫花苜蓿、葡萄、枸杞、青贮玉米、番茄种植。

【红海村】

红海村是2000年由同心县新庄集乡搬迁而来组建的新村，有村民小组7个，1321户5648人，其中常住人口888户3041人。全村区域面积919.5公顷，耕地9648亩。2014年纳入重点贫困村，2015年整村脱贫出列，有脱贫户170户531人，脱贫不稳定户1户1人，边缘易致贫户7户27人，均已消除风险，2021年，稳定退出脱贫户38户126人。残疾人264人，（一级7人，二级109人，三级73人，四级75人）；享受低保174户273人；60岁以上享受养老金468人，享受高龄津贴29人；五保户8户10人；孤儿6户9人；单老户28户，双老户58户；提供公益性岗位46个，其中保洁员34人，护林员12人；村民代表31名（其中女代表15名）；有党员106名（含预备党员2名），其中女党员25名，35岁以下党员28名；村"两委"班子成员7人，网格员12名，驻村工作队员3人。2021年，农民人均可支配收入13500元。有标准化村卫生室2所，配备持有乡村医生资质的村医2名。大病集中救治5人，慢性病签约32人，重病兜底1人，家庭医生签约服务556人。有小学1所、标准化幼儿园2所，建档立卡在校中高职学生21名，享受教育扶贫政策42人、5.75万元。支柱产业为种植、养殖、劳务输出。有耕地9400余亩，种植玉米7600余亩、枸杞600亩、黄花800亩、甘草400亩；有种植合作社1家，解决村民就近务工600人次。养殖以羊、猪、鸡为主，有养殖户700户，其中肉牛养殖3户，羊养殖户130户（100只以上15户），羊存栏18000只。猪养殖户160户（10只以上8户）。大型鸡场5个，存栏3万羽以上。累计硬化道路12.6公里，铺设生产路21公里。所有农户通照明电，18户农户通动力电，通信信号、4G网络实现全村覆盖。有村级文化舞台1座，文化广场600平方米。

【上源村】

上源村是扶贫扬黄灌溉工程移民村，2002年搬迁安置固原市原州区、西吉县移民群众647户2867人。2014年列为贫困村，2020年整村脱贫出列，全村有脱贫人口31户133人，全村有"三类监测对象"15户75人，已消除风险10户47人，未消除风险5户28人。收入来源以种植养殖为主，务工为辅。全村共有圈棚480座，现存栏肉牛2126头、肉羊8130只。有劳动力1640人，2021年就业880人，稳定就业90人。有党员27

名，村级公益性岗位11个，退役军人8人，致富带头人5人。2021年人均收入11570元。全村共有学校2所（幼儿园1所，小学1所），图书室1个，村卫生室1所，配备有合格的乡村医生或执业（助理）医师，有村级综合服务设施、助农金融服务点、金融流动服务站和垃圾集中处理或清运点。全村已通客车、硬化路、动力电，实现自来水到户，通信、宽带、广播电视信号全覆盖。有土地8200亩，其中种植玉米7791亩、葡萄375亩、黄花菜34亩。

【梨花村】

梨花村有7个村民小组，690户2944人，建档立卡户58户235人。有党员59名、预备党员1名、后备干部8名、村"两委"班子成员7人、驻村工作队员3人、退役军人13人。2018年人均收入9159元，2019年人均收入10166元，2021年人均纯收入11284元，村集体经济收入23.9万元。2021年争取到扶持壮大村集体资金100万元。有针对性地进行自来水改造，先后为建档立卡户马小明、杨国宝等10余家进行入户改造；对非建档立卡户40余户进行入户管道及保温井改造，确保农户用水安全，且保障农户冬季用水。有标准化村卫生室2所，配备持有乡村医生资质的村医4名。全村建档立卡贫困户实现基本医疗保险全覆盖，养老保险应缴尽缴。截至2021年底，大病集中救治7人，慢性病签约146人（建档立卡户33人），家庭医生签约服务812人。产业以种植业和养殖业为主，其中种植玉米8500亩、小麦2100亩、甘草450亩。有养羊户431户，羊存栏22000只；养牛户100户，牛存栏668头；养禽户9户，鸡等家禽2.1万余羽。劳务输出319户556人。劳务输出人员主要分布于建筑行业，平均工资每人每天150元。村道路硬化达到100%，累计硬化道路38公里，铺设生产路60公里。所有农户通照明电，85户农户通动力电。通信信号、4G网络实现全村覆盖。

【中圈塘村】

中圈塘村于2001年开发建设，所有移民都来自同心县新庄集乡6个自然村。全村有村民小组4个，常住人口591户2143人。2014年识别为贫困村后，政府先后投入扶贫资金3379.56万元（其中到户补贴531.16万元，基础设施建设2878.40万元），2017年脱贫出列。全村有建档立卡贫困户42户140人；低保户233户334人；残疾人160户171人，享受残疾津贴79人；60岁以上享受养老金247人，享受高龄津贴21人；开发公益性岗位24个。党支部有中共正式党员54人，村"两委"班子成员6人。有标准化卫生室1所，配备持有乡村资质的村医1人。全村建档立卡户、边缘户、监测户实现基本医疗保险全覆盖，养老保险应缴尽缴。截至2021年底，大病集中救治38人，慢性病签约10人，重病兜底10人，家庭医生签约服务976人。全村义务教育阶段无辍学学生。有全日制小学1所，在校学生123人，教职工11人；标准化幼儿园1所，在园幼儿27人，教职工3人；在校大专以上学生56人，享受教育扶贫政策4人。2014年后，累计完成危房改造57户，实现了户户有安全住房。安全饮水方面，已经实现自来水家家通，水的质量达到国家安全饮用标准。支柱产业为种植、养殖、劳务输出。有耕地8400余亩，种植玉米4500余亩、枸杞150亩、黄花2300亩、苜蓿20余亩、核桃140亩、葡萄1290亩。有种植合作社5家。截至2021年底，修建了7900多亩农田灌溉与排水设施（主要是农渠和毛渠）。硬化乡村道路34.6公里，日运行通村公交6班次；更换自来水管道13.74公里，建配套建筑物90座；铺设生产路36公里，铺设面包砖23224平方米；建黄花菜晾晒场、烘干房、冷库及其附属设施各1座；建村庄旅游休闲公园、村旅游生态餐厅、旅游驿站、村垃圾填埋场各1处；建幼儿园1所；改造农家乐民宿11户；安装太阳能路灯250盏；建村文化大院1处；安装体育健身器材6套；建村党校和图书馆，藏书5万多册。全村实现巷道硬化率100%、自来水入户覆盖率100%、安全住房覆盖率100%、生活用电覆盖率100%、4G网络信号覆盖率100%、广播电视覆盖率100%、宽带覆盖率90%。

【红关村】

红寺堡镇红关村下辖5个村民小组，有837户2764人，常住人口813户2607人。有党员78名，被评为三星级党组织。全村耕地面积8084亩，主导产业以种植、养殖和劳务输出为主，其中枸杞种植195亩，黄花种植337亩，中药材种植370亩，玉米种植6964亩，育苗218亩；羊存栏16258只、猪存栏2260头、牛存栏576头、鸡存栏23210只。全村个体经营58户，从事运输业78户，外出务工超过820人次，劳务收入1600余万元，占户均收入51%以上。

【和兴村】

和兴村位于红寺堡城镇西北部距离城区不足1公里，是一个自发移民村，该村人口主要来源于兴旺村二次移民搬迁工程、城西防护林工程、"爱心"慈善工程和危窑危房改造工程4个移民安置工程，有常住人口497户2207人，其中农业户487户2171人，非农业户10户36人。村委会有人员5人，党员21人（包含1名预备党员），有低保30户49人。和兴村2014年被确定为建档立卡一般贫困村，2020年脱贫出列，2021年农民人均可支配收入13300元，村集体经济收入11.5万元。依托周边的宁夏凯仕丽葡萄种植基地、百瑞源枸杞种植基地、甜瓜种植基地等农业企业和区内外建筑工地，年内稳定就业560余人。全村有分散养殖户105户，养殖肉牛、基础母200头，肉羊、基础母羊3910只，养鸡5235只。和兴村共有土地2000亩，主要种植葡萄、黄花菜，其中种植葡萄620亩、黄花菜300亩、经果林200亩、玉米500亩、苗木260亩、其他农作物120亩。村级主路及所有巷道全部硬化，修建村级综合文化活动中心1处，文化舞台广场1处，幼儿园1所，便民卫生室1所，配有1名医生。配备道路垃圾箱160个，专人负责清理垃圾。实现村组路网、宽带网络、通信信号、广播电视全覆盖，安全饮水普及率达100%。

（姚嘉欣）

太阳山镇

【概　况】

太阳山镇东与盐池县接壤，西与柳泉乡为邻，南接同心县，北连灵武市，有红寺堡区"东大门"之称。镇政府驻地太阳山开发区，距红寺堡城区55公里，行政区划面积1080平方公里，辖买河、田原、红星、周圈、周新、巴庄、小泉、塘坊梁、潘河、兴民、白塔水11个行政村、40个村民小组，截至2021年底，常住人口3617户13058人。太阳山镇产业发展以种植业和养殖业为主，耕地面积105536.7亩，种植小麦18412亩（其中春小麦1510亩、冬小麦16902亩）、玉米58571亩（其中籽粒玉米47291亩、青贮玉米11280亩）、杂粮4180亩、油料作物100亩、黄花菜7619.31

亩、经果林 1290 亩、苜蓿 942 亩。养殖肉牛 0.32 万头、滩羊 8.4 万只、生猪 0.24 万头、家禽 5.9 万只。

（李小如）

【特色产业】

2021 年，太阳山镇累计种植黄花菜 7619.31 亩，全年鲜菜产量达 12355 吨，干菜总产量达 1765 吨，年总产值约 7760 万元，人均黄花菜收入达 5100 元。太阳山镇多次邀请黄花菜种植专家张青云教授对太阳山镇各村黄花菜种植户就科学施肥、蓟马防治等实用技术进行专业培训，积极跟进病虫害防治工作，减少农户损失，为进一步推动黄花菜产业高质量发展打下坚实基础。黄花菜逐渐成长为红寺堡区的增收支柱产业之一。

（常　昊）

【草畜产业】

2021 年，太阳山镇共有草原面积 62 万亩，种植苜蓿 942 亩，滩羊养殖 8.4 万只，肉牛养殖 3252 头，养殖专业合作社 24 个，建成 5 座集中养殖园区。2021 年兑付资金 3050.19 万元，见犊补母项目共计补助 44.8 万元，草原生态补偿共计奖励 532.42 万元，农业特色优势产业（饲草料）补助项目共计补助金 370.37 万元，圈棚建设补助项目共计补助 1598 万元，滩羊选育项目共计补助 52 万元，脱贫户（边缘易致贫户）帮扶产业共计补助 452.6 万元。

（常　昊）

【劳务产业】

2021 年，太阳山镇转移就业农村劳动力 3379 人，其中脱贫户劳动力 1244 人，占总转移劳动力人数的 37%；购买乡村公益性岗位 180 人，在岗人数 119 人，发放资金 243 万元；购买铁杆庄稼保 2289 人，完成率 107%。进行失业登记、就业困难人员认定、灵活就业登记共 26 人；参加技能培训 110 人，完成率 63%；发放务工补贴 186 户，金额 61.8 万元；发放交通补贴 27 人，金额 4.05 万元；发放驾照补贴 2 人，金额 1 万元。举办大型招聘会 3 次、小型招聘会 100 余次，发动宣传车辆 500 余次，接听群众咨询电话 500 余次，接待咨询群众 1200 余人，发放宣传资料 1.2 万份。周新村、田原村开展为期两周的电焊工、砌筑工技能培训班，参加学员 110 人。

（马荣茂）

【乡村振兴】

2021 年，太阳山镇开展 2 次到户产业补助验收，共验收符合条件的脱贫户、边缘易致贫户及重困难户 564 户，涉及补助资金 439.8 万元。滩羊选育项目补助农户 52 户，涉及补助资金 52 万元。见犊补母项目补助农户 227 户，涉及补助资金 25.3 万元。推荐 162 人实现进厂稳定务工，3379 人实现外出务工（其中脱贫户、边缘易致贫户和严重困难户 1209 人）。调整帮扶责任人 261 名，确保全镇 1047 户脱贫户、24 户监测户都有帮扶责任人。协调红寺堡区调整 11 个行政村结对帮扶单位共 21 家。保障农村低保对象 1240 人，支出 396.72 万元；保障特困供养人员 23 人，支出 10.716 万元；临时救助 108 人次，支出 18.64 万元。以产业转型、稳岗就业、帮扶等方式带动农户增收致富。

（宋小玉）

【人口发展】

2021 年，太阳山镇出生 141 人，人口出生率 8.089‰，人口出生政策符合率 81.36%。发放生育服务证121户，其中：一孩57户，二孩48户，三孩27户。

（刘　洋）

【环境整治】

2021年，太阳山镇对辖区河道沿线垃圾、违规围垦、乱采乱挖等现象进行整改。对11个村老庄点及违法建筑进行排查，全年共拆除老庄点38处，出动推土机3辆。累计出动执法车辆500余次、保洁员400人次，动用机械340工时，清除垃圾300余吨，河道环境得到有效改善，乱采乱挖现象基本消除。栽植经果树1.2万株、绿化树木1.1万株。对40个村民小组道路沿线、巷道进行全方位全覆盖排查清理，各村发动群众出工15000余人次，做到垃圾日产日清，出动垃圾清运车12辆，清理垃圾110余吨，做到全天候保洁。确定专人对公共场所实行卫生责任包片、包段，定期集中整治环境，清理制止垃圾乱倒、柴草乱放、占道乱建等现象，对侵占村组和生产道路的现象进行清理整顿。

（张　军）

【社会保障】

2021年，太阳山镇有残疾人528人，其中一级残疾56人，二级残疾213人，三级残疾142人，四级残疾117人，两项补贴共发放85.393万元，为各村残疾人免费发放轮椅、坐便椅、单拐、双拐、血压计等辅助器具90余件。每季度持续为精神病患者发放药品（共10人服药）。无障碍改造共38户，"阳光助残"项目共计27户，发放资金10.8万元。有低保858户1230人，累计发放低保金额403.35万元；受理高龄津贴99人次，累计发放津贴30.25万元。受理临时救助122户，救助特困人员18户22人，发放津贴10.21万元。2021年，缴纳医疗保险人数为12893人，零缴费人数为302人。城乡居民基本待遇领取人数1325人，发放总额约384万元，社会保险死亡待遇领取新增人数49人，医保电子凭证激活人数达8722人，电子社保卡激活人数4000余人。

（刘采燕、张会娟）

【社会管理】

2021年，太阳山镇围绕平安建设和县域社会治理现代化试点工作，累计向群众发放普法宣传、扫黑除恶、电信诈骗、铁路护路、禁毒等宣传彩页1500余份，制作横幅30余条，在"巍峨太阳山"公众号发布相关信息50条。开展政法系统教育整顿和常态化扫黑除恶斗争工作，会议传达学习10余次。在红四干五村推动农村"村村享"和高空瞭望工程，主要巷道安装视频监控88个。网上和窗口共受理信访投诉事项25件，全部予以口头或书面答复，处理矛盾纠纷70余件，化解率100%。

（张国平）

【廉政建设】

2021年，太阳山镇贯彻落实党风廉政建设责任制，推进党风廉政建设工作。始终把党风廉政建设和反腐败工作摆在重要位置。年初召开党风廉政建设暨反腐败工作会议，全面总结2020年党风廉政建设和反腐败工作并安排部署2021年党风廉政建设和反腐败工作。对太阳山镇党风廉政工作任务进行细化分解，推动工作落实，建立起党风廉政建设和反腐败工作长效机制。突出抓"一把手"，发挥"一把手"在落实党风廉政建设责任制中的重要作用。镇党委书记履行"第一责任人"职责，做到重要工作亲自部署，重大问题亲自过问，重点问题亲自督办，将党风廉政建设责任制的落实与经济社会工作同研究、同部署、同落实、同检查。班子成员履行"一岗双责",带头学习党纪法规,带头遵守党的政治纪律和组织纪律,带头遵守中央八项规定。制定全面从严治党主体责任清单、问题清单和问责清单,梳理太阳山镇党委领导班子全面从严治党主体责任内容19条,党委书记全面从严治党主体责任内容7条,党委全面从严治党问题2条,党委落实全面从严治党问责内容1条,提出具体措施和要求,明确责任人及完成时限。

(李雯雯)

【基层党建】

2021年,太阳山镇党委下设13个党支部,其中机关党支部1个,非公党支部1个,农村党支部11个。共有党员332名,其中机关党员30名,非公党员4名、农村党员298名。组织党员干部开展集中学习50余次,交流研讨8次,观看讲座6次、红色电影2次,开展党史知识竞赛2次,组织党员干部撰写研讨材料500余份、心得体会200余篇,掀起"学史明理、学史增信、学史崇德、学史力行"的热潮。太阳山镇把基层党建作为各项工作的突破口,发挥党支部的统领作用,探索"432"党建工作模式("4",即定期召开党建工作例会、定期研究重点工作、定期查找薄弱环节、定期跟踪督查落实的"四定期"党建工作法;"3",即加强村"两委"班子成员、驻村工作队员、农村党员"三支队伍";"2",即创办"巍峨太阳山"公众号,创新党建载体"两个平台"),创建二星级村党组织5个,三星村党组织2个,四星村党组织1个。

(丁 娟)

【精神文明建设】

2021年,太阳山镇开展理论宣讲、志愿服务等活动1000场次。打造"青年之家"、"工会之家"、标准化基层武装部阵地、"人大代表之家"、电子阅览室、体育馆等活动场地,整合党员活动室、村级文化大院等资源,各村文化广场已全部建成,光照设施、体育器材、农家书屋等配备齐全,能够为群众提供参与社会实践的平台,丰富群众业余文化生活。通过"巍峨太阳山"公众号、微信群等新媒体平台积极开展线上宣传,推送精神文明建设相关文章2000余条,印发宣传彩页1000余份,制作宣传栏20余幅,宣传标语500余条、景观小品1座,发放宣传品3000余份、绘制文化墙8000余米,营造良好宣传氛围。

(李玲玉)

【旅游乡村建设】

2021年,太阳山镇依托乡村自然景观和民俗风情,建设白塔水村乡村旅游项目。白塔水村位于太阳山镇北侧,草原面积广阔,碧水蓝天,百草丰茂。由于天然风力作用,形成特有的沙漠、草原及湖泊交相辉映景观。大草原也是风电、光电项目示范基地。自2010年开发建设以来,由于其独特的地域优势和自然光照条件,已有12家企业落户并建成风力和光伏发电站,初步形成现代工业风能与草原、湖泊相辉映的独特生态观光地。

【黄花菜采摘节】

2021年7月14日,太阳山镇机关党支部联合各村党支部在买河村黄花菜地里开展"学党史、采黄花、聚力量"黄花菜采摘比赛,此次黄花菜采摘比赛共有来自机关党支部、各村党支部的12支代表队伍参赛。

【农民运动会】

2021年,按照"一村一活动、一月一个村"的思路,太阳山镇11个行政村根据各村实际,组织开展了篮球、广场舞、黄花菜采摘比赛等趣味活动。丰富群众精神文化生活，展现群众小康路上生动实践和发展成果。

（杨　龙）

【农民讲习所】

2021年，太阳山镇11个行政村均已建成新时代文明实践站，结合新时代文明实践所建设要求，太阳山镇完善办公设施、远教站点、文娱设备等基础设施，开展各类宣讲活动，结合主题党日、党的十九大及"七一"精神宣讲活动，把讲习所建成党员经常性教育的基地、党员志愿者发挥作用的舞台、联系群众的纽带、教育群众的阵地、服务群众的窗口，2021年共开展60余次讲习活动，1500余名群众从中受益。

（李玲玉）

【周新村】

周新位于太阳山镇西南15公里处，为引黄灌区，行政区域面积约34平方公里，于2006年开发建设，辖5个村民小组，其中移民小组两个，分别是泾源组、彭阳组。2021年，周新村人口总数为732户2526人，其中在册常住人口528户1951人，实际在周新村常住的有407户1460人，长期在外务工的有262人，在韦州和其他地方暂住的有121户491人，全村享受最低生活保障人数233户374人，有二级以上残疾人40人，特困户4户5人，孤儿5人，享受高龄津贴14人，全村有脱贫户260户921人，"三类监测对象"3户9人（其中脱贫不稳定户2户7人，边缘易致贫户1户2人）。耕地7882亩，种植黄花菜5010余亩、玉米2300余亩。有2家种植合作社，解决村民就近务工200人次。发展种植专业合作社5个，致富带头人创办黄花菜专业合作社3家，黄花菜销往广州、上海、北京、福建等地，2021年约销售干菜500余吨。有滩羊11478只，肉牛724多头，有家庭农场1个。有全日制小学1所，在校学生128名，教师11名；标准化幼儿园1所，教师5名，在园幼儿53名；2021年新考入大专及以上大学生9名。全村义务教育阶段无辍学学生；有标准化村卫生室1所，配备持有乡村医生资质的村医1名，实现基本医疗保险，养老保险应缴尽缴。通信信号、4G网络实现全覆盖。有村级文化舞台1座，文化广场580平方米。

【兴民村】

兴民村距太阳山镇政府驻地13公里，原属盐池县管辖，2010年6月划入红寺堡区。2014年识别为贫困村，2016年脱贫出列，全村共有农户272户879人，常住人口272户875人，脱贫户35户110人，边缘易致贫户1户4人。村"两委"班子成员5人，有党员17人，预备党员1人，发展对象3人。全村耕地面积5593.2，其中水浇地4200亩，旱耕地1393.2亩。黄花菜种植面积3200亩，有13个黄花菜农民专业合作社。养殖户50户，养殖滩羊3000余只。有全日制小学1所，村级卫生室1个，村级组织活动阵地350平方米，村内自来水全部入户，移动、联通、电信等通信网络、电视网络覆盖率100%。村党支部、村委会、村监会、妇联等组织机构健全。定期召开集体会议。有村级文化舞台1座，文化广场350平方米。

【巴庄村】

巴庄村含村民小组4个，全村共有685户2160人，有村干部5名，驻村工作队员3人，党员32名。2014年识别为贫困村，2017年脱贫出列。有土地面积约96平方公里，其中草原147850亩，有高效节能水浇地16000亩。有低保户96户

122人；残疾人111人，享受残疾津贴74人；60岁以上享受养老金210人，享受高龄津贴17人；大病集中救治11人，慢性病签约134人，重病兜底21人；家庭医生签约服务274户730人。先后投入扶贫资金和基础设施建设及续建资金共计1679万元，开发公益性岗位50个。2021年人均收入14000元，村集体经济收入29.5万元。支柱产业为种植、养殖、劳务输出。有旱耕地15000亩，种植冬小麦4000余亩，杂粮4000余亩，种植紫花苜蓿12000余亩。有种植合作社1家，解决村民就近务工50多人次。有养殖合作社1家，养殖户165户，羊存栏30000余只，先后新建圈棚100多座、青储池30多座，2021年养殖业收入1000万元左右。全村有劳动力1200人，外出务工超过700人次，劳务收入1500万元左右。巴庄村累计硬化道路18.8公里，铺设生产路4.5公里，修建排碱沟2公里，所有农户通照明电，通信信号、4G网络实现全村覆盖。有村级文化舞台1座，4个组都建有活动中心，文化广场500平方米。

【红星村】

太阳山镇红星村位于买韦公路沿线，距离红寺堡区和太阳山镇分别为34公里和22公里，于2006年移民开发建设。全村有耕地面积6460亩（其中水浇地面积5874亩）。总住户311户979人，本村常住户186户591，脱贫户80户219人全部脱贫。边缘易致贫户1户4人；脱贫不稳定户1户2人；低保户68户88人；残疾人22人，其中一、二级残疾8人，三、四级残疾14人，享受残疾津贴7人；60岁以上享受养老金88人。开发公益性岗位34个。全村分2个村民小组。村"两委"班子成员5人，党员16人，驻村工作队员2人。主要支柱产业为种植业、养殖业。种植业以玉米和黄花菜为主。有种植合作社2家、养殖合作社1家，养殖户120户（其中肉牛养殖户7户，羊养殖户113户），肉牛存栏90余头，羊存栏8000余只。全村劳动力486人（其中持有职业技能资格证25人）。累计硬化道路12公里，铺设生产路4公里，日运行通村公交3班次。所有农户通照明电，通信信号、4G网络实现全村覆盖。有村级文化舞台1座。

【潘河村】

潘河村地处太阳山镇东南部7公里处，于1994年开发建设，全村总面积56平方公里，耕地面积17000亩，辖村民小组8个，常住人口332户1125人。有党员38名，入党积极分子3名，预备党员1名，转为正式党员1名。村"两委"班子成员5人。人均收入1万元，2021年壮大村集体经济收入12.26万元。主要产业为种植业、养殖业。有种植养殖合作社22家，解决村民就近务工600人次，特色产业黄花菜种植面积达到1100亩，滩羊存栏量7000只。以特色产业初级加工为延伸，建设村集体100吨冷库1座，晾晒场占地30亩左右。累计硬化道路26公里，铺设生产路35公里。所有农户通照明电，10余户农户通动力电。通信信号、4G网络实现全村覆盖。有村级文化舞台1座，文化广场1300平方米。

【塘坊梁】

塘坊梁村位于太阳山镇南10公里处，东靠太阳山镇潘河村，西靠韦州镇旧庄村，南靠同心县韦一村，北靠太阳山镇巴庄村，有塘坊梁、丁家圈、红沙窝3个组，共计343户1199人，其中，常住人口341户1136人，非常住户38户117人，空挂户1户1人，低保户35户47人，脱贫户38户134人，监测户5户13人。单老户1户1人，残疾人75人，其中一、二级残疾人数42人。大病集中救治2人，慢性病签约123人，家庭医生签约服务205户818人。村党支部、村委会、村监会、妇联等组织机构健全。全村共有党员27名（预备党员1名），积极分子4名。定期召开集体会议，对各村民小组上报事项进行会审，通过"55124"形式予以公示，接受群众监督。先后获吴忠市红寺堡区先进党组织、文明村、平安村庄、五个好党支部等荣誉称号。主要产业有石料开采加工运输、肉牛滩羊养殖、农作物种植等。耕地面积9600亩，主要种植玉米、小麦、黄花菜，其中玉米种植面积3200亩，总产量2500吨，小麦2200亩，总产量220吨。羊只存栏7200只，肉牛存栏530头，生猪存栏32头。退耕还林7188亩（其中旧有退耕还林4238亩，新一轮退耕还林2950亩），退牧还草49400亩。有种植合作社1家，养殖合作社6家，解决村民就近务工530人。农户收入稳定增长。通信网络、电视网络覆盖率100%，宽带实现全覆盖。

【小泉村】

小泉村位于红寺堡区以东60公里处，处太阳山开发区，太阳山镇中心区。东与盐池县惠安堡镇接壤，南接太阳山镇塘坊梁村，西与白塔水、巴庄村毗邻。成立于2004年，全村下辖6个村民小组（凤凰台组、烂山子组、白疙瘩组、小泉组、林小庄组、牛记圈组），有户籍人口628户1935人，其中有巩固脱贫户121户261人。2021年人均收入可达到14500元。村"两委"成员5人，党员37名（含2名预备党员），其中流出党员4名。土地面积约120平方公里，其中草原110267.2亩，有耕地14678亩，种植黄花菜1040亩，枸杞550亩，牧草300亩，青贮玉米700亩，玉米2650亩。旱耕地种植杂粮4000余亩，年增收600余万元。有养殖户93户，养殖滩羊存栏6300余只，肉牛存栏320头。合作社4家。引导约310名村民就近工厂长期务工，2021年务工收入260余万元。组织全村运输车辆、装载机、挖掘机、工程承揽进入企业创收，年均创收约1000万元。村集体收入，2018年18万元，2019年15万元，2020年11万元，2021年12万元，累计村集体收入达70多万元。依靠338国道、盐中高速、太中银铁路、211国道、银西高铁的优越条件，开设商店27家、宾馆8家、餐饮14家。所有农户通照明电，通信信号、4G网络实现全村覆盖。有村级文化舞台1个，文化广场40平方米。

【白塔水村】

白塔水村临近大罗山旅游区，处在环罗山生态文化旅游区板块内，位于太阳山镇北15公里，区域面积346.67平方公里，辖白塔水组、红墩子组2个村民小组。有常住人口266户979人，脱贫人口23户65人，贫困发生率为0.33%，低保户27户35人，监测户2户7人，残疾人口23户26人，享受残疾津贴11人，公益性岗位8个。白塔水村有党员39名，村"两委"班子5名，驻村工作队员1名。村民主要收入为种植养殖及务工收入。全村共有耕地8471.8亩（其中水浇地4409.01亩，旱耕地4062.79亩），种植玉米4250亩，杂粮4062.75亩，苜蓿100亩，黄花菜50余亩。退耕还林16169亩，承包农牧民奖励补贴219608亩。全村肉牛存栏550头，滩羊存栏16000多只，生猪3100头。有种养殖合作社9家。全村有劳动力468人，劳务经纪人2人，2021年外出务工442人次，劳动收入达200万元。发展壮大村集体经济年收入6万元，2021年白塔村人均纯收入13600元。通信信号、4G网络实现全村覆盖。有村级文化舞台1座，文化广场

800平方米。

【买河村】

买河村于2006年开发建设，有村民小组2个，人口312户1073人，其中本村户籍302户1038人。常住人口239户841人，其中自发移民10户35人，残疾人15户16人，低保户37户57人。2014年识别为贫困村，先后投入扶贫资金5172万元，2017年脱贫出列。全村脱贫户100户331人，监测户1户4人。2021年，农民人均可支配收入9800元，有村"两委"班子成员5人，驻村工作队员3人，党员27名。以种植业和养殖业为主、劳务输出为辅。全村共种植黄花菜1000余亩、玉米5130余亩、青贮玉米300余亩、优质牧草270亩、经果林300亩。全村羊存栏7000余只，牛存栏270头。累计硬化道路11.2公里，铺设生产路33公里，配套太阳能路灯162盏，完成买韦公路买河村段建设，公交车通往红寺堡区及周边城镇，日运行通村公交4班次。所有农户通照明电，2户农户通动力电，通信信号、4G网络实现全村覆盖。有村级文化舞台1座，文化广场500平方米。

【田原村】

田原村位于罗山东麓、买韦公路沿线，距离红寺堡城区32公里，距离太阳山镇25公里，于2006年移民开发建设，面积15平方公里，有耕地面积7301.69亩。全村共有3个村民小组，常住人口206户885人，脱贫户58户231人。村民主要收入来源为种植养殖，种植以黄花菜、玉米和小麦为主，养殖以肉牛、滩羊为主。截至2021年，黄花菜种植930亩，玉米种植5500亩，小麦种植723亩；牛存栏861头，羊存栏2450只，建设圈棚144座、青储池52座。2021年，全村人均可支配收入11800元。有两个扶贫车间，其中2018年建成服装加工厂，吸纳本村及附近村民140人就业。2019年建成黄花菜加工厂，主要对黄花菜进行烘干、储藏。有2个村集体合作社，分别为田原村股份经济合作社和田原牧歌土地股份专业合作社。村"两委"班子成员5人，有党员3人，入党积极分子2人，2021年田原村党支部被评为二星级党组织。全村有党员5人，其中女性党员1人，少数民族党员5人，35岁以下党员1人，50岁以上党员1人。行政村设网格员7人，网格管理覆盖3个村民小组206户885人。电、通信、网络实现全村覆盖。有村级文化舞台1座，建成老年人饭桌、图书室、电子阅览室、党员活动中心和便民服务中心等配套设施。

【周圈村】

周新村位于太阳山镇西南15公里处，为引黄灌区，行政区域面积约34平方公里，于2006年开发建设，辖5个村民小组，其中移民小组两个，分别是泾源组、彭阳组。2021年，周新村人口总数为732户2526人，其中在册常住人口528户1951人，实际常住人口407户1460人，脱贫户261户923人，低保户238户382人，有二级以上残疾人40人，特困户4户5人，孤儿5人，享受高龄津贴14人，脱贫户260户921人，"三类监测对象"3户9人（其中脱贫不稳定户2户7人，边缘易致贫户1户2人）。长期在外务工的有262人。有耕地7882亩，种植黄花菜5010余亩，玉米2300余亩。全村有滩羊11478只，肉牛724多头，有家庭农场1个。有全日制小学1所，在校生128名，教师11名；标准化幼儿园1所，教师5名，在园幼儿53名；2021年新考入大专及以上大学生9名。全村义务教育阶段无辍学学生。有标准化村卫生室1所，配备持有乡村医生资质的村医1名，实现基本医疗保险全覆盖，养老保险应缴尽缴。累计硬化道路26

公里，铺设生产路 18.5 公里，日运行通村公交 4 班次。所有农户通照明电，60 户农户通动力电。通信信号、4G 网络实现全村覆盖。有村级文化舞台 1 座，文化广场 580 平方米。

大河乡

【概　况】

大河乡位于红寺堡区西南部，南与同心县接壤，西与中宁县为邻，乡政府驻地大河村，距离红寺堡城区 12 公里，344 国道、恩红公路、红九路贯穿全乡，交通便利。大河乡辖红崖、大河、河西、龙泉、龙兴、龙源、麻黄沟、平岭子、石坡子、石炭沟、乌沙塘、香园、开元 13 个行政村，行政区域面积 560.6 平方公里，耕地面积 104930 亩，户籍人口 7291 户 27656 人，常住人口 7572 户 29963 人。

【特色产业】

2021 年，大河乡特色产业种植 2.95 万亩，其中枸杞 5500 亩、黄花菜 9000 亩、硒甜瓜 800 亩、牧草 3400 亩、经果林 2800 亩、中药材 500 亩、露地蔬菜 1500 亩，打造龙兴、乌沙塘等村 1700 亩经果林基地和龙源村 2233 亩高效节水示范区精品点；打造石炭沟、河西两个千亩紫花苜蓿种植基地，种植优质牧草 1678 亩。

【养殖业】

2021 年，大河乡推行出村入场，在龙兴村建立滩羊养殖场，深化"企业＋合作社＋农户"养殖模式，示范带动龙源、龙兴、平岭子、开元、大河、河西等村发展滩羊、肉牛、家禽养殖，扩大养殖规模，实现全乡肉牛存栏 1.88 万头，羊存栏 17 万只，家禽存栏 20 万羽。

【劳务产业】

2021 年，大河乡农村劳动力转移就业 7800 余人，转移脱贫户 4930 人。坚持以技能提升促收入提级，协调青松、新商务等职业技术学校，在 13 个村开展养殖技术、家政服务、中式烹饪等精准脱贫技能培训，培训脱贫户 275 人次。及时兑付区域转移就业交通补贴 31.95 万元，为 1269 名村民发放 1269 名务工奖励 353.4 万元，为 116 名就近务工人员补贴 32 万元，中小微企业吸纳稳定就业补贴 33.2 万元。

【乡村振兴】

2021 年，大河乡开展各类惠农项目，其中经营主体流转土地补助项目 4 个，涉及土地 5731.1 亩，补助 57.31 万元，复种农作物补贴项目涉及农户 326 户，共补贴 1626.8 亩、16.268 万元；耕地地力保护补贴涉及农户 6757 户，共补贴 76133.46 亩、558.43 万元；种粮农民一次性补贴涉及农户 5749 户，共补贴 73221.64 亩、76.37 万元；农业抗旱救灾补贴项目 10 个，涉及农户 4522 户，共补贴 40397 亩、46.45655 万元；涉农企业合作社示范带动项目 8 个，共补贴 76 万元。

【基础设施建设】

2021 年，大河乡共实施项目 18 个，其中，社会投资项目 4 个，分别是小城镇三期、四期、五期、大河之洲。政府投资项目 14 个，总投资 5736.98 万元，其中，基础设施建设 5 个，分别是大河乡 310 斗渠维修改造项目、大河乡田间生产路项目、大河乡村庄内涝治理项目、红崖村文化广场及巷道改造项目、红寺堡区大河乡高标准重点小城镇建设项目，投入资金 2378.76 万元；人居环境改善 6 个，分别是大河乡 2021 年人居环境提升项目、大河乡人居环境整治项目、大河乡美丽村庄基础配套项目、大河乡乡村振兴示范村建设项目、红寺堡区农村公益事业大河乡香园村道路改造项目、红寺堡区农村公益事业大河乡龙兴村人行道铺设项目，投入资金2126.95万元；产业发展配套项目3个，分别是大河乡龙源温棚改造提升项目、大河乡滩羊养殖示范园区建设项目、大河乡乌沙塘村温棚改造提升项目，投入资金1231.27万元。

【环境整治】

2021年，大河乡实施全乡村庄巷道绿化工程，推进农村人居环境整治三年行动，打造2021年人居环境示范村3个，为乌沙塘村、龙兴村、香园村。确定整治任务和目标，共清理垃圾5.6万余吨、"三堆"4.3万余处，清扫巷道450余公里，砌护院墙876户，改厕1133座，依法取缔废品收购点6处，拆除私搭乱建3500余处，整修林带3560余亩，清理沟河道59.3公里，乡村人居环境质量全面提升。

【社会保障】

2021年，大河乡新增低保户103户113人，清退低保户148户185人。对因病、因残、因灾、因学等各种特殊原因造成基本生活出现暂时困难的家庭，给予非定期、非定量的临时救助，审核上报542户，发放困难群众救助资金122万元。坚持分类施策，对73户鉴定为D级的危房进行改造。推进6个已建成的村级老年饭桌常态化运营，提高农村养老服务水平。

【社会管理】

2021年，大河乡实施三级网格化服务管理机制，常态化开展"红袖标"义务巡防工作，排查摸底各类社会矛盾纠纷78起，其中，婚姻家庭纠纷9件，土地纠纷39件，其他纠纷30件。办理上级信访平台转办件16件，接待来访62件，成功化解76件。受理"12345"便民服务平台转办诉求103件，成功办理98件。坚持防控工作"一盘棋"思想，以基层党员、先进典型、网格员等为主要力量，联合派出所、综合执法办公室、卫生院，按照"依法防控、分类施策"原则，推进疫情防控常态化。

【廉政建设】

2021年，大河乡坚定不移深入学习贯彻习近平总书记关于进一步纠正"四风"、加强作风建设的重要指示精神，严格执行中央八项规定，压紧压实管党治党政治责任，班子成员带头落实"一岗双责"，党委会议研究部署党风廉政建设工作2次。结合党史学习教育，开展"廉政警示教育周"活动，组织乡村两级干部集中学习26次，观看警示教育片，开展廉政谈话1020余人次。对73名新当选的村干部进行集中培训，要求新任村干部严格按照制度、流程办事，正确行使权力。纪委把查办案件放在突出位置，坚决解决群众身边的违纪问题。2021年处置问题线索13件，其中，初核了结9件，立案审查4件5人。

【基层党建】

2021年，大河乡坚持贯彻落实乡党委书记、党支部书记抓党建"四个清单"和述职评议考核制度，常态化开展党史学习教育，聚焦"一抓两整"示范县乡创建行动，狠抓农村基层党组织建设，持续抓好移民村"一村一案"成效提升。完成乡镇和13个行政村换届选举，选出乡党委委员10名，村"两委"成员73名。村党支部书记大专以上学历6人，同比增长39%；平均年龄44.83岁，同比下降2.5%。"一升一降"明显，"一肩三挑"占比达

乡 镇

到46%。深入实施"两个带头人"工程，培育致富带头人215名，后备力量68名。支持3名村干部实施学历提升计划。从严从实做好党员教育管理工作，突出政治标准，严把发展党员质量，重点从致富带头人、外出务工经商返乡人员、退役军人中发展党员，发展党员15名。

【自身建设】

2021年，大河乡共召开党委理论学习中心组学习15次、干部例会集中学习53次、党史学习教育专题组织生活会14次。围绕"传承党的百年光辉史基因、铸牢中华民族共同体意识""七一"重要讲话精神讲专题党课28次。围绕"六个进一步"、"传承党的百年光辉史基因、铸牢中华民族共同体意识"、"七一"重要讲话精神、党的十九届六中全会5个专题开展研讨交流20余次。开展党史学习教育应知应会测试9次，提交党史学习教育心得240余篇。在"五彩大河"微信公众号上开设"中国共产党人的精神谱系""我在基层议全会"等专栏，多方式、多平台讲好党的故事，奏响时代强音。

【精神文明建设】

2021年，大河乡评选"六个先锋"示范户391户，大力宣传移风易俗先进典型，弘扬社会新风正气；严格按照自治区文明村镇标准，完善各项规章制度，丰富群众性活动，巩固拓展大河乡文明乡镇成果，香园村被评为自治区级文明村镇。

【红崖村】

红崖村位于大河乡政府西侧，恩红公路临村而过，距离大河乡政府10公里，距红寺堡城区20公里。自2001年开发建设以来，主要安置隆德、海原两县的移民群众，设白路和红崖2个村民小组。于2014年被自治区确定为重点贫困村，2016年脱贫出列。全村有常住人口524户2127人，其中脱贫户207户844人，低保户39户52人，残疾人45户49人。全村共有水浇地7260亩，人均耕地面积3.8亩。在基层党建方面，按照乡党委关于做好换届选举工作要求，完成村党支部和村民委员会换届选举，有村干部6名（村党支部书记兼主任1名，支部副书记1名，支委1名，村委委员3名），党员28人（预备党员1名），入党积极分子2名。人保寿险宁夏分公司派驻驻村工作队员3人，驻村第一书记1名，工作队员2名。在产业发展方面，以肉牛肉羊养殖以及黄花菜、玉米种植为主。种植黄花菜1000亩、玉米4200亩、小麦300亩、苜蓿680亩。肉牛存栏1226头，肉羊存栏7445只，从事种植养殖和务工收入的农户超过300户。2021年全村人均可支配收入12000元。在项目建设方面，修建文化广场1处，为群众提供休闲、娱乐、文化活动的场所。争取财政局"一事一议"项目资金100万，完成主巷道面包砖铺设。在人居和生态环境建设方面，充分整合各方力量，发动群众积极清扫各家庭前后院环境卫生，调动公益性岗位人员逐条逐巷进行村庄道路整治。

【大河村】

大河村位于乡政府驻地，距离乡政府1.3公里，距离红寺堡区10公里。大河村是1998年与1999年由西吉、彭阳两县居民经1236工程搬迁至此组建而成的新村，于2013年底被自治区确定为重点贫困村，2017年脱贫出列。全村有常住人口1250户4888人，其中脱贫户268户1059人，低保户96户116人，残疾人74户76人。全村有水浇地13321.83亩，人均耕地达2.7亩。在基层党建方面，按照乡党委关于做好换届选举工作要求，完成村党支部和村民委员会换届选举，有村干6名（党支部书记1人，委员2人，村委会主任1人，村委会委员2人），全村有正式党员66人（预备党员1名）。吴忠市中级人民法院派驻驻村工作队员3人，驻村第一书记1名，工作队员2名。在产业发展方面，种植玉米9636.9亩、黄花菜676亩、小麦1200亩、玉米套种大豆98.6亩、枸杞500亩。大力发展养殖产业，全村肉牛存栏1800头以上，羊存栏21400只以上，鸡1170羽。有种养殖收入的家庭800余户，有务工收入的家庭560余户。截至2021年底，人均纯收入达11600元。在项目建设方面，在红寺堡区委组织部的帮扶下，争取涉农资金100万元发展村集体经济；为方便群众出行，翻修主干道路2千米；争取项目资金100万元，对310斗渠破损渠板进行更换。

【河西村】

河西村位于大河乡政府西侧，距离大河乡政府10公里，距红寺堡城区20公里。村民以2001年海原县李俊乡水磨湾水库淹没区搬迁移民为主，后期海原、西吉等地农民自发迁徙到此。于2014年被自治区确定为重点贫困村，2017年脱贫出列。全村有常住农户489户2075人，其中脱贫户138户585人。全村有残疾人14人。享受低保待遇户69户129人，领取养老金136人。人均耕地达2.9亩。在基层党建方面，按照乡党委关于做好换届选举工作要求，完成村党支部和村民委员会换届选举。有村干部5名（村党支部书记兼主任1名，支部副书记1名，支委1名，村委2名），党员16人，入党积极分子5名。自治区审计厅派驻驻村工作队员3人，驻村第一书记1名，工作队员2名。自治区审计厅派驻驻村工作队员3人，驻村第一书记1名，工作队员2名。产业发展方面，以肉牛肉羊养殖以及黄花菜、玉米种植为主。种植玉米5200亩、小麦500亩，新增紫花苜蓿700亩、黄花菜50亩，其他种植约150亩。全村肉牛存栏1900头以上，肉羊存栏4800只以上，有养殖收入的农户超过300户，有务工收入的家庭超过450户，2021年全村人均纯收入达到10750元。在项目建设方面，争取以工代赈项目资金200万元，对村庄巷道进行面包砖铺设。在人居和生态环境建设方面，充分整合各方力量，发动群众积极清扫庭院前后环境卫生。调动公益性岗位人员、义务工逐巷进行村庄道路整治。积极开展"最美庭院""最美家庭""好婆婆""好媳妇"等活动，推动村容村貌发生质的变化。

【龙泉村】

龙泉村位于红寺堡区西部，红九公路南侧，距离红寺堡城区20公里，是2002年开发建设的移民村，以海原县、西吉县移民为主。全村有常住人口753户3258人，其中脱贫户238户981人。残疾人81人，低保户147户202人。在基层党建方面，按照乡党委关于做好换届选举工作要求，完成村党支部和村民委员会换届选举。龙泉村有村干部6人（村党支部书记1人，支部委员2人，村委会主任1人，村委委员2人）。宁夏医科大学选派3名干部驻村帮扶，其中驻村第一书记1名，工作队员2名。有党员38名、预备党员1名、入党积极分子1名。全村有水浇地9961亩，人均耕地面积3亩。种植玉米6526亩、硒甜瓜500亩、黄花菜190亩、紫花苜蓿608亩、枸杞390亩、巴旦木140亩。全村牛存栏1716头、羊存栏6955只，蜜蜂163多箱。有养殖收入的超过500户，有务工收入的家庭超过670多户。2021年全村人均可支配收入12187元。村党群活动中心、民生服务中心、文体活动室、图书室、电子阅览室、党员活动中心和留守儿童中心等场地设施配套齐全，各项基础设施日趋完善，成为村民日常活动、学习和宣传政策的阵地。在项目建设方面，争取以工代赈项目资金205万元，新建广场1处，对村庄主干道路进行面包砖铺设；争取财政局"一事一议"项目资金70万元，对村庄巷道进行面包砖铺设。在人居和生态环境建设方面，实施村庄巷道环境卫生整治，改善人居环境质量。

【龙兴村】

龙兴村位于大河乡政府南侧，盐兴公路北侧，距离大河乡政府4公里，距红寺堡城区19公里。全村有常住人口535户2158人，其中脱贫户有217户852人。全村有残疾人70人，享受最低生活保障101户149人。全村有水浇地9700亩，人均耕地达4.5亩。在基层党建方面，严格按照乡党委关于做好换届选举工作要求，完成了村党支部和村民委员会换届选举，龙兴村有村干部6名（村党支部书记1名，委员2名，村主任1名，村委2名）。吴忠市财政局派驻驻村工作队员3人，驻村第一书记1名，工作队员2名。在产业发展方面，种植玉米5800亩、小麦200亩、枸杞200亩、黄花菜1850亩。大力发展养殖产业，全村肉牛存栏600头以上，羊存栏2.9万只以上。300余户家庭有种植养殖收入，有务工收入的家庭有150余户。2021年底人均纯收入达12780元。在项目建设方面，对村庄东西方向巷道进行面包砖铺设、堆砌花园围墙等工程。投资890万元，新建养殖园区1处，引导群众从散养向规模化养殖转变。

【龙源村】

龙源村位于大河乡政府西侧，恩红公路穿村而过，距离大河乡政府10公里，距红寺堡城区22公里，距大河高速出入口5公里，交通便利。龙源村是"十二五"生态移民村，是2013年从固原原州区和同心县7个乡镇扶贫搬迁而来的，于2014年被自治区确定为深度贫困村，2019年实现整村脱贫出列，2020年贫困户全部脱贫。全村有常住人口444户1995人，其中脱贫户298户1301人，残疾人101户120人，享受最低生活保障245户403人。全村有土地3373亩。龙源村有村干部5名（村党支部书记1名，主任1名，支委2名，村委2名），党员37名，入党积极分子5名。吴忠市检察院派驻驻村第一书记1名、驻村工作队员1名，红寺堡区检察院派驻驻村工作队员1名。全村种植枸杞2233亩、青贮玉米750亩、日光大拱棚450座。建有牛（羊）养殖圈棚214座，全村肉牛存栏1040头以上，羊存栏6400只以上，建有扶贫养殖园区1个，入园优质滩羊2120只。有务工收入的家庭460余户，2021年人均纯收入达10330元。在项目建设方面，争取自治区住建厅专项资金1500万元，对龙源市场两侧进行污水管网铺设、硬化、绿化、面包砖铺设等工程；争取项目资金100万元，对450座温棚进行修缮。

【麻黄沟村】

麻黄沟村位于大河乡政府西侧，恩红公路穿村而过，距离大河乡政府5公里，距红寺堡城区17公里，京藏高速横穿全村，并设置大河高速出口，交通便利。麻黄沟村是1998年由中宁县和海原县两地村民经扶贫搬迁安置到此的生态移民村，于2014年被自治区确定为重点贫困村，2017年脱贫出列。全村有常住人口501户1993人，其中脱贫户139户622人，残疾人33户34人，享受最低生活保障66户96人。全村有水浇地5003亩，人均耕地达2.55亩。麻黄沟有村干部5名（村党支部书记兼主任1名，支部副书记1名，支委1名，村委2名），党员31名。宁夏农业科教仪器物资有限公司派驻驻村第一书记1名，宁夏建设投资集团房地产开发有限公司派驻驻村工作队员1名，宁夏慧源项目管理有限公司派驻驻村工作队员1名。种植玉米2680亩、小麦1053亩、核桃120亩、黄花菜150亩。大力发展养殖产业，全村肉牛存栏500头以上，羊存栏7000只以上。有种养殖收入的家庭300余户，有务工收入的家庭460余户。2021年人均纯收入达11920元。在红寺堡区人武部的帮扶下，争取涉农项目资金112万元，建设麻黄沟村精饲料加工厂；争取项目资金200万元，对龙坑组主干道路进行面包砖铺设、花园围墙堆砌。

【平岭子村】

平岭子村位于大河乡政府西侧，盐兴公路北侧，距离大河乡政府30公里，距红寺堡城区38公里，村民以同心县原纪家乡村民为主。全村常住居民606户2385人，其中脱贫户134户563人，低保户91户140人，残疾人76人，领取养老金153人。平岭子村有村干部5名（村党支部书记1名，主任1名，支委2名，村委1名），党员22名（预备党员1名），发展对象1名，入党积极分子3名。吴忠市利通区税务局派驻驻村第一书记1名，吴忠市盐池县税务局派驻驻村工作队员1名，吴忠市青铜峡市税务局派驻驻村工作队员1名。全村有水浇地8000亩，种植玉米7500亩、小麦120亩、苜蓿100亩。大力发展养殖产业，建有牛（羊）养殖圈棚420座，全村肉牛存栏998头以上，羊存栏46000只左右，2021年人均可支配收入12323.73元。发动党员、村干部、公益性岗位人员、护林员和群众，积极清扫房前屋后环境卫生，对院前屋后、村庄巷道、农田沟渠等逐条逐巷逐户进行环境整治。围绕"门前三包"要求，督导村民做好柴粪处置工作，带领村民植树，提升人居环境质量。

【石坡子村】

石坡子村位于大河乡政府西侧，距离大河乡政府30公里，距红寺堡城区35公里，交通便利，是1995年从固原市原州区、海原县、同心县7个乡镇村民易地搬迁安置到此，于2014年被自治区确定为深度贫困村，2018年实现整村脱贫出列，2020年贫困户全部脱贫退出。全村有常住人口370户1453人，其中脱贫户157户643人，残疾人37户38人，享受最低生活保障33户38人。单、双老户16户25人（单老7户7人，双老户9户18人），退役军人6人。石坡子村有村干部5名（村党支部书记兼村主任1名，支委2名，村委2名），党员13人（预备党员1名），入党积极分子2名。自治区退役军人事务厅派驻驻村工作队员3人，驻村第一书记1名，工作队员2名。全村有土地3392.47亩，种植枸杞200亩、经果林150亩。建有牛（羊）养殖圈棚290座，全村肉牛存栏达到1150头，羊存栏5750只。全村有务工收入的家庭200余户，2021年人均纯收入达11556元。

【石炭沟村】

石炭沟村位于红寺堡城区以西50公里处，地处于宁夏中部干旱带，属典型的温带大陆性气候，常年干旱少雨，昼夜温差大，多年平均降水量250毫米，平均海拔高度1240～1450米，G344穿村而过，延绵10公里，西、南与同心县相接，北邻平岭子村。石炭沟村共有5个村民小组，798户2932人，常住人口757户2795人，脱贫户279户1045人，低保户157户218人，残疾人55人。有村干部7名（村党支部书记1名，主任1名，支委2名，村委4名，1人交叉任职），党员32人，入党积极分子1名。自治区民政厅社会组织管理局派驻驻村第一书记1名，宁夏社会福利院派驻驻村工作队员2名。石炭沟村产业发展以种植业、养殖业为主，过村344国道"马路"经济服务业、劳务输出为辅。全村有耕地14149.5亩，人均耕地达4.5亩，种植黄花650亩、紫花苜蓿1200亩、玉米11399.5亩。牛、羊存栏分别达到1200头、12932

只，有务工收入的家庭超过600户，2021年人均纯收入达到12553元。

【乌沙塘村】

乌沙塘村位于大河乡西南，距红寺堡城区19公里，是2008年10月从隆德和原州区搬迁安置的移民村，形成固原居民点和隆德居民点，2017年列入深度贫困村，2018年全村脱贫销号。先后被评为吴忠市先进基层党组织、红寺堡区特色产业示范村、移风易俗先进村、五星级党组织。全村有345户1337人，常住户227户962人，脱贫户164户691人，低保户80户116人，残疾人44人。全村有水浇地3520亩，人均耕地面积2.6亩。乌沙塘村有村干部5名（村党支部书记兼主任1名，支部副书记1名，支委1名，村委2名），党员19人，入党积极分子6名。吴忠市市场监督管理局派驻驻村第一书记1名，吴忠市质量计量和食品检验检测中心派驻驻村工作队员2名。产业以肉牛、肉羊、鸡养殖以及红梅杏和文冠果为主。种植红梅杏1200亩、文冠果500亩、露天蔬菜1050亩。农户肉牛存栏96头，肉羊存栏1516只，肉鸡存栏12500羽。从事种植养殖和务工收入的农户家庭超过80户，2021年人均可支配收入12000元。在项目建设方面，争取项目资金100万元，新建小广场1处，对主干道路进行面包砖铺设、花园围墙堆砌。

【香园村】

香园村位于大河乡东南方向，盐兴公路穿村而过，距离大河乡政府5.5公里，距红寺堡城区8.7公里，地理位置优越，交通便利。香园村是1998年由隆德县和同心县两地扶贫搬迁安置到此的生态移民村，于2014年被自治区确定为贫困村，2018年脱贫出列。全村有常住人口598户2261人，脱贫户142户555人。单双老户43户71人，享受最低生活保障80户115人。全村有耕地5777亩，人均耕地达2.5亩。香园村有村干部6名（村党支部书记1名，支部委员2名，村主任1名，村委会委员2名），党员68人。自治区机关事务管理局派驻驻村工作队员3人，驻村第一书记1名，工作队员2名。种植玉米4800亩、小麦400亩、经果林400亩、其他150亩。大力发展养殖业，现全村肉牛存栏602头，羊存栏9000多只。有种植养殖收入的家庭480余户，有务工收入的家庭310余户，2021年村民人均纯收入达12200元。在项目建设方面，争取项目资金100万元，对主干道路进行面包砖铺设；积极对接财政局，争取"一事一议"项目资金100万元，对道路进行翻修，道路两旁安装太阳能路灯。

【开元村】

开元村地处红寺堡以西，位于恩红公路和盐兴公路之间，距离大河乡政府3公里，距红寺堡城区10公里，大碱公路横穿而过，是固原、泾源县于1998年首批搬迁至红寺堡区的移民村。全村有常住人口431户1730人，脱贫户171户726人，残疾人45人，享受最低生活保障120户164人，领取养老金125人。全村有水浇地4860亩，人均耕地达2.8亩。开元村有村干部5名（村党支部书记兼主任1名，支部副书记1名，支委1名，村委2名），党员40人。吴忠市中级人民法院派驻驻村工作队员3人，驻村第一书记1名，工作队员2名。在产业发展方面，种植玉米4300亩、小麦400亩，经果林种植枸杞50亩、黄花菜60亩，其他产业种植50亩。大力发展养殖业，现全村肉牛存栏1480头多，羊存栏3000多只。有种养殖收入的家庭317户，有务工收入的家庭200余户，2021年人均纯收入达11060元。在项目建设方面，积极争取农业农村局项目支持，成立黄牛养殖专业合作社，建成养殖园区，引导养殖户"出村入园"。

（董晓红）

新庄集乡

【概　况】

新庄集乡于1999年由同心县划归红寺堡开发区管辖，2001年更名为白墩乡，2005年更名为南川乡，2011年经自治区人民政府批准，恢复为新庄集乡，并于2014年1月23日正式挂牌。主要为海原、西吉、隆德、泾源、彭阳、同心、原州区等县区移民。全乡行政区域面积663平方公里，现辖16个行政村，共有人口12553户49367人（包括马渠生态移民安置区新集村和红川村移民3331户1.4万人），常住人口4.29万人，脱贫人口4115户16640人，边缘易致贫人口118户514人（其中致贫风险未消除21户91人）。耕地面积11.37万亩，牛、羊、猪存栏分别为1.69万头、16.5万只、0.6万头。特色种植5万亩、高效节水农业3万亩，发展枸杞7800亩、黄花菜8700亩、葡萄5160亩、牧草16000亩、苹果3100亩。2021年全乡农民人均纯收入达到11024元。2021年入选第十一批全国"一村一品"示范村镇名单，白墩村获吴忠市"优秀红白理事会"荣誉称号，王克银获第四届"宁夏好人"和自治区道德模范称号等。

【特色产业】

2021年，新庄集乡种植萝卜2600亩、青椒500亩、大棚番茄320亩。马渠、沙草墩村种植西葫芦2000亩、经果林5500亩、黄花菜8700亩、葡萄4500亩、枸杞8000亩、牧草9600亩、蔬菜7000亩，实施高效节水面积2.7万亩，形成了以康庄、白墩村苹果，东川、红阳、沙草墩村黄花菜，杨柳村酿酒葡萄，新集、红川村萝卜和枸杞为主的特色种植集群。

【草畜产业】

2021年，新庄集乡草畜产业稳定健康发展，肉牛存栏1.57万头，滩羊存栏15.8万只，种植优质牧草苜蓿6440亩，青贮玉米9500亩，一年生牧草1000亩。新建养殖圈棚272座，扩建养殖圈棚10座，新建新台下滚子梁养殖园区，规模化养殖逐步得到发展。

【劳务产业】

2021年，新庄集乡组织就业培训8次，累计培训人员378人，发放培训合格证书310本。安置公益性岗位356人，农村累计转移劳动力就业10083人次，就地就业8981人次，区外务工1102人次，累计发放务工补贴2294户、6883000元，交通补贴328户、492000元，人均工资性收入13674元。

【乡村振兴】

2021年，新庄集乡荣获自治区脱贫攻坚先进集体。严格按照"四不摘"要求，常态化开展"四查四补"，入户摸排10504户43787人，动态监测39户160人。投入资金1.55亿元，落实乡村振兴和巩固拓展脱贫攻坚成果项目47个。以政策奖补的形式激励群众发展产业的积极性，兑付种植业和养殖业政策补助资金2669万元。开发光伏公益性岗位600个，兑付务工补贴438万元。新增低保户157人，临时性救助2747人，发放低保金1661.23万元、临时性救助145.5万元。

【人口发展】

2021年，新庄集乡做好办理生育服务单、独生子女证、全员人口系统新生儿录入等日常工作，配合村干部等做好计划生育核查工作，为符合条件的独生子女家庭及纯女户等办理提前奖励扶助、部分奖励扶助、特别奖励扶助等优生优育政策奖励。2021年，累计发放提前奖励扶助资金187200万元、部分奖励扶助资金6万元、特别奖励扶助资金4万元、独生子女保健费2万元。

【环境整治】

2021年，新庄集乡全力推进红川、东川、杨柳3个示范村创建，统筹推进全乡农村人居环境整治。累计投入资金3000余万元，发动干群3.8万余人次，整治清运生活垃圾和建筑垃圾1.6万余吨，清理"三堆"2.2万立方米，清理墙体广告350余处，整理巷道80余公里，整理空置宅基地600余处，整治农户庭院居室卫生4000余户，完成厕所改造828户；种植生态林3.3万株、经果林4.4万株、乡村景观绿化950余亩，查处偷牧、放牧行为79起，拆除野外羊圈352个。

【社会管理】

2021年，新庄集乡依托红寺堡区"135"基层治理模式，全面实行数字化网格管理，录入事件430件，录入走访记录2930条；处理投诉及信访事项224件，群众满意度95%。排查化解纠纷115起。织密全乡疫情联防联控网络，全力做好疫苗接种工作，全乡18岁以上已接种疫苗17908人次。深化运用"六个先锋"激励约束评价机制，树立412户先锋示范户，开展"学党史送政策惠民生促融合""学雷锋志愿服务"等活动23场次，促进移民生活融入、情感融入。

【基层党建】

2021年，新庄集乡共有基层党组织17个，其中1个机关党支部、16个农村党支部。党员942名，其中机关党员40名，农村党员902名。2021年，以"六项行动""一抓两整"为抓手，以全面提升基层党组织政治功能为核心，推行"党建+"工作模式，充分发挥基层党建引领乡村振兴"红色引擎"作用。深化基层党组织规范化建设，严肃党内组织生活，严抓队伍建设，优化组织设置，完善阵地建设，做好"两个带头人"和后备力量培养。抓好移民村党建提升，打造硬件完善、软件规范、群众公认、带动致富的移民村基层党组织12个。结合党史学习教育，组织理论学习和宣讲百余场次。强化驻村工作队管理，严格执行管理考核制度。强化正风肃纪，开展警示教育8场次，受理信访举报15件，初核问题线索8件，立案4件，处理5人。16个村集体经济收入均超过5万元，沙草墩村"化整为零"促农民和集体双丰收模式在宁夏党建网推广。

【武装工作】

2021年，新庄集乡顺利完成兵役登记工作任务，全乡符合兵役登记人数为441人，共登记年满18岁的男性青年437人，往年已登记4人，2021年共计441人，登记率为100%，参军入伍6人，为退伍军人在线填报退役军人优待证87名，办理60以上农村退役军人定向生活补贴5名，发放张贴光荣牌8张。

【白墩村】

白墩村常住人口577户2664人，下辖4个村民小组，耕地面积7100亩。脱贫人口146户605人，"三类监测人员"13户54（其中，未消除风险3户13人）。党员52名，村"两委"班子成员5人，驻村工作队员3人。有标准化村卫生室2所，配备持有乡村医生资质的村医2名，小学1所，幼儿园1所，文化舞台1座，文化广场2处，村民健身场地3处。2021年村集体经济收入40.5万元，农民人均可支配收入11141元（其中，劳务收入占65%以上）。种植粮食作物1700亩，发展苹果835亩、枸杞200亩。通过引进企业，将3665亩群众常年不种的沙化地流转给企业作为试验基地进行土壤改良，群众在获得183万元流转费的同时，释放出400余名劳动力外出务工。牛、羊、猪存栏分别为285头、4100只、2020头。全村有劳动力1238人，有职业技能资格证280人，2021年外出务工1038人次，劳务创收2500万元。培育致富带头人15名、劳务经纪人3人。

【红阳村】

红阳村常住人口959户4016人，共辖7个村民小组。共有党员79人，村干部5人，驻村工作队员3人。2021年全村农民人均可支配收入10500元，村集体经济收入14.5万元。全村有耕地面积9300亩，种植农作物（小麦、玉米）7000亩、经济作物（黄花菜、苜蓿等）1800亩、苗木500亩。养殖业方面，全村养殖户达60%以上，肉牛饲养量3059头，肉羊饲养量4600只。劳务方面，年劳务输出达1000余人，务工收入达3000万元以上。

【沙草墩村】

沙草墩全村户籍人口总数1234户5072人，常住人口941户3936人（自发移民230户981人），脱贫户338户1417人，下辖4个村民小组，建成综合服务网点1个，公交日运行3班次，村级文化舞台1座，文化广场1处，村"两委"班子成员7人，共有党员63人。有耕地12951亩，以种植黄花菜、养殖、运输、劳务输出为主，种植黄花菜2300亩、枸杞200亩、庭院经济864亩，注册种植专业合作社3家，种植西葫芦587亩，带动207户农户增收致富（脱贫户165户），年收入共计200余万元，净利润达30余万元。肉羊存栏9400只，肉牛存栏2640头，2021年外出务工1200人次，劳务收入达2250万元，占总收入70%以上。2021年农民人均可支配收入14029元，村集体收入14万元。

【洪沟滩村】

洪沟滩村常住人口937户3497人，辖9个村民小组，开发土地15102.6亩。村"两委"班子7人，党员110人，全村建成村级民生服务中心1个、文化舞台1座、村民健身场地1处、小学1所、卫生室1所，完成卫生厕所改造13户，巷道硬化33公里，铺设人行道面包砖8400平方米，安装太阳能路灯21盏，绿化种植（巷道绿化、庭院经济林及林带）560亩。产业以种植业和牛羊养殖业为主，其中种植玉米8700亩、黄花菜360亩、枸杞400亩、小麦502亩、小杂粮2160亩、甘草270亩、苹果780亩等。全村养殖肉牛535户650头、肉羊470户32000余只，200只以上的滩羊养殖大户33户。年外出务工人员1000余人，务工增收2000余万元。2021年，通过购买和扩建方式投资325万元建设占地165亩的滩羊养殖园区，园区有彩钢养殖大棚32座（购买24座，扩建8座），可养殖1万只滩羊。园区由村股份经济合作社统一管理、统一防疫，养殖户租赁圈棚养殖，缓解了庭院养殖场地不足问题。

【菊花台村】

菊花台村常住人口252户1051人。村"两委"班子成员5人，共有党员54名，其中女党员7人，35岁以下党员4人，高中以上学历党员6人。全村有耕地3500亩。2021年，种植苜蓿1789亩。羊存栏214只、肉牛存栏40头、猪存栏205头、家禽存栏 2420 只，新建圈舍 50 座，以党员带头发展养殖业，积极为农户争取产业扶持、互助资金，妇女创业贷款大力发展产业。

【康庄村】

康庄村有常住人口 3719 人，辖南角湾、莫其子、三支、四支 4 个村民组，有小学 1 所，幼儿园 1 所，卫生室 1 所。各组设有便民小超市 10 家。耕地面积 11938.93 亩。种养业收入占比 65%，务工收入占比 20%，其他收入占比 15%。种植方面，种植玉米 6838.93 亩、枸杞 1000 亩、黄花菜 400 亩、苜蓿 1500 亩、经果林 2200 亩。养殖业方面，全村有 150 户农户养殖牛 2368 头，有 70 户农户养殖基础母羊 5600 只、育肥羊 1628 只。劳务产业方面，长期在外务工人员 723 人、短期务工人员 477 人。

【柳树台村】

柳树台村常住人口 292 户 1276 人，脱贫户 92 户 381 人，有全日制小学 1 所、幼儿园 1 所、村级卫生室 1 所、村"两委"班子 5 人。开发耕地 3960 亩，其中，种植枸杞面积 50 亩、黄花菜 80 亩、苜蓿 400 亩、青贮玉米约 500 亩。全村肉牛存栏 1312 头，户均 4 头以上，全村有零散养殖圈棚 334 座、青贮池 44 座。2021 年人均可支配收入 10200 元。

【南源村】

南源村有常住人口户 994 户 4234 人，村"两委"班子 7 名，建成村级民生服务中心 1 个、文化舞台 2 处、文化活动中心 2 处、村民健身场地 3 处、村医务室 3 所、中心小学 1 所、幼儿园 1 所、晾晒场 1 个、村"两委"班子共 7 人。全村耕地面积 10200 亩，全村种植枸杞 300 亩、黄花 476 亩、玉米 7936 亩。肉牛存栏 826 头，育肥羊存栏 7000 只。农贸市场 1 个，从事经营商户 140 户，是周围最大的农贸市场，全村外出务工 1500 人，劳务产业方面收入约 3000 万元。

【西源村】

西源村常有住人口 274 户 1307 人，村"两委"班子 5 人，党员 18 人。耕地面积 3844.48 亩，通过优化产业布局，主要支柱产业为种植业、养殖业、劳务产业。其中 2500 亩粮食功能区内以玉米种植为主，种植枸杞 120 亩。养殖羊 2100 只、牛 200 头，生猪存栏 1000 头。全村有劳动力 860 人（其中持有职业技能资格证 260 人），累计外出务工超过 850 人，劳务收入达 300 万元，占总收入 67% 以上。

【向阳村】

向阳村有人口 233 户 1021 人，其中常住人口 198 户 876 人。有党员 12 人，其中女党员 1 名。低保户 47 户 67 人，残疾人 34 人，村级卫生室 1 所，村级文化舞台 1 个。全村有耕地面积 4350 亩，其中黄花菜种植 80 亩，优质牧草种植 500 亩，青贮玉米种植 2000 亩。全村肉牛存栏 833 头，户均养殖 4 头。全村劳务输出 200 余人次，收入约 420 万元，户均收入约 22950 元，人均增收约 4700 元。开发公益性岗位 15 个。

【新集村】

新集村是自治区"十二五"生态移民村，共安置移民 1125 户 4274 人，有人口 1104 户 4927 人，常住人口 520 户 2255 人，党员 36 人。共开发土地 4500 亩，建成养殖圈棚 1355 座，有村小学 1 所、幼儿园 1 所、卫生室 1 所、图书室 1 座、文化舞台 1 座、综合市场 1 处、兽医站 1 处，硬化村道 60 公里，所有主干道及巷道通硬化路。

2021年农民人均可支配收入9100元。共开发土地约13000亩，引进企业种植枸杞5754亩，企业承包经营1300亩。引进山东冲腾生态农业科技发展有限公司种植温棚番茄300亩，引进辽宁葫芦岛、河北秦皇岛4家企业种植萝卜6800亩。土地全面开发利用，年收入流转费约390万元，2020年群众依托土地种植务工收入1180万元。建成1355座养殖圈棚，截至2021年底，共改造利用圈棚1100座，肉牛存栏达到680头，肉羊存栏达到4300只。

【红川村】

红川村是自治区"十二五"生态移民村，常住人口1165户4945人，村"两委"成员8人，党员64人。采取"党支部+企业+农户"模式，种植枸杞5754亩、萝卜2600亩、西葫芦2000亩、青贮玉米1700亩、青椒500亩、番茄320亩、经果林23万株。养殖肉牛1700头（其中村集体合作社270头）、肉羊1.1万只、肉鸡5万只。培育劳务经纪人21人，带动劳务输出约1100人，年创收超3000万元。"456"模式融合，绘就美丽乡村大画卷。紧扣"环境美、田园美、村庄美、庭院美"四美目标，铺设步行道9公里，绿化112亩，建设示范庭院216户，配套建设3处景观。围绕"改院、改灶、改水、改厕、改圈"五改任务，发动群众1万人次，全面清理"三堆"，整治私搭乱建。推进"六个先锋"评选，用身边的典型人物和事例激发群众内生动力，累计发动800余户群众参与评选出"六个先锋"示范户11户，投入集体经济收益4万元，建立积分超市，实现先锋户物质激励全覆盖。

【新台村】

新台村常住人口422户1498人，脱贫户200户709人，党员25名，村"两委"班子成员5人，驻村工作队员3人（自治区党委办公厅派驻），村干部中有中共党员5名，35岁以下2名，女性干部1名，大专及以上学历1名，交叉任职1名。建成标准化村卫生室1所、全日制小学1所、标准化幼儿园1所，在校中高职以上学生27名。路、电、水、网等设施配套完善。产业发展方面，新台村以发展草畜产业主，主要种植多年生紫花苜蓿，带动牛羊养殖。全村有耕地5320亩，种植紫花苜蓿3800余亩、玉米及其他农作物1500余亩。肉牛存栏1100余头，羊存栏11000余只。全村劳动力917人，年劳务创收超过1500万元。在党支部的带领下，通过争取扶持资金432万元，引导群众发展紫花苜蓿，改变原来单一种植玉米的情况，调减低效种植，完成产业优化。党支部牵头，经多方协调，引入华润集团海原公司的基础母牛赊销养殖项目，扶持49户养殖户引进200头基础母牛，带动全村发展养殖业。

【东川村】

东川村常住人口523户2008人，脱贫人口101户307人。有党员41人，村"两委"班子成员5人，驻村工作队员3人（红寺堡区水务局派驻）。全村有党员25名，村干部中有中共党员5人，女性干部1名，大专及以上学历1名，交叉任职1名。建成标准化村卫生室1所、小学1所、幼儿园1所，路、电、水、网等设施配套完善。2021年农民人均可支配收入11685，村集体经济收入11万元。产业发展方面，共开发耕地9300亩，通过支部带动，加强田间管理，推行高效节水产业，发展黄花菜3100亩、中药材950亩、苜蓿580亩、枸杞150亩。以"党支部+合作社+农户"的模式，盘活闲置圈棚资源，将100万元扶持壮大村集体经济项目资金以入股分红的方式注入股份合作社，引导群众改造圈棚发

展牛羊养殖。有种植合作社1家，养殖合作社10家，入社农户60户，解决村民就近务工510人。肉牛存栏150余头，羊存栏25000余只，鸡10万只，猪存栏5150头。通过劳务奖补、技能培训政策等政策，鼓励劳务经纪人和劳务带头人有组织、有保障地输出劳务，年劳务创收超过1300万元。

【杨柳村】

杨柳村面积36平方公里，耕地1.2万亩，常住人口1049户4490人，辖杨柳、西川2个自然组，村集体经济收入62.6万元，农民人均可支配收入13000余元，其中种养业收入占比37%，务工收入占比60%，文化旅游业收入占比3%。杨柳村立足扬黄灌区水资源相对短缺的实际，以"回归自然、绿色健康"为特色，大力发展"3+X"特色产业（葡萄、枸杞、草畜三大主导产业，玫瑰、油桃、黄花菜、中药材等特色产业，民俗文化旅游产业）。在种植养殖方面，成立专业合作社3个，酿酒葡萄、玉米、玫瑰、黄花菜、油桃种植面积分别达到4500亩、6900亩、100亩、70亩、60亩，牛、羊、猪、禽饲养量分别达到450头、4000只、300头、3000羽。在民俗文化旅游方面，成立旅游服务公司1家，依托特色产业及航模节等连续多年举办全国象棋公开赛、文化旅游节、油桃采摘节。在劳务输入方面，全村外出务工人口1900余人，人均年务工收入1万元左右。

【中川村】

中川村共辖3个村民小组，常住人口564户2218人，脱贫户141户515人，小学1所，幼儿园1所，卫生室1所。党员32人，村干部5人，驻村工作队员3人（自治区人社厅派驻）。三大支柱产业为玉米种植、牛羊养殖、劳务输出。全村有养殖户382户，其中，养牛150户，牛存栏约1000头；养羊262户，羊存栏17000只左右。全村有耕地6173.06亩，玉米种植5000亩，杂粮1000余亩，每年劳务输出约1000人次。

柳泉乡

【概况】

柳泉乡地处红寺堡区东部，东邻太阳山镇，南靠大罗山，西连红寺堡镇，北接利通区，行政区划面积约600平方公里，下辖甜水河、柳泉、沙泉、永新、红塔、豹子滩、黄羊滩、水套、羊坊滩9个行政村，移民主要来自海原、西吉、隆德、泾源、彭阳、同心等县。盐兴公路、定武高速和太中银（太原—中卫—银川）铁路贯通东西，罗山大道连接南北，交通便利。柳泉乡有常住人口6710户26467人。全乡有耕地面积7.5万亩，肉牛饲养量2.5万头，滩羊饲养量9.22万只。2021年，实现地区生产总值5.1亿元，农民人均可支配收入12226.1元。柳泉乡有完全小学12所，教学点1所，在校教师215人，在校学生2650名；有乡级医疗卫生机构1所，医护人员36名；有村级卫生室17所，村医22名。

【特色产业】

2021年，柳泉乡肉牛、滩羊存栏量分别达到2.5万头、9.22万只。累计种植黄花菜3345.8亩、枸杞1451.4亩、优质牧草2569.9亩、露地西瓜1070亩。全乡粮食作物播种面积6.4万亩，其中，春小麦4037.6亩、玉米41320亩、玉豆带状复合种植3200亩、马铃薯800亩、杂粮1100亩、其他13542.4亩。油料及其他经济作物25300亩。

【草畜产业】

2021年，柳泉乡产业发展以种植业和养殖业为主，其中养殖肉牛 2.5 万头、滩羊 9.22 万只。种植黄花菜 3345.8 亩、枸杞 1451.4 亩、优质牧草 2569.9 亩、露地西瓜 5870 亩。

【劳务产业】

2021 年，柳泉乡通过举办"春风行动""企业下乡"等活动，新增转移农村劳动力 6005 人，截至 2021 年底，累计收入 11179.9 万元，其中脱贫户和监测对象外出务工人员 3230 名，占上年外出务工总数的 168%。针对特殊人群开发保洁员、护林员等公益性岗位 585 个，累计发放公益性岗位补助 290 余万元。按照"发展靠政策，致富抓劳务"的工作思路，发展跨区、跨省劳务输出，动员 8 人赴闽就业。培养"两后生"6 人，邀请专业技术人员开展手工编织、中级电焊、烩小吃等培训项目，组织 400 人技能培训，任务完成率达到 100%。针对贫困群众顾家与务工不能兼顾的问题，坚持把"帮扶车间"建在村头、岗位，设在门口，大力发展吨袋加工产业，较好解决了贫困户就近就业、脱贫增收的问题，降低企业、合作社用工成本。截至 2021 年底，共为群众提供 51 个工作岗位。

【乡村振兴】

2021 年，实现地区生产总值 5.1 亿元，农民人均可支配收入 12226.1 元。2016 年、2017 年、2018 年连续三年获得红寺堡区脱贫攻坚成效考核优秀等次，2018 年被评为吴忠市脱贫攻坚先进乡镇。2020 年，1912 户 7787 人建档立卡户现全部脱贫。开展 2 次返贫致贫风险点大排查，对存在返贫致贫风险的农户，建立监测台账，落实"一户一策"帮扶措施，化解返贫致贫风险，做到监测问题全见底、预警风险全清零。共识别监测对象 35 户 144 人，完成 6710 户 26467 人常住人口排查和 410 户非常住户"一户一档"资料完善，排查出因病、因突发事件有致贫返贫风险的农户 35 户 144 人，已全部纳入监测对象，并建立台账，制定相应帮扶措施，实现"三类人员"动态监测、动态预警、动态帮扶、动态销号。2021 年，兑付产业到户资金 2125.29 万元，新增小额贴息贷款 924 户 5410.18 万元，兑付贴息资金 259.61 万元。为因病、因意外事故等原因造成家庭困难的群众办理低保 59 户 83 人，为 40 户大病家庭办理大病救助 4.35 万元，为受旱情影响经济受损的农户发放抗旱救灾补贴 54.45 万元、受灾困难群众临时救助 85 万元，为 5 户农户发放危房改造补助资金 10.5 万元，为 46 户农户发放抗震宜居房改造补助资金 92 万元。

【基础设施建设】

2021 年，柳泉乡所有建设项目有序开工建设，共计完成项目 30 个，其中竣工验收 22 个，支付资金 3270 万元。全年共计申报以工代赈项目 2 个，共投资 1650 万元；涉农整合资金项目 5 个，共投资 770 万元；闽宁协作资金项目 4 个，共投资 489 万；中央衔接资金项目 2 个，共投资 220 万元；地方债券资金项目 1 个，共投资 600 万元；其他项目 18 个，共投资 1200 万。续建项目 2 个。

【环境整治】

2021 年，柳泉乡开展人居环境整治行动，利用新媒体宣传 8600 多次，悬挂横幅 30 幅，印发宣传彩页 1 万余份，累计发动义务工 2.5 万人次，清理垃圾 8.4 万吨，清理"三堆"5.5 万吨，整修林带 50.2 万平方米，巷道垫土 4.6 万立方米，对巷道、林带、沟河道、村组连接线进行全面清理整治。按照"林带补绿、巷道植绿、庭院增绿"的思路，对全乡 9 个村组巷道进行全面规划，累计种植树木 7.5 万株，拆除残垣断壁、危旧房拆除改造等 66 处。按照"群众接受、有序推进、建管并重、长效

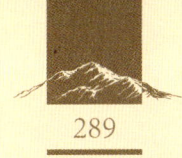

运行"的思路,有序推动农村卫生厕所改造工作,引导农民群众养成良好卫生习惯。2021年完成柳泉村、沙泉村、永新村361个卫生厕所验收工作,发放补助资金27.2万元,顺利完成厕改任务。

【社会保障】

2021年,柳泉乡围绕全面建成基本医疗保险、大病保险、大病补充医疗保险、医疗救助"四道保障线"目标,落实网格化管理,开展医保政策宣传。结合家庭签约医生、红寺堡区重特大疾病救助等惠民政策,解决群众看病就医难的问题。2021年脱贫不稳定户和边缘易致贫户全部缴费,缴费完成率100%,全乡共缴纳医疗保险人数16478人。推动全乡低保动态管理和专项治理,对系统复审出因家中有车、家庭条件好转、有大额存款、家庭成员注册合作社等原因不符合享受低保待遇资格98户112人进行集中清退。将因残、因病、因意外等原因造成生活困难的130户156人纳入最低生活保障,2021年发放低保金1368户2008人,共630.47万元。2021年,全乡发放临时救助资金、孤儿津贴、高龄补贴、养老金等共计690.4万元。

【社会管理】

2021年,柳泉乡加强网格员履职能力建设,对网格员开展集中专题培训3次,更换7名网格员,加强综治信息平台使用。持续深化"135"社会治理模式,依托吴忠市社会治安综合治理信息系统,实现信访事项100%网上办理。加速推进"数字乡村"建设,搭建视频监控150路、大喇叭26组,完善"村村享"平台建设,推动"国家反诈中心"App安装全覆盖。每季度安排部署扫黑除恶斗争工作1次,乡党委会议专题研究2次,制定《柳泉乡常态化扫黑除恶斗争实施方案》。利用"魅力柳泉"微信公众号,转载扫黑除恶斗争相关内容5000余次。排查化解各类信访矛盾纠纷119件,处理信积案8件,办理12345便民服务投诉117件,办结宁夏信访平台转办信访件3件。联合综合执法办公室进行了3次禁毒铲种行动,推动社区戒毒康复中心建设,做到吸毒人员100%戒断,戒断人员100%不复吸。

【廉政建设】

2021年,柳泉乡坚持压实党风廉政建设主体责任、监督责任和"一岗双责",始终把党风廉政建设和反腐败工作摆在重要位置,逐渐形成主要领导亲自抓、分管领导主动抓、班子成员合力抓的工作格局。抓好巡察反馈问题整改落实,做好巡察工作后半篇文章。在乡村两级公示栏、政府门户网站和网格片区对产业验收兑付资金等涉农资金、乡村重大事项等进行全方位公示,引导广大群众参与"微腐败"监督。定期对9个村"55124"台账进行检查,规范程序。加强村"两委"换届纪律监督检查工作。严格落实教育、警示、预防"三在先"要求,采取多种方式广泛宣传换届选举工作纪律,配合乡党委对候选人进行集体谈话,对正式候选人实施选举前全程监督,保证换届工作的风清气正、公开公平。强化监督执纪问责,推进案件查办工作,受理群众信访举报5件,4件已全部办结,1件已移送区纪委审理,案卷基本整理完毕。

【基层党建】

2021年,柳泉乡学习贯彻习近平新时代中国特色社会主义思想和习近平总书记在庆祝中国共产党成立100周年大会上的重要讲话精神,开展党史学习教育,全乡组织开展集中学习223场次、专题研讨54次、党史知识闭卷测试8次。开展主题党日活动11次。全乡在党史学习教育中累计撰写心得体会600余篇,开展"七一"等各类宣讲40

次，梳理群众微心愿及各村基础设施安全隐患83条。统筹推进党委、人大、村"两委"换届工作，10个支部选出党代表103名，选举产生乡党委委员9名，纪委委员5名；选举出区级人大代表24名，乡级人大代表26名，召开柳泉乡第三届人民代表大会第一次会议，完成人大换届工作；完成了村"两委"换届工作，9个村中有7个村实行"一肩挑"。制定《柳泉乡村干部积分制管理办法》，强化管理考核，提升村级党组织工作效能。对新一届村"两委"班子开展集中轮训1期，组织9名党支部书记积极参加区内外培训，59名村干部分两批参加红寺堡区新一届村（社区）干部培训，配齐9名驻村第一书记和18名驻村工作队员，落实驻村工作队考核管理机制，提高驻村工作队履职尽责能力。组织各村党支部书记、驻村第一书记赴固原原州区、隆德县以及吴忠市青铜峡市观摩学习，打造一支"留得住、用得上、干得好"的基层干部和实用人才队伍。严把党员发展入口关，已接收预备党员13名，有预审合格发展对象4名，储备入党积极分子46名。开展"六个先锋"示范引领行动，开展评选活动两期，共评选出6类先锋示范户195户。以大学新生助学为契机，联系爱心企业和爱心人士在红塔村开展助学主题活动，用好红塔村口袋公园，打造"先锋广场""先锋巷"，进一步升华"崇文重教"先锋示范户内涵。

【意识形态】

2021年，柳泉乡贯彻落实习近平总书记关于意识形态工作的重要论述，按照"谁主管谁负责、谁主办谁负责"的原则，按照"三审三校"制度审核信息简报、文件等各类公示公开内容，落实网络舆情应对处置的"主体责任"和"第一责任人"责任。落实"四纳八见"工作要求，将意识形态工作纳入重要议事日程、党建工作责任制、效能目标管理，定期分析研判意识形态领域风险点，2021年对下级党组织落实意识形态工作开展专项督查1次，在全乡范围内通报意识形态工作1次，专题研究意识形态工作2次，向上级党委报告意识形态工作5次，召开意识形态领域风险隐患分析研判会4次。

【豹子滩村】

豹子滩村位于红寺堡城区以东25公里，南距盐兴公路3公里，北和利通区的孙家滩村相接，1999年由西吉、彭阳县两县搬迁移民组成，下辖豹子滩和西泉2个村民小组，常住人口621户2434人。有村"两委"班子成员7人，驻村工作队员3人，党员60名（3名预备党员），入党积极分子4名，村民代表41人，致富带头人35名。全村以黄花菜、枸杞、蜜蜂养殖、肉牛养殖为主导产业。共有耕地9100亩，种植经果林200亩、黄花菜920亩、枸杞480亩，养殖蜜蜂340箱。2021年人均可支配收入10970元，村集体经济收入累计达38.5万元。本村有小学1所，幼儿园1所，卫生室2所。

【红塔村】

红塔村位于柳泉乡以东5公里处，1998年从西吉县移民搬迁而来，常住人口714户3019人。有村"两委"班子成员7人，党员49名，入党积极分子2名，致富带头人30名。红塔村以发展经果林、枸杞、黄花菜为主，2021年人均可支配收入达到10919万元，2021年村集体经济收入达8万元。利用"党建宝"软件平台与每一个党员建立联系，组织在线学习等活动，方便支部外出务工党员、年老行动不便党员参加支部组织生活。建立以"村党支部＋网格员＋党员联系户"为主体的村党组织体系，采取"智慧化＋网格化"管理模式，对村庄重点路口、区域、巷道安装监控设备48路、大喇叭7组。整合新时代文明实践站等基层阵地，广泛开展"六个先锋"示范引领行动，联系爱心企业和爱心人士在红塔村开展助学主题活动，打造"先锋广场""先锋巷"，升华"崇文重教"文化内涵。采取"党支部＋合作社＋农户"的方式，打造红塔村电商助农平台，成立红塔村种养殖农民专业合作社，争取项目建设日光温棚3座，拓宽产品销售渠道，带动群众增收致富。

【黄羊滩村】

黄羊滩村是1999年自宁夏海原、固原、同心3县搬迁而来的移民组成的村子，下辖3个村民小组，常住人口850户3376人，其中自发移民234户902人，脱贫不稳定户1户5人，边缘易致贫户3户9人。有村"两委"班子成员8人，村党支部书记、主任"一肩挑"1人，党员48名，预备党员2名，入党积极分子5名，后备力量5人，致富带头人33名。全村以经果林种植、肉牛养殖、交通运输业为主，耕地总面积9700亩，种植枸杞526亩、经果林1030亩、肉牛存栏量3750头、滩羊存栏量6870只。2021年人均可支配收入达到10804元，村集体经济收入达到12万元。

【柳泉村】

柳泉村位于红寺堡区以东15公里，下辖柳泉、中泉2个村民小组，柳泉村共有1061户4085人，有脱贫不稳定户3户13人、边缘户3户14人。村"两委"班子成员7人，村级公益性岗位2个，后备力量5人，党员76名（预备党员2名），入党积极分子3名，致富带头人58名。全村有耕地12037亩，产业发展以种植业、养殖业和劳务输出为主，种植黄花菜1600亩、枸杞35亩、经果林66亩、肉牛存栏量3200头、滩羊存栏量7680只，2021年农民人均可支配收入达11128元。探索"支部＋合作社＋农户"的经营模式发展黄花菜种植、黄牛养殖和铁杆庄稼，实现增产增收，打造柳泉村"牛品牌"。2021年有效整合新时代文明实践站等基层阵地，广泛开展"六个先锋"示范引领行动。建立以"村党支部＋网格员＋党员联系户"为主体的村党组织体系。采取"智慧化＋网格化"管理模式，对村庄重点路口、区域、巷道安装监控设备68组、大喇叭4组，形成综合治理网格。

【沙泉村】

沙泉村是"十二五"生态移民安置村，位于红寺堡区以东15公里，1999年由同心、隆德、彭阳三县搬迁而来，常住人口714户2730人，有村"两委"班子成员7人，村党支部书记、主任"一肩挑"，党组织书记后备力量2名，村级后备力量7名，党员69名（预备党员2名），入党积极分子7名，致富带头人39名。全村以种养殖业、劳务输出为主，现存栏肉牛400头、滩羊12600只。共有耕地6398.3亩，以种植玉米、黄花菜、枸杞、红梅杏等为主。有劳动力1021人，2021年就业420人，稳定就业21人。全村有小学1所，村级卫生室3所，幼儿园1所，小型文化广场2个，公共卫生厕所2所，全日光温棚4座。全村户户通水电，设置垃圾集中堆放点2个，安装村庄照明太阳能路灯约240盏。2021年农民人均可支配收入12600元，村集体经济收入达到25万元。

【水套村】

水套村于1999年自同心县韦州镇划分到红寺堡区，属就地旱改水村，下辖2个村民小组，户籍人口537户2170人，常住人口492户1856人，有脱贫不稳定户2户6人、边缘易致贫户3户13人、突发严重困难户1户3人。村"两委"班子成员5人，村党支部书记、主任"一肩挑"1人，后备力量5名，党员34名（预备党员1名），入党积极分子6名，致富带头人43名，村民代表38人，村民监督委员会3人。全村产业以种养殖业、劳务输出和运输业为主，有耕地面积9856亩，种植经果林1120亩、牧草486亩、黄花菜100余亩，肉牛存栏量600余头、滩羊存栏26870只。2021年人均可支配收入12300元，村集体经济收入5万元。

【甜水河村】

甜水河村是1999年由宁夏泾源、隆德两县移民搬迁而来的移民村，位于红寺堡城区以东10公里处，辖区面积13平方公里，共2个村民小组，常住人口708户2873人。有村"两委"班子成员7人，党员48人（预备党员2人），入党积极分子7人，致富带头人43人。甜水河村以种植黄花菜、枸杞为主，种植业养殖业和劳务输出为辅。共有耕地9560亩，种植经果林1000亩、黄花菜330亩、枸杞780亩、葡萄770亩，建设黄花菜晾晒场1座、日光温棚4座。养殖肉牛2800头、肉羊4950只，成立种植合作社3个、养殖合作社2个、苗木合作社1个。养殖大户带动普通户养殖效果明显，滩羊出栏、入栏量较往年提升显著。在外务工人员约660人，省内务工人员约500人，省外务工人员约160人。劳务产业年收入2100万元。2021年人均可支配收入11354元，村集体经济收入28万元。

【羊坊滩村】

羊坊滩村是2000年自中卫海原县、固原西吉县搬迁而来的移民村，下辖2个村民小组，常住人口432户1809人，脱贫不稳定户2户6人，边缘易致贫户12户60人。村"两委"班子成员5人，村党支部书记、主任"一肩挑"1人，后备力量5人，党员33名，预备党员2名，入党积极分子5名，致富带头人37名。全村耕地总面积7100亩，种植黄花菜430亩、经果林500亩，肉牛存栏量3000头，滩羊存栏量4000只。2021年全村总收入1959万元，人均可支配收入达到10731元，村集体经济收入达到25.27万元。

【永新村】

永新村属扶贫扬黄灌溉工程移民安置村，1999年由海原县、西吉县移民搬迁而来，有常住人口934户3483人，2016年整村脱贫出列，脱贫人口288户1252人。全村共有"三类监测对象"9户38人，7户30人已消除风险。村"两委"班子成员6人，后备力量6人，党员45名（预备党员2名），入党积极分子3名，致富带头人32名。永新村以种植业、养殖业为主，有圈棚650座，存栏肉牛2200头，共有耕地10500亩，以种植玉米、枸杞为主。全村共有劳动力2900人，2021年就业700人，稳定就业300人。2021年，人均可支配收入12750元。永新村共有小学2所，幼儿园1所，卫生室2所，文化活动广场1处，共安装路灯515盏，2021年粉刷墙面24000平方米，所有巷道均已修建花园墙。在大力发展枸杞种植、肉牛滩羊养殖的基础上，抢抓旅游扶贫和全域旅游新机遇，转变思路，创新发展模式，借助国道338线、罗山大道及定武高速的区位优势，探索"党支部+合作社+农户"的民宿旅游扶贫发展模式，打造共享庭院5户，从2017年的2户快速发展到2021年的60户，年收入由最初的6万元增加到80余万元。2021年整合闽宁、中烟及各部门项目资金，完善游客集散及农产品展销中心功能，全面完善水、电、路等基础设施，同时，规划集中养殖场，分批动员农户"出村入园"，进一步绿化美化亮化人居环境。

（王　勇）

街 道
JIEDAO

综 述

【概 况】

红寺堡区新民街道办事处成立于2014年，成立初期与红寺堡镇合署办公。2020年3月，与红寺堡人民政府分离，独立运行。辖博大、东方、罗山、创业、鹏胜、振兴、紫苑、绿苑7个社区。

【共驻共建】

2021年，红寺堡区新民街道完善街道"大工委"和社区"联合党委"工作机制，联合党委成员单位提供帮扶资金150余万元，各社区走访征集并完成"微心愿"400余个，400余名联合党委成员单位党员第一时间支援疫情防控值守一线。辖区15个物业公司成立红色物业党支部5个，成立业主委员会党支部5个、网格党小组28个，227名直管党员中有122人被划分到各党支部。

【文明城市建设】

2021年，红寺堡区新民街道清除清理填埋建筑、生活垃圾480余吨，动用大型机械20台次，清除卫生死角130余处，拆除旱厕28座，对集中连片空地进行围网4410米，清除小区内绿化带、公共场所杂草及垃圾117处，约118吨。组织实施了教师新村小区、建兴创业小区等3个老旧小区的民生改善保障项目。成立红寺堡区物业行业协会，在26个小区成立业主委员会19个。

【民生保障】

2021年，红寺堡区新民街道清理取消低保户76户105人，审核上报廉租房35户，上报发放临时性救助426户、615300元，上报大额临时救助16户、219500元，各级领导干部慰问特困残疾人60余人次。为辖区337名退役军人办理双拥卡，23名60岁以上退役军人发放生活补助，将19名退役军人纳入低保保障，为13名退役军人申报住房保障。办理新生儿医保132人，完成养老资格认证794人，协助异地认证1580人，办理丧葬费22人，新开通城乡养老参保13人，城乡居民基本医保缴费人数15915人。办理生育登记服务，办理一孩生育证125人，二孩生育证154人，三孩生育证41人，办理生育证书320人。各社区代办点代办各类事项共计1.3万余件。试点开展非户籍地申报低保工作。实现城镇新增就业625人，登记城镇失业人员150人，认定就业困难人员560人，实现再就业385人。举办社区线下专场招聘会2场，完成烹饪、美甲、育婴等技能培训890人次，创业培训200人次，培训后再就业470人，成功创业35人。办理劳务经纪人证书1本，"4050"人员灵活就业社会补贴30人。与吴忠仪表厂、枸杞合作社等企业合作，搭建劳务互联互通平台，组织57人到吴忠仪表厂参观，签订就业合同14人，向劳务经纪人、枸杞合作社等输送人员1000多人次。在28个居民小区门口设立农产品临时销售摊位点，为城郊农民就近就业提供平台。

【社会综治】

2021年，红寺堡区新民街道根据社区实际和城市布局，合理划分70个网格，构建街道和社区三级网格化管理运行体系。受理吴忠"12345"便民服务平台转办诉求160件，办结160件，办理率100%，回访满意154件，满意率96%；市域社会治理信息系统共录入事件1852件，办结率100%；受理信访件27件，其中受理信访业务智能辅助平台转办信访件12件，受理上级转办信访件15件，办结率100%。通过宣传展板、微信公众号、消防安全培训等方式强化安全生产宣传教育，累计培训1000余人次，发放宣传资料2000余份，发放宣传用品1000余份。

【疫情防控】

2021年，红寺堡区新民街道成立疫情防控工作专班，全年管控3077人，其中：居家健康监测2438人（境外返红15人），集中隔离129人（境外返红4人），自我健康监测510人。科学划分42个采样点，12岁以上人群新冠疫苗接种率达到92%。

【群团工作】

2021年，红寺堡区新民街道建立工会组织8个、共青团组织8个、妇女组织8个。利用党员活动室、团员活动室、妇女之家等活动阵地广泛开展"身边好人""最美家庭"等评选活动，组织"文明交通出行""邻里守望"等志愿服务活动，参与人数达1000余人次。

（靳银银）

博大社区

【民生保障】

2021年，博大社区推进红寺堡区异地户籍常住居民城市低保审批试点，享受低保待遇共52户84人（其中2021年新增13户19人），实施大病、就业、取暖、因突发事件导致家庭生活困难临时救助，共救助81人，发放救助资金12万元左右。

（丁琼、王彦斌）

【就业服务】

2021年，博大社区发布宣传各类就业招聘信息100余条。组织举办就业培训班3期，培训内容主要涉及初级美容师、中级美容师、育婴员3个项目，先后培训150人次，140人获得了专业资格证书，培训合格率达93%。举办2021年"金秋九月"线下招聘活动。为红寺堡区兴民纺织厂、吴忠仪表等企业引荐输送各类劳务技能人才8人。结合中国传统节日，开设"四点半课堂"、征集小小微心愿，积极精准为辖区孤寡老人、困境儿童提供各类助老为小服务保障等工作。

（王对花、马固珍）

【疫情防控】

2021年，博大社区统筹网格员、网格协管员按照分片包干责任，走访居民2000余户，发放常态化疫情防控政策知识宣传材料1500余份，排查登记新冠肺炎疫情高中风险返红重点人员500余人次，实施居家健康监测管控近192人，与低风险疫区返红寺堡人员签订健康承诺书384份，动员组织辖区3岁以上符合新冠疫苗接种条件的居民全部到指定接种点接种新冠疫苗。

（周莲、马丽）

【文明城市建设】

2021年，博大社区共走访辖区居民群众2900余户，组织开展志愿服务活动150余次，累计投入人力近1200人次，调动机械车辆40余台次，清理朝阳小区、蘑菇棚平房区居民建筑生活垃圾15吨，卫生死角50余处，完成蘑菇棚片区3条主干道路两侧环境绿化美化亮化工作，栽植桃树苗木300余棵。制作更换辖区公益广告49处。开展传承好家风好家教家庭教育2次，诚信教育、未成年健康上网心理辅导1场，文明交通劝导20余次。

（马玲儿、马秀梅）

【社会综治】

2021年，博大社区网格员深入辖区走访居民2000余户，排查梳理并整改辖区彩钢房、用电设施等安全隐患问题34条，发放各类普法科普教育宣传资料1000余份，调处化解辖区各类矛盾纠纷12起。

（赵国霞）

创业社区

【共驻共建】

2021年，创业社区有共建单位9个，召开联合党委会议2次，走访慰问留守儿童、残疾人家庭、困难群众等100户。认领完成微心愿47个，拨付为民办实事帮扶资金计6.3万元。

【人居环境改善】

2021年，创业社区制作各类宣传展板105个、公益广告142块，彩绘600平方米。为小区安装17处23个监控摄像头，更换37个楼道的照明灯，更换小区内井盖6个。绿化小区内裸露地面15平方米，维修硬化路面破损3处，新增非机动车临时停放点4处，在小区内种植风景树6500棵。集中整治乱堆乱放、乱倾乱倒等问题，动用大型机械整治47小时，参与人数756人，清理垃圾79立方米。

【社会综治】

2021年，创业社区开展矛盾纠纷排查工作7次。以网格化管理服务为主，处理问题矛盾34起，参加并开展反诈宣传活动14场。

【疫情防控】

2021年，创业社区摸排中高风险地区人员232人次。辖区18岁以上居民共有1619人，完成新冠病毒疫苗接种两针1565人。

【社会保障】

2021年，创业社区借助"互联网+养老平台"

完成养老认证 689 人次，48 户 85 人享受低保，其中取消 8 户 19 人低保，调整低保 7 户 10 人，新申请 9 户 11 人，申请临时救助共 7 批 92 人，帮助残疾人申请轮椅 2 个、拐杖 4 个，发放 29 次精神药品。

【文化活动】

2021 年，创业社区开展社区文艺演出、民族政策知识竞赛和送文化、送法律进小区等群众喜闻乐见的新时代文明实践活动 47 场。开展志愿服务活动 346 次，活动兑换积分超市 41 种物品，兑换物品价值 10260 元。组织社区志愿者开展"法治宣传月"、"安全生产月"、防灾减灾等宣传活动，印发宣传资料 634 份，悬挂横幅 14 条。

东方社区

【党建引领】

2021 年，东方社区召开联合党委联席会议 2 次，协调联合党委成员单位，深入开展组织联建、队伍联管、活动联搞、资源联用、服务联做等共驻共建活动。94 名在职党员到社区报到，为辖区困难群众实现微心愿 55 项，参与志愿服务活动 10 次。

【民生保障】

2021 年，东方社区受理辖区申请低保 32 户 62 人，民生服务中心审批通过 14 户 17 人，申请临时救助 6 批全部发放：其中，生活困难临时救助 3 批（第一批 39 户，第二批 11 户，第三批 15 户），救助资金 95000 元；大病救助 1 批 3 户，救助资金 6000 元；特困救助 2 批 15 户。为群众办实事 38 项。摸排解决房屋漏水问题共 31 项，征集实现微心愿 56 项。

【社会综治】

2021 年，东方社区通过各类讲座、制作宣传栏、发放宣传彩页等多种形式，开展普法工作，共发放宣传彩页 500 余份。共调解处理居民在拆迁补偿、物业管理、农民工工资等方面矛盾纠纷 16 起。

【文明城市建设】

2021 年，东方社区有各类志愿服务队伍 9 支，注册志愿者 281 名。主要清理小区卫生死角及窗外、楼道杂物，开展关爱留守儿童、独居老人等志愿服务活动。依托新时代文明实践站积分超市，开展积分兑换，用小礼品撬动大文明，并于每周星期五定期开展志愿服务活动。参与辖区环境卫生整治共计 1000 余人次。200 余人次开展志愿服务宣传，服务工时已超过 9191 小时。发放创城相关宣传彩页 1000 余份，悬挂粘贴主题宣传横幅 50 余条，更换各类知识宣传展板 32 个。

罗山社区

【精神文明建设】

2021 年，罗山社区以建设社会主义核心价值体系为根本，扎实推进公民思想道德建设，结合"我们的节日"举办道德讲堂 4 场次，组织开展反邪教、普法、健康、环保知识等宣传教育活动 6 场次。

【民生保障】

2021 年，罗山社区积极落实各项惠民政策，为 32 户 40 人办理城镇低保，为 23 名因疫情影响无法外出务工的困难家庭申请临时救助，为 3 户住房困难家庭申报廉租房。对辖区 348 名 60 岁以上人员进行养老金资格认证和异地人员资格认证工作。为149名残疾人建立个人档案，为100名城镇户籍残疾人申请医疗缴费补贴和重度残疾人护理补贴。

【小区管理】

2021年，罗山社区清理辖区内建筑垃圾和生活垃圾300余吨；对罗山花园、祥和佳苑小区进行绿化增植补植，补植树苗1600棵，新增绿化面积2000平方米；为罗山花园小区、祥和佳苑小区维修楼顶195处；为盛世佳园小区、祥和佳苑小区、罗山福邸小区引进绿化用水。

【社会综治】

2021年，罗山社区化解、调处罗山府邸房产证办理难等10余起典型矛盾纠纷，调处解决了35起"12345"信访热线问题。加大安全生产工作力度，定期对辖区内充电和供气设施、车棚、沿街商业门店等重点领域开展安全生产大检查。

【文明城市建设】

2021年，罗山社区制作创城宣传展板600多块，悬挂横幅50余条，发放创城宣传彩页3000多份。利用微信群、QQ群、微信公众号等平台发布创城知识150条。入户宣传走访2000多户，发放创城宣传品5000多份。辖区5个小区物业共投入近30万元新增绿化面积3000平方米，硬化面积1万平方米，增补车位400余个，处理楼顶漏水195处，粉刷墙面及楼道2000余平方米，志愿者参与活动1500余人次。

鹏胜社区

【民生保障】

2021年，鹏胜社区完善城市低保制度，加强城市低保工作动态管理，收到城市低保申请10户，清退清理不符合条件低保户2户2人。受理因疫情影响临时救助40户、大病救助8户、临时救助5户，为辖区5户困难家庭申请廉租房。

（张晓蕊）

【社会综治】

2021年，鹏胜社区调解纠纷共24起，联合警务室调解24起，回复"12345"平台投诉13起，开展各项普法、安全教育13次，成功创建"全国综合防灾减灾示范社区"。不定期对辖区各行业场所、学校、居民区开展联合突击检查，安全宣传和教育培训15期，受众达1000余人次。开展突击检查整治23次，对10余名违停群众进行教育，根据实际建设2处线上防灾减灾科普站，依托32个楼栋群发布天气预警、地震预警等信息。

（张桓志）

【文明城市建设】

2021年，鹏胜社区志愿者服务团队注册人数243人，占社区总人数的9%，累计服务工时超22713小时。开展各类志愿服务2362余人次。主要通过志愿者开展辖区环境卫生整治，为辖区特殊群体提供帮扶、创建文明城市宣传等志愿服务活动。

（田　颖）

【疫情防控】

2021年，鹏胜社区对下辖5个片区外省入红寺堡人员进行走访摸排，摸排外省及区内风险地区回红人员548人，集中隔离15人，封控1个单元，居家健康监测147人。防控期间每日安排3名干部做好值守、汇报和疫情防控常态化工作。

（刘　娥）

振兴社区

【共驻共建】

2021年，振兴社区开展"我为群众办实事"实践活动28项，召开联合党委联席会议1次，共同商讨、分析环境卫生整治、老年人日间照料中心生活用品、残疾人就业培训等7项为民服务工作事项，7家单位84名直管党员进驻社区报到并参与社区共驻共建。

（蔺书娟）

【民生保障】

2021年，振兴社区申请临时救助108户，救助资金98000元，申请大病救助6户，上报申请低保37户，核查低保48户，清退2户3人，慰问困难户150余户。通过社区微心愿展板、社区网格员摸排、党员干部举荐等形式，征集并实现辖区居民"微心愿"100余个，为10余名住房困难居民申请保障房，解决辖区居民基本生活难题。

（许　伟）

【社会综治】

2021年，振兴社区排查调处矛盾纠纷2起。构建防控网格，健全防控体系，将辖区分为9个网格，并由9名专职人员担任网格员，全面开展辖区排查工作，严格落实节假日、重点时段值班、坐班、巡查制度。排查并协调相关部门处理辖区安全隐患46处。

（周　花）

【文明城市建设】

2021年，振兴社区制作宣传大展板3个、公益广告12块。各社区新增展板68块，整治小区内32栋楼宇网线，维修91个单元照明灯，小区美化600平方米，维修平整路面3380平方米，更换门牌14个，更换灭火器20个，配备垃圾分类回收点1个，新增垃圾箱21个，清理垃圾8吨。

（马玉兰）

【志愿服务】

2021年，振兴社区志愿者队伍达到443人，

2021年，吴忠市红寺堡区振兴社区先锋示范户颁奖活动现场　（新民街道振兴社区提供）

服务工时超22450小时，参与各类志愿服务达3000余人次。组建一支疫情防控志愿服务队，31名志愿者参与执勤。

（江　雪）

紫苑社区

【疫情防控】

2021年，紫苑社区设置疫情防控临时登记点2个，报备省外返红寺堡人员175人，中高风险地区来红寺堡人员28人，国外返红寺堡人员1人、疫情期间婚丧嫁娶报备9例。出动宣传车1辆，张贴各类温馨提示70余条、公告100余份、宣传海报60余张，悬挂宣传横幅23条。

【民生保障】

2021年，紫苑社区有低保户5户10人，享受临时救助政策的居民14户，在节假日期间，走访慰问辖区困难群众、空巢老人、困境儿童共6户。对辖区人口进行4次集中摸排，建立居民信息库，完善居民信息档案。集中核查后，每月及时更新居民信息，完善居民信息库。

绿苑社区

【民生保障】

2021年，绿苑社区解决小区12户下水堵塞问题，6个小区的绿化水灌溉问题，化解矛盾纠纷10余起，完成微心愿43个，处理破损路面10多处，慰问和救助困难党员、居民以及残疾人63人，对环境治理难的裸露土地进行围网处理90多米，争取联合党委成员单位帮扶资金4.5万元，开展志愿者进小区环境卫生整治45次。共受理申请廉租房2批12户。积极协调上级部门为困难居民申请大病救助2万元，动员社区党员干部捐款1400元，解决因家庭经济困难，逝者无法安葬的问题。和街道办一同筹集2000元，解决去西安看病因疫情防控影响滞留困难居民的生活困难。协调联合党委单位启英教育，开办"四点半课堂"，解决25户双职工家庭、留守儿童等照顾小学生的难题，联同红寺堡区团委开展"七彩假期"，解决23户假期无人看管学生暑假作业的问题。截至2021年底，社区共有低保户75户137人，清理清退不符合条件低保户6户11人；新申请低保11户，受理办结申请临时生活救助55户，申请发放残疾人津贴26人。

【文明城市建设】

2021年，绿苑社区更换、增补宣传展板40块，制作宣传横幅40余条，发放宣传彩页600余份，经常性通过居民微信群推送创城宣传知识。对小区裸露空地垃圾进行集中整治，并对小区空地进行围网处理，安排志愿者不定期巡查。

【社会综治】

2021年，绿苑社区划分11个网格，定期安排网格员进入网格片区，对辖区居民反映的问题认真记录，积极归类解决，调处化解各类问题20余件。

【疫情防控】

2021年，绿苑社区累计摸排2660户9912人，摸排外省中高风险返红寺堡人员300余人，居家健康监测304人。完成18岁以上两针剂接种居民5531人，已接种一针剂未接种二针剂居民312人。

荣 誉
RONGYU

先进个人

2021年度红寺堡区机关事业单位考核优秀等次人员名单

一、公务员及参照公务员法管理事业单位工作人员

纪委监委（9人）
　李玉平　田兴龙　买　博　王　敏
　闫　圆　张志忠　武兴平　陈佳珍
　高尚杰

区委办（2人）
　段立栓　宋宗奇

区委组织部（2人）
　周鹏飞　田路忠

区委宣传部（2人）
　李海福　陈　乾

区委统战部（3人）
　杨万升　冯兴龙　毛晓东

区委政法委（1人）
　马广步

区委政策研究室（1人）
　马　婷

区委网信办（1人）
　姚一凡

区委编办（1人）
　兰正杰

区委巡察办（1人）

　　朱万通

区人大常委会机关（2人）

　　任成忠　贾　汝

区政府办（4人）

　　黄国民　马应龙　杨　虎
　　蔡志扬（挂职）

区政协机关（2人）

　　魏世雄　海小花

区发展和改革局（2人）

　　李军保　丁　华

区教育局（2人）

　　哈小军　冯进海

区科学技术局（1人）

　　乔玲娜

区工业信息化和商务局（2人）

　　韩　明　王　瑞

区民政局（1人）

　　李　柄

区司法局（4人）

　　王成龙　马登基　林淑娥　黄　兴

区财政局（2人）

　　马秀荣　赵文伯

区人力资源和社会保障局（5人）

　　海万昌　王座思　朱佩琦　周非凡
　　刘彦斌

区自然资源局（1人）

　　马汉宝

区住房城乡建设和交通局（1人）

　　袁江明

区水务局（1人）

　　段　炼

区农业农村局（1人）

　　曹　鹏

区文化旅游体育广电局（1人）

　　田彦祥

区卫生健康局（2人）

　　张淑艳　郑淑萍

区退役军人事务局（1人）

　　付方玉

区应急管理局（2人）

　　马　贵　杨治东

区审计局（2人）

　　苟安泰　吴芝静

区统计局（1人）

　　张怀德

区乡村振兴局（1人）

　　高建斌

区综合执法局（1人）

　　陈志华

区医疗保障局（1人）

　　田慧丽

区审批服务局（含政务服务中心）（3人）

　　蔡金玉　马志莲　王凤艳

团区委（2人）

　　李玉平　杨　民

区残联（1人）

　　海　琴

新民街道办（2人）

　　赵锦鹏　马月梅

红寺堡镇（7人）

　　白占玉　杜丽丽　李　娜　白　娟

　　王尊乐　王　强　李小东

太阳山镇（3人）

　　田进明　马玉贵　安　娜

大河乡（3人）

　　李玉德　王晓勇　马娟娟

新庄集乡（6人）

　　杨旭虎　刘　婧　杨　虎　王进银

　　王考强　王一芳（挂职）

柳泉乡（6人）

　　高晓东　金　帝　田进福　王　勇

　　张丽娟　金昌明（挂职）

区人民法院（14人）

　　马荣清　洪　海　杨倩男　马　武

　　周　莹　马渊博　毛　旺　张晶晶

　　马行空　武　鹏　笪　憬　刘媛春

　　李禹扬　马东才

区人民检察院（7人）

　　杨志辉　马宏武　金小白　马　蓉

　　金　云　苏海军　李雪艳

二、事业单位工作人员及机关工勤人员考核优秀等次人员名单

区委办（1人）

　　王　虹

纪委监委（1人）

　　曹建民

政府办（1人）

　　何　涛

组织部所属事业单位（3人）

　　高正武　李　强　郑　楠

法院（1人）

　　任史红

发展和改革局所属事业单位（1人）

　　宋海伟

吴忠市公安局红寺堡区分局（6人）

　　王元星　王成勋　丁　璐　周金林　张信锋

　　马　林

民政局所属事业单位（2人）

　　魏晓霞　周海霞

财政局所属事业单位（7人）

　　宗晓玲　冯宁宁　顾莉盼　马耀琴　杨晓琴

　　马克梅　罗峰虎

自然资源局所属事业单位（6人）

　　王世东　胡　艳　田育蓉　何昀明　姚彩霞

　　冯中锋

住房城乡建设和交通局所属事业单位（14人）

　　王文杰　谢春玲　马自原　周志强　马青福

　　海　锋　赵海凤　李　娜　马俊章　李森茂

　　刘海龙　周鹏鸿　刘　亚　施兴华

水务局所属事业单位（4人）

　　张建宁　王博文　马小海　周　文

农业农村局（12人）

魏小平　杨文玲　张秀丽　李成玉　李应科
王粉琴　王玉平　张本健　施兴梅　马国栋
马　科　徐　旭

文化体育旅游局所属事业单位（5人）

刘维斌　高　阳　李锦君　徐应鸿　牛建龙

应急管理局（1人）

刘正刚

乡村振兴局（2人）

梁立娟　马小山

综合执法局（6人）

马　力　梁洪祎　贾晓东　马　萍　马文涛
马存义

医疗保障局（1人）

李富强

社会保险事业管理中心（4人）

李海瑞　李　华　田　蕊　马碧玉

政务服务中心（2人）

刘月琴　景天海

机关事务管理中心（2人）

王　璐　王君华

档案史志馆（1人）

李晓娟

退役军人事务局（1人）

王园园

融媒体中心（1人）

朱光旭

卫生健康局所属事业单位（66人）

张　涛　贾春梅　兰　伟　刘冬阳　李德智　冯爱华
马海荣　王春艳　顾莉琴　秦吉荣　周存新　姬秀龙
张夏珲　黄学强　田　燕　赵君志　李　芹　吴清淑
蒙　宽　马虎秀　张巧云　宋天水　金正霞　马忠堂
范慧娟　马立萍　连富对　丁平宝　张雪燕　田英霞
田玉红　罗彩红　陈金勇　朱军军　杨占有　王淑秀
王旺红　马永强　马梅娟　马廷礼　仇军伟　梁新军
摆小琴　石小丽　和艳霞　兰智军　康　龙　龙学军
马思兰　杨　力　蒙丽霞　单长婧　刘雪晴　杨生英
周玉琴　马金贵　虎踞林　苏小艳　杨　洁　金月梅
李　潇　罗淑荷　杨瑞玲　吴晓成　王小荣　孙晓彤

教育局所属事业单位（376人）

苢天英　潘金合　何明霞　吴亚楠　贺自高　陈有亮
齐增辉　冯松强　王国强　罗　宁　丁翠霞　马　斌
马奋岚　王东君　张　强　魏万帅　丁淑琴　苟金山
剡文芳　吴汉东　马小军　刘彩燕　王学珍　王如意
朱雷霞　安思绪　丁晓萍　高小梅　顾占贤　贺亚军
李　艳　雒　静　吕桂香　马　彪　马春蕾　马　宁
马小芮　马学萍　马艳红　锁　键　谈建忠　王　莉
杨安琴　姚冠兰　张桂梅　赵君红　赵晓荣　丁娟梨
杜文娟　哈学娟　海　芳　海玉梅　贺小玲　贺小瑞
陈　瑞　金　振　雷凤敏　李晓成　刘会琴　刘　艳
马慧娥　马文梅　马小燕　马艳霞　马　芸　年　谱
尚万富　王　婷　王晓龙　王彦林　魏　臻　杨进平
杨永福　张爱萍　张秉菊　张仓龙　张佳玉　张小平
张燕霞　赵丽花　彭莉莉　马秀兰　马新明　顾素芬
邓向梅　王学华　王瑞霞　臧莉莉　俞鸿英　李润梅
杨　燕　马建学　张有贵　马　刚　马小春　程珍珍
韩　峰　陆海福　马小琴　张犟桢　周国娟　车建红
贾静月　张宏慧　王爱娟　胡彦俊　陈　艳　李国华
马忠吉　买玉芳　任　怡　张　瑞　邹小梅　徐　芳
杨　芳　罗　睿　张　翔　赵　婷　赵　军　张玉英
张　强　于　飞　尤红香　姚雅婷　杨彦君　杨晓宇
杨丽丽　薛　艳　谢得本　魏留红　王彦温　王晓艳
王海红　田　洁　邵晓娟　任欢欢　祁　涛　穆雪雷
母小琴　马玉婷　马　燕　马晓霄　马小娟　马向霞

马　军　马建辉　马伏花　罗成福　刘振东　刘　蕊
蔺小龙　李　瑞　李春花　李　成　纪　燕　海　丽
高正玲　丁丽娇　陈东亚　白丽娟　杨廷宝　何　洁
李　静　党晓斌　金梅兰　李　强　刘宝红　吕　军
马存平　马　静　全新文　田会学　田　艳　王和平
张春梅　刘桂芬　田艳龙　杨　花　罗复兴　贾　丹
杨　涵　何治贵　李燕娜　党高峰　伏芳红　暴怀勇
佘慧军　丁茹燕　马　贞　赵　静　周燕春　史　荣
杨春荣　蒙志莲　丁　辉　高焕发　韩芳龙　姬海花
靳兴旺　李　艳　马学鹏　马兆虎　史艳春　苏厚娟
田　颖　王国雄　王琴琴　王文海　谢宝玲　杨风文
杨　旭　张德勋　赵　媛　周家丽　周金林　张世锋
曹玉珍　李晓东　刘　斌　马建鹏　马小圈　毛晓玲
石　义　王小明　薛雨晴　张海荣　张莉萍　赵治乾
白雪宁　浦维霞　祁　婷　秦小芳　万　庭　文　卓
张　辉　张　忠　赵　婧　赵盼盼　马宝龙　马俊刚
张继才　张　兰　李学财　宋　瑶　周　超　马金萍
马建霞　马晓丽　罗成燕　白银兰　马丽琼　马桂兰
马海霞　杨芳兄　李　雪　焦　阳　赵拿英　剡　红
罗永花　安晓艳　浦浩庚　马继平　韩　鑫　张志成
侯国荣　马　霞　张　亚　马　韶　孙立虎　马金花
柳玉科　赵苗苗　杨　艳　王　娜　史娟琴　田进花
马焕龙　常　宏　马文燕　马希梅　马亚玲　孟　梅
田进蕊　涂志刚　万瑞妮　王　花　张吉平　张涛涛
周　琴　李永红　王　炯　王海娟　张　杰　王　芳
李中学　胡玉梅　马明虎　周栓栓　柳　霄　何进全
王　旺　焦世玺　张聪林　田　海　张伟强　张怀亮
刘享男　司马大　马　琳　李成贵　马　跃　贺红霞
扈燕蒙　王小燕　雷燕玲　杨宏瑜　王　熙　李文权

马小兰　牛晓霞　尤萍燕　卜旻璐　柴彦城　冯雷祖
傅旭强　韩玉婷　洪亚娜　姬全旺　姬彦迪　李小萍
刘娟娟　马国林　马建龙　马　军　马学娅　马义梅
勉海龙　潘春燕　王小妮　杨翠萍　杨　梅　殷艳秀
张春燕　张艳霞　张永利　王　亮　叶晓红　李志忠
白慧慧　李秀玲　马生发　马金龙　马耀晨　高晓燕
姬凤花　马彩莹　马　琴　马维林　马　霞　苏　彦
王盼盼　杨晓燕　姜海斌　李秉慧　张　蕾　刘彩玲
马莲霞　李晓敏　石晓萍　王淑芳　任雪芬　张彩荣
刘金霞　马梨花　杨文燕　苏玉贵

红寺堡镇（8人）

马海德　王巧玲　王亚妮　杨生虎　杨　晔
张永红　陈　强　李　毅

太阳山镇（3人）

苏　荣　李　虎　宋小玉

大河乡（4人）

马永存　马宏明　马　娇　赵晓楠

新庄集乡（4人）

田晓平　魏耀福　马红梅　丁俐娟

柳泉乡（4人）

王生晓　张学兵　田　平　穆鹏程

新民街道办（2人）

雷燕娥　李海燕

宣传部抽调人员（2人）

张志亮　张　锋

政法委抽调人员（1人）

买丰林

政府办抽调人员（1人）

李建华

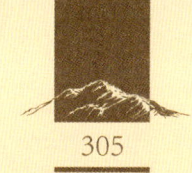

红寺堡区连续三年（2019—2021年）考核优秀等次人员名单

区政府办：马应龙

区发展和改革局：丁　华

区审计局：苟安泰

新民街道办：马月梅

红寺堡镇：白　娟

大河乡：李玉德　王晓勇

新庄集乡：杨　虎

区人民法院：刘媛春　李禹扬　马东才

区人民检察院：金小白

红寺堡区第四届"我们身边的好人"名单及人物事迹

一、名单（16人）

"助人为乐"（3人）

　　马志军　新民街道创业社区居民

　　谢　刚　红寺堡区星月蛋糕负责人

　　乔国强　新民街道紫苑社区居民

"见义勇为"（4人）

　　马明德　大河乡龙源村村民

　　李　伟　柳泉乡派出所辅警

　　李风海　柳泉乡永新村村民

　　米　琛　国网天能安装三公司职工

"诚实守信"（3人）

　　王航弟　新庄集乡白墩村村民

　　马腾俊　柳泉乡羊坊滩村村民

　　刘朋鑫　宁夏大河之州生物科技有限公司总经理

"敬业奉献"（4人）

　　庞万宝　红寺堡区疾控中心科长

　　马　斌　太阳山镇社区戒毒康复中心站长

　　佘慧军　红寺堡第五中学教师

　　武国鹏　红寺堡镇原党委副书记、纪委书记

"孝老爱亲"（2人）

　　董文龙　红寺堡镇红关村村民

　　马玉兰　红寺堡镇河水村村民

二、人物事迹

"助人为乐"（3人）

1. 马志军，男，回族，29岁，群众，新民街道创业社区居民。他痴迷于中华传统文化，2018年首创红寺堡区红色文化记忆馆。在中国共产党成立100周年华诞，他将自己收藏多年的价值100多万元的1300多件红色文化藏品免费提供给新民街道党性教育基地。使更多群众通过他的藏品感受到中国共产党百年不懈奋斗、矢志复兴的梦想。他的拳拳爱国之情心、无私奉献精神温暖了红寺堡人的心。

2. 谢刚，男，回族，37岁，群众，红寺堡区星月蛋糕负责人。2008年开办星月蛋糕店，创业以来他本着诚实守信、特色创新的经营理念，将10平方米的小店扩张到了现在的100多平方米，蛋糕店也发展成了拥有16名员工的特色店。他和妻子携手经营这份甜蜜事业的同时，更是积极承担社会责任，毫无保留地将自己多年苦心积累的宝贵经验免费教授给困难的创业者，累计帮助200多名困难群众创业就业。他授人以渔，以改变他人命运。赠人玫瑰，手留余香，如今他的蛋糕店宾客盈门。

3. 乔国强，男，汉族，30岁，群众，新民街道紫苑社区居民。他热心公益，于2014年主动加入志愿服务队伍。自开展志愿服务活动以来，长期关注孤寡老人、困境儿童等特殊群体。他筹资筹物慰问困难群众，帮助无人看管的孤儿继续完成学业，积极参与各类志愿服务活动300余场次，服务时长达1600余小时。尤其在新冠肺炎疫情暴发以来，他又义无反顾地加入到疫情防控战中，不畏艰难险阻，主动坚守在防控一线，成为红寺堡疫情防控的一道美丽风景线。

"见义勇为"（4人）

1. 马明德，男，回族，45岁，群众，大河乡龙源村村民。2019年7月，一对夫妻在路过大河乡龙泉村红三干渠时不慎跌入宽18米、深3.7米的渠中，瞬间被湍急的水流冲出百米之远。马明德正骑着电动车带着孩子路过，听到呼救声后，他急忙跑向渠边，看见两人在水渠中挣扎，他来不及多想直接从水渠上一跃而下，奋力朝落水者游去。最后成功将两名落水者救起，在确保落水夫妻无恙后，他便悄悄带着孩子离开。他勇救落水者的举动，彰显着人性的光芒。

2. 李伟，男，回族，21岁，群众，柳泉乡派出所辅警。2020年3月，处理完工作的李伟在途经青云湖时远远看见湖面上漂着一个"东西"，怀疑有人落水的他向岸边飞奔而去。看见有人在水面奋力呼救。不会游泳的他没有盲目跳下水，而是捡起不远处的一根长棍伸向落水女孩，最终在其他群众的帮助下女孩被成功救上了岸。他迅速脱下外套披在女孩身上为她保暖，并拨打了救护电话，直到女孩被接走后才返回单位。他用机智果断挽救了一个年轻的生命，诠释了见义勇为的真谛。

3. 李风海，男，回族，31岁，预备党员，柳泉乡永新村村民。2021年8月的一天，他发现永新村的"进洋"商店浓烟滚滚，有群众在商店附近却无人敢靠近，还有群众大喊"救火"，李风海见状迅速冲进"进洋"商店。屋内早已浓烟四起，他没有时间考虑，一头扎进火海。屋内厨灶早已火势汹涌，煤气软管已经噗噗冒火，阀门正在燃烧。他没有退却，转身进入卧室，顺手扯下被子并快速打湿，用潮湿的被子盖住煤气罐口，迅速关闭煤气阀门，打开窗户后跑出屋外紧急疏散围观群众。面对热焰，他没有犹豫，没有退缩，烧烂的衣服，烧焦的头发，熏黑的脸庞，烫伤的双手，刻下他的无私无畏。

4. 米琛，男，回族，19岁，国网天能安装三公司职工。在路遇他人危难时，不会游泳的19岁青年没有过多的思考，只作出了一个善良且本能的选择——救人！2021年11月2日，在青云湖边散步的米琛，听见有人喊"救命！"意识到有人落水的他迅速跑向湖边。他迅速解开旁边的救生圈，脱下外套跳进湖里，最终在众人的帮助下将落水者救起。起初被救的落水者处于昏迷状态，他紧急做了心肺复苏，直到警察和救护人员赶到后做了简单的登记便悄然离开。刺骨的湖水冷冻不了一颗火热的心，他用纵身一跃为这个冬天带来最温暖的阳光。

"诚实守信"（3人）

1. 王航弟，女，汉族，39岁，群众，新庄集乡白墩村村民。家境困难的王航弟16岁开始便外出打工。红寺堡开发建设后，她看到了商机，怀着创业梦想在红寺堡开了一家小店。一次偶然的机会，一位外地朋友让其帮忙邮寄枸杞。为了保证品质，她亲自到农家挑选。因邮寄的枸杞质量好，慢慢地越来越多朋友找她代买，从此便开启了她的"枸杞生涯"。为了更好保障枸杞品质，她决定自己种植、自己加工。她凭借"以品质闯天下，以汗水换收获"的诚信经营理念，不仅使自己种植的枸杞年年售罄，还带动周边农户枸杞销售。如今的她又做起了电商，带动身边的困难群众就业，成为了红寺堡的名人。"诚"是她的标杆，"信"是她的准则，她用"言必行，信必果"的信念，书写了不一样的人生。

2. 马腾俊，男，回族，59岁，群众，柳泉乡羊坊滩村村民。4岁双目失明的马腾俊，没有被黑暗吞没，他从小就有一个梦想：靠自己的努力吃上一碗饱饭！因为心中有梦，24岁时他开始尝试磨面的营生，凭着勤劳的双手、聪慧的头脑、诚信经营的理念，不仅实现了自立的梦想，还娶妻生子。虽然看不见，但他的双手却比机器还灵敏，插进麦粒堆，便知干湿几分；抓把面粉搓一搓，就能"看"出黑与白。磨面三十余载，他从不欺诈客户，客户也从不少给他一分钱。没有惊天动地的壮举，却有持之以恒的坚守，他的举动彰显了"言忠信，行笃敬"的中华传统美德。

3. 刘朋鑫，男，汉族，28岁，中共党员，宁夏大河之州生物科技有限公司总经理。刘朋鑫自大学期间就开始创业，经过不断探索，他借助农业产业和乡村电商融合发展的有利契机，在红寺堡区成立了宁夏大河之洲生物科技有限公司，主要生产"零添加"的枸杞原浆产品。该公司以"互联网生态大循环+产供销一体化"的模式，使种植户、生产企业与产销公司之间形成质量共同体和利益共同体，不仅保证了产品的质量，还减轻了群众在种植、管护、采摘和晾晒过程中的物力、人力投资，增加了群众收入。公司现年产值超过5000万元，直接带动40余人就业，为推动红寺堡区枸杞全产业链发展，助力乡村振兴贡献着力量。

"敬业奉献"（4人）

1. 庞万宝，男，回族，37岁，中共党员，红寺堡区疾控中心科长。在新冠肺炎疫情暴发后，他积极申请加入了红寺堡区"流行病学调查组"，与同事共同完成86例发热病例的流行病学调查，主笔撰写流调报告62份。筛查出密切接触者150人，使得红寺堡疫情防控工作得到及时管控。在这场人民战中，防护服是他的盔甲，守护群众平安是他的信仰，他用共产党人的本色，面对疫情大考交出了一份满意答卷。

2. 马斌，男，回族，35岁，中共党员，太阳山镇社区戒毒康复中心站长。7年来，他带领其他3名同事不断总结经验、创新工作方式，创建了太阳花工作室，摸索出一套"321"社区戒毒模式，实现了涉毒人员"有人沟通、有人帮扶、有人引导"的动态服务模式，让涉毒人员在管控及帮扶路上不落一户、不漏一人，管控帮扶精准到位，使吸毒人员管得住、管得牢、管得稳、底数清。因扎实的工作，社区戒毒康复执行率达到100%，戒断3年以上未复吸人员巩固率逐年上升，无肇事肇祸等重大违法犯罪案件发生，涉毒贫困家庭全部脱贫。他用爱心鼓励戒毒人员持之以恒，用细心温暖戒毒人员。

3.佘慧军，男，汉族，40岁，群众，红寺堡第五中学教师。"道虽通不行不至，事虽小不为不成"，这是佘慧军的人生信条。2005年进入教师队伍以来，他便在教育的土地上深深扎下了根。凭着对教育的执着和对学生的热爱，他带的班级班风正、学风浓、成绩好。自2012年考入红寺堡区回民中学后，所带班级累计有190余名学生考入六盘山高级中学等重点中学。他在不断提高教学水平的同时，及时总结自己的教学经验，撰写的多篇论文获自治区一等奖。他用自己的辛勤和智慧，赢得了"2012年度优秀学科教师""优秀班主任"等多项荣誉。他用爱岗敬业的精神向我们昭示着红寺堡教师的质朴与忠诚，他用执着追求、辛勤耕耘书写了人民教师的感人篇章。

4.武国鹏，男，汉族，中共党员，红寺堡镇原党委副书记、纪委书记。2017年12月，换肾10年，年仅34岁的武国鹏因连续工作劳累过度，倒在了自己心爱的工作岗位上，永远离开了他熟悉的一切，离开了深爱他的家人和朋友……自2009年考入红寺堡镇工作以来，武国鹏先后担任红寺堡镇机关党支部书记、农牧干事、农业综合服务站站长、纪委委员等职务，无论在哪个工作岗位，他总是尽心尽力把工作做好，让组织放心。脱贫攻坚工作开启以来，他总是冲在工作的第一线，义无反顾地扛起督查巡查工作，为打赢脱贫攻坚战、护航"最后一公里"提供了坚强的责任保障。工作8年，兢兢业业，倾情服务，用生命诠释了一名共产党员的责任与担当。

"孝老爱亲"（2人）

1.董文龙，男，汉族，57岁，中共党员，红寺堡镇红关村科技特派员。当姐姐家庭出现变故，董文龙和善良的妻子将当时年仅6岁的外甥和5岁的外甥女接到身边抚养，尽管当时自己的女儿只有1岁。他们用亲情浇灌两个孩子茁壮成长，外甥毕业后在银川安家工作，外甥女被自治区党委组织部以"三优"学生身份选派到新疆工作。他的大女儿也以"三优"学生身份被选派到新疆工作，二女儿现就读于湖北大学，三女儿就读于红寺堡一中。20余年间，他们用爱心为两个孩子撑起了一片天，用凡人善举演绎人间大爱。

2.马玉兰，女，回族，45岁，群众，红寺堡镇河水村村民。1999年，马玉兰和丈夫马文平从彭阳县的一个小村庄搬迁至红寺堡，为改善艰难的生活，夫妻俩做起了布鞋生意，因生产的布鞋质量好，回头客不断。2013年，布鞋产量已达到10万双。日子越过越好的他们更是带动周边近百名乡邻就业。他们严格教育子女，儿子以优异成绩考入复旦大学，本硕连读后，现在上海工作；女儿完成中央民族大学金融系本科学业后被免试推荐至西安交大读研。2020年，马玉兰家庭荣获"全国最美家庭"称号。

红寺堡区优秀共产党员和优秀党务工作者

一、优秀共产党员（43名）

涂志强　红寺堡区红寺堡镇党委委员、副镇长
王　强　红寺堡区红寺堡镇农业综合服务中心主任
马晓文　红寺堡区红寺堡镇党委委员、组织委员
白　娟　红寺堡区红寺堡镇党建工作办公室主任
王尊乐　红寺堡区红寺堡镇综合办公室主任
丁生红　红寺堡区红寺堡镇团结村党支部书记
田进明　红寺堡区太阳山镇党委委员、副镇长
王慧霞　红寺堡区太阳山镇综治中心干部
马　军　红寺堡区大河乡党委书记
李玉德　红寺堡区大河乡党委委员、纪委书记
王立琴　红寺堡区大河乡党委委员、副乡长候选人
杨文波　红寺堡区大河乡财经服务中心主任
王凯卫　红寺堡区大河乡龙泉村党支部党员
马　涛　红寺堡区新庄集乡党委委员、纪委书记，区监委派出新庄集监察办公室主任
马平全　红寺堡区新庄集乡农业综合服务中心干部
丁　杰　红寺堡区新庄集乡柳树台村驻村第一书记
杨贵成　红寺堡区新庄集乡南源村党支部党员
杨宗兴　红寺堡区新庄集乡沙草墩村党支部委员
武秀玲　红寺堡区新庄集乡洪沟滩村党支部委员
马金贵　红寺堡区柳泉乡党委委员、人大主席
陈志荣　红寺堡区柳泉乡党委委员、副乡长候选人
袁玲玲　红寺堡区柳泉乡党委委员、组织委员
李　莉　红寺堡区柳泉乡社会事务管理办公室干部
王学军　红寺堡区柳泉乡豹子滩村驻村工作队队员
魏东财　红寺堡区柳泉乡羊坊滩村党支部书记
马书峰　红寺堡区柳泉乡柳泉村党支部委员
张进林　红寺堡区新民街道党工委委员、办事处副主任、武装部部长
马　琰　红寺堡区新民街道鹏胜社区党支部副书记
李　强　红寺堡区委组织部党员教育中心干部
兰　敏　红寺堡区融媒体中心播音员
王园园　红寺堡区退役军人事务局干部
杨治东　红寺堡区应急管理局办公室主任
冯中锋　红寺堡区自然资源局耕地保护监督室主任
康　鹏　红寺堡区公安分局弘德派出所事业编警务人员
刘　青　红寺堡区公安分局红寺堡派出所警务辅助人员
李志忠　红寺堡区太阳山九年一贯制学校校长、中心学校副校长
张俊清　红寺堡区第一中学教务副主任
余依凡　红寺堡区职业技术学校教师
吴存喜　红寺堡区人民医院外一科主任
王红静　红寺堡区卫生健康局综合监督执法股负责人
杜巧芸　红寺堡区疾病预防控制中心检验师
王　璐　红寺堡区机关事务服务中心党组成员、副主任
杨云山　红寺堡区南原汽车运输有限公司副总经理

二、优秀党务工作者（39名）

冯国平　红寺堡区红寺堡镇朝阳村党支部书记
李正鹏　红寺堡区红寺堡镇东源村党支部书记
徐东升　红寺堡区红寺堡镇和兴村党支部书记
王丽娜　红寺堡区红寺堡镇河水村党支部书记
史军民　红寺堡区红寺堡镇兴旺村党支部书记
安　娜　红寺堡区太阳山镇党委委员、组织委员
苏　荣　红寺堡区太阳山镇民生服务中心主任
王玉峰　红寺堡区太阳山镇潘河村党支部书记
桂彦芳　红寺堡区太阳山镇白塔水村党支部党务工作者
王晓勇　红寺堡区大河乡党建工作办公室主任

吴红年　红寺堡区大河乡红崖村党支部副书记
赵迎花　红寺堡区大河乡香园村党支部委员
王进银　红寺堡区新庄集乡综合办公室主任
马　霞　红寺堡区新庄集乡党建工作办公室主任
马文兵　红寺堡区新庄集乡向阳村党支部书记
李　婷　红寺堡区新庄集乡中川村党支部委员
王旭红　红寺堡区新庄集乡菊花台村党支部委员
张娅梅　红寺堡区柳泉乡柳泉村党支部副书记
张千劳　红寺堡区柳泉乡红塔村党支部书记
马吉斌　红寺堡区柳泉乡沙泉村党支部副书记
周　璐　红寺堡区新民街道党工委委员、组织委员、
　　　　办事处副主任
胡玉娇　红寺堡区新民街道民生服务中心主任
张志科　红寺堡区新民街道博大社区党支部副书记
张志忠　红寺堡区自然资源局党组成员、纪委监委
　　　　派驻第三纪检监察组组长
杨明芳　红寺堡区民政局党组成员、副局长
周治强　红寺堡区审计局党组成员、副局长
郭紫薇　红寺堡区委办公室党务工作者
华　婧　红寺堡区委统战部党务工作者
金文昊　红寺堡区人社局党务工作者
杨晓燕　红寺堡区总工会党务工作者
虎　洋　红寺堡区人民法院党务工作者
纳　杰　红寺堡区社会经济调查队党务工作者
陶春举　红寺堡区汇川爱德服装有限公司办公室主任
冯爱琴　红寺堡区残疾人综合服务中心党务工作者
李　涛　红寺堡区公安分局新庄集派出所副所长
巩鹏程　红寺堡区新庄集乡中心学校党务工作者
张旭斌　红寺堡区第三中学党建办副主任
罗晓兰　红寺堡区医疗健康总院办公室主任
张亚书　红寺堡区供暖公司党务工作者

红寺堡区获县级以上表彰的先进个人一览表

获奖者	所在单位	奖　项	颁奖单位	表彰时间
王忠强	吴忠市红寺堡区委、区政府	宁夏回族自治区脱贫攻坚先进个人	自治区党委、人民政府	2021年4月
陈雪松	吴忠市红寺堡区委组织部	宁夏回族自治区脱贫攻坚先进个人	自治区党委、人民政府	2021年4月
张致强	吴忠市红寺堡区人民政府	宁夏回族自治区脱贫攻坚先进个人	自治区党委、人民政府	2021年4月
田进明	吴忠市红寺堡区太阳山镇人民政府	宁夏回族自治区脱贫攻坚先进个人	自治区党委、人民政府	2021年4月
马金贵	吴忠市红寺堡区柳泉乡人民政府	宁夏回族自治区脱贫攻坚先进个人	自治区党委、人民政府	2021年4月
王立琴	吴忠市红寺堡区大河乡人民政府	宁夏回族自治区脱贫攻坚先进个人	自治区党委、人民政府	2021年4月

续表

获奖者	所在单位	奖项	颁奖单位	表彰时间
冶长斌	吴忠市红寺堡区扶贫开发办公室	宁夏回族自治区脱贫攻坚先进个人	自治区党委、人民政府	2021年4月
赵文伯	吴忠市红寺堡区财政局	宁夏回族自治区脱贫攻坚先进个人	自治区党委、人民政府	2021年4月
马宗成	吴忠市红寺堡区民政局	宁夏回族自治区脱贫攻坚先进个人	自治区党委、人民政府	2021年4月
张 涛	吴忠市红寺堡区卫生健康局	宁夏回族自治区脱贫攻坚先进个人	自治区党委、人民政府	2021年4月
马慧娟		乡村阅读榜样	中宣部、农业农村部、国家乡村振兴局	2021年9月
牛建龙	红寺堡区文化旅游体育广电局	2017—2020年度全国群众体育先进个人	国家体育总局	2021年9月
周占元	红寺堡区文化旅游体育广电局	中国航空运动协会2019年度中国航空运动协会航空模型特别贡献奖	中国航空运动协会	2021年9月
刘朋鑫	宁夏大河之洲生物科技有限公司	第八届"创青春"中国青年创新创业大赛（乡村振兴专项）银奖	团中央	2021年1月
李 通		入选"中国青年好网民"100个优秀故事	团中央	2021年12月
王小玲	红寺堡区档案史志馆	"讲述黄河故事，传承黄河文化"系列活动讲述大赛中荣获三等奖	中国地方志指导小组办公室、国家方志馆	2021年10月
李耀梅		宁夏残联2021年度十大人物	宁夏回族自治区残疾人联合会	2021年2月
杨 蕊	红寺堡区文化旅游体育广电局	"百年答卷与'宁'同行"庆祝中国共产党成立100周年宁夏红色旅游系列活动——"心中的旗帜"百名讲解员讲百年党史·红色故事讲解员大赛优秀志愿者讲解员	自治区文化和旅游厅	2021年9月
何齐银	红寺堡区残疾人综合服务中心	第十三届中国青年志愿者优秀个人奖	自治区团委	2021年1月

续表

获奖者	所在单位	奖项	颁奖单位	表彰时间
罗永宝		2021年疫情防控工作优秀青年个人	自治区团委	2021年12月
周小燕	红寺堡区司法局	"七五"普法先进个人	中共宁夏回族自治区委员会、宁夏回族自治区人民政府	2021年12月
郜娟 海强 尹燕燕 朱亚雄 马金霞 于萌 程慧萍 张亚琴 周莉 张玲 马秀娟		2020—2021年度宁夏大学生志愿服务西部计划优秀志愿者	宁夏西部计划项目办	2021年8月
顾莉盼	红寺堡区财政局	《百舸争流 奋楫者先》荣获理论类一等奖	宁夏回族自治区财政厅	2021年7月
顾莉盼	红寺堡区财政局	《巍巍宝塔颂党恩》荣获美术类一等奖	宁夏回族自治区财政厅	2021年7月
王粉粉	红寺堡区财政局	《清平乐·六盘山》荣获书法类三等奖	宁夏回族自治区财政厅	2021年7月
白龙	红寺堡区人民检察院	2021年全市检察机关控申诉讼检察业务竞赛二等奖	吴忠市人民检察院	2021年5月
王斌	新庄集乡	吴忠市优秀人才	中共吴忠市委员会、吴忠市人民政府	2022年1月
李克伟	新庄集乡	吴忠市优秀共产党员	中共吴忠市委员会	2021年6月
王玉婧	红寺堡区文化旅游体育广电局	2021年吴忠市导游（讲解员）服务技能大赛金牌	吴忠市文化旅游体育广电局	2021年12月
王玉婧	红寺堡区文化旅游体育广电局	2021年吴忠市导游（讲解员）服务技能大赛三等奖	吴忠市文化旅游体育广电局	2021年12月

续表

获奖者	所在单位	奖项	颁奖单位	表彰时间
马宏武	红寺堡区人民检察院	2021年度全市检察机关优秀公诉意见书评选三等奖	吴忠市人民检察院	2021年4月
马晓燕	红寺堡区人民检察院	全市检察机关民事检察业务竞赛优秀奖	吴忠市人民检察院	2021年8月
马晓娟	红寺堡区人民检察院	全市检察机关民事检察业务竞赛优秀奖	吴忠市人民检察院	2021年8月
禹瑶	红寺堡区人民检察院	2021年度全市检察机关公诉人辩论赛优秀辩手	吴忠市人民检察院	2021年4月
吕婷婷	红寺堡区人民检察院	全市检察机关"与党同心、与民同心、与法同心"主题演讲比赛优秀奖	吴忠市人民检察院	2021年9月

注：空白项表示不适用。

先进集体

红寺堡区获县级以上表彰的先进集体一览表

获奖单位	奖项	颁奖单位	表彰时间
红寺堡区人民检察院	2020年度未成年人检察工作社会体系示范建设单位	最高人民检察院、共青团中央	2021年1月
吴忠市红寺堡区住房城乡建设和交通局	全国脱贫攻坚先进集体	中共中央、国务院	2021年2月
吴忠市红寺堡区人民法院	人民法院党建工作先进集体	最高人民法院	2021年6月
红寺堡区民政局	全国青少年维权岗	共青团中央、民政部	2021年7月

续表

获奖单位	奖 项	颁奖单位	表彰时间
吴忠市红寺堡区统计局	节约型机关	国家机关事务管理局、中共中央直属机关事务管理局、国家发展改革委、财政部	2021年8月
吴忠市红寺堡区残疾人联合会	节约型机关	国家机关事务管理局、中共中央直属机关事务管理局、国家发展改革委员、财政部	2021年8月
弘德村	全国乡村旅游重点村名录	文化和旅游部、国家发展改革委	2021年8月
吴忠市红寺堡区人民检察院	全国农村留守儿童关爱保护和困境儿童保障工作先进集体	民政部	2021年9月
红寺堡区	2017—2020年度全国群众体育先进单位	国家体育总局	2021年9月
吴忠市红寺堡区融媒体中心	在新华社2021年陕甘宁融媒体直播实战训练营中获得"优秀传播奖"	新华通讯社新闻信息中心	2021年9月
红寺堡区财政局	2020—2021年度政府采购百强区（市、县）	16届全国政府采购监管峰会组委会、政府采购信息报、政府采购信息网	2021年9月
红寺堡区	"红寺堡区突出重点推进乡村振兴"典型经验做法被国务院第八次大督查在全国范围通报表扬	国务院办公厅	2021年11月
红寺堡区文化馆	国家一级馆	文化和旅游部	2021年11月
柳泉乡永新村	《苦练内功提服务、综合治理出效应——宁夏吴忠市红寺堡区柳泉乡永新村旅游扶贫案例》入选全国乡村旅游扶贫示范案例	文化和旅游部	2021年11月
柳泉乡永新村	入选2021年中国美丽休闲乡村名单	农业农村部	2021年11月

续表

获奖单位	奖　项	颁奖单位	表彰时间
吴忠市红寺堡区社会保险事业服务中心	全国人力资源社会保障系统优质服务窗口	人力资源和社会保障部	2021年12月
吴忠市红寺堡区妇女联合会	2021年度全国妇联宣传舆论阵地建设优秀奖	中国妇女报社（全国妇联网络信息传播中心）	2021年12月
吴忠市红寺堡区教育局	国家义务教育质量监测县级优秀组织单位	教育部基础教育质量监测中心	2021年12月
红寺堡区档案史志馆	《红寺堡年鉴（2020）》被评为第八届全国地方志优秀成果（年鉴类）县级综合年鉴二等奖	中国地方志指导小组、中国地方志学会	2021年12月
红寺堡区	《凝聚党建引领合力 同心共融基层治理》入选由《人民日报》、《民生周刊》杂志社和中共中央党校出版社共同发起的"献礼建党百年"基层党建与民生发展优秀案例		2021年
吴忠市公安局红寺堡区分局	2019—2020年度全区优秀公安局、优秀公安基层单位	宁夏回族自治区公安厅	2021年1月
红寺堡区文化馆	摄影作品《摄》荣获第七届"迎新春"全区群众书法绘画摄影大赛三等奖，绘画作品《禁毒宣传进校园》荣获优秀奖	自治区文化和旅游厅	2021年1月
红寺堡区科协	2021年度县级科协工作优秀单位	宁夏科学技术协会	2022年1月
红寺堡区	2020年健康宁夏建设考核二等奖	宁夏回族自治区健康宁夏建设领导小组	2021年1月
红寺堡区	平安宁夏建设优秀县（市、区）	平安宁夏建设协调小组	2021年1月
吴忠市红寺堡区人民法院立案庭	2020年度全区法院先进集体	宁夏回族自治区高级人民法院	2021年2月
吴忠市公安局红寺堡区分局	自治区精神文明建设工作先进集体	宁夏回族自治区精神文明建设指导委员会办公室	2021年3月

续表

获奖单位	奖　项	颁奖单位	表彰时间
红寺堡区	宁夏大型文旅推介活动第一季"两晒一促"最佳传播奖	宁夏回族自治区"两晒一促"办公室	2021年3月
吴忠市红寺堡区纪委监委	自治区精神文明建设工作先进集体	宁夏回族自治区精神文明建设指导委员会办公室	2021年3月
红寺堡区扫黑除恶斗争领导小组	自治区扫黑除恶斗争先进集体	自治区扫黑除恶专项斗争领导小组	2021年3月
吴忠市红寺堡区红寺堡镇人民政府	全区脱贫攻坚先进集体	中共宁夏回族自治区委员会、宁夏回族自治区人民政府	2021年4月
吴忠市红寺堡区委宣传部	全区脱贫攻坚先进集体	中共宁夏回族自治区委员会、宁夏回族自治区人民政府	2021年4月
吴忠市红寺堡区教育局	全区脱贫攻坚先进集体	中共宁夏回族自治区委员会、宁夏回族自治区人民政府	2021年4月
吴忠市红寺堡区水务局	全区脱贫攻坚先进集体	中共宁夏回族自治区委员会、宁夏回族自治区人民政府	2021年4月
吴忠市红寺堡区农业农村局	全区脱贫攻坚先进集体	中共宁夏回族自治区委员会、宁夏回族自治区人民政府	2021年4月
吴忠市公安局红寺堡区分局	全区脱贫攻坚先进集体	中共宁夏回族自治区委员会、宁夏回族自治区人民政府	2021年4月
吴忠市公安局红寺堡区分局	全区扫黑除恶专项斗争先进集体	宁夏回族自治区扫黑除恶专项斗争领导小组	2021年4月
吴忠市公安局红寺堡区分局	在全区公安机关网安法制大比武中获得二等奖	宁夏回族自治区公安厅	2021年4月

续表

获奖单位	奖项	颁奖单位	表彰时间
红寺堡区	在2021年"中国体育彩票杯"宁夏第四届农民篮球争霸赛决赛中获得体育道德风尚奖	自治区体育局	2021年5月
红寺堡区纪律检查委员会	自治区精神文明创建工作先进集体	自治区精神文明建设指导委员会	2021年5月
吴忠市公安局红寺堡区分局	自治区精神文明建设工作先进集体	自治区精神文明建设指导委员会	2021年5月
吴忠市红寺堡区新庄集乡红川村	全区先进基层党组织	中共宁夏回族自治区委员会	2021年6月
吴忠市红寺堡区第四中学	全区先进基层党组织	中共宁夏回族自治区委员会	2021年6月
吴忠市红寺堡区天源农牧业科技开发有限公司	宁夏科学技术进步二等奖	宁夏回族自治区人民政府	2021年6月
红寺堡区档案史志馆	《档案见证移民搬迁致富路》被自治区档案局评选为优秀微视频并通报表扬	宁夏回族自治区档案局	2021年6月
吴忠市红寺堡区回民中学	全区教育系统先进基层党组织	宁夏回族自治区教育工委、教育厅党组	2021年6月
吴忠市红寺堡区柳泉中心小学	全区教育系统先进基层党组织	宁夏回族自治区教育工委、教育厅党组	2021年6月
红寺堡区财政局	《自治区财政厅关于2021年财政信息报送及采用情况的通报》（宁财（办）函〔2022〕9号）获得全区通报表扬	宁夏回族自治区财政厅	2021年7月
红寺堡区财政局	《自治区财政厅关于2020年度决算和预算执行分析工作情况的通报》（宁财便函〔2021〕377号）获得全区通报表扬	宁夏回族自治区财政厅	2021年7月
红寺堡区文化馆	庆祝中国共产党成立100周年"永远跟党走·幸福生活舞起来"全区广场舞大赛优秀奖	自治区文化和旅游厅	2021年7月

续表

获奖单位	奖 项	颁奖单位	表彰时间
吴忠市红寺堡区第二小学	2021—2023年创建自治区文明校园先进学校	宁夏回族自治区精神文明建设指导委员会办公室、宁夏回族自治区教育厅	2021年7月
吴忠市红寺堡区第三小学	2021—2023年创建自治区文明校园先进学校	宁夏回族自治区精神文明建设指导委员会办公室、宁夏回族自治区教育厅	2021年7月
吴忠市红寺堡区回民中学	2021—2023年创建自治区文明校园先进学校	宁夏回族自治区精神文明建设指导委员会办公室、宁夏回族自治区教育厅	2021年7月
吴忠市红寺堡区教育局	全区第十届中小学优秀自制教具作品评选组织奖	宁夏回族自治区教育厅	2021年8月
吴忠市公安局红寺堡区分局	全区公安机关扫黑除恶专项斗争有功集体	宁夏回族自治区公安厅	2021年8月
红寺堡区文化旅游体育广电局、宁夏移民博物馆	"百年答卷·与'宁'同行"庆祝中国共产党成立100周年宁夏红色旅游系列活动—"心中的旗帜"百名讲解员讲百年党史·红色故事讲解员大赛优秀组织奖	自治区文化和旅游厅	2021年9月
永新村、弘德村	入选宁夏特色旅游村名录	自治区文化和旅游厅	2021年9月
红寺堡区	宁夏第八届社会体育指导员交流展示大赛红寺堡区荣获健身秧歌三等奖	自治区体育局	2021年10月
红寺堡区	"宁夏中房杯"百乡千村广场舞大赛暨"我要上全运"全国第十四届运动会广场舞项目获得自治区总决赛优秀组织奖	自治区体育局	2021年10月
吴忠市红寺堡区人力资源和社会保障局	自治区就业创业先进集体	宁夏回族自治区就业创业工作领导小组	2021年10月
吴忠市红寺堡区柳泉乡	自治区就业创业先进集体	宁夏回族自治区就业创业工作领导小组	2021年10月

续表

获奖单位	奖　项	颁奖单位	表彰时间
新民街道鹏胜社区	自治区综合减灾示范社区	中共宁夏回族自治区应急管理厅委员会	2021年10月
红寺堡区人大办	2021年第一批自治区健康细胞示范点	自治区爱国卫生运动委员会	2021年10月
吴忠市红寺堡区红寺堡镇人民政府	全区"七五"普法工作先进集体	中共宁夏回族自治区委员会、宁夏回族自治区人民政府	2021年11月
吴忠市红寺堡区委宣传部	全区"七五"普法工作先进集体	中共宁夏回族自治区委员会、宁夏回族自治区人民政府	2021年11月
红寺堡区财政局	《自治区财政厅关于2021年财政支农相关工作情况的通报》（宁财便函〔2021〕392号）获得全区通报表扬	宁夏回族自治区财政厅	2021年11月
红寺堡区财政局	《自治区财政厅关于2020年度行政事业性国有资产报告编报情况的通报》获得全区通报表扬	宁夏回族自治区财政厅	2021年11月
红寺堡区财政局	《宁夏回族自治区财政收支考核暂行办法》（宁财（预）发〔2018〕381号）获得全区通报表扬	宁夏回族自治区财政厅	2021年11月
吴忠市公安局红寺堡区分局	全区应急管理系统（安全生产）先进集体	自治区安委办、应急管理指挥部办公室、应急管理厅	2021年12月
红寺堡区	2021年全区青少年篮球锦标赛（男子乙组）第一名	自治区体育局	2021年12月
红寺堡区太阳山镇人民政府	自治区第七次全国人口普查先进集体	宁夏回族自治区第七次全国人口普查领导小组	2021年12月
红寺堡区劳动保障监察执法局	行政执法优秀案卷	自治区党委全面依法治区委员会执法协调小组	2021年12月
红寺堡区档案史志馆	地方志工作2021年度县级优秀三等奖	宁夏回族自治区地方志编审委员会	2021年12月

续表

获奖单位	奖项	颁奖单位	表彰时间
红寺堡区	自治区国家安全考核中同组第一名	自治区党委国家安全委员会	2021 年
红寺堡区人武部	练兵备战先进单位	宁夏军区	2021 年
红寺堡区应急管理局	吴忠市文明单位	吴忠市文明委	2022 年 4 月
红寺堡区纪律检查委员会	全市先进基层党组织	中共吴忠市委员会	2021 年 6 月
红寺堡区委政法委	全市先进基层党组织	中共吴忠市委员会	2021 年 6 月
红寺堡区文化馆	在庆祝中国共产党成立100周年"永远跟党走 幸福生活舞起来"全区广场舞大赛中，红寺堡区文化馆选送的《唱支山歌给党听》荣获吴忠赛区一等奖和优秀组织奖	中共吴忠市委宣传部、吴忠市文旅办、吴忠市文化旅游体育广电局	2021 年 6 月
新民街道创业社区	全市先进基层党组织	中共吴忠市委员会	2021 年 6 月
新民街道办事处	"城市之光"宣讲队	中共吴忠市委宣传部	2021 年 7 月
吴忠市红寺堡区社会保险事业服务中心	2021年度宁夏社保业务技能练兵比武吴忠市预赛三等奖	吴忠市社会保险事业管理中心	2021 年 7 月
红寺堡区	"宁夏中房杯"百乡千村广场舞大赛暨"我要上全运"全国第十四届运动会广场舞项目宁夏选拔赛吴忠站二等奖	中共吴忠市委宣传部、吴忠市文旅办、吴忠市文化旅游体育广电局	2021 年 10 月
红寺堡区罗山酒庄	四星级乡村旅游示范点	吴忠市文化旅游体育广电局	2021 年 11 月
红寺堡区文化旅游体育广电局、宁夏移民博物馆	2021吴忠市导游（讲解员）服务技能大赛优秀组织奖	吴忠市文化旅游体育广电局	2021 年 12 月
红寺堡区瑞思豪大酒店	三星级旅游饭店	吴忠市文化旅游体育广电局	2021 年 12 月

红寺堡区先进基层党组织名单

中共吴忠市红寺堡区红寺堡镇玉池村支部委员会

中共吴忠市红寺堡区红寺堡镇东源村支部委员会

中共吴忠市红寺堡区红寺堡镇朝阳村支部委员会

中共吴忠市红寺堡区太阳山镇巴庄村支部委员会

中共吴忠市红寺堡区太阳山镇阳光农产品专业合作社支部委员会

中共吴忠市红寺堡区大河乡委员会

中共吴忠市红寺堡区大河乡乌沙塘村支部委员会

中共吴忠市红寺堡区大河乡红崖村支部委员会

中共吴忠市红寺堡区大河乡大河村支部委员会

中共吴忠市红寺堡区新庄集乡杨柳村支部委员会

中共吴忠市红寺堡区新庄集乡西源村支部委员会

中共吴忠市红寺堡区新庄集乡白墩村支部委员会

中共吴忠市红寺堡区柳泉乡委员会

中共吴忠市红寺堡区柳泉乡甜水河村支部委员会

中共吴忠市红寺堡区新民街道东方社区支部委员会

中共宁夏富阳工贸集团红寺堡农林科技有限公司支部委员会

中共宁夏鹏胜房地产开发有限公司支部委员会

中共吴忠市红寺堡区红寺堡镇卫生院支部委员会

中共吴忠市红寺堡区太阳山镇机关支部委员会

中共吴忠市红寺堡区民政局支部委员会

附 录
FU LU

组织机构及负责人名单

中国共产党红寺堡区委员会

书　记　丁建成（回族，12月调离）

副书记　王忠强（2月任职）

　　　　宋　喜（4月调离）

　　　　周永根（挂职，4月调离）

　　　　杨文福（回族，6月任职）

常　委　李海龙（回族，5月调离）

　　　　陈雪松（7月调离）

　　　　高长祯

　　　　赖有为（挂职，5月调离）

　　　　马金鑫（回族，5月调离）

　　　　马青松（回族）

　　　　苏达志（回族，9月调离）

　　　　张瑞峰

　　　　徐明勇（4月任职）

　　　　张宏志（4月任职，11月调离）

　　　　慈小荣（女，5月任职）

　　　　马杰君（回族，5月任职）

　　　　赵　军（7月任职）

红寺堡区人大常委会

主　任　和永奎（10月调离）

　　　　苏达志（回族，10月任职）

副主任　关保智

　　　　杨进才（回族，10月调离）

　　　　王葆青（女，7月调离）

　　　　伍洪亮（回族）

　　　　马锦花（女，回族，民盟盟员，7月任职）

　　　　王　琳（10月任职）

红寺堡区人民政府

区　长　王忠强（2月代区长，10月任区长）

副区长 张宏志（4月任职，11月调离）
　　　赖有为（挂职，5月调离）
　　　尚自刚（农工党党员，7月调离）
　　　张致强（7月调离）
　　　王　亮（挂职，11月调离）
　　　杨　平（回族）
　　　谢二亮（6月任职）
　　　张保岐（6月调离）
　　　卢　山（挂职，7月任职）
　　　杨金花（女，回族，7月任职）
　　　杨根枝（7月任职）
　　　徐明勇（10月兼职）
　　　赵薛刚（挂职，12月任职）

政协红寺堡区委员会
主　席 蔺保飞（10月调离）
　　　张致强（10月任职）
副主席 买廷东（回族）
　　　宋立忠（10月调离）
　　　杨金花（女，回族，7月调离）
　　　浦彦卿（7月任职）
　　　马春梅（女，回族，民建会员，7月任职）

中共红寺堡区纪律检查委员会、吴忠市红寺堡区监察委员会
书记、监委主任 张瑞峰
副书记、监委副主任
　　　刘　艳（女，6月调离）
　　　李玉平（回族，9月任职）
　　　王　宁
纪委常委、监委委员
　　　黄文辉（回族）
　　　李　君（6月调离）
　　　顾骁骥（回族）
　　　陈　莉（女，9月任职）
纪委常委
　　　田兴龙（回族）
监委委员
　　　张宏昌
派驻第一纪检监察组组长
　　　陈　莉（女，9月免职）
　　　李振西（9月任职）
派驻第二纪检监察组组长
　　　李金凤（女，回族）
派驻第三纪检监察组组长
　　　杨飞龙（回族，6月调离）
　　　张志忠（回族，6月任职）
办公室主任
　　　杨昌隆（1月调离）
　　　闫　圆（2月任职）
案件审理室主任
　　　杨玉香（女，回族）
信访案管室主任
　　　王　敏（女）
党风政风监督室主任
　　　闫　圆（2月免职）
　　　张振红（5月任职）
纪检监察一室主任
　　　张宏昌（2月免职）
　　　张永宏（5月任职）
纪检监察二室主任
　　　吴明辉（1月任职）

区委办公室
主任、保密办主任、机要局局长、档案局局长
　　　段立栓（4月任职）

副主任

　　李明明（1月任职）

　　李玉平（回族，6月调离）

　　张进宝（回族，9月任职）

　　李海福（回族，11月调离）

档案史志馆

馆　长　陈永康

副馆长　马建林（回族）

人大常委会办公室

主　任　刘汉锋（6月调离）

　　　　任成忠（6月任职）

财经农业教科文卫工作委员会主任

　　　　马秉刚

民族宗教与法制工作委员会主任

　　　　马德福（回族，2月任职）

代表联络与选举工作委员会主任

　　　　马晓莲（女，回族，2月任职）

政府办公室

主任、信访局局长

　　高建斌（2月调离）

　　哈小军（回族，2月任职，7月调离）

　　黄国民（回族，7月任职）

副主任、信访局副局长

　　任成忠（5月调离）

　　李　君（5月任职）

副主任

　　谢继杰（5月调离）

　　杨　桦（女，回族，5月调离）

　　张　洁（女，回族，5月任职）

　　马　越（回族，5月任职）

　　蔡志扬（7月任职）

政协办公室

主　任　张　铁（兼，11月调离）

　　　　魏世雄（兼）

副主任　马彩军（回族，6月调离）

　　　　海小花（女，回族，6月任职）

提案和委员联络委员会主任

　　　　张启伦（11月调离）

　　　　田　龙（回族，11月任职）

经济与民族宗教委员会主任

　　　　禹柒虎（回族，6月调离）

社会法制与教科文卫体委员会主任

　　　　辛　玺（6月调离）

经济委员会主任

　　　　马广步（回族，6月任职，11月调离）

　　　　袁安莉（女，11月任职）

教科文卫体委员会主任

　　　　李　燕（女，6月任职）

社会治理委员会主任

　　　　魏世雄（2月任职，11月调离）

　　　　马奋山（回族，11月任职）

区委组织部

部　长　陈雪松（7月调离）

　　　　赵　军（7月任职）

副部长　韩　明（9月调离）

　　　　周鹏飞（回族）

　　　　马　赫（女，回族，12月任职）

区委宣传部

部　长　苏达志（回族，10月调离）

　　　　马青松（回族，10月任职）

副部长　黄国民（回族，7月调离）
　　　　李海福（回族，10月任职）
　　　　马文涛（回族，2月调离）
　　　　马东海（回族，2月任职）
　　　　白　桦（女）

区委统战部
部　长　李海龙（回族，5月调离）
　　　　马杰君（回族，6月任职）
副部长　杨万升（回族）
　　　　田　维（回族，1月调离）
　　　　杨万里（回族，1月调离）
　　　　冯兴龙（2月任职）
　　　　马全宇（回族，6月任职）

区民族宗教事务局
局　长　杨万升（回族）

区委政法委
书　记　宋　喜（4月调离）
　　　　杨文福（6月任职）
副书记　周仁科（回族，11月调离）
　　　　马广步（回族，11月任职）
　　　　罗成龙（回族）
　　　　刘　辉（2月任职）

区委政研室
主　任　王　毅
副主任　刘建杰（4月调离）
　　　　杨　桦（女，回族，4月任职）

区委网信办
主　任　姚一凡（女）
副主任　王座思（7月调离）
　　　　杨　成（回族，7月任职）

区委机构编制委员会办公室
主　任　米志和（回族）

区委巡察办
主　任　王成虎（回族，2月任职）
　　　　赵志强（2月调离）
副主任　马富贵（回族）
巡察专员　朱万通
　　　　杨建军（4月任职）
　　　　董占军（4月退休）

红寺堡区人民法院
党组书记、院长　刘建宁
党组副书记、副院长　陈西明
党组成员、副院长　徐万学
党组成员、政治部主任　杨文广
党组成员、执行局局长　金　鑫（回族）
审判委员会专委　范永珍
审判委员会专委、民事审判庭庭长　马荣清（回族）
刑事审判庭庭长　陈昌宁
综合审判庭庭长　李文科（回族）
立案庭庭长　梁　莹（女）
法警队队长　马金才（回族）
办公室主任　马东才（回族）
审管办主任　刘亚科
政治部副主任　赵旭沛（女）

红寺堡区人民检察院
党组书记、检察长
　　　　叶建平（7月调离）
　　　　杨洪霞（女，回族，7月任职）
党组成员、副检察长
　　　　张少青（回族）
　　　　杨丽红（女，回族）

第一检察部主任　马宏武（回族）
第二检察部主任　金小白（女，回族）
党组成员、第三检察部主任
　　　　白　龙（回族，1月任职）
党组成员、政治部主任　杨志辉
办公室主任　杨　兰（女，回族）

红寺堡区发展和改革局
局　长　李军保
副局长　哈小军（回族，2月调离）
　　　　马丽娜（女，回族）
　　　　马小龙（回族，4月任职）

红寺堡区教育局
局　长　杨金花（女，回族，7月调离）
　　　　哈小军（回族，7月任职）
副局长　金　晶（女，回族，1月任职）
　　　　牛虎山（1月任职）
　　　　冯进海（回族）
党组成员　魏国喆

红寺堡区科学技术局
局　长　海　琴（女，回族，2月调离）
　　　　高建斌（2月任职，11月调离）
　　　　马金贵（回族，11月任职）
副局长　黑　燕（女，回族）

红寺堡区工业信息化和商务局
局　长　李玉平（回族，9月调离）
　　　　韩　明（9月任职）
副局长　黑晓军（回族，4月调离）
　　　　童仲志（4月任职）
　　　　马秀玲（女，回族，1月任职）
　　　　王　瑞（女，1月任职）

红寺堡区民政局
局　长　何　明
副局长　马宗成（回族）
　　　　杨明芳（女，回族，6月任职）
　　　　海小花（女，回族，6月调离）
社区建设和社会服务中心主任
　　　　万文超

红寺堡区司法局
局　长　杨国文（回族）
副局长　王成龙
红寺堡司法所所长　张　萍（女，回族，11月调离）
大河司法所所长　丁　花（女，回族）
柳泉司法所所长　周小燕（女，回族）
新庄集司法所所长　禹毅晗（女，回族）
太阳山司法所所长　王正康
新民街道司法所所长　袁宏歌（女）

红寺堡区财政局
局　长　马亚群（保安族，4月调离）
　　　　马秀荣（女，回族，4月任职）
副局长　赵文伯
　　　　胡亚婕（女）
财务综合服务中心主任　党积军
国库支付中心主任　滕国军

红寺堡区人力资源和社会保障局
局　长　马　贵（回族，2月调离）
　　　　海万昌（回族，3月任职）
副局长　周鹏（回族，10月挂职福建省惠安县工业
　　　　信息化和商务局党组成员、副局长）

　　　　马广步（回族，8月调离）
　　　　王座思（7月任职）
就业创业和人才服务中心主任　卢维生
社会保险事业服务中心主任
　　　　海丕军（回族，4月调离）
　　　　李海瑞（4月任职）
劳动保障监察执法局
局　长　勉向进（回族，11月调离）
副局长　李　琳（女，11月任职）

红寺堡区自然资源局

局　长　王少奇（回族）
副局长　田志栋
　　　　张进宝（回族，11月调离）
　　　　年　波（2月任职）
　　　　王俊彬（11月任职）
红寺堡区不动产登记事务中心主任
　　　　万　慧（女，2月免职）
　　　　景天海（2月任职）
红寺堡区自然资源综合服务中心主任
　　　　万　慧（女，6月任职）

红寺堡区住房城乡建设和交通局

局　长　李宗贤（回族）
副局长　摆志斌（回族）
　　　　高文辉
　　　　杨　磊（回族）
交通运输综合执法大队队长
　　　　马进虎（回族，3月任职）
公路段段长
　　　　年　波（2月调离）
　　　　海　锋（回族，3月任职）
市政环卫中心主任
　　　　陈　成（5月任职）

红寺堡区水务局

局　长　王贯举
副局长　王俊彬（11月调离）
　　　　黄占城（回族，6月调离）
　　　　马彩军（回族，6月任职）
水务综合服务中心主任　张　锐（回族）

红寺堡区农业农村局

局　长　王琳（3月调离）
　　　　马亚群（保安族，4月任职，11月调离）
副局长　马　瑞（回族，11月任职，主持全面工作）
　　　　李　吉
　　　　王绍东（回族，7月调离）
　　　　冶长斌（回族，9月任职）
　　　　曹　鹏
　　　　张桂杰（5月挂职）
农业技术推广服务中心主任　魏小平
农田水利建设服务中心主任　胡　君

红寺堡区文化旅游体育广电局

局　长　虎治亮（回族，4月调离）
　　　　海正祥（回族，4月任职）
副局长　李妍蒿（女）
　　　　田彦祥（回族）
文化旅游体育服务中心主任　刘维斌
文化馆馆长　马宏志
图书馆馆长　陈维良
体育馆馆长　马广录（回族）
宁夏移民博物馆馆长　高　阳

红寺堡区卫生健康局

局　长　张淑艳（女）
副局长　罗宗国（5月调离）
　　　　郑淑萍（女）

苏林生（回族，4月任职）

人民医院院长 马万堂

妇幼保健计划生育服务中心主任

马启福（回族）

疾病预防控制中心主任

计生荣

卫生计生监督执法所所长

杨 力（回族）

红寺堡区退役军人事务局

局　长 王兴龙

副局长 马海鹏（回族）

退役军人服务中心主任 樊 栋（女）

红寺堡区应急管理局

局　长 魏世雄（2月调离）

马 贵（回族，2月任职）

副局长 姚自亮

冯艳丽（女，回族）

应急管理保障中心主任 刘正刚（回族）

红寺堡区审计局

局　长 马秀荣（女，回族，4月调离）

黑晓军（回族，4月任职）

副局长 黄占城（回族，6月任职）

苟安泰（10月任职）

红寺堡区统计局

局　长 袁安莉（女，11月调离）

周治强（回族，11月任职）

副局长 张怀德（回族）

红寺堡区乡村振兴局

局　长 吕振中（11月调离）

高建斌（11月任职）

副局长 治长斌（9月调离）

苏秀萍（女，回族）

张继光（9月任职）

乡村振兴服务中心主任

罗 麒（回族，2月任职）

红寺堡区综合执法局

局　长 张怀力（2月调离）

黑茂森（回族，2月任职）

副局长 张 辉

田兴福（回族）

陈志华（女，回族）

新民综合执法队队长

马继平（回族，3月调离）

李学明（3月任职）

红寺堡综合执法队队长 马 力（回族）

太阳山综合执法队队长 马 波（回族）

大河综合执法队队长 蒋海峰

新庄集综合执法队队长 杨应林（回族）

柳泉综合执法队队长 吴发瑞

红寺堡区医疗保障局

局　长 李 虎

副局长 苏林生（回族，4月调离）

王燕华（女，4月任职）

医疗保障民生服务中心主任

牛虎山（1月调离）

马铭蔚（女，回族，10任职）

吴忠市红寺堡区审批服务管理局

局　长 王成虎（回族，2月调离）

蔡金玉（回族，2月任职）

副局长 康瑞卿

政务服务中心主任 马志莲（女，回族）

吴忠市公安局红寺堡分局

局　长 杨　平（回族）
政　委 张银福
副局长 俞　新
　　　 刘　智（11月免职）
　　　 马力海（回族，11月免职）
　　　 丁　灵（回族，12月任职）
　　　 杨军军（回族，12月任职）
政工监督室主任 杨百虎（回族）
政工监督室指导员 马文瑞（回族）
指挥中心纪委专职副书记 张鹏
警务保障室主任 王海波（回族）
治安大队大队长 常　乐
国保大队大队长 于　龙（回族）
法制大队大队长 吴敬博
禁毒大队大队长 虎国福（回族）
经侦大队指导员 叶鹏飞
禁毒办副主任 田　旭（回族）
刑侦大队
　　大队长 马学成（回族）
　　指导员 田希宏（回族）
交管大队
　　大队长 谢彦明（11月任职）
　　　　　杨军军（回族，11月免职）
　　教导员 李晟邦
红寺堡派出所
　　所　长 王瑞东
　　副所长 陈大明
　　　　　赵　强（回族）
大河派出所
　　所　长 丁建云（回族）
　　教导员 马玉军（回族）

　　副所长 李雄飞（回族）
新庄集派出所
　　所　长 方海彪
　　教导员 谢彦明（11月免职）
　　副所长 李　涛（回族）
柳泉派出所
　　所　长 李震宇
　　教导员 张占平
　　副所长 王　阳
弘德派出所
　　所　长 和耀龙
　　教导员 王占新
　　副所长 苏　斌（回族）
草原派出所
　　副所长 杜银波
新民派出所
　　教导员 代永江
　　副所长 金守礼（回族）

吴忠市市场监督管理局红寺堡区分局

局　长 文　晶
副局长 马保荣（回族）
　　　 马志杰（回族）

吴忠市生态环境局红寺堡分局

局　长 田　龙（回族，10月调离）
　　　 锁金银（回族，10月任职）
副局长 糟怀仁

红寺堡区总工会

主　席 买廷东（回族）
常务副主席 马奋山（回族，11月调离）
　　　　　 马　军（回族，11月任职）
副主席 马晓霞（女，回族）

　　　　　张小江（兼职）
　　　　　王燕华（女，挂职）
经审会主任　王志刚

共青团红寺堡区委员会
书　记　贾舒君（女，5月调离）
　　　　李玉平（回族，6月任职）
副书记　杨　民（回族，1月任职）
兼职副书记　李　娜（女，回族）
　　　　　吕吉德
挂职副书记　魏燕楠（9月任职）

红寺堡区妇女联合会
主　席　佘　莉（女）
副主席　马啸芬（女，回族）

红寺堡区残疾人联合会
理事长　张耀忠（2月调离）
　　　　海　琴（女，回族，2月任职）
副理事长　王全民

红寺堡区红十字会
会　长　谢二亮（9月任职）
常务副会长兼秘书长　田　维（1月任职）
监事长　黑晓军（回族，9月任职）

红寺堡镇
党委书记　郑慧玲（女，8月免职）
　　　　　白占玉（回族，8月任职）
人大主席　牛海萍（女）
党委副书记、镇长
　　　　　白占玉（回族，8月免职）
　　　　　杜丽丽（女，2月任职党委副书记，8月为
　　　　　　　镇长候选人）

党委副书记　黑茂森（回族，1月调离）
　　　　　　王绍东（回族，8月任职）
副镇长　罗　凯（回族，6月任职）
　　　　马珲璞（8月调离）
　　　　周　璐（女，7月任职）
　　　　涂志强（11月调离）
　　　　勉向进（回族，11月任职）
组织委员
　　　　杨明芳（女，6月调离）
　　　　马晓文（回族，6月任职）
武装部长
　　　　罗　凯（回族，6月调离）
　　　　马亚洲（6月任职）
民生服务中心主任
　　　　杨　倬（6月任职）
农业综合服务中心主任
　　　　马志文（回族，6月任职）
财经中心主任
　　　　张维文（回族，6月任职）
综治中心主任
　　　　樊国伟（6月任职）

太阳山镇
党委书记　杨　云（2月免职）
　　　　　张怀力（2月任职，11月调离）
　　　　　王　军（回族，11月任职）
人大主席　田英选（回族）
党委副书记、镇长
　　　　　王　军（回族，11月免职）
　　　　　吴克兵（11月任职）
党委副书记
　　　　　王燕华（女，2月调离）
　　　　　谢继杰（2月任职）

纪委书记
　　　　马　乐（女，回族）
副镇长　田进明（回族）
　　　　李学明
组织委员
　　　　安　娜（女）
武装部长
　　　　马东海（回族，2月调离）
　　　　马玉贵（回族，3月任职）
财务服务中心主任
　　　　何　君（回族，6月任职）
农业服务中心主任
　　　　李　虎（回族，6月任职）
综治服务中心主任
　　　　马　明（回族，6月任职）
民生服务中心主任
　　　　苏　荣（女，回族，6月任职）

大河乡
党委书记
　　　　马　军（回族，11月调离）
　　　　李学忠（回族，11月任职）
人大主席
　　　　李　燕（女，6月调离）
　　　　祁旭升（6月任职）
乡　长　童仲志（4月调离）
　　　　贾舒君（女，5月任职）
党委副书记
　　　　杨万里（回族，1月任职）
　　　　刘永进（4月任职）
　　　　丁建云（回族，3月任职）
纪委书记
　　　　李玉德（回族）
副乡长　马　勇（回族）

　　　　杨建军（回族，5月调离）
　　　　王立琴（女，回族，6月任职）
武装部长
　　　　陈志荣（6月调离）
　　　　田玉莲（回族，6月任职）
组织委员
　　　　马小龙（回族，5月调离）
　　　　袁　婧（女，6月任职）
财经服务中心主任
　　　　杨文波（回族）
农业综合服务中心主任
　　　　马青富（回族）
民生服务中心主任
　　　　尤喜多
综治中心主任
　　　　尹　军

新庄集乡
党委书记　段立栓（3月调离）
　　　　　虎治亮（4月任职）
人大主席　锁金银（回，10月调离）
　　　　　吕振中（11月任职）
党委副书记、乡长
　　　　　李学忠（回族，10月调离）
　　　　　周仁科（回族，11月任职）
党委副书记　杨润泽（回族）
纪委书记　张志忠（回族，5月调离）
　　　　　马　涛（回族，6月任职）
副乡长　海万吉（回族）
　　　　刘　婧
　　　　赵　宁（10月调离）
　　　　陈文虎（回族，11月任职）
组织委员　杨旭虎（回族）
武装部长　李明明（1月调离）

　　　　　杨　虎（回族，2月任职）
民生服务中心主任
　　　　　马兴龙（回族，4月任职）
财经服务中心主任
　　　　　薛列列（女，4月任职）
综治中心主任
　　　　　马玉良（回族，6月任职）
农业综合服务中心
　　　　　潘　鹏（6月任职）

柳泉乡
党委书记　马杰君（回族，6月调离）
　　　　　高晓东（6月任职）
人大主席　马金贵（回族，11月调离）
　　　　　张　铁（11月任职）
党委副书记、乡长
　　　　　高晓东（6月免职）
　　　　　金　帝（回族，6月任职）
党委副书记
　　　　　金昌明（回族，5月任职，挂职）
　　　　　吴克兵（11月调离）
　　　　　涂志强（11月任职）
纪委书记
　　　　　刘　辉（2月调离）
　　　　　康　鹏（回族，6月任职）
副乡长　金　帝（回族，6月免职）
　　　　　马全宇（回族，6月调离）
　　　　　杨飞龙（回族，6月任职）
　　　　　陈志荣（6月任职）
武装部长　康　鹏（回族，6月免职）
　　　　　马平贤（回族，6月任职）
组织委员　金丽梅（女，回族，6月调离）

　　　　　袁玲玲（女，回族，6月任职）
农业综合服务中心主任
　　　　　李　勇（回族，6月任职）
民生服务中心主任
　　　　　罗小玲（女，回族，6月任职）
综治中心主任
　　　　　魏娟宁（女，6月任职）
财经服务中心主任
　　　　　海生虎（回族，7月任职）

新民街道办事处
党工委书记、人大联络办主任
　　　　　蔡金玉（回族，2月调离）
　　　　　刘学军（2月任职）
党工委副书记、办事处主任
　　　　　刘学军（2月免职）
　　　　　马金平（回族，2月任职）
党工委副书记、纪委书记、监委 任派出新民街道
监察办公室主任
　　　　　马金平（回族，2月免职）
　　　　　马文涛（回族，2月任职）
党工委委员、办事处副主任、武装部长
　　　　　进　林（回族）
党工委委员、组织委员
　　　　　周　璐（女，7月调离）
　　　　　赵锦鹏（回族，7月任职）
办事处副主任
　　　　　周　璐（女，7月免职）
　　　　　马月梅（女，回族，9月任职）
公用事业服务中心主任
　　　　　瞿庆玲（女，6月任职）
民生服务中心主任主任

　　　　胡玉娇（女，6月任职）
综治中心主任
　　　　马　聪（回族，6月任职）

融媒体中心
党支部书记、主任　杨飞鹏（回族）
副主任　马广智（回族）
　　　　权　蓉（女）

吴忠市红寺堡区机关事务服务中心
主　任　海万昌（回族，2月调离）
副主任　李海瑞（4月调离）
　　　　王　璐（女）
　　　　海丕军（回族，4月任职）

红寺堡区人武部
部　长　廖学庆（10月调离）
　　　　赵　雯（10月任职）
政　委　高长祯

太阳山开发区红寺堡产业园
主　任　张金柱

税务局
局　长　李思杨（回族）
副局长　石小东（回族，4月调离）
　　　　费晓骥（回族，10月任职）
　　　　文学鹏（回族，9月任职）
纪检组长
　　　　费晓骥（回族，10月免职）
　　　　樊维姣（女，10月任职）

社会经济调查队
队　长　张玉宝
副队长　张海磊

吴忠市红寺堡区消防救援大队
大队长　孟　磊
教导员　曹东升

武警中队
中队长　刘焕殷
指导员　王　卓（满族，3月调离）
　　　　沈烨琪（3月任职）

红寺堡区气象站
站长　齐旭峰

红寺堡区邮政分公司
总经理　马　钰（女）
副总经理　夏晓桐

联通公司
总经理　马汉平（回族）

移动公司
总经理　吴润泽
经理助理　王　蕊　周宏霞

电信公司
总经理　倪正庭（4月调离）
　　　　呼延俊林（4月任职）
副总经理　马尚忠（回族）
总经理助理　杨建文

国网吴忠市红寺堡供电公司

经理兼党总支副书记

　　　　岳思辉（3月调离）

　　　　马　超（回族，3月任职）

党总支书记兼副经理　徐友军

副经理兼分工会主席　刘　勃

副经理　徐建勇

农行红寺堡支行

党委书记、行长　张耀俊

党委委员、副行长　李丽（女）

党委委员、纪委书记　陈文辉（女）

邮储银行红寺堡支行

行　长　马　中（回族，11月调离）

　　　　马　林（回族，11月任职）

副行长　咸志涛（9月调离）

红寺堡农村商业银行

党委书记、董事长

　　　　黑晓龙（回族）

党委副书记、行长

　　　　张国杰（回族，6月调离）

党委委员、纪委书记、监事长

　　　　兰龙梅（女，回族，6月调离）

　　　　罗永仁（回族，6月调离）

党委委员、副行长

　　　　赵　武

　　　　尚　懿

宁夏银行红寺堡支行

行　长　姚克伟

副行长　苏生龙

行长助理　王　放

住房公积金

主　任　孙　炜

宁夏水投红寺堡水务有限公司

党总支书记、执行董事　杨立国

党总支副书记、总经理　罗　鹏

党总支委员、副总经理　王志清

党总支委员、总工程师　杨占江

供暖公司

经　理　马　瑞（回族）

副经理　海永潮（回族）

　　　　徐应欣

　　　　张建文

　　　　慕风麟

　　　　高　峰

中国人保财产保险股份有限公司红寺堡支公司

经　理　穆　宁（回族）

副经理　马成青（回族）

　　　　杜　君（回族，4月任职）

红寺堡区烟草专卖局（分公司）

局长（经理）党小云

2021年红寺堡区国民经济和社会发展统计公报

吴忠市红寺堡区统计局　吴忠市红寺堡区调查队

2021年，在红寺堡区委、区政府的坚强领导下，全区上下深入贯彻落实习近平总书记视察宁夏重要讲话精神，坚持稳中求进工作总基调，坚决落实自治区、吴忠市各项决策部署，加快推进全国易地搬迁移民致富提升示范区建设，统筹疫情防控和经济社会发展，全区经济持续恢复，稳中有进，稳中向好，实现"十四五"良好开局。

一、综　合

2021年，实现地区生产总值（含太阳山开发区）85.8亿元，按可比价计算，增长9.2%。分产业看，第一产业实现增加值10.7亿元，增长1.3%；第二产业实现增加值44.7亿元，增长10.9%；第三产业实现增加值30.4亿元，增长9.5%。三次产业构成比由上年的12.5：48.5：39.0调整为12.4：52.1：35.5。按常住人口计算，人均地区生产总值43111元，增长8.1%。

表1　2021年全区地区生产总值及增长速度

指　标	绝对值（亿元）	比上年增长（%）
全区地区生产总值	85.8	9.2
第一产业	10.7	1.3
第二产业	44.7	10.9
工业	37.8	4.7
建筑业	6.9	55.6
第三产业	30.4	9.5
交通运输、仓储和邮政业	0.90	18.4
批发和零售业	3.93	12.8
住宿和餐饮业	0.92	11.9

续表

指　标	绝对值（亿元）	比上年增长（%）
金融业	1.97	3.6
房地产业	2.50	5.6
其　他	19.97	9.5

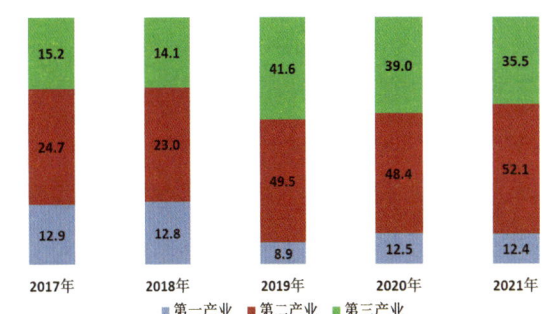

图1　2017—2021年全区三次产业增加值占地区生产总值比重（%）

2021年，红寺堡区常住人口为20.0万人，总户数6万户，平均家庭人口数3.31人/户。其中男性10.2万人，女性9.8万人。城镇人口8.1万人，乡村人口11.9万人，城镇化率40.5%。汉族7.03万人，比重35.2%；回族12.94万人，比重64.7%；其他少数民族0.03万人，比重0.15%。出生率15.58‰，死亡率6.53‰，自然增长率9.05‰。

表2　2021年末全区人口数及比重

指　标	年末数（万人）	比重（%）
年末常住人口	20.0	100.0
其中：城镇	8.1	40.5
乡村	11.9	59.5
其中：男性	10.2	51.0
女性	9.8	49.0

续表

指　　标	年末数（万人）	比重（%）
其中：汉族	7.03	35.2
回族	12.94	64.7
其他少数民族	0.03	0.2

2021年，完成财政总收入4.92亿元，增长27.6%，其中：完成地方一般公共预算收入1.90亿元，增长12.4%；政府性基金收入3.02亿元，增长39.4%。

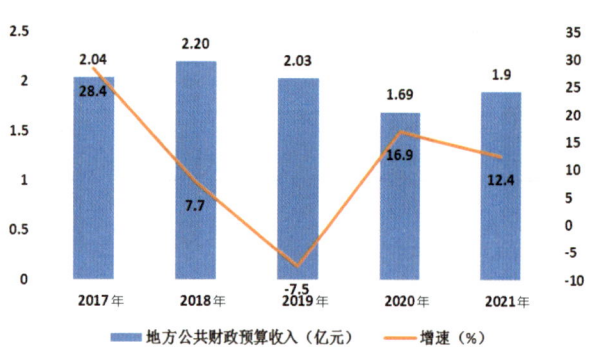

图2　2017—2021年地方公共财政预算收入及增速

2021年，财政总支出32.79亿元，下降4.3%，其中：地方一般公共预算支出30.07亿元，下降1.9%；政府性基金支出2.73亿元，下降24.1%。

2021年，居民消费总水平上涨1.7%，商品零售价格总指数上涨2.4%，工业品出厂价格指数上涨19.9%，工业生产者购进价格上涨25.7%。

图3　2017—2021年居民消费价格涨跌幅度（%）

二、农　业

2021年，全区农林牧渔业总产值21.4亿元，增长0.7%，其中：农业产值13.45亿元，下降5.0%；林业产值0.35亿元，增长52.9%；畜牧业产值7.17亿元，增长18.1%；农林牧渔服务业产值0.41亿元，增长4.2%。农林牧渔业增加值9.17亿元，增长5.1%；农林牧渔服务业增加值0.25亿元，增长1.3%。

全年农作物总播种面积39512公顷，增长6.0%。粮食播种面积为21203公顷，增长3.6%。粮食总产量15.5万吨，增长1.0%，其中：夏粮产量0.46万吨，秋粮产量15.02万吨。

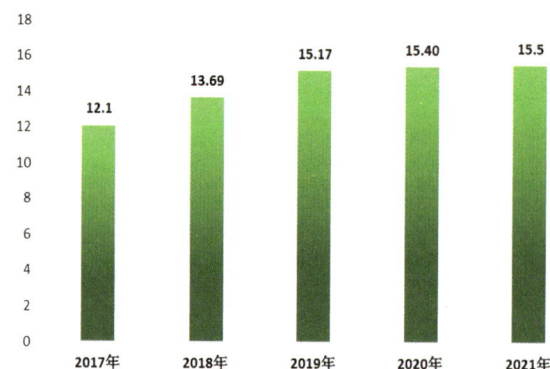

图4　2017—2021年红寺堡区粮食产量（万吨）

2021年末，牛存栏7.44万头，增长8.7%；生猪存栏1.24万头，增长29.0%；羊存栏37.02万只，增长3.2%；家禽存栏24.98万只，增长18.7%。全年牛出栏4.23万头，增长3.1%；猪出栏1.05万头，增长43.3%；羊出栏31.75万只，下降8.2%；家禽出栏29.17万只，下降27.2%。全年肉类总产量1.41万吨。

三、工业和建筑业

2021年，全区实现工业增加值37.78亿元，增长4.7%，其中规模以上工业增加值下降1.4%。在规模以上工业中，分轻重工业看，轻工业增加值下降1.5%，重工业下降1.4%。分经济类型看，国有控股企业增加值增长27.3%，股份制企业下降1.6%，非公有工业下降8.1%，其中私营企业下降8.8%。分门类看，采矿业增加值下降60.7%，制造业下降7.6%，电力、热力、燃气及水的生产和供应业增长27.5%。

全区规模以上工业中，电力行业增加值增长29.1%，化工行业下降9.8%，有色行业下降35.6%，轻纺行业增长0.1%，建材行业增长26.2%。工业产品销售率为100.6%。

全年全区规模以上工业企业利润28.9亿元，增长1600%。分经济类型看，国有控股企业利润增长128.9%，股份制企业增长1588.2%。分轻重工业看，轻工业利润0.1亿元，同比持平；重工业利润28.8亿元，增长1600%。

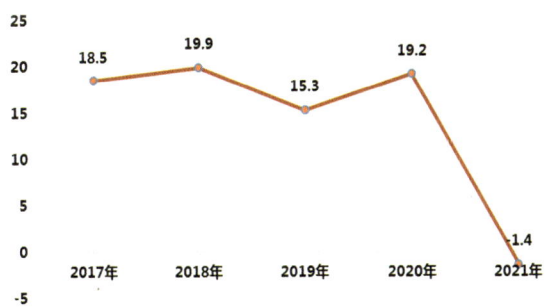

图5　2017—2021年规模以上工业增加值增长速度（%）

全年完成建筑业增加值6.88亿元，增长55.6%。全区有资质等级的建筑业企业有6家，全年完成建筑业总产值5.92亿元，比上年增长105.4%；完成主营业务收入3.47亿元，增长66.8%；建筑业企业房屋建筑施工面积15.13万平方米，下降55.7%；房屋竣工面积14.11万平方米，增长49.9%；竣工产值2.6亿元，增长85.7%。

四、固定资产投资和房地产

2021年，全社会固定资产投资增长4.1%。分投资主体看，国有及国有经济控股完成投资下降8.2%，民间投资增长16.0%。从投资结构看，第一产业投资是上年同期的16.6倍，第二产业投资下降18.1%，第三产业投资增长65.8%。工业投资下降18.1%，占固定资产投资的59.4%；基础设施投资增长89.9%，占固定资产投资的7.6%；民间固定资产投资增长16%，占固定资产投资的56.8%。

全年全区房地产开发投资10.8亿元，增长113.9%。其中：住宅投资9.08亿元，增长140.2%；营业房投资1.15亿元，下降8.0%；其他完成投资0.57亿元，增长307.1%。全年实现商品房销售面积23.02万平方米，增长87.4%，其中住宅房销售面积21.07万平方米，增长99.0%。

表3　2021年全区分行业全社会固定资产投资

指　标	比上年增长（%）
全社会固定资产投资	4.1
农林牧渔业	1557.8
采矿业	−69.9
制造业	4.3
电力、热力、燃气及水的生产和供应业	−35.0
建筑业	—
批发和零售业	—
交通运输、仓储和邮政业	77.4
住宿和餐饮业	—
信息传输、软件和信息技术服务业	—
金融业	—

续表

指　　标	比上年增长（%）
房地产业	124.6
租赁和商务服务业	-10.9
科学研究和技术服务业	-7.1
水利、环境和公共设施管理业	101.8
居民服务和其他服务业	—
教育	95.2
卫生和社会工作	64.1
文化、体育和娱乐业	-94.0
公共管理和社会组织	-28.3

五、服务业

2021年，全区批发和零售业实现增加值3.93亿元，增长12.8%；交通运输、仓储和邮政业增加值0.90亿元，增长18.4%；住宿和餐饮业增加值0.92亿元，增长11.9%；金融业增加值1.97亿元，增长3.6%；房地产业增加值2.50亿元，增长5.6%；信息传输、软件和信息技术服务业增加值1.61亿元，增长25.9%。

六、商　贸

021年，全区实现社会消费品零售总额16.46亿元，增长3.0%。按经营单位所在地分，城镇实现消费品零售额13.36亿元，增长2.1%；乡村实现消费品零售额3.10亿元，增长7.0%。按行业分，批发业实现零售额5.17亿元，增长7.0%；零售业实现零售额9.56亿元，增速与上年持平；住宿业实现零售额0.09亿元，增长6.7%；餐饮业实现零售额1.64亿元，增长8.6%。按限额分，限上实现零售额2.58亿元，增长28.8%；限下实现零售额13.88亿元，下降0.7%。

七、税收和金融

2021年，税收收入2.0亿元，下降19.3%。

各银行存款余额52.5亿元，下降11.0%；贷款余额52.3亿元，增长23.7%。存贷比为99.7%。

八、教育、文化、卫生、体育

2021年，共有各类学校150所，其中幼儿园62所，高级中学2所，职业技术学校1所，普通中学5所，九年一贯制学校1所，普通小学79所（含教学点11个）。专任教师总数2431人（含131名特岗教师），其中，幼儿教师67人，普通小学1113人，普通中学770人，九年一贯制学校31人，普通高中381人，职业技术学校69人。在校学生总数50500人，其中，幼儿园7927人，普通小学23614人，普通中学11599人，普通高中5915人，职业技术学校1445人。小学学龄儿童净入学率达100%，初中阶段毛入学率129.7%，高中阶段毛入学率94.5%，小学六年巩固率100.7%，初中三年巩固率98.6%。2021年全区参加高考考生2171人，本科录取909人，录取率是41.9%；高考共录取1709名，录取率达78.7%。

2021年，有文化馆1个、图书馆1个、博物馆1个、体育馆1个、文化站5个。图书馆图书报刊总藏量20.8万册，报刊183种。

2021年，有各级各类医疗卫生机构132所，其中县级医疗卫生机构4家、乡（镇）卫生院5个、社区卫生服务站4个、民营医院5家、口腔门诊部1个、个体诊所16家、村卫生室97个。编制床位971张，实际开放床位736张。有在编卫生技术人员413人，其中，卫生技术人员高级职称59

人，中级职称134人。执业（助理）医师365人，注册护士677人，全科医师40人。

2021年，红寺堡区举办各种比赛8次。红寺堡区运动员在自治区、吴忠市各项比赛中获得第一名3人，第二名2人，二等奖1人，第三名3人，三等奖1人，第四名3人，第五名6人，第六名4人，第七名3人。

九、人民生活和社会保障

2021年，城镇实有登记失业人口205人，登记失业率3.7%。

2021年，城镇居民人均可支配收入27250.8元，增长7.0%，其中：工资性收入20322.0元，经营净收入5374.9元，财产净收入660.9元，转移净收入893.0元。城镇居民人均生活消费支出19246.0元，增长6.6%。城镇居民恩格尔系数为30.1%。

2021年，农村居民人均可支配收入11996.0元，增长9.8%，其中：工资性收入6058.1元，经营净收入4071.8元，财产净收入18.7元，转移净收入1847.5元。农村居民人均生活消费支出11620.9元，增长8.6%。农村居民恩格尔系数为30.0%。

2021年，参加城镇职工基本养老保险人数为5079人，增长9.7%；参加城乡居民基本医疗保险人数174731人，增长1.4%；参加城镇职工基本医疗保险人数9065人，增长4.22%；工伤保险参保人数14520人，增长3.6%；城镇职工生育保险人参保8775人，增长4.1%。

2021年，各种养老福利机构35个，床位数736张。

2021年，居民最低生活保障人数17644人，其中，城镇居民最低生活保障人数1008人，农村居民最低生活保障人数16636人。

2021年，全区80岁以上低收入老人享受基本生活津贴1425人，其中：城镇居民80岁以上低收入老年人享受基本生活津贴40人，农村居民80岁以上低收入老年人享受基本生活津贴1345人。

注：

1. 本公报所列部分数字为初步统计数据。部分数据因四舍五入的原因，存在总项与分项合计不等的情况。

2. 生产总值、各产业增加值绝对数按当年价格计算，增长速度按可比价格计算。

3. 居民消费价格指数为吴忠市价格指数。

4. 公报中居民收入数据来源于宁夏统计局红寺堡区社会经济调查队，财政数据和金融数据来源于财政局，就业数据来源于人力资源和社会保障局，教育数据来源于教育局，卫生数据来源于卫生健康局，税务数据来源于税务局，社会保障数据来源于民政局、医疗保障局、人力资源和社会保障局。

吴忠市红寺堡区创建全国文明城市工作规划
（2021—2023年）

为扎实推进2021—2023年全国文明城市创建（以下简称"创城"）工作，根据《全国文明城市测评体系》和吴忠市委、市政府《关于印发〈吴忠市创建全国文明城市工作规划（2021—2023年）〉的通知》（吴党发〔2021〕14号），结合我区实际，制定本规划。

一、总体要求

以习近平新时代中国特色社会主义思想为指导，深入学习贯彻党的十九大和十九届二中、三中、四中、五中全会精神，以培育和践行社会主义核心价值观为主线，以"提高市民素质、完善城市功能、改善城市环境、打造城市特色、提升城市形象、彰显城市魅力"为目标，全面落实《全国文明城市测评体系》和《全国未成年人思想道德建设工作测评体系》工作任务，创建成为信仰坚定、崇德向善、文化厚重、和谐宜居、人民满意的全国文明城市。

二、基本原则

（一）坚持注重过程、以人为本

树牢"以人民为中心"的创建理念，把创城工作与造福于民结合起来，为群众办实事、做好事、解难事，不断增强群众的幸福感和获得感，把创建过程转化为提高市民素质和社会文明程度的过程。

（二）坚持统筹协调、突出重点

把创建工作纳入全区经济社会发展总体布局，对标测评要求，统筹兼顾、突出重点，因地制宜、分类施策，确保工作劲头不松懈、标准不降低、频道不调换，抓好各项创建工作落实。

（三）坚持分工协作、齐抓共管

落实"谁主管、谁负责、谁落实"的创建工作要求，坚持属地管理与行业管理相结合，加强工作指导，形成分工协作、齐抓共管的良好局面，坚决防止形式主义、弄虚作假和突击行为。

（四）坚持问题导向、务实创新

紧盯创建工作中存在的突出问题，强化目标导向，树立问题意识，在发现问题、分析问题、解决问题的过程中不断改进和创新工作方式方法，有力推动问题整改，提升创建质量。

（五）坚持督导考核、严格奖惩

以管强创、以责促创，强化各部门创建工作执行力，对创城责任落实不到位、不及时的部门和责任人纳入文明创建"负面清单"管理，严肃追责问责，推动文明城市创建工作取得实效。

三、创建目标

2021年为深入推进年，确保测评名次靠前，为创建成为第七届全国文明城市打下坚实基础；2022年为巩固提升年，力争测评名次进一步提升，软硬件基础条件全面达标，为创建成为第七届全国文明城市打下决定性基础；2023年为全面冲刺年，确保创建成为第七届全国文明城市。

四、主要任务

（一）培育和践行社会主义核心价值观

1. 深入学习贯彻习近平新时代中国特色社会主义思想。把学习贯彻习近平新时代中国特色社会主义思想作为首要政治任务，列入党委（党组）中心组学习重点内容和党校教育培训必修课。推进"不忘初心、牢记使命"主题教育常态化制度化；开展党史学习教育，用心用情学党史、笃信笃志悟思想、为民惠民办实事、善作善成开新局，增强"四个意识"、坚定"四个自信"、做到"两个维护"。组织领导干部、专家学者到基层一线开展宣讲，推动习近平新时代中国特色社会主义思想进机关、进企业、进校园、进农村、进社区、进网站。各党委（党组）切实履行意识形态工作责任制，积极稳妥做好经济社会热点难点问题的舆论引导，坚决抵制各种错误思潮的影响。

2. 强化中国特色社会主义和中国梦学习宣传教育。深入开展中国特色社会主义理论体系、中国梦、马克思主义哲学和党史、新中国史、改革开放史、社会主义发展史学习教育，大力宣传党的十八大以来经济、政治、文化、社会、生态文明建设和党的建设取得的历史性成就。广泛开展形势政策教育。围绕庆祝中国共产党成立100周年，运用网上访谈、基层宣讲、展览展示、演讲征文等方式开展各类群众性宣传教育活动。深入宣传统筹推进"五位一体"总体布局和协调推进"四个全面"战略布局的生动实践、全国易地搬迁移民致富提升示范区建设成效。

3. 深化社会主义核心价值观教育。深入贯彻落实《新时代公民道德建设实施纲要》《新时代爱国主义教育实施纲要》，把社会主义核心价值观融入公民道德建设全过程，融入精神文明创建全过程，纳入市民公约、村规民约、学生守则、行业规范等规范守则，使社会主义核心价值观成为全体市民行为准则。广泛选树宣传道德模范等典型人物和先进事迹，用身边榜样带动身边人、影响身边人。严格按照《关于进一步规范公共场所宣传设施管理使用工作的意见（试行）》规定，在社会公共场所、公共交通工具、建筑工地围挡等宣传阵地通过墙体彩绘、宣传展板、电子屏等方式展示刊播公益广告，把社会主义核心价值观和文明风尚有机融入各类生活场景；有独立办公场所的单位在醒目位置设置永久性社会主义核心价值观景观小品。

4. 规范市民文明行为。贯彻落实《吴忠市文明行为促进条例》，引导规范市民行为。以"文明大讲堂""十万家庭学礼仪"等活动为载体，广泛开展文明礼仪宣传普及。深入推进文明旅游、文明餐桌、文明交通等行动，教育引导市民摒弃不文明行为。加强农村精神文明建设，推进移风易俗，树立文明乡风。

5. 实施文明创建活动。扎实开展文明村镇、文明单位、文明校园、文明家庭创建活动，夯实文明城市创建基础。深化"星级文明户""最美家庭"等选树宣传和窗口行业、服务单位文明创建活动。对文明创建荣誉实行动态管理，强化淘汰退出机制。

（二）建设廉洁高效的政务环境

6. 优化营商环境。深化"放管服"改革，推行"不见面马上办""最多跑一次"，聚焦不动产登记、市场准入、社保民生等事项，压减材料、精简环节、缩短时限。实施"双随机、一公开"监管，推进政府综合执法，完善行政执法管理，有效整治门难进、脸难看、事难办等突出问题。

7. 规范政务公开。健全完善政府信息公开机制，规范信息公开标准和程序。加强互联网政务信息数据服务平台和便民服务平台建设，打造高效、便捷、优质的公共政务服务环境。完善政府公报、政府网站、新闻发布会等主动公开方式，运用微博、微信、短信平台等方式畅通信息发布渠道，正确对待新闻舆论和社会监督。

8. 提升窗口行业文明服务水平。开展"展示窗口形象、提升服务质量"活动，有效整治窗口行业（单位）服务不规范、用语不文明、态度不热情等问题。建立制定文明用语、行业规范，优化完善高效的投诉处理机制，提高窗口行业文明程度和从业人员素质。加大便民服务力度，开展文明服务引导，落实常态化疫情防控措施。

（三）建设民主公平的法治环境

9. 深入开展法治宣传教育。落实《关于在公民中开展法治宣传教育的第八个五年规划（2021—2025年）》，增强全社会尊法学法守法用法意识。落实《关于完善国家工作人员学法用法制度的意见》，把宪法法律列入党委中心组学习内容。推动法律进机关、进乡村、进社区、进学校、进企业、进军营活动。组织开展群众性法治文化活动，深入开展宪法宣传教育，推动民法典实施，全民法治宣传教育的普及率≥90%。开展国家安全教育、反邪教宣传教育和反宗教极端思想宣传教育。

10. 切实维护公民合法权益。健全公共法律服务体系，加强公共法律服务实体平台、热线平台、网络平台建设，做好法律咨询、经济困难群众和特殊案件当事人法律援助、司法救助等工作。建立保护消费者合法权益的部门协作机制，设立、畅通消费者投诉举报渠道，维护劳动者合法权益。依法规范信访秩序。

11. 加强基层党群组织建设。实现机关、学校、城乡社区等基层党群组织全覆盖，企业和非公有制经济组织、社会组织党组织实现"应建尽建"，做好社区流动党员管理工作。推动社区党支部、社区居委会、业主委员会、物业公司和居民代表共同商讨社区重大事务，形成社区事务民主协商、民主决策、民主管理和民主监督制度。强化社区管理，健全完善新冠肺炎疫情防控期间联防联控、群防群治工作机制。

（四）建设诚信守法的市场环境

12. 推进诚信建设制度化。加强重点领域信用记录信息平台建设，推动互联互通、交换共享。落实国务院《关于建立完善守信联合激励和失信联合惩戒制度加快推进社会诚信建设的指导意见》《关于进一步完善失信约束制度构建诚信建设长效机制的指导意见》，建立健全守信联合激励和失信联合惩戒的联动机制。深入开展重点领域诚信缺失突出问题专项治理。推进信用修复机制建设。

13. 加强诚信宣传教育。深入开展诚信示范街区、示范店、行业、单位创建活动。围绕消费者权益日、食品安全宣传周、质量月、信用记录日、诚信兴商宣传月等重要节点广泛开展诚信教育活动。健全完善诚信红、黑名单发布制度，发掘宣传诚信先进典型，发挥新闻媒体和社会舆论监督作用，批评鞭挞失信败德行为。

14. 维护市场公平竞争。建立完善打击假冒伪劣监督、举报和处置机制，依法查处虚假违法广告、质量违法案件。加强食品经营单位管理，严肃查处出售过期、变质、伪劣食品行为。严格实施药品经营许可制度，规范药店经营行为。强化商场超市、集贸市场管理，营造秩序井然、卫生干净、诚实守信的消费环境，切实维护企业合法权益。

（五）建设健康向上的人文环境

15. 推动经济高质量发展。坚持新发展理念，以供给侧结构性改革为主线，促进经济社会持续健康发展，实现人均GDP水平、城镇居民人均可支配收入高于全区同类城市平均水平，单位GDP能耗低于全区年度控制目标。

16. 深入推进国民教育。加快义务教育学校标准化建设，生均义务教育公用经费支出标准达到1000元以上，公办幼儿园、普惠性幼儿园比例达到要求。全面推进义务教育优质均衡发展，实行免试就近入学，消除大校额、大班额，实现义务教育阶段动态清零目标。严格执行校务公开、收费公示和学校乱收费责任追究制度，定期开展教育收费专项检查，开展校外培训机构专项治理。

17. 推进医疗与公共卫生建设。《落实健康中国2030规划纲要》，制定本地区具体区域卫生规划和医疗机构设置规划，千人口医疗卫生机构床位数、每千人常住人口公共卫生人员数符合所在地区域卫生规划要求，临床用血100%来自自愿无偿献血，个人卫生支出占卫生总费用的比例≤30%。建立完善公共卫生基层网络和社区卫生服务网络，社区卫生服务机构全部达标。加快"互联网+医疗健康"建设，深化医联体合作成效，提升医疗卫生服务能力。强化突发公共卫生事件监测预警、检验检测等职能，做好新冠肺炎疫情常态化防控工作。深入推进爱国卫生运动，本地医疗卫生服务机构和宣传文化阵地普及卫生健康知识和传染病防控知识，居民健康素养水平逐年提升不低于2个百分点。

18. 提高社会保障水平。做好流浪乞讨人员、孤残儿童、弃婴救助和收养安置工作，强化留守、困境儿童和"两癌"病妇女关爱保护，鼓励引导社会力量参与关爱服务。加强敬老院、老年活动中心、老年饭桌等养老服务设施建设。推进基本医疗保险、社会养老保险扩面提标，实现应保尽保。聚焦高校毕业生、退役军人、农民工、残疾人等重点群体，优化创业就业服务。做好婚姻家庭辅导服务和妇女权益保障工作。

19. 加强公共文化服务供给。推进公共文化设施建设，公共财政对文化建设投入的增长幅度高于同级财政经常性收入的增幅。新建居住区和社区人均室外体育用地≥0.3平方米，人均室内体育用地建筑面积≥0.1平方米，人均体育场地面积≥2.18平方米。开展全民健身活动，经常参加体育锻炼人数占比≥37%，中小学生每天校内体育活动时间≥1小时，《国民体质测定标准》合格以上人数比例≥90%。完善公共文化设施免费开放保障机制，推进公共图书馆、公共博物馆（非文物建筑及遗址类）、文化馆等免费开放，基本服务项目健全。

20. 深入实施文化惠民工程。广泛开展全民阅读、文化惠民活动，建设书香社会，支持实体书店发展，科学规划和建设书报刊亭。深入实施"结对子、种文化"工程，深入开展文化、科技、卫生"三下乡"活动，满足群众精神文化需求，促进城乡公共文化服务均等化。利用全国科技活动周、全国科普日、消防日、世界水日和中国水周开展群众性科普活动，不断提升全民科学素质。

（六）建设和谐宜居的生活环境

21. 健全完善公共基础设施。优化街区路网结构，建成区内道路长度与建成区面积的比值≥8公里/平方公里，建成区道路面积率≥15%。继续推进主要商业大街、主次干道、公共广场、城乡接合部等重点区域基础设施建设。加强户外广告及牌匾标识监督管理，对破损、褪色、变形等情况及时整改。加强市政设施管理，做好环卫、园林、公交、交管、通信、文体、水电气管网等公共设施维护与保养，确保设施完好、整洁卫生、正常使用。推行生活垃圾分类和减量化、资源化、无害化，建立生活垃圾分类投放、分类收集、分类运输、分类处理系统，生活垃圾无害化处理100%、回收利用率≥35%。加快老旧小区改造，构建包括便民市场、运动场地、文化活动中心、社区服务中心、医疗服务机构在内的15分钟生活圈。

22. 持续开展城乡环境综合治理。深入开展"垃圾不落地行动"，重点整治乱扔烟头、随地吐痰等突出问题。常态化开展小区占用消防通道、私搭乱建、乱堆乱放、飞线充电、占用公共绿地种菜、张贴小广告等综合整治工作。突出整治主次干道、背街小巷、广场公园、景区景点、汽车站、高铁站、农贸市场、公交站台等点位卫生环境。

23.加强城市精细化管理。加强智慧城市建设，建成数字化城市管理平台或城市综合管理服务平台，提高城市科学化、精细化、智能化管理水平。持续深化"围框经营"行动，落实"门前三包"责任制，对马路市场、流动商贩规范化治理、合理化疏导、人性化管理。治理公共场所噪声、施工扬尘污染、夜间超时施工等陋习，严格整治渣土车超载超限、偷倒乱倒、抛撒滴漏、带泥上路等违法违规行为。

24.完善道路交通安全设施。加强交通设施管理，科学调整和优化提升道路标识线、护栏、信号灯等基础设施，对各类交通标志标牌、智能交通设施、通信网络箱体、导向标识设施等进行整治提升。完善学校、医院、重要路口等部位警示、提示标志及安全设施建设。优化区域路网交通组织，合理设置停车泊位，完善道路隔离设施。加大科技投入，科学设置电子监控设备和路口红绿灯，规范使用非现场执法装备，提高科技应用与管理水平。

25.持续整治交通违法行为。加大对高铁站、汽车站、公交车站、大型商圈和校园周边黑车营运、乱停乱靠现象的综合整治，提升交通秩序。强化交通执法监管，坚决整治乱闯红灯、乱穿马路、乱停乱放、占道行驶、不礼让行人、人车混行等交通顽疾。加大路面管控和处罚力度。开展"见框停车"行动，规范停车秩序。

26.广泛开展文明交通教育引导。开展文明交通宣传教育进机关、进学校、进企业、进社区活动，增强广大市民关爱生命、文明出行意识。在交通高峰时段常态化组织志愿者在主要路口、公交站台、大型商圈、学校周边等劝导行人遵守秩序、文明出行，加强对电动车、老年人代步车的监管。

（七）建设安全稳定的社会环境

27.巩固民族团结进步创建成果。全面贯彻党的民族政策，深化马克思主义国家观、民族观、历史观、文化观、宗教观宣传教育，铸牢中华民族共同体意识。持续巩固、拓展、提升"全国民族团结进步创建活动示范区"成果，深化"六化六进一步"措施，建设民族团结进步模范区。持续开展"民族团结月""社区邻里节"等活动，促进各民族交往交流交融，守好民族团结生命线。

28.深化"平安红寺堡"建设。抓好乡村、社区、宗教、校园、企业、社团等重点领域治理，深入推进"135"基层社会治理，完善基层网格化社会治安防控体系。加强城乡社区警务、群防群治等基层基础建设，加强社会治安、消防安全防控体系建设，完善公共安全视频监控建设联网应用。健全完善扫黑除恶常态化机制和可防性命案深度调查机制，预防和打击传销、非法集资等涉众型经济犯罪，打击"两抢一盗"犯罪。卖淫嫖娼、聚众赌博、吸毒贩毒制毒等违法犯罪得到有效控制，做好对刑满释放人员、吸毒人员、易肇事肇祸的严重精神障碍患者等重点人群的服务管理。加强食品药品安全监管，确保百姓"舌尖上的安全"。

29.完善突发公共事件应急处理机制。建立减灾、防灾、救灾综合协调机制和灾害应急管理体系，开展应急通信专用网络和应急指挥系统建设，建立覆盖城乡的应急救援体系力量，设置城市避难场所。常态化开展社区减灾、防灾宣传教育活动，开展自救互救知识与技能培训。强化安全生产、消防管理，严格排查整治安全隐患，有效防止和遏制各类重特大事故发生。

30.强化网络文明建设。开展网上精神文明创建活动，推动线上线下互动、与新媒体融合互动。开展创建文明网站活动，加强网络空间治理和网络内容建设，倡导文明办网、文明上网。落实属地管理原则，查处违法违规网站。

（八）建设可持续发展的生态环境

31. 扎实推进城乡绿化。统筹城乡绿化发展，新建改造城市绿地，城市建成区绿化覆盖率达到36%以上，人均公园绿地面积≥12平方米。深入开展山川绿化行动，实施罗山生态功能区等生态工程，全面推行"林长制"，新增营造林和退化草原修复面积。

32. 实施"蓝天、碧水、净土"三大行动。坚持"四尘同治"，空气质量优良天数比例≥87.5%。坚持"五水共治"，全面提高农村生活污水处理率；集中式饮用水源地按国家规范划分保护区且水质达到Ⅲ类，辖区水质优良（达到或优于Ⅲ类）比例连续三年上升或达到85%，城市生活污水集中收集率≥80%，集中处理率≥100%。坚持"六废联治"，深化"清废行动"，确保危险废物安全处置；实现重点工业行业危险废物全过程监管；推进畜禽粪污资源化利用、秸秆综合利用、农残膜回收利用；加强耕地、林地保护，维护土地利用秩序，确保耕地保有量、基本农田数量不低于规划指标，新增建设用地、征占用林地定额不超过上级下达的规划指标。

33. 持续推进河湖治理。深入推进河长制，实现污染源溯源监测，整治河道、治理水土流失。加大节水改造，推进水资源节约、综合、高效利用。

（九）推进志愿服务常态化标准化制度化

34. 落实志愿服务制度。贯彻落实《关于推进志愿服务制度化的意见》《志愿服务条例》《全国志愿服务嘉许管理办法》及中央各部委出台的专项志愿服务实施意见。不断完善健全志愿服务招募注册、培训记录、关系转接、褒奖激励等机制，规范志愿服务流程和活动项目。大力弘扬志愿精神，积极培育志愿服务文化，市民对志愿服务活动认同和支持率≥90%。

35. 拓宽志愿服务路径。健全志愿服务体系，建立志愿服务工作协调机制。围绕学习宣传习近平新时代中国特色社会主义思想，广泛开展理论宣讲、社会治安、法律援助、传统节日和赛会服务等主题志愿服务项目。围绕美丽中国建设、乡村振兴战略开展扶贫帮困、环境保护、助学支教、健康教育、疫情防控等志愿服务活动。围绕全国文明城市创建工作，创新"志愿服务行动月""微文明"等主题活动形式，倡导文明旅游、文明交通、文明上网等行为。

36. 建设志愿服务阵地。整合文化活动中心、基层党员服务中心、公共文化设施、景区景点以及广场、公园、商业街、主要交通路口、办事大厅等资源，扩大志愿服务站点覆盖面。推动志愿服务进社区、进农村、进医院、进车站、进商场、进景区，以社区、公共文化设施、景区景点、窗口单位、商业街区、新时代文明实践所（站）为重点，建立有人员、有项目、有管理的志愿服务站点。社区志愿服务站点具备供需对接、项目孵化、团队培育、指导监督、激励保障功能。

（十）提升未成年人思想道德建设水平

37. 扎实开展未成年人思想道德教育实践活动。把培育和践行社会主义核心价值观贯穿未成年人思想道德建设全过程和各方面，推动社会主义核心价值观进教材、进课堂、进学生头脑。广泛开展"我的中国梦"主题教育实践活动，集中组织好清明节、"六一""七一""十一"等重要节点活动，帮助未成年人"扣好人生第一粒扣子"，努力成为担当民族复兴大任的时代新人。

38. 丰富中小学校园文化。开展形式多样的班会、队会、团日活动，精心组织读书演讲、手抄报、文体娱乐活动。开展文明校园、文明班级等创建活动，提升学生的审美和人文素养。推动戏曲进校园，在中小学校广泛开展"童心向党"、中华经典诵读征集评选等系列活动，丰富课余文化生活。

39.净化社会文化环境。常态化开展校园周边环境综合整治行动，取缔不符合规范的经营场所和经营项目，优化未成年人健康成长环境。组织心理专家深入学校、社区开展多种形式的未成年人心理健康辅导和咨询工作，促进未成年人身心健康。开展关心关爱进城务工子女、留守儿童、残疾儿童、贫困儿童特殊群体未成年人暖心行动。

五、实施步骤

按照"一年打牢基础、两年全面达标、三年成功夺牌"的工作思路，扎实推进创城工作各项任务落实，确保2023年成功入围第七届全国文明城市行列。

（一）2021年为深入推进年，年度测评成绩进入30名，为创建成为第七届全国文明城市打下坚实基础

1.广泛宣传，营造氛围。召开全区创建全国文明城市工作动员会，对全区创城工作全面安排部署。利用各种媒体和阵地进行广泛宣传发动，引导全区广大干部群众积极投身创建全国文明城市工作中。

2.落实责任，强化督办。将各项创城工作任务分解到各部门，明确各牵头部门、责任单位工作责任。各牵头部门、责任单位按照全区统一部署，对照测评指标制定工作方案，明确任务、措施及完成时限。

3.突出重点，集中整治。列出当前问题清单，重点推进城市基础设施建设，大力整治背街小巷、集贸市场、城乡接合部、老旧小区、交通秩序等突出问题和短板。各牵头部门、责任单位根据问题清单列出计划、及时解决。

（二）2022年为巩固提升年，测评成绩进一步提升，各项指标全面达标

1.全面排查，模拟测评。对照《全国文明城市测评体系》标准，组织开展模拟测评，形成测评报告并通报全区。

2.查找问题，落实整改。对照测评体系标准，对2021年全国文明城市测评中存在的问题和自测中不达标项目，有计划、有步骤、分阶段集中实施整改。

3.督导检查，提档升级。区创城指挥部督查组定期深入各牵头部门、责任单位指导协调创建工作，对尚未达到标准的重点督办、专项推进，实行限时整改，超期问责。

（三）2023年为全面冲刺年，进入全国文明城市行列

1.突出重点，专项整治。召开全区创城誓师大会，对决战决胜全国文明城市进行再动员、再部署。对公共环境、公共秩序、公共服务、公益广告、市民素质、志愿服务等方面存在的问题专项整治，全面优化城市软、硬件环境。

2.测评整改，克难攻坚。依据《全国文明城市测评体系》标准，针对第三方测评和各级督导检查中发现的问题，列出详细清单和目标要求，督促相关单位实施专项整治，限期整改到位。

3.逐项对标，拾遗补缺。各牵头部门、责任单位严格对照全国文明城市测评标准和各项要求，认真排查遗漏问题，采取有效措施集中攻坚。

六、保障机制

（一）加强组织领导

根据区领导分工，调整由区委书记、区长任总指挥的区创城指挥部。区创城指挥部下设办公室，由区委分管领导兼任办公室主任，区政府分管领导兼任副主任，负责创城的日常工作。区委、区政府给予创城办人员、经费保障，工作人员从各部门中抽调，并对敢于担当、勇于干事、无私奉献的干部在评先评优、提拔任用时优先考虑，形成创城工作长效机制。

（二）突出联动协作

牢固树立"一盘棋"思想，涉及多部门、职能辖区交叉的工作，牵头单位主动协调，相关责任单位积极配合，做到"宁向前一步交叉重叠，不后退一步形成盲区"，紧紧围绕测评体系抓好任务落实。

（三）强化督查考核

实行处级领导包抓工作组机制，强化对各乡镇（街道）和各部门（单位）的督导检查，对存在的突出问题、薄弱环节及时督导、适时通报、限期整改。区委常委会每半年研究一次创城工作。建立健全人大代表、政协委员巡查、点评、质询制度。探索建立市民代表巡访、听证制度，构建全方位、多角度的社会监督体系。

（四）建立负面清单

由创城办定期提供通报情况，区委组织部汇总建立创建全国文明城市部门负责人"负面清单"，对日常工作中连续被通报两次的单位，由纪委监委约谈"一把手"；对督查发现问题整改不到位的单位，由督查组长对相关人员进行诫勉谈话；对敷衍塞责、被动应付、推诿扯皮的单位，由创城办提出意见，文明办对单位采取通报批评、暂停文明先进评选资格、取消文明先进称号等惩戒措施，纪委监委、组织部追究单位主要领导、分管领导和相关人员责任。

（五）完善投入机制

区财政2021年保障创城经费600万元，各乡镇（街道）、各部门（单位）配套相应经费，确保创城工作扎实推进，稳步实施。各部门积极与自治区、吴忠市相关厅局对接争取项目和资金，早谋划、早行动，形成创城合力。探索采取市场化运作方式，积极吸纳社会资金参与城市建设和管理，加大基础设施建设、城市公共服务、城市管理维护、未成年人思想道德建设、公益广告宣传、志愿服务活动、市民文明教育等方面的资金投入。

（六）加强宣传引导

各乡镇（街道）、各部门（单位）坚持贴近实际、贴近生活、贴近群众的原则，充分发挥传统媒体和新兴媒体作用，开辟专题专栏，全方位、宽领域、多层次宣传报道，将创城宣传任务固化为常态宣传工作，充分发挥舆论监督作用，对不文明行为及时曝光，通过深入持久、密集广泛的宣传，全面提升市民对创城工作的知晓率、支持率、参与度、满意度。

索 引

说明： 1. 本索引以主题分析方法为主，按主题词首字汉语拼音字母顺序排列。

2. 主题词后的数字表示内容所在的页码，数字后面的 a、b 表示该页码自左至右的栏别。

A

安保维稳 159b
安全生产 187a 212a 216a 226b 233b
安全播出 250a
案件受理 163b
案件执行 163b

B

保密工作 108b
办公室工作 123a
不动产登记 176a
保费受理 203a
保费增量 203b
豹子滩村 290b
博大社区 294b
保障性住房 232a
编制项目库 218b
碧水保卫战 235a
巴庄村 271b
白墩村 283b
白塔水村 273b

C

财　政 191a
财经农业教科文卫工作委员会 126b
财政监督 121a
财政项目管理 194b

财政预算 191a
残疾人就业创业 152b
创新驱动 91a
残疾人两项补贴 183b
残疾学生帮扶 152b
残联干部帮扶机制 152a
草畜产业 258b 268a 282b 287b
产权改革 204b
产业发展 90a 251b
常规业务 185b
朝阳村 261b
成人教育 239a
诚信单位评选 182a
承办培训 243a
承办赛事 243a
城市供暖 233b
城市管理 231b
城市建设 231a
城乡规划 175a
城乡规划与建设 231a
城乡环境整治 165b
创建工作 136b
创新服务 161a
创新工作 221a
创业就业 178a
创业社区 295b
存款业务 197a 199b
"春风行动" 195b

D

打击犯罪 160a

大河村 277b

大河乡 275a

代表工作 122a

代表活动 122a

代表联络选举工作委员会 127b

贷款业务 197b　199b　200b

待遇享受 257b

档案管理 109b

档案史志 109a

党风廉政建设 164a

党建党史 109a

党员引领 114b

党组织建设 115a

党建引领 296a

党史学习教育 116a　250a

党校教育 261a

德育工作 237a

低保供养 182b

地理人文 88a

地理信息测绘 175b

地形地貌 88a

第三产业 90b

电　信 226a

电力保供 217a

电力供应 216a

电力业务 216a

电商服务 215a

电网建设 216b

东川村 286b

东方社区 296a

东源村 262b

动态监测 222a

动态预警监测 218a

督查督办 108b　132a

督察反馈 235a

队伍建设 109a　163b　166a

队伍培养 221a

F

发挥老同志余热 113a

法　院 163a

法规宣传 181a

法律服务 159a

法律宣传 123a

法律援助 164b

法治宣传 163b

法治政府建设 158a

防范电信网络诈骗 162b

房地产 232b

非公有制经济组织和社会组织工作 114b

非税收入管理 194a

非遗保护 92b

风险防范 198b

风险防控 193b　201a

扶贫帮困 168b

扶贫资产管理 219a

扶穗护苗行动 221b

服务大局 149b

服务管理 113a

服务事项 135a

服务民生 146a

服务青年 149a

服务群众 114a

服务业 172a

腐败惩治 144a

复工复产 199b

G

改进作风 123b

改善办学条件 221a

概　况 110b　121a　146a　151b　154a　159b
　　　　165a　167a　169a　173b　178a　179a
　　　　186a　191a　197a　199a　200a　201b
　　　　204a　217a　220a　224b　226a　227a
　　　　227a　228a　229b　234b　245a　253a
　　　　258a　267b　275a　282a　287b　293a

干部队伍建设 110b

高中教育 238a

耕地保护 176a

工业经济 214a

工资福利发放 180b

工资制度改革 181a

工资综合管理 181a

工作评议 121b

公　安 159b

公安改革 160a

公共服务质量 174a

公共机构节能 134b

公共卫生 257a

公共卫生服务 257a

公共文化服务 92b

公共文化 245a

公益诉讼 161b

公益性岗位 179a

共青团红寺堡区委员会 148a

共驻共建 293a　295b　298a

供水保障 211a

供水工程 211a

枸杞产业 207b

孤儿生活费补助 183a

光彩村 264a

广播电视 249b

规划编制 248a

国防教育 168a

国有政策性担保机构 194b

国有资产监管 194a

H

行业治乱 176a

合同备案工作 182a

合作交流 246a　249b

《红寺堡年鉴（2020）》获评全国二等年鉴 110a

红寺堡区总工会 146a

红寺堡区妇女联合会 150b

红寺堡区残疾人联合会 151b

红寺堡区红十字会 154a

红寺堡区人民武装部 167a

红寺堡区武警中队 169a

红寺堡区农村商业银行 201b

和兴村 267a

河水村 264b

河西村 278a

河长制 210a

弘德村 262a

红川村 286a

红关村 267a

红海村 265a

红寺堡镇 258a

红塔村 290b

红星村 272a

红崖村 277a

红阳村 284a

红色学堂 110b

宏观经济管理 171a

洪沟滩村 284b

后勤保障 170b

后勤服务 108b

互联网+教育 241a

互联网+医疗 221b

环境整治 96b 232a 259b 269a 276a 283a
　　　　　288b

黄花菜采摘节 270b

黄羊滩村 291a

惠民服务 222b

惠民活动 94a

活动开展 249a

婚姻与救助 183b

J

机构改革 165a

机关建设 123b

机关事务 134a 134b

基层党建 260a 270a 276b 283a 289b

基层党组织建设 111b

基层建设 149a

基层医疗卫生服务 257a

基层组织建设 154a 251a

基础教育 236a

基础设施建设 211b 259a 275b 288b

基础设施维护 190a

基础设施项目 190a

稽核管理 179b

疾病监控 255b

疾病预防 255b

加强公文寄递管理 225a

家庭医生签约服务 254b

监测预警体系 220b

监督管理 255a

检　察 161a

减灾示范社区创建 188b

健康扶贫政策 222a

交　通 224a

交流经验 155b

交通建设 224a

教　育 236a

教科文卫体委员会 142a

教师队伍管理 236b

教学教研 240b

教育督导 241b

教育整顿 156b

教育防返贫监测 220b

节能减排 234a

节水灌溉 209a

结对帮扶 154b

巾帼关爱行动 151a

巾帼建功行动 150b

巾帼维权行动 151a

巾帼引领行动 150b

金融帮扶 218a

金融支持企业 91a

经济建设 89b

经济委员会 142a

经济责任审计 184a

经济指标 89b

精品网络 227a

精神文明建设 117a 260b 270a 277a 296b

净土保卫战 235b

竞技体育 243b

救灾管理 188b

就业创业 136b

就业服务 294b

菊花台村 284b

卷烟销售 230a

军事训练 169b

警示教育大会 145b

居民收入 186a

K

开元村 281b

康复工作 151b

康庄村 285a

考察学习 141b

科技创新 217b　251b

科技服务 252b

科技培训 252b

科技强警 160b

科技特派员队伍建设 251b

科技项目 251b

客户维护 200b

矿山监管 175a

扩户提质 198b

L

蓝天保卫战 235a

劳动教育 239a

劳动执法 181a

劳务产业 258b　268a　275b　282b　288a

劳务协作 179a

老干部工作 112b

梨花村 266a

理论武装 114b　123a

理论学习 109a　189b

理赔业务 203b

历史沿革 89a

联　通 227a

廉政建设 168a　260a　269b　276b　289b

粮食安全 172b

粮食生产 186b

粮食购销公司 229a

林　业 208a

林业生态 95a　174b　208a

临时救助 184a

流通环节监管 177b

柳泉村 291a

柳泉乡 287b

柳树台村 285a

龙泉村 278b

龙兴村 279a

龙源村 279a

罗山社区 296b

落实责任 143a

旅　游 248a

旅游产业开发 249b

旅游管理 249a

旅游乡村建设 270b

旅游宣传与营销 249a

履职平台 122a

绿苑社区 299a

M

麻黄沟村 279b

买河村 274a

矛盾化解 157a　162b

媒体融合 250a

媒体宣传 251a

美丽乡村建设 95b

民办教育 239b

民生保障 293b　294b　296a　296b　297a　298a
　　　　　299a　299a

民生福祉 93a

民生事业 193a

民事检察 161b
民事审判 163a
民政工作 182b
民主监督 137a
民族团结进步创建 120b
民族宗教法制工作委员会 127a
闽宁协作 218b
摸清林草资源家底 93a

N

南源村 285a
内容合规 198b
能耗"双控" 173a
能源保供 173a
宁夏移民博物馆 247b
宁夏银行红寺堡支行 199a
农村工作 205a
农村饮水安全 210b
农机管理 206b
农民工工资保证金 182b
农民讲习所 260b　271a
农民收入 186b
农民运动会 270b
农牧管理 205a
农商行改制 203a
农田水利建设 213a
农田整治 213a
农业投资项目 205b
农业综合开发 206a

P

普法工作 158b
排污权改革 235b

潘河村 272b
鹏胜社区 297a
平岭子村 280a
葡萄酒产业 206b
葡萄酒营销推介 207a

Q

企业审计 184b
企业服务 227b
气候监测 88b
气候特点 88a
气象服务 253a
欠薪执法行动 182a
青少年体育 244a
清洁能源 172a
清收工作 198a
区直机关党的建设工作 113b
权益保障 136a
全域旅游示范区创建 248a
群团工作 294b
群众服务 234a
群众来访受理 133a
群众体育 243b
强农惠农 198a

R

人才队伍建设 112a
人才工作 241b
人才评选 180b
人道救灾救助 154b
人居环境改善 295b
人居环境整治 219a
人口结构 89b

人口普查 185b

人事管理 180a

人事人才 180a

人员工资晋升 180b

人口发展 259a　268b　282b

日常管理 170a

S

扫黑除恶 157b

沙草墩村 284a

沙泉村 291b

山林权、土地权改革 208a

商贸流通 215a　224a

商事制度改革 174a

上源村 265b

上争资金 172a　192b

设备升级 233b

社保便民服务 179b

社保卡 179b

社会保障 152b　179a　259b　269a　276a
　　　　　289a　295b

社会大局 93b

社会管理 260a　269b　276a　283a　289a

社会建设 93a

社会经济调查 186a

社会事业 193a　93b

社会信用体系建设 173a

社会治理委员会 142b

社会治安 156a

社会综治 294a　295a　295b　296b　297a　297b
　　　　　298b　299b

社会兜底保障 219b

社区建设 183a

社区矫正 164b

深化改革 93a　119b

审计工作 184a

审计监督 184a

审计整改 184a

审批服务改革 135b

生态保护 166b

生态环境 234b

生态环境项目 234b

生态建设 94b　208a

生态文明建设 94b

生态治理 95b

"十四五"规划 171a

师资培训 241b

石坡子村 280a

石炭沟村 280b

食品安全监管 176b

食品药品监管 176b

史志编研 109b

史志赠阅 110a

市场概况 227a

市场监管 173b　230b

事务管理 133a

收入分配 180b

守法诚信等级评价 182a

受理欠薪投诉 181b

"双减"工作 242a

双拥工作 135b

水　利 209a

水旱灾害防御 209b

水利工程建设 209a

水利建设 96a　213b

水套村 291b

水土保持 95a　209b

水资源调查 176b

税　务 195a

税费减免 195b

税收收入 195a

司法行政 164a

思想引领 148a

送戏下乡 223b

T

太阳山开发区红寺堡产业园 217a

太阳山镇 267b

塘坊梁 272b

糖尿病基层管理 256a

特困供养 182b

特色产业 258a　268a　275a　282a　287b

特种设备安全整治 173b

提案和委员联络委员会 141b

提高城乡服务功能 94b

提升服务能力 222a

提质增效 212a

体　育 242b

体教融合 239b

体育馆 242b

体育基础设施建设 244b

田原村 274a

甜水河村 292a

铁路护路 157a

通信保障 226a

同原村 264b

统计督查 185b

统计法治宣传 185a

统计服务 184b

统计工作 184b

统计调查 184b

统计信息化 187a

统计执法 186a

统一战线 120a

统战工作 120a

图书馆 246b

团结村 263b

退役军人事务 135b

W

网格化建设 157b

网络安全 119a

网络建设 227b

网络宣传 119a

网信工作 119a

卫生防返贫监测 222a

未成年人监督 162a

文化扶贫 245b

文化馆 247b

文化惠民 92a

文化活动 296a

文化建设 92a

文化旅游 222b

文化遗产保护与传承 245b

文件流转 108b

文件起草 119b

文件清理 159a

文旅产业 223a

文明城市建设 293b　295a　296b　297a　297b
　　　　　　　298b　299b

文明服务 200a

文艺创作 117b

问题整改 148a

问题整治 143b

乌沙塘村 281a

无障碍改造 152a

"五项管理"工作 242a

武装工作 283b

物流业务 215a

X

行政案件 163a

行政检察 161b

行政区划 89b

行政区划调整 183a

行政执法监督 164b

西源村 285b

县域社会治理 157b

线上业务 199a

乡村建设 231b

乡村旅游 261a

乡村旅游发展 249a

乡村医生健康扶贫 222a

乡村驿站 261a

乡村振兴 192b　217a　259a　268b　275b
　　　　 282b　288a

乡村振兴补助资金 220b

乡镇人大工作 122b

香园村 281a

向阳村 285b

项目跟踪审计 184b

项目建设 222b　248b

项目进展 217b

项目投资 90b

消防安保 189a

消防救援 189a

小区管理 297a

小泉村 273a

小微企业扶持 202a

新集村 285b

新台村 286a

新闻宣传 249b

新型工业 90a

新庄集乡 282a

信贷业务 201a

信贷支持乡村振兴战略 202a

信访工作 133a

信息化建设 119a　134a

刑事检察 161a

刑事审判 163a

兴民村 271b

兴旺村 262a

宣传报道 117a

宣传工作 116a

宣传活动 153a　155a

宣传交流 110a

宣传教育 188a

宣传宣讲 116b

选树典型 147a

学前教育 237b

学校食堂监管 177a

巡察工作 118a　144a

巡察全覆盖 118a

巡察整改 186a

畜禽生产 187a

Y

烟草专卖 229b

羊坊滩村 292a

杨柳村 287a

养殖业 275a

药品安全监管 177a
业务发展 224b
业务开展 253b
业务培训 147b
业务拓展 225b
一体化建设 254a
一站式服务 254b
"12345" 服务热线 135b
医疗改革 254a
依法行使权力 122a
依法行政 91b　158a
依法治区 164a
依法治税 195b
移　动 227a
移民收入 186b
义务教育 237b
义务教育均衡发展 236b
艺术创作 92a
艺术教育 240a
议案建议 122b
疫情防控 94a　134a　159b　168b　211a　212b
　　　　240b　256a　257b　294b　295a　295b
　　　　297b　299a　299b
意识形态 290a
银行存贷款余额 194b
营商环境 134b　228b
营销服务 216b
营销网络 230a
营养改善计划 229a
应急储备粮 229b
应急救护知识培训 154a
应急管理 187a
应急能力建设 188a
永新村 292b
优化服务 212b

优化营商环境 196a
邮　政 224b
邮商融合发展 226a
玉池村 263a
运输服务 224a
运营情况 234a

Z

责任落实 187b
招商项目 228b
招商引资 228a
振兴社区 298a
征兵工作 168a
征收管理 195a
整村授信 201b
政策研究 119b
政策支持 212a
政法队伍教育整顿 164a
政法工作 158a
政府采购 193b
政府效能 91a　131b
政区位置 89a
政务服务 134b　160b
政务信息公开 132b
政治安全 156b
政治功能 114a
政治建设 91a
政治教育 169a
政治引领 91b　113b
政治站位 118a
支部建设 115b　169a
执法检查 121b
执勤战备 169b
直达资金 194a

职称评审会 180a

职业教育 238b

志愿服务 183b 298b

制度建设 133b 165b

治理新模式 94a

智慧法院 163b

智慧乡村建设 226b

中川村 287a

中国农业银行红寺堡支行 197a

中国人保财险红寺堡支公司 203a

中国邮政储蓄银行红寺堡支行 200a

中间业务 197b

中圈塘村 266b

重点群体就业 178b

重点项目 171b

重点信访事项办理 133b

重要会议 97a 123b 128a 138a 144b

重要活动 140a

周圈村 274b

周新村 271a

主要经济指标 171a

助力示范区建设 201b

助力乡村振兴 199b

助推特色产业 202b

住房保障与管理 232a

住房公积金贷款 233a

住房公积金服务 233a

住房公积金管理 232b

住房公积金归集 232b

住房公积金收益 233a

住房公积金提取 233a

驻村帮扶 211a

抓极速鲜项目 225a

专门工作委员会 126b

专门委员会 141b

专题调研 140a

专项检查 181b

专项整治三年行动 188a

专项资金审计 184b

资金保障 220a

资金争取 195a

资源下沉 254a

紫苑社区 299a

自然资源 89a

自然资源管理 174b

自然资源管理与保护 174b

自然灾害综合风险普查 188b

自身建设 112b 122b 131b 137b 167b
　　　　 174b 277a

综　述　 121a 137a 143a 204a 214a
　　　　 218a 293a

综合管理 226a

综合执法 165a

综合治理 156a

综合服务 108b 131b

组织工作 110b

作风建设 114a